Andreas Maslo

Das Vieweg Buch zu Visual Basic

Eine umfassende Anleitung zur Programmentwicklung unter Windows

Andreas Maslo

Das Vieweg Buch zu Visual Basic

Eine umfassende Anleitung zur Programmentwicklung unter Windows

Die Deutsche Bibliothek-CIP-Einheitsaufnahme

Maslo, Andreas
Das Vieweg-Buch zu Visual Basic: eine umfassende Anleitung
zur Programmentwicklung unter Windows/ Andreas Maslo.-
Braunschweig: Vieweg, 1992

Alle Rechte vorbehalten
© Springer Fachmedien Wiesbaden 1992
Ursprünglich erschienen bei **Friedr. Vieweg & Sohn Verlagsgesellschaft mbH,**
Braunschweig/Wiesbaden, 1992
Softcover reprint of the hardcover 1st edition 1992

Der Verlag Vieweg ist ein Unternehmen der Verlagsgruppe Bertelsmann International.

Umschlagsgestaltung: Schrimpf & Partner, Wiesbaden
Gedruckt auf säurefreiem Papier
ISBN 978-3-528-05203-4   ISBN 978-3-322-83729-5 (eBook)
DOI 10.1007/978-3-322-83729-5

Für Annemarie und Helmut

Vorwort

Visual Basic

Im Zeitalter der grafischen Benutzeroberflächen und bei dem enormen Boom von MS-Windows war es nur eine Frage der Zeit, bis auch einfach zu handhabende Programmiersprachen entwickelt wurden. War die Windows-Programmierung bislang nur mit Hilfe komplexer Entwicklungssysteme und nach der Einarbeitung in die Windows-Programmierschnittstelle möglich, steht mit Visual Basic nun ein leicht zu bedienender Volkscompiler zur Verfügung, der die Erstellung kleinerer Hilfsprogramme ebenso gestattet wie die Entwicklung komplexer Anwendungsprogramme. Ein Einstieg in die Programmierung war bislang unter Windows kaum denkbar, mit Visual Basic ist auch das kein Problem mehr. Zwar ist die Kenntnis einer anderen Programmiersprache, insbesondere eines anderen Basic-Dialektes, hilfreich, aber nicht Voraussetzung für den Einsatz des visuellen Entwicklungssystemes. Programme werden innerhalb von und ausschließlich für Windows erstellt. Anwendungen bestehen aus einem Definitionsteil der Oberfläche und dem eigentlichen Quelltext. Die Oberflächenelemente selbst werden nicht mehr programmiert, sondern direkt auf den Bildschirm gezeichnet und mit dem notwendigen Programmcode verknüpft. Langwierige Entwicklungszeiten für die Benutzeroberfläche, die bei DOS-Programmen einen Hauptteil der Programmierarbeit ausmachte, entfällt. Der Sprachumfang von Visual Basic ist angelehnt an die Programmiersprachen Quick bzw. MS-Basic PDS. Nie war es einfacher und schneller möglich, Programme für Windows zu entwickeln.

Programmieren mit Visual Basic

Dieses Buch soll mit der Entwicklung grafischer Anwendungsprogramme vertraut machen und Ihnen Anregungen für eigene Programme geben. Sämtliche Quelltexte und Programme, die für dieses Buch erstellt wurden, sind auf der beiliegenden Diskette enthalten, so daß Sie die erstellten Applikationen auch dann nutzen können, wenn Sie nicht oder noch nicht über Visual Basic verfügen.

Das Buch ist in vier Kapitel gegliedert. Im ersten Kapitel werden wir zunächst die wesentlichen Grundlagen, allgemeine Informationen zur Windows-Programmierung, die Benutzeroberfläche und das Hilfesystem vorstellen. Danach zeigen wir an zwei einfachen Beispielen die Anwendung des Programmentwicklungssystems und beschreiben sie ausführlich. Dabei werden sowohl die Oberflächengestaltung als auch die Verknüpfung der Oberfläche mit dem erforderlichen Quelltext dargestellt.

Im zweiten Kapitel erhalten Sie dann einen Überblick über die verfügbaren Oberflächen- und Sprachelemente von Visual Basic. Dieser Buchteil kann Ihnen auch im späteren Umgang mit dem grafischen Programmentwicklungssystem als Nachschlagewerk dienen. Im dritten Kapitel werden wir die fortgeschrittenen Möglichkeiten von Visual Basic behandeln. Neben der Projektverwaltung zur Erstellung umfangreicher Anwendungen, werden die Spracherweiterungen über dynamische Link-Bibliotheken, der Zugriff auf die Windows-Programmierschnittstelle, die Übernahme bereits bestehender Anwendungen eines anderen Basic-Dialektes und fortgeschrittene Programmiertechniken behandelt. Im vierten und letzten Kapitel werden einige umfangreichere Anwendungsprogramme mit Visual Basic erstellt und dokumentiert. Wie wäre es zum Beispiel mit einem eigenen Programm-Manager oder Datenbanksystem. Oder möchten Sie es lieber mal mit einem Zeichenprogramm oder einem Editor versuchen? All das ist mit Visual Basic kein Problem!

Und nun wünsche ich Ihnen viel Spaß und Erfolg mit Visual Basic und hoffe, daß dieses Buch Ihnen sehr lange wertvolle Dienste erweisen wird.

Dank

Bedanken möchte ich mich bei Herrn Robert Schmitz für die freundliche Unterstützung und gute Zusammenarbeit und bei meiner Frau, die mir mit Rat und Tat zur Seite stand.

Inhaltsverzeichnis

Anhang

Kapitel 1: Einführung

In diesem Kapitel werden wir Sie zunächst in das visuelle Programmentwicklungssystem einführen. Neben einer kurzen Erläuterung des Visual Basic-Programmierkonzeptes und der Anbindung an die grafische Benutzeroberfläche Windows stellen wir Ihnen die Programmoberfläche und das Hilfesystem von Visual Basic vor. An zwei ersten kurzen Programmieraufgaben führen wir ihnen dann den Umgang mit der Entwicklungsumgebung exemplarisch vor. Beachten Sie, daß der Umgang in dieser ausführlichen Form in den übrigen Kapiteln nicht noch einmal wiederholt wird. Sollten Sie später Probleme im Umgang mit der Benutzerumgebung von Visual Basic haben, dann sollten Sie in dieses Kapitel zurückkehren.

1.1 Windows und Visual Basic

MS-Windows ist eine grafische Benutzerumgebung und Betriebssystemerweiterung mit Multitasking-Fähigkeiten für MS-DOS und kompatible Betriebssysteme. Anwendungsprogramme verwenden die Windows-Funktionen zur Generierung einer programminternen Benutzeroberfläche. Auch Visual Basic ist bereits eine Windows-Applikation und greift auf die Windows-Systemfunktionen zu. Das bedeutet, daß Visual Basic ausschließlich mit Windows einsetzbar ist. Ebenso verhält es sich mit allen Programmen, die mit diesem Programmentwicklungssystem erstellt werden.

Programmieren für Windows

Haben Sie bereits unter DOS programmiert, dann erkennen Sie einige wesentliche Unterschiede gegenüber der Windows-Programmierung. Mußten Sie in einem DOS-Programm sämtliche Arbeitsschritte für ein Programm selbst festlegen, werden wichtige Programmsteuerungen in einem Windows-Programm automatisch durch Windows ausgeführt. Dies geht z.B. bei dem Entwicklungssystem Visual Basic soweit, daß Sie kein Hauptprogramm mehr erstellen müssen. Die gesamte Hauptprogrammsteuerung wird durch Windows und Visual Basic durchgeführt und benötigt dazu keinen speziellen Quelltext. Ein weiterer wesentlicher Bestandteil von Windows-Applikationen sind die grafischen Oberflächenelemente, die sogenannten Ressourcen, die lediglich definiert, nicht aber programmiert werden müssen. Aus diesem Grunde verfügen die meisten Entwicklungssysteme für Anwendungen der grafischen Benutzeroberfläche über eigene Programme zum Zeichnen einer beliebigen Programmoberfläche bzw. einzelnen Oberflächenelementen. Diese grafischen Elemente werden dem ausführbaren Programm angehängt. Die Verwaltung der Oberflächenelemente erfolgt wieder durch

Windows und nicht durch das Programmiersystem. Auch Visual Basic besitzt die Möglichkeit, grafische Oberflächen zu zeichnen. Ein letzter wesentlicher Unterschied gegenüber der DOS-Programmierung ist die Verwendung dynamischer Link-Bibliotheken, den DLLs (Dynamic Link Libraries). Diese Bibliotheken liegen getrennt auf dem Festspeicher vor und werden erst während der Laufzeit eines Programmes mit Hilfe eines dynamischen Linkers eingebunden. Im Vergleich dazu sind unter DOS Laufzeit- und Benutzerbibliotheken immer statisch an ein Programm angefügt und werden beim Programmstart automatisch in ihrer Gesamtheit geladen. Auch die Systemfunktionen von Windows und die Visual Basic-Laufzeitbibliothek liegen in DLLs vor. Der interne Aufbau dieser dynamischen Link-Bibliotheken ist einheitlich. Dabei spielt es keine Rolle, mit welcher Programmiersprache eine DLL erstellt wurde. Zwar kann Visual Basic selbst keine DLLs erzeugen, aber durchaus auf diese zugreifen. Damit können Sie die API-Funktionen (Application Program Interface - Schnittstelle für Anwendungsprogramme) und GDI-Funktionen (Graphics Device Interface - grafische Geräteschnittstelle) von Windows direkt nutzen. Aber auch Fremdsprachen-DLLs können erstellt und mit Visual Basic eingesetzt werden. Wie Sie dies realisieren, werden wir Ihnen im dritten Kapitel zeigen. Besonders hervorzuheben ist, daß der Programmcode einer DLL parallel von mehreren Anwendungsprogrammen genutzt werden kann.

Mit Visual Basic und Windows wird die Programmentwicklung wesentlich vereinfacht. Hohe Entwicklungszeiten für Programmoberflächen entfallen. Aber auch auf die unterschiedlichsten Hardware-Ausstattungen brauchen Sie nicht mehr Rücksicht zu nehmen. Auf einem Rechner, auf dem Windows erfolgreich installiert ist, wird auch das mit Visual Basic erstellte Anwendungsprogramm problemlos laufen. Die Grafik- und Druckeranweisungen sind hardware-unabhängig und werden über die Windows-Konfiguration korrekt ausgewertet und weitergeleitet. Auch Windows-Schriften können beliebig auf dem Bildschirm und einem Drucker eingesetzt werden. Außerdem lassen sich die Multitasking-Fähigkeiten von Windows in eigenen Anwendungen einbauen.

Programmentwicklung mit Visual Basic

An dieser Stelle wollen wir zunächst theoretisch die Programmerstellung unter Visual Basic erläutern. Beachten Sie, daß sämtliche Arbeitsschritte hinter einer einheitlichen Benutzeroberfläche versteckt sind. Dadurch wird die Programmentwicklung vereinfacht. Sie können das Programm erstellen, testen, ausführen und in Maschinensprache übersetzen, ohne die Entwicklungsumgebung verlassen zu müssen. Anders als bei gängigen DOS-Programmen werden Sie allerdings vermehrt mit Fenstern konfrontiert, mit denen sich spezielle Arbeiten durchführen lassen. Die einzelnen Fenster, grafischen Schaltflächen und Menüeinträge werden später noch genauer beschrieben. Hauptbestandteil einer Windows-Applikation ist die grafische Programmoberfläche. Diese wird zu Beginn einer Projektentwicklung mit Hilfe eines Formulargenerators gezeichnet (s. Bild 1.1).

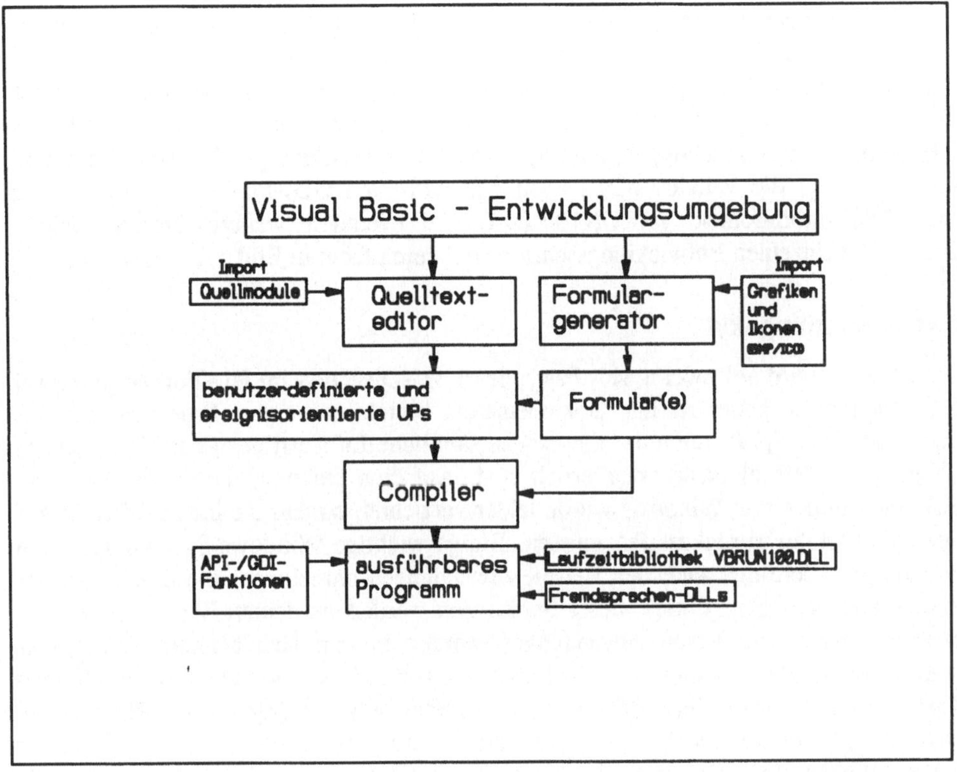

Bild 1.1: Visual Basic - Programmiersystem

Um die Oberfläche optisch aufzubereiten, lassen sich auch Grafiken importieren und in das Programm einfügen. Beim späteren Programmlauf müssen die Grafiken nicht mehr als getrennt vorliegende Grafikdateien vorhanden sein. Neben dem BMP-Format von Windows (Bitmap), das die Übernahme von Bildern aus dem Windows-Zeichenprogramm *Paintbrush* gestattet, wird das ICO-Format (Ikonen) unterstützt. Dabei handelt es sich um Sinnbilder, die innerhalb eines Fensters verschoben bzw. als Schaltfläche verwendet werden können. Zu Visual Basic gehört bereits eine Bibliothek mit Sinnbildern, die Sie in Ihren eigenen Anwendungen nutzen können. Außerdem liegt ein Symboleditor im Quelltext bei, der die Bearbeitung und Erzeugung neuer Ikonen erlaubt. Nachdem Sie die Oberfläche erstellt haben, die sich im nachhinein wieder ändern läßt, wird das Projekt um den erforderlichen Quelltext erweitert. Dazu verfügt Visual Basic über einen Quelltexteditor, mit dem Sie die zugehörigen Programmanweisungen eingeben. Besitzen Sie bereits Quellmodule anderer Basic-Dialekte, die Sie weiterverwenden möchten, lassen sich diese ebenfalls importieren und bei Bedarf anpassen. In Visual Basic wird zwischen benutzerdefinierten und ereignisorientierten Unterprogrammen unterschieden. Die erstgenannten entsprechen den Unterprogrammen von DOS-Programmiersprachen. Ereignisorientierte Unterprogramme hingegen sind an die Oberflächenelemente gebunden und werden nicht durch einen Befehl im Quelltext, sondern durch ein Oberflächenereignis aufgerufen. Was darunter genau zu verstehen ist, werden wir im 2. Kapitel behandeln. Anders als bei DOS-Programmiersprachen müssen in Visual Basic sämtliche ausführbaren Programmanweisungen, dazu gehören keine Deklarationen, in Unterprogrammen und Funktionen formuliert sein. Ein Hauptprogramm gibt es in Visual Basic nicht. Der Compiler übersetzt das Programm, nachdem Sie es getestet und eventuelle Fehler mit Hilfe des integrierten Quelltextdebuggers beseitigt haben, in Maschinensprache. Das Programm selbst benötigt die Windows-DLLs mit den API- und GDI-Funktionen, die Visual Basic-Laufzeitbibliothek VBRUN100.DLL und eventuell weitere Fremdsprachen-DLLs. Die einzelnen Entwicklungsschritte sind vereinfacht in Bild 1.1 dargestellt.

Das Programmpaket

Visual Basic wird auf zwei 5 ¼"- bzw. vier 3 ½"-Disketten im HD-Format und zwei Handbüchern ausgeliefert. Die Dokumentation besteht aus einem Programmierhandbuch und einer Sprachreferenz, die nahezu sämtliche Informationen enthalten, die im Umgang mit Visual Basic erforderlich sind. Auf eine Dokumentation der API- und GDI-Funktionen von Windows wurde leider verzichtet, so daß Sie hier bei Bedarf auf Sekundärliteratur zurückgreifen müssen. Einige wichtige Windows-Systemfunktionen können Sie allerdings auch den Beispielanwendungen entnehmen, die dem Programmiersystem beiliegen. Einige dieser Funktionen werden im dritten Kapitel dieses Buches erläutert. Die Beispielanwendungen werden in den Handbüchern nicht mehr dokumentiert. Sie erhalten eine Adressdatenbank, einen Symboleditor und einen Taschenrechner im Quelltext. Die Programme können Sie an Ihre eigenen Bedürfnisse anpassen oder direkt mit Windows verwenden. Dabei ist besonders der Symboleditor hervorzuheben, der sich aus zwei Teilmodulen zusammensetzt. Einem *Viewer*, der die Anzeige von einzelnen oder mehreren Ikonen-Dateien für die Programmauswahl gestattet und einem *Editor*, der die Bearbeitung und Neuerstellung von Ikonen erlaubt. Mit dem Programm des Symboleditors wird eindrucksvoll demonstriert, daß auch auf Hilfedateien, die mit dem Windows-Hilfecompiler generiert wurden, mit einer speziellen Windows-API-Funktion, zugegriffen werden kann. Der Wermutstropfen für reine Visual Basic-Anwender ist, daß auch dieser Hilfscompiler von Microsoft nicht zu Visual Basic gehört. Verfügen Sie allerdings zusätzlich über Turbo Pascal für Windows bzw. über das SDK (Software Development Kit - Entwicklungswerkzeuge zur Entwicklung von Windows-Anwendungsprogrammen), so können Sie Hilfedateien komfortabel erstellen und auch in Visual Basic-Applikationen nutzen. Hinweise hierzu erhalten Sie in Kapitel 3.7. Für Einsteiger liegt ein Lernprogramm bei, das über das Visual Basic-Menü gestartet wird, und das in das Programmierkonzept des visuellen Entwicklungssystemes einführt. Zusammenfassend läßt sich feststellen, daß Visual Basic zwar ein hervorragendes Entwicklungssystem ist, daß aber auf die Beigabe wesentlicher Informationen und Hilfsprogramme verzichtet wurde, die für die professionelle Programmentwicklung unentbehrlich sind. Es bleibt zu hoffen, daß dieses Manko in einer neuen Version abgestellt sein wird, auch wenn sich der Anschaffungspreis dadurch geringfügig erhöht.

1.2 Hardware- und Software-Anforderungen

Wie bereits im letzten Kapitel angesprochen, ist Visual Basic ausschließlich mit und für Windows einsetzbar. Daher werden die Anforderungen weniger von Visual Basic, als vielmehr von Windows selbst festgelegt. Prinzipiell gilt: Je schneller der Rechner, je mehr Arbeitsspeicher vorhanden ist, und je besser die Grafikkarte, desto besser läßt sich mit Visual Basic arbeiten. Beginnen wir also zunächst mit den Software-Anforderungen. Zum Einsatz des visuellen Programmiersystems ist MS-Windows ab der Version 3.0 erforderlich, das wiederum unter MS-DOS bzw. PC-DOS ab der Version 3.1 oder kompatiblen Betriebssystemen lauffähig ist. Windows 3.0 selbst kann in drei Betriebsmodi, dem Real-, Standard- und erweiterten Modus für 386er betrieben werden. Der Real-Modus, der den Einsatz von Windows mit älteren Anwendungsprogrammen älterer Windows-Versionen und auch auf Rechnern der PC- und XT-Klasse gestattet, wird allerdings nicht mehr von Visual Basic unterstützt. Damit sind wir unmittelbar bei den Hardware-Voraussetzungen. Zum Betrieb von Visual Basic ist ein IBM-kompatibler Rechner mit 80286-, 80386- bzw. 80486-Hauptprozessor erforderlich. Mindestens 1 MByte Arbeitsspeicher wird zur Ausführung von Visual Basic benötigt, im praktischen Einsatz sollten Sie allerdings über mindestens 2 MByte Arbeitsspeicher verfügen. Ihr Rechner sollte mit einer Festplatte ausgestattet sein. Beachten Sie, daß Windows selbst zwischen 8 und 10 MByte Festspeicher benötigt, bei Visual Basic sind es noch einmal ungefähr 7 MByte. Wollen Sie zusätzlich mit anderen Anwendungsprogrammen arbeiten, sollte Ihre Festplatte mindestens 50 MByte Speicherkapazität umfassen. Arbeiten Sie mit dem Betriebssystem DR DOS 6.0, dann sollten Sie die Möglichkeiten von *SuperStor* nutzen und Ihre Festplatte komprimieren. Dadurch wird die Speicherkapazität der Festplatte nahezu verdoppelt. Bedenken Sie, daß jedes Programm, das Sie mit Visual Basic erstellen, seinerseits Speicherplatz benötigt. Obligatorisch für den Einsatz von Windows und Windows-Anwendungen sind eine Maus und eine Grafikkarte. Um in den vollen Genuß der grafischen Benutzeroberfläche zu kommen, ist eine EGA-, VGA- oder 8514-Grafikkarte erforderlich. Die Systemanforderungen für Visual Basic gelten entsprechend für Anwendungsprogramme, die mit dem visuellen Programmiersystem entwickelt wurden.

1.3 Installation

Haben Sie Windows erst einmal auf Ihrem Rechner eingerichtet, ist auch die Installation von Visual Basic kein Problem mehr. Sie sollten allerdings, bevor Sie das Programmiersystem auf Ihre Festplatte kopieren, zunächst Sicherungskopien Ihrer Originaldisketten anlegen. Verwenden Sie dazu das gleiche Diskettenformat, wie das der Originaldisketten. Liegen diese im 5 ¼"-Format vor, verwenden Sie auch dieses Format für die Sicherung. Dasselbe gilt entsprechend für Disketten im 3 ½"-Format. Ist Ihr Software-Paket mit beiden Diskettensätzen ausgestattet, müssen Sie nur ein Format sichern. Verwenden Sie das Diskettenformat, das Sie später für die Installation einsetzen werden. Nehmen wir in diesem Fall einmal an, Sie installieren Visual Basic von Laufwerk A:. Dann können Sie die Disketten mit dem Betriebsystemkommando

```
C:\> DISKCOPY A: A: [Return]
```

duplizieren. Die Zieldisketten werden dabei, falls noch nicht geschehen, automatisch formatiert. Nachdem Sie die Originaldisketten kopiert haben, lagern Sie diese an einem sicheren Ort und installieren Sie Visual Basic mit Hilfe der Kopien. Beachten Sie, daß das Installationsprogramm bereits eine Windows-Applikation ist und nur unter Windows ausgeführt werden kann. Außerdem sollten Sie bereits von vornherein sicherstellen, daß mindestens 7 MByte freie Speicherkapazität auf Ihrem Laufwerk verfügbar sind. Ist dies nicht der Fall, müssen Sie zunächst einige Dateien von Ihrer Festplatte löschen. Laden Sie anschließend zunächst Windows und starten Sie das Installationsprogramm über den Windows-Programm-Manager. Wählen Sie dazu das Menü DATEI ● DATEI AUSFÜHREN... an und geben Sie im nachfolgenden Eingabefenster die Befehlszeile *A:SETUP* ein. Bevor Sie die Eingabe quittieren, vergewissern Sie sich, daß die Installationsdiskette in Laufwerk A: eingelegt und das Laufwerk verriegelt ist. Quittieren Sie nun den Befehl, wird das Installationsprogramm geladen.

> **Anmerkung:** Beachten Sie, daß Windows, falls Ihr Rechner nicht über genügend Arbeitsspeicher verfügt, nicht automatisch im Standard- bzw. im erweiterten Modus für 386er-Prozessoren ausgeführt wird. In diesem Fall müssen Sie Windows mit dem Befehl *WIN /S* bzw. *WIN /3* aufrufen. Hinweise hierzu können Sie Ihrem Windows-Benutzerhandbuch entnehmen.

Alternativ können Sie das Installationsprogramm auch direkt von der Kommandozeilenebene aus aufrufen, ohne über den Programm-Manager zu gehen. Befinden Sie sich zum Beispiel auf Laufwerk C:, geben Sie den Befehl

```
C:\>WIN A:SETUP [Return]
```

ein. Beachten Sie auch hier, daß unter Umständen der Parameter */S* für den Standardmodus bzw. der Parameter */3* für den erweiterten Modus erforderlich ist. Nach einer kurzen Initialisierungsmeldung erscheint der Bildschirm, wie er in Bild 1.2 dargestellt ist. An dieser Stelle können Sie die einzelnen einzurichtenden Programmteile mit Hilfe der Kontrollfelder, die durch kleine Quadrate gekennzeichnet sind, auswählen. Sie sollten bei der Erstinstallation das Gesamtpaket einrichten, da die Beispiele sehr lehrreich sind, das Lernprogramm einen Überblick über das Programmiersystem und der Symboleditor eine komfortable Behandlung von Ikonen ermöglicht. Sollten Sie später feststellen, daß Sie einige Programmteile nicht benötigen, können Sie diese gezielt wieder löschen.

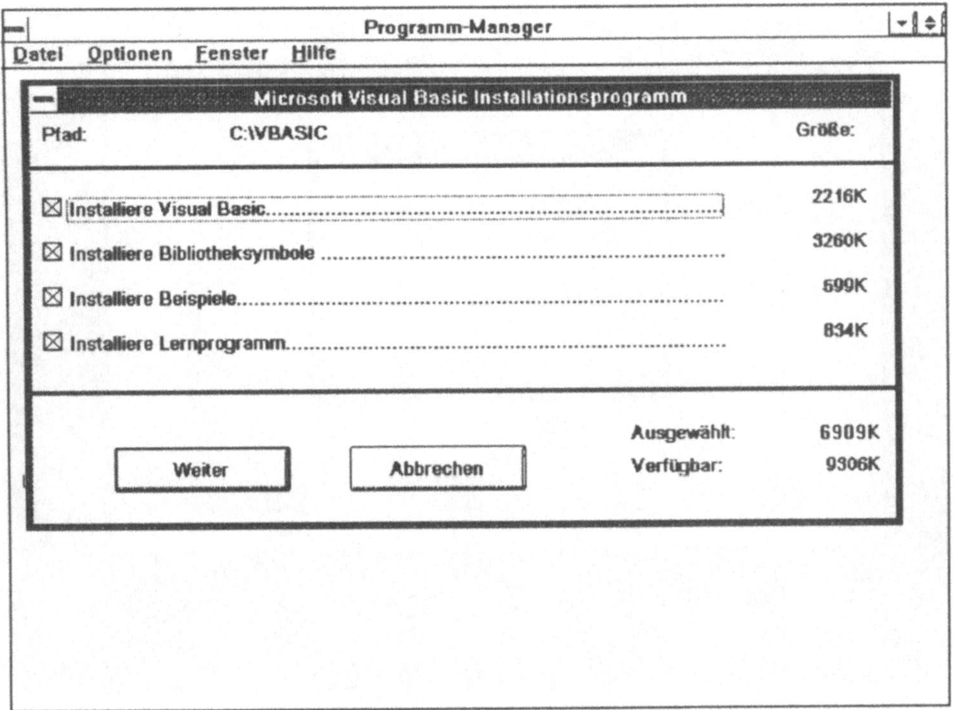

Bild 1.2: Visual Basic - Installation

Quittieren Sie das Auswahlfenster, wird Visual Basic installiert. Der aktuelle Arbeitsstand und notwendige Diskettenwechsel werden auf dem Bildschirm angezeigt. Durch die Installation wird auch eine Programmgruppe und innerhalb dieser Programmgruppe ein Bildsymbol für Visual Basic angelegt. Damit ist ein späterer Programmaufruf möglich, ohne Einstellungen in Windows selbst vornehmen zu müssen (s. Bild 1.3).

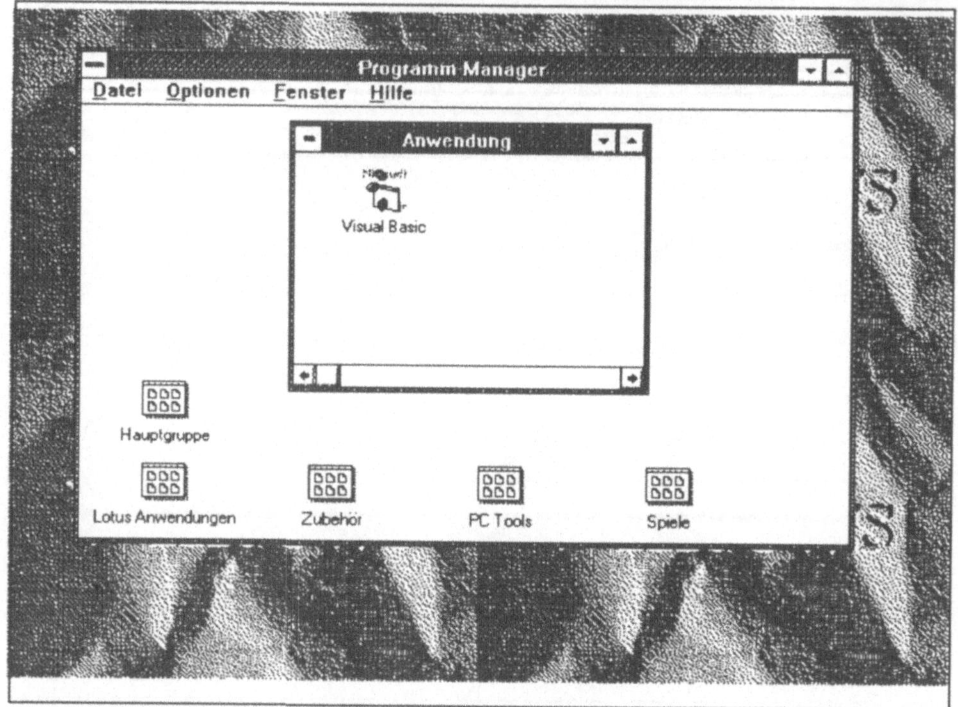

Bild 1.3: Visual Basic - Bildsymbol

1.4 Benutzeroberfläche und Hilfesystem

Bevor wir uns der Programmierung mit Visual Basic zuwenden, wollen wir zunächst an dieser Stelle die Benutzeroberfläche, das Hilfesystem und das Lernprogramm kurz vorstellen.

1.4.1 Die Benutzeroberfläche

Visual Basic besitzt eine Benutzeroberfläche, die sich von übrigen Windows-Applikationen sehr stark unterscheidet. Das Hauptfenster nimmt zu keinem Zeitpunkt der Programmentwicklung den gesamten Bildschirm ein, sondern verfügt lediglich über die Menü- und eine Eigenschaftsleiste. Die Werkzeuge für die Generierung der Programmoberfläche, die Projektverwaltung, das Menüentwurfsfenster und auch der Editor werden in einzelnen Fenstern, die in der Regel nicht in der Größe veränderbar sind, wahlfrei auf dem Bildschirm angezeigt und plaziert. Für den Visual Basic - Einsteiger kann diese Fenstervielfalt zunächst recht unüberschaubar wirken, auch wenn sich diese Praxis in der späteren Anwendung als sehr sinnvoll erweist. Aus diesem Grunde werden Sie an dieser Stelle zunächst die einzelnen Fenster in Visual Basic mit ihrem Aussehen und ihrer Verwendung kennenlernen. Dabei gilt zu beachten, daß nicht alle Fenster parallel auf dem Bildschirm angezeigt werden und teilweise gesondert durch den Anwender zu öffnen sind. Das Direktfenster ist nur im Programmausführungsmodus anzeigbar.

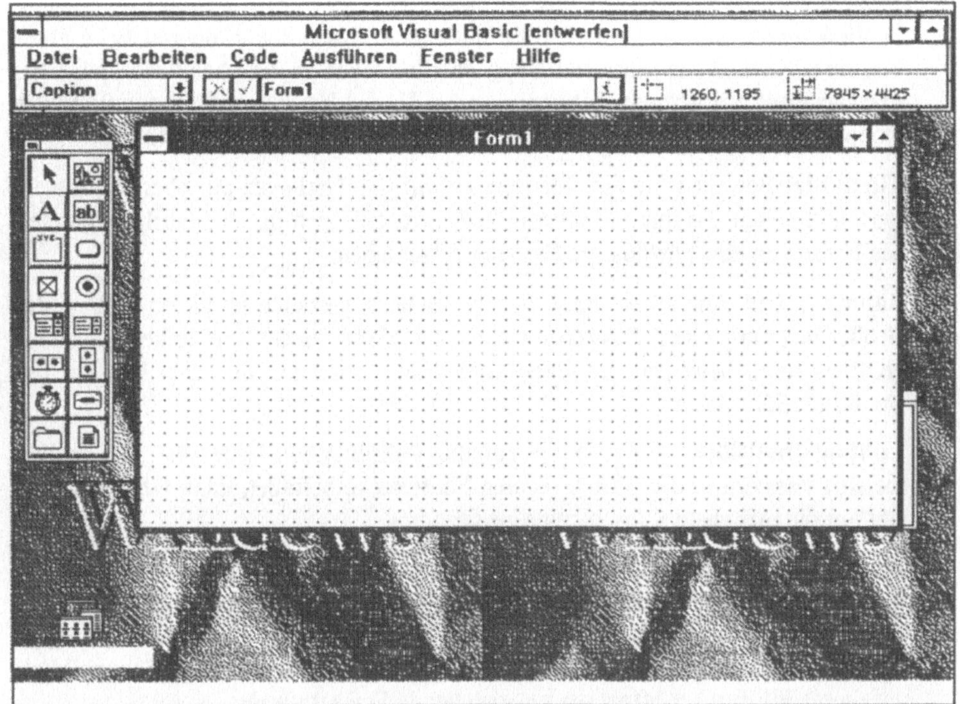

Bild 1.4: Eröffnungsbildschirm von Visual Basic

Starten Sie Visual Basic das erste Mal, erscheint der Bildschirm in etwa wie in Bild 1.4 dargestellt. Im oberen Bereich erkennen Sie die Menüleiste, das Hauptfenster des Entwicklungssystems. Das leere Fenster im Bildschirmzentrum mit dem Titel *Form1* wird als Formular bezeichnet. In Formularfenstern werden Sie später die Benutzeroberfläche Ihres Anwendungsprogrammes definieren. Im linken Bildschirmbereich befindet sich die sogenannte *Toolbox*. Diese stellt die Oberflächenelemente zur Verfügung, die mit der Maus angewählt und danach frei in einem Formular plaziert werden können. Diesen "Werkzeugkasten" werden wir im 2. Kapitel eingehender besprechen. Beachten Sie, daß sämtliche Fenster frei auf dem Bildschirm plaziert werden können. Welche Bedeutung die einzelnen Fenster haben und wie diese zu handhaben sind, wird nachfolgend beschrieben. Die einzelnen Fenster des Eröffnungsbildschirms werden auch zu Beginn einer Programmerstellung benötigt. Einige Schaltsymbole und Maustechniken, sollen zunächst kurz angeführt werden:

Doppelklick: Einzelne Oberflächenelemente, die mit dem Mauscursor angesteuert werden, können durch einen Doppelklick eine Programmfunktion auslösen. Dazu ist nach der Ansteuerung die linke Maustaste zweimal in kurzer Folge zu drücken.

Schließenfeld: Das Schließenfeld befindet sich in der linken oberen Ecke eines Fensters. Klicken Sie dieses einmalig mit der Maus an, erscheint ein spezielles Fenstermenü, mit dem ein Schließen und u.U. ein Verschieben möglich ist. Ein Doppelklick auf das Schließenfeld entfernt das Fenster vom Bildschirm.

Titelleiste: Bewegen Sie den Mauscursor auf die Titelleiste am oberen Fensterrand und halten die linke Maustaste gedrückt, läßt sich durch Mausbewegungen das Fenster an eine gewünschte Position verschieben.

Rahmen: Das Anklicken eines Fensterrahmens gestattet in vielen Fällen die Größenänderung eines Fensters. Halten Sie dazu wieder die linke Maustaste gedrückt und bewegen Sie dabei die Maus solange, bis das Fenster die gewünschte Größe hat.

Vollbildschaltfläche: Klicken Sie auf die Vollbildschaltfläche, die sich in den meisten Fenstern in der oberen rechten Fensterecke befindet, dann wird das Fenster auf die maximale Bildschirmgröße gezoomt.

Symbolschaltfläche: Um ein Fenster als Bildsymbol zu verkleinern, müssen Sie die Symbolschaltfläche anklicken. Diese befindet sich links neben der Vollbildschaltfläche. Beachten Sie, daß das Fenster geschlossen und durch ein Bildsymbol (Ikone), das am unteren Bildschirmrand erscheint, ersetzt wird. Ein Doppelklick auf dieses Bildsymbol öffnet das entsprechende Fenster wieder.

Wiederherstellenschaltfläche: Mit der Wiederherstellenschaltfläche kann ein zum Vollbild vergrößertes Fenster auf seine ursprüngliche Größe zurückgesetzt werden. Das Symbol, das durch einen Doppelpfeil gekennzeichnet ist, ist nur im Vollbildmodus aktiv und ersetzt in diesem Fall die Vollbildschaltfläche in der oberen rechten Fensterecke.

Auf weitere Bedienungselemente wollen wir an dieser Stelle nicht eingehen, da diese einheitlich für Windows und Windows-Anwendungsprogramme gelten. Da Sie Windows bereits installiert haben müssen, um auch mit Visual Basic arbeiten zu können, sollten Sie schon mit der allgemeinen Programmsteuerung vertraut sein, so daß wir uns nun auf Visual Basic konzentrieren können.

Das Menü mit Eigenschaftenleiste

Beginnen wir zunächst mit dem Menüfenster, das sich aus der Menüleiste und der Eigenschaftenleiste zusammensetzt. In der Titelleiste wird jeweils der Name von Visual Basic und in eckigen Klammern der Betriebsmodus angezeigt. Das ist in dem vorliegenden Fall der Entwurfsmodus, am Begriff *entwerfen* erkennbar (s. Bild 1.5). Führen Sie ein Programm aus, erscheint das Wort *ausführen* und bei einer Programmunterbrechung das Wort *unterbrechen*.

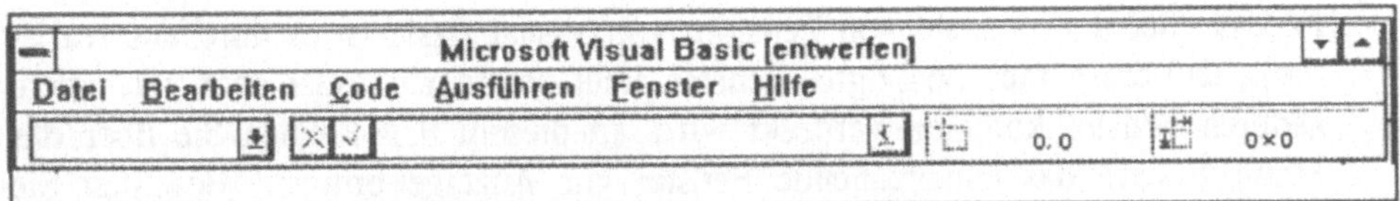

Bild 1.5: Menüfenster mit Eigenschaftenleiste

Welche Funktionen sich hinter den einzelnen Hauptmenüpunkten verbergen, ist nachfolgend kurz zusammengefaßt:

DATEI: Über den Menüpunkt DATEI können Sie ein Projekt laden und abspeichern, einzelne Dateien importieren und speichern, sowie neue Module und Formulare für Ihr Projekt anlegen. Beachten Sie, daß über den Untermenüpunkt EXE-DATEI ERSTELLEN die eigenständig, ohne die Entwicklungsumgebung ausführbare Windows-Programmdatei generiert werden kann. Sie sollten das Programm erst erzeugen, wenn Sie mit der Oberfläche zufrieden sind und Ihr Programm soweit getestet haben, daß es scheinbar fehlerfrei arbeitet.

BEARBEITEN: Das Menü BEARBEITEN stellt wichtige Editierfunktionen, wie z.B. Kopieren, Einfügen und Verschieben zur Verfügung. Diese Anweisungen können sowohl im Editor für den Quelltext als auch im Formular für Oberflächenelemente eingesetzt werden. Auch Einstellungen des Entwurfsrasters erfolgen über diesen Menüpunkt. Dabei handelt es sich um Punkte im Entwurfsformular, die für die Ausrichtung der Oberflächenelemente hilfreich sind. Sie können das Raster ein- und ausblenden, den Abstand der Rasterpunkte frei definieren, Oberflächenelemente am Raster ausrichten oder ein Fangraster aktivieren. Die letztgenannte Funktion sorgt dafür, daß die erstellten Oberflächenelemente automatisch am Raster ausgerichtet werden.

CODE: Über diesen Menüpunkt können Sie speziellen Quelltext suchen und anzeigen lassen bzw. zwischen einzelnen Prozeduren blättern. Diese Funktionen werden in der Regel bei der Programmentwicklung über das Projektfenster abgerufen. Der Visual Basic-Editor überprüft Eingaben von Programmanweisungen automatisch auf korrekte Syntax. Über den Untermenüpunkt SYNTAX ÜBERPRÜFEN läßt sich diese Funktion nach Wunsch aktivieren und deaktivieren.

AUSFÜHREN: Über diesen Menübefehl bringen Sie Ihr Programm während der Entwicklungsphase innerhalb der Visual Basic-Programmierumgebung zur Ausführung. Auch der Quelltextdebugger, der die Abarbeitung im Einzelschrittmodus oder in Prozedurschritten und das Setzen und Entfernen von Haltepunkten erlaubt, ist in dieses Menü integriert. Ferner legen Sie hier das Formular fest, das für den Programmstart verwendet wird und definieren die Kommandozeilenparameter für die Funktion COMMAND$ innerhalb der Entwicklungsumgebung.

FENSTER: Bei der Vielzahl von Fenstern von Visual Basic ist es durchaus realistisch, daß ein gerade benötigtes Fenster nicht geöffnet ist oder aber von einem anderen Fenster komplett verdeckt wird. In diesem Fall können Sie über das Menü FENSTER das entsprechende Fenster zur Anzeige bringen. Beachten Sie allerdings, daß nicht sämtliche Fenster in jedem Betriebsmodus verfügbar sind. So kann das Menüentwurfsfenster nur bei aktiviertem Formularfenster im Entwurfsmodus und das Direktfenster ausschließlich im Programmausführungsmodus angezeigt werden.

HILFE: Über das Menü HILFE rufen Sie Hilfeinformationen und das Lernprogramm ab. Eine genauere Erläuterung dieser Funktionen erhalten Sie am Ende dieses Kapitels.

Wesentliches Werkzeug zur Oberflächengestaltung einer Windows-Anwendung in Visual Basic ist die sogenannte Eigenschaftenleiste. Damit legen Sie die Eigenschaften von Formularen und Oberflächenelementen fest. Die einzelnen Eigenschaften werden wir später noch genauer besprechen, so daß an dieser Stelle lediglich die vier Funktionsbereiche angeführt werden. Berücksichtigen Sie allerdings, daß Eigenschaften nicht nur menügesteuert, sondern auch programmintern durch spezielle Anweisungen festgelegt werden können. Die Eigenschaften, die Sie über die Leiste definieren, gelten jeweils beim Öffnen eines Fensters und können zur Laufzeit nur durch spezielle Programmanweisungen geändert werden.

Kombinationsfeld für Eigenschaften: Im linken Teil der Eigenschaftenleiste wählen Sie die gewünschte Eigenschaft für ein Formular- bzw. Oberflächenelement aus. Nehmen wir an, Sie haben ein Textfeld angelegt und wollen nun die Schriftart ändern. In diesem Fall können Sie, vorausgesetzt das Textfeld ist markiert, den Eintrag *FontName* aus dem Kombinationsfeld auswählen. Beachten Sie, daß diese Anwahl lediglich ein zu änderndes Merkmal ansteuert, aber noch keine Auswirkungen auf die Schrift selbst hat.

Kombinationsfeld für Wertfestlegung der gewählten Eigenschaft: Um den Wert für eine ausgewählte Eigenschaft festzulegen, müssen Sie dieses Kombinationsfeld ansteuern. Bleiben wir bei unserem Beispiel mit der Schrift und nehmen wir an, daß der Schrifttyp Helvetica gewählt werden soll. Dann muß der Eintrag Helv aus der Liste ausgewählt werden. Nach der Anwahl wird unmittelbar die Schrift für das aktive Element gewechselt. Korrekturen können sofort durchgeführt werden.

Anzeige der Formularposition: Neben den Kombinationsfeldern, die in der Eigenschaftenleiste enthalten sind, gibt es zwei Anzeigefelder, die Aussagen über die Fensterposition und -größe machen. Die Formularposition wird durch die linke Anzeige ausgegeben. Die Koordinaten in Twips (ein zwanzigstel eines Punktes; 1 cm entspricht 576 Twips) beziehen sich jeweils auf die linke obere Ecke eines aktivierten Formularfensters. Beachten Sie, daß die Einstellung über die Kombinationsfelder erfolgt bzw. durch ein Verschieben des Formularfensters festgelegt wird.

Anzeige der Formulargröße: Die Größe eines Fensters in *Breite x Höhe* wird in der rechten Anzeige der Eigenschaftenleiste ausgegeben. Auch hier erfolgt die Festlegung der Formulargröße entweder über die Kombinationsfelder bzw. ein direktes Vergrößern eines Formulares auf dem Bildschirm.

Das Formularfenster

Das wichtigste Fenster in der Visual Basic-Programmierumgebung ist das Formularfenster. Dabei handelt es sich um einen Arbeitsbereich, in dem Sie Ihre Oberfläche zeichnen. Zunächst wählen Sie ein Oberflächenelement aus der *Toolbox* und plazieren dieses anschließend an die gewünschte Position im Formular. Jedes Oberflächenelement kann über Ansteuerung des Rahmens mit der Maus auf eine beliebige Größe gezoomt werden. Danach können Sie die einzelnen integrierten Objekte über die Eigenschaftsleiste mit bestimmten Eigenschaften versehen. Um ein Ausrichten der Oberflächenelemente zu erleichtern, kann wahlfrei mit einem Raster bzw. Fangraster gearbeitet werden. Hinweise hierzu erhalten Sie bei der Beschreibung des Menübefehls BEARBEITEN.

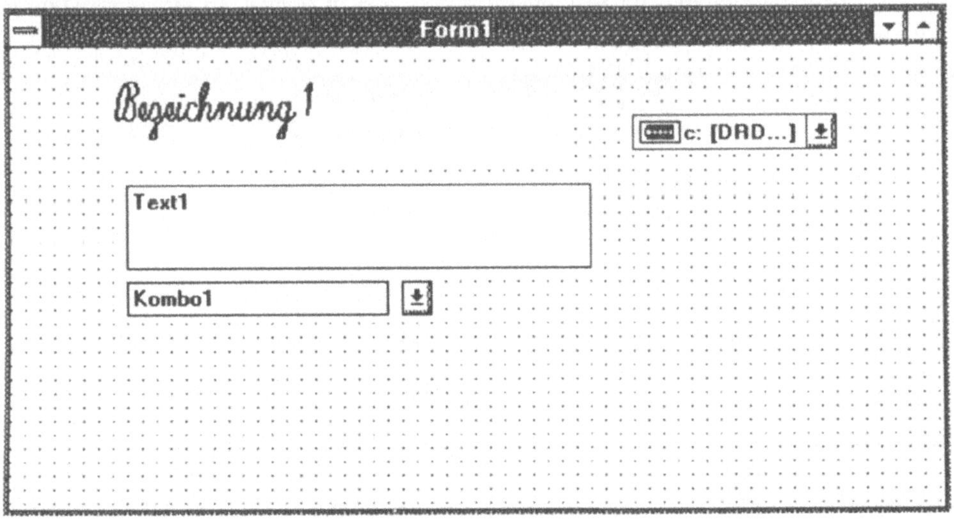

Bild 1.6: Beispielformularfenster

In Bild 1.6 wurden zur Veranschaulichung einige Objekte in das Formular aufgenommen. Berücksichtigen Sie in der späteren Programmausführung, daß sich mit der Anzahl der Elemente eines Formulars die Verwaltungzeit erhöht. Auch kann ein überladenes Formular durchaus zu einer schlechteren Handhabung durch den Anwender führen. Versuchen Sie daher, Formulare auf die wesentlichen Steuerelemente zu beschränken. Weniger ist oft mehr. Ein Programm selbst kann aus einem Formular oder aus einer Reihe von Formularen aufgebaut sein. Diese können gesamt oder nur bei Bedarf in den Speicher geladen werden. In welcher Größe und an welcher Position das Formular geöffnet wird, kann vom Programmierer festgelegt werden. Standardmäßig erscheinen alle Formulare so, wie sie auf den Bildschirm gezeichnet wurden. Änderungen müssen explizit über die Eigenschaftenleiste bzw. über Quelltextanweisungen durchgeführt werden. Besteht Ihr Programm aus mehreren Formularen, müssen Sie ein Startformular festlegen. Das ist im Regelfall das erste für ein Programm erzeugte Formular. Das Startformular kann nachträglich über das Menü AUSFÜHREN ● STARTFORM WÄHLEN... neu festgelegt werden. Ein Doppelklick auf das Formular oder ein bestimmtes Oberflächenelement öffnet automatisch das Editorfenster mit der zugehörigen ereignisgesteuerten Prozedur, so daß Sie unmittelbar den zugehörigen Quelltext eingeben können. Ein Beispiel, an dem eine Programmentwicklung exemplarisch vorgeführt wird, ist in Kapitel 1.5 enthalten.

Das Projektfenster

Da ein Visual Basic-Programm aus einer Vielzahl von Formularen, Quellmodulen und einem globalen Deklarationsteil bestehen kann, verfügt die Programmierumgebung über das sogenannte Projektfenster. Dieses erlaubt den gezielten Zugriff auf ein bereits erzeugtes Formular, den zugehörigen Quelltext bzw. reine Quelltextmodule. In Abbildung 1.7 ist das Projektfenster abgedruckt, wie es sich zu Beginn der Programmierung eines neuen Programmes darstellt.

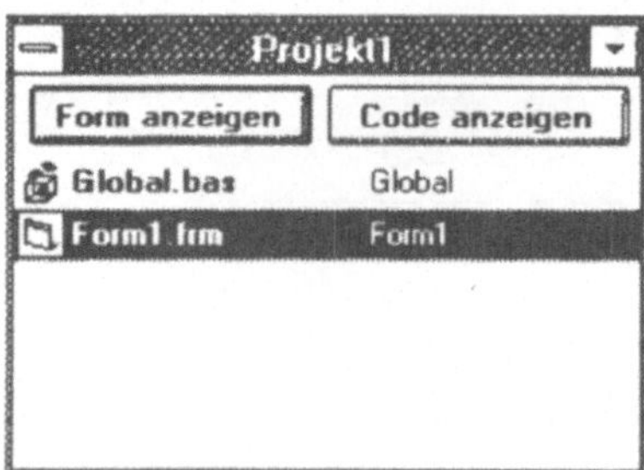

Bild 1.7: Projektfenster

Im unteren Listenfeld sind die einzelnen Programmodule mit ihrem Dateinamen und dem Namen, in dem im Programm auf die Formulare zugegriffen wird, aufgeführt. Das ist in jedem Fall das Modul *GLOBAL.BAS*, in dem globale Variablen deklariert werden. Beachten Sie, daß dieses Modul auch in der Liste erscheint, wenn Sie keine globalen Variablen verwenden. Reine Basic-Quelldateien werden durch das Dateikürzel (Suffix) *BAS* gekennzeichnet, wie es generell für Basic-Dialekte üblich ist. Formulare werden jeweils getrennt in einzelne Dateien abgespeichert und erhalten das Suffix *FRM*. Diese getrennt verwalteten Dateien werden erst beim Anlegen des Maschinenprogrammes (EXE-Datei) zusammengefügt. Zur Ausführung der erstellten Applikation sind die im Projektfenster aufgeführten Dateien also nicht mehr erforderlich. Damit sich Visual Basic die Dateien merken kann, die zu einem Projekt gehören, legt es intern eine Make-Datei mit der Dateiendung *MAK* an, wie es auch bei anderen Programmiersprachen üblich ist. Wollen Sie später ein Projekt laden, brauchen Sie nur diese *MAK*-Datei auswählen und alle benötigten Programmodule werden automatisch in den Speicher geladen. Auf die Namensvergabe der einzelnen Module werden wir in unserem Programmierbeispiel im nächsten Kapitel noch genauer eingehen. Es sei an dieser Stelle jedoch erwähnt, daß Namen für neue Formulare automatisch vergeben werden und bei Bedarf gesondert umzubenennen sind. Dies gilt auch für die übrigen Oberflächenelemente. Die Datei FORM1.FRM wird automatisch zu Beginn eines neuen Projektes generiert und steht in direktem Zusammenhang zu dem beim Laden von Visual Basic automatisch geöffneten Entwurfsformular.

Haben Sie im Listenfeld ein zu bearbeitendes Formular- bzw. Basic-Quelltextmodul ausgewählt, können Sie die Anwahl über die Schaltfläche *<Form anzeigen>* bzw. *<Code anzeigen>* quittieren. Je nach Schaltfäche wird dann das entworfene Formular oder aber der zugehörige Quelltext auf den Bildschirm gebracht und kann unmittelbar bearbeitet werden. Ist die Schaltfläche *<Form anzeigen>* nicht anwählbar, dann handelt es sich um ein reines Quelltextmodul. Beachten Sie, daß Formulardateien, anders als reine Quelltextmodule, sowohl Definitionen der Formulare als auch ereignisorientierte Unterprogramme enthalten.

Farbpaletten- und Farbdefinitionsfenster

Die grafischen Oberflächen- und Bedienungselemente können mit beliebigen Farben versehen werden. Zwar sind Farbänderungen beliebig auf der Quelltextebene vollziehbar, Grundeinstellungen lassen sich jedoch auch komfortabel über das Farbpalettenfenster festlegen. Dieses ist standardmäßig nicht geöffnet und muß erst über das Menü FENSTER ● FARBPALETTENFENSTER aufgerufen werden (s. Bild 1.8).

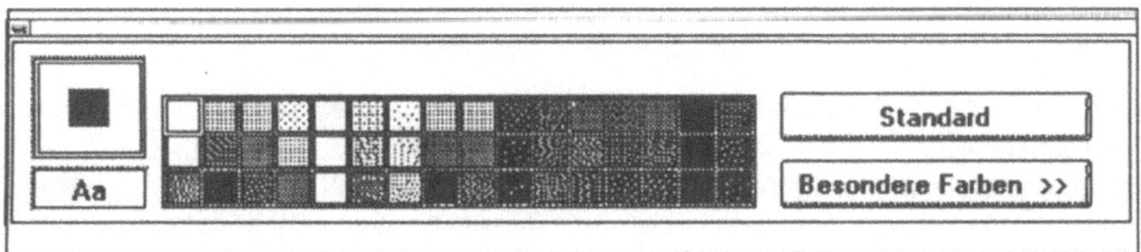

Bild 1.8: Farbpalettenfenster

Im linken Teil des Fensters sehen Sie die aktuelle Farbauswahl für den Vorder- und Hintergrund. Durch ein Anklicken des jeweiligen Bereiches kann entweder die Vorder- oder Hintergrundfarbe festgelegt werden. Der untere linke Bereich des Fensters, in dem die Buchstaben *Aa* angezeigt werden, gibt die aktuelle Farbwahl für Textfelder wieder. Berücksichtigen Sie, daß für Textfelder keine Mischfarben gültig sind. Wählen Sie dennoch Mischfarben für Textfelder, egal ob für Vorder- oder Hintergrund, dann wird diese automatisch durch eine naheliegende Grundfarbe ersetzt.- Im mittleren Bereich können Sie eine vordefinierte Farbe auswählen, und über die Schaltflächen im rechten Fensterbereich verlassen Sie das Farbpalettenfenster. Beachten Sie, daß die Farbauswahl unmittelbar für das aktive Oberflächenelement aktiviert wird, eine Quittierung über eine Schaltfläche ist nicht erforderlich. Über die Schaltfläche *<Standard>* stellen Sie die ursprüngliche Windows-Farbeinstellung wieder her (diese ist abhängig von der jeweiligen Windows-Konfiguration), und über die Schaltfläche *<Besondere Farben>>* > können Sie eine eigene Farbe definieren, die noch nicht im Farbpalettenfenster enthalten ist. Dazu wird zunächst eine neue Farbleiste im Palettenfenster eingerichtet. Klicken Sie hier ein leeres Feld an, öffnet sich das Farbdefinitionsfenster, wie es in Bild 1.9 dargestellt ist. Haben Sie eine Farbe definiert und mit der Schaltfläche *<OK>* quittiert, wird diese in das Farbpalettenfenster übernommen. Die benutzerdefinierte Farbe kann nun wie die vordefinierten Farben eingesetzt werden.

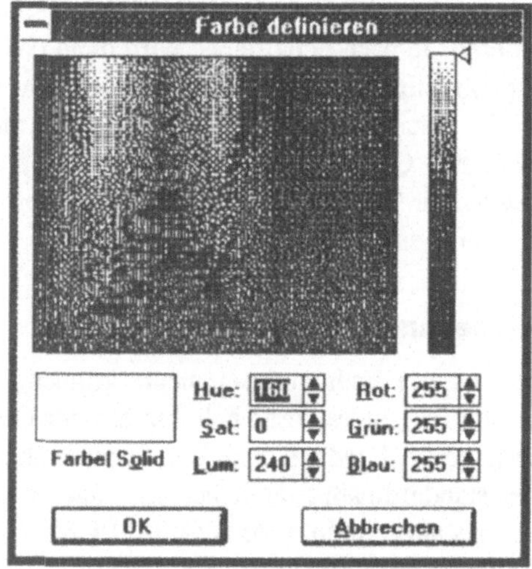

Bild 1.9: Farbdefinitionsfenster

Betrachten Sie sich das Farbdefinitionsfenster genauer, werden Sie sehr viele Dialogelemente entdecken. Die Handhabung ist allerdings recht einfach. Wählen Sie die Farben im oberen Dialogfensterbereich aus und nehmen Sie lediglich die Feinabstimmung in den Textfeldern mit den Farbwerten vor. Die jeweils aktuelle Farbeinstellung wird links oberhalb der Schaltfläche *<OK>* angezeigt. Sind Sie mit der Anwahl zufrieden, verlassen Sie das Dialogfeld über die Schaltfläche *<OK>* und die Farbe wird in das Farbpalettenfenster mit aufgenommen. Wählen Sie stattdessen die Schaltfläche *<Abbrechen>*, wird die benutzerdefinierte Farbe nicht in die Farbpalette eingetragen. Sollten Sie zeitweise das Farbpalettenfenster schließen, gehen die benutzerdefinierten

Farben nicht verloren, allerdings muß die Farbleiste mit den durch den Anwender festgelegten Farben unter Umständen zunächst über die Schaltfläche *<Besondere Far-
ben>> >* angezeigt werden.

Das Menüentwurfsfenster

Umfangreiche Anwendungsprogramme verfügen über eine Vielzahl von Funktionen,
die in der Regel über eine Menüsteuerung komfortabel abgerufen werden können.
Auch Visual Basic-Programme lassen sich mit komplexen Menüstrukturen entwickeln.
Anders als bei den anderen Oberflächenlementen werden Menüs allerdings nicht
gezeichnet, sondern in einem Menüentwurfsfenster definiert. Hier werden auch die
Eigenschaften der Menübefehle festgelegt. Ein Beispiel für ein Menüentwurfsfenster
mit einigen Einträgen ist in Bild 1.10 dargestellt.

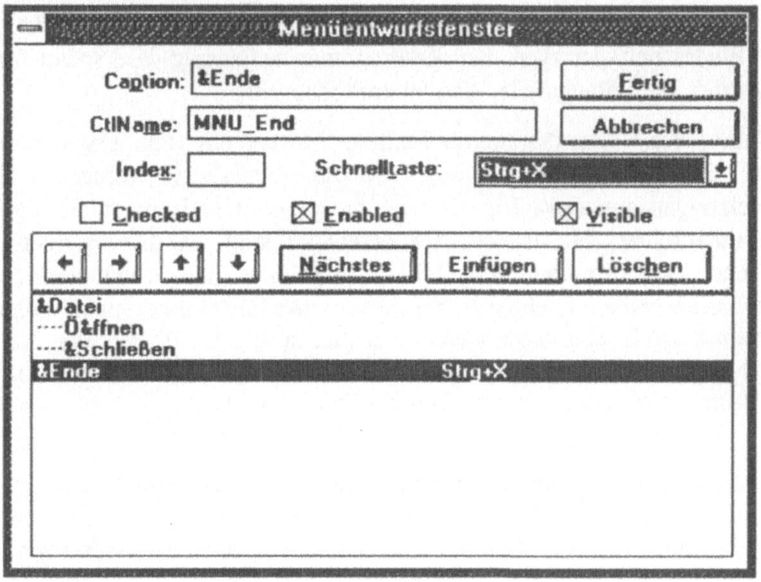

Bild 1.10: Menüentwurfsfenster

Bedenken Sie allerdings, daß, obwohl ein Programm mit einem Menü sehr professio-
nell aussieht, Menüs nicht in jedem Falle sinnvoll oder notwendig sind. Versuchen Sie
also nicht unbedingt, ein Programm mit Menüs auszustatten. Realisiert das Programm
lediglich wenige Funktionen, kann es durchaus sinnvoller sein, einzelne Schaltflächen
zur Anwahl einzusetzen und auf ein Auswahlmenü zu verzichten.- Wollen Sie ein
Menü entwerfen, müssen Sie zunächst ein Formular aktivieren und anschließend den
Menüeintrag FENSTER ● MENÜENTWURFSFENSTER anwählen. Das Menü, daß Sie nun entwerfen können, bezieht sich jeweils auf das aktuelle Formular. Da ein Programm in der
Regel nur über ein Hauptmenü verfügt, sollten Sie darauf achten, daß Sie das Menü für
das Startformular definieren. Die einzelnen Textfelder und Schaltflächen des
Menüentwurfsfensters sind nachfolgend erläutert.

Caption: Mit diesem Textfeld legen Sie den Menüeintrag fest, so wie er später während des Programmlaufes erscheint. Wollen Sie eine Direktzugriffstaste für einen Menüpunkt definieren, müssen Sie vor dem entsprechenden Buchstaben ein & eintragen. Das Zeichen & erscheint später nicht im Menü und sorgt lediglich dafür, daß der nachfolgende Buchstabe des Menüeintrages unterstrichen und als Direktzugriffstaste genutzt wird. Das muß nicht, wie in unserem Beispiel der erste, sondern kann jeder beliebige Buchstabe eines Wortes sein. Berücksichtigen Sie allerdings, daß Visual Basic nicht überprüft, ob ein Buchstabe bereits für einen anderen Befehl desselben Menüs verwendet wurde. Ist dies der Fall, wird beim Programmlauf zunächst der erste Menüeintrag mit dem entsprechenden Buchstaben erkannt. Erst bei erneuter Buchstabenanwahl wird ein eventuell zweiter vorhandener Eintrag angesteuert. Die Verwendung des Zeichens & ist wahlfrei möglich und nicht Voraussetzung zur Einrichtung eines Menüeintrages.- Wollen Sie bei umfangreichen Untermenüs Teilungslinien zur Gruppierung von einzelnen Befehlsgruppen verwenden, so müssen Sie in das Textfeld *Caption* einen Bindestrich eintragen. Bei der Programmausführung wird später für diesen Bindestrich die Teilungslinie (Accelerator) generiert.

CtlName: Der Name, den Sie im Textfeld *CtlName* eingeben, erscheint nicht im Menü. Er dient als Bezeichnung für Ihren Quelltext. Versuchen Sie den Menüeinträgen aussagekräftige Namen zu vergeben und sorgen Sie dafür, daß diese unmittelbar als Menüeinträge erkennbar sind. In diesem Buch werden sämtliche Kontrollnamen mit *MNU_* eingeleitet und durch einen kurzen Zusatznamen erweitert. Um z.B. den Menüpunkt *Ende* zu benennen, könnten Sie den Namen *MNU_End* verwenden (s. Beispiel in Bild 1.10). Beachten Sie, daß an jeden Menüeintrag ein einmaliger Kontrollname vergeben werden muß, und zwar auch dann, wenn es sich um eine Teilungslinie handelt.

Index: Das Textfeld Index legt das erste Element eines Steuerelementefeldes fest. Dabei handelt es sich um Menübefehle, die wie ein Datenfeld indiziert werden und allesamt die gleichen ereignisgesteuerten Unterprogramme verwenden. Steuerelementefelder werden dazu benötigt, Steuerelemente während der Laufzeit anzulegen und eventuell wieder zu entfernen. Da der zugehörige Programmcode für die neuen Elemente allerdings schon bei der Programmentwicklung festgelegt werden muß, müssen auch die ereignisgesteuerten Unterprogramme bereits im Vorfeld festgelegt werden. Dies erfolgt durch die Definition des ersten Elementes eines Steuerelementefeldes.

Schnelltaste: Wollen Sie spezielle Menübefehle unmittelbar über einen Tastaturbefehl bzw. über eine Tastenkombination aufrufen, dann können Sie dies durch Definition einer Schnelltaste erreichen. Eine Hilfsinformation, die sowohl über das Menü als auch direkt über ein Tastaturkommando abrufbar sein soll, sollte z.B. die Funktionstaste [F1] als Schnelltaste verwenden. Die möglichen Tastaturbefehle werden in einer Liste bereitgestellt und sind nicht frei vom Anwender wählbar.

Checked: Bei Anwahl dieser Eigenschaft wird ein Menüeintrag beim Programmstart durch einen Haken √ gekennzeichnet, um zu zeigen, daß eine Menüoption aktiviert wurde. Beachten Sie, daß die entsprechende Auswertung einer Menüoption und eine eventuelle Umstellung im Quelltext erfolgen muß.

Enabled: Wählen Sie diese Eigenschaft für einen Menüeintrag, ist dieser beim Programmstart nicht aktivierbar. Gekennzeichnet wird ein solcher Menüeintrag, indem der Text abgeblendet in hellem Grau erscheint. Eine Aktivierung und Deaktivierung eines Menüpunktes kann im Quelltext erfolgen.

Visible: Diese Eigenschaft legt fest, daß ein Menüeintrag bereits beim Programmstart im Menü erscheint. Auch diese Eigenschaft kann zur Laufzeit geändert werden.

Die nächsten Schaltflächen beziehen sich jeweils auf die Liste der Menüeinträge, die im unteren Teil des Menüentwurfsfensters dargestellt wird. Wie in allgemeinen Listenfeldern wird der jeweils aktivierte Eintrag durch einen schwarzen Balken hervorgehoben. Der Balken selbst kann sowohl über die Cursorsteuerung als auch über die Maus gesetzt werden. Kann die Menüdefinition nicht in der Gesamtheit auf den Bildschirm gebracht werden, können Sie mit Hilfe der Tasten [Bild oben] und [Bild unten] bzw. über den in diesem Fall erscheinenden Rollbalken die Liste im Fenster verschieben. In der Menüdefinition werden Direktzugriffs- und Schnelltasten sowie Menüebenen angezeigt. Beachten Sie, daß Direktzugriffstasten wieder durch das vorangestellte Zeichen & gekennzeichnet werden, Menüebenen werden durch Einrückungen gekennzeichnet.

<- : Mit dieser Schaltfläche bewegen Sie einen Menüeintrag in die nächsttiefere Menüebene. In der Darstellung der Menüdefinition werden jeweils vier führende Punkte eines Menüeintrages entfernt. Wird ein Menüeintrag nicht durch Punkte eingeleitet, so handelt es sich um einen Hauptmenüeintrag, der jeweils in der Menüzeile eines Programmes ausgegeben wird. Beachten Sie, daß Menüeinträge in der Reihenfolge ihrer Definition im Menü eingetragen werden. Sie sollten darauf achten, daß Sie übliche Menüstrukturen übernehmen. So sollte sich das Hilfemenü z.B. am rechten Rand und das Dateimenü am linken Rand des Hauptmenüs befinden. .

-> : Mit dieser Schaltfläche bewegen Sie einen Menüeintrag in die nächsthöhere Menüebene. In der Darstellung der Menüdefinition werden jeweils vier Punkte vor den Menüeintrag vorangestellt. Einträge mit jeweils vier vorangestellten Punkten unter einem Hauptmenüpunkt ergeben das erste Untermenü, das nach der Anwahl eines Hauptmenüpunktes erscheint. Bis zu 5 Einrückungsebenen sind in Visual Basic möglich. Beachten Sie aber, daß auch hier übermäßige Menüebenen eher die Bedienungsfreundlichkeit verschlechtern als fördern. Versuchen Sie die Funktionen Ihres Programmes also sinnvoll zu gliedern und nicht unnötige Befehle in die Menüs aufzunehmen.

↑ : Mit Hilfe dieser Schaltfläche können Sie den aktiv markierten Menüeintrag in der Liste um ein Feld nach oben verschieben und damit die Position im späteren Programmlauf festlegen.

↓ : Mit Hilfe dieser Schaltfläche können Sie den aktiv markierten Menüeintrag in der Liste um ein Feld nach unten verschieben und damit die Position im späteren Programmlauf festlegen.

Nächstes: Mit dieser Schaltfläche bewegen Sie den Balken zur Markierung eines Menüeintrages um eine Position nach unten. Ist das Listenende erreicht, wird der Balken wieder auf den ersten Menüeintrag gesetzt.

Einfügen: Steuern Sie diese Schaltfläche an, wird vor dem aktivierten Menüeintrag Platz für die Definition eines neuen Eintrages geschaffen.

Löschen: Um einen Menüeintrag zu löschen, können Sie die Schaltfläche *<Löschen>* betätigen. Beachten Sie allerdings, daß eine Funktion zum Rückgängigmachen eines Löschbefehls im Menüentwurfsfenster nicht enthalten ist.

Fertig: Über die Schaltfläche *<Fertig>* quittieren Sie den Menüentwurf, der unmittelbar in das aktivierte Formular übernommen wird. Obgleich eine Ansteuerung der Menüeinträge im Anschluß bereits möglich ist, wird noch kein Programmcode ausgeführt. Sie können in diesem Zustand allerdings bereits die Korrektheit Ihrer Definition überprüfen. Sollten Sie an dieser Stelle einen Fehler feststellen, können Sie erneut das Menüentwurfsfenster öffnen und die Definition des Menüs bearbeiten. Beachten Sie wiederum, daß auch Änderungen nur über die Schaltfläche *<Fertig>* übernommen werden.

Abbrechen: Mit dieser Funktion brechen Sie Ihre Menüdefinition ab. Alle bislang gemachten Eingaben zur Menüdefinition gehen unwiderruflich verloren. Ein nachträgliches Bearbeiten der gemachten Eingaben ist nicht mehr möglich. Öffnen Sie das Menüentwurfsfenster erneut, sind sämtliche Eingaben gelöscht.

Beachten Sie, daß Sie mit dem Menüentwurfsfenster das Menü so definieren, wie es beim Programmstart bzw. bei der Anzeige eines bestimten Formulars erscheint. Änderungen der Menüeinträge und Eigenschaften zu speziellen Menübefehlen sind während der Laufzeit über spezielle Visual Basic-Anweisungen möglich.

Das Editorfenster

Nachdem auf den letzten Seiten ausschließlich Fenster zur Bearbeitung der Oberfläche angeführt wurden, bleibt nun noch der Quelltexteditor zu erläutern, der in Bild 1.11 abgebildet ist. Anders als in anderen Programmiersprachen wird, angelehnt an Quick Basic, nie der gesamte Quelltext eines Programmes aufgelistet. Lediglich ein einzelnes Unterprogramm bzw. ein Deklarationsteil kann jeweils im Editorfenster angezeigt und bearbeitet werden. Die Steuerung des Editors selbst unterscheidet sich nicht von üblichen Editoren, so daß wir auf eine genauere Erläuterung an dieser Stelle verzichten können. Auch die Vergrößerung des Fensters wurde bereits angesprochen und braucht nicht noch einmal erwähnt zu werden.

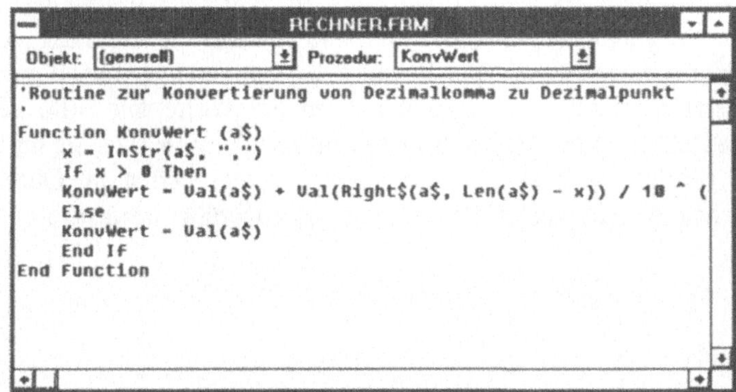

Bild 1.11: Quelltexteditor

Anders sieht es hingegen mit der Auswahlleiste unterhalb der Titelleiste aus. Jedes Formular besteht aus der Definition der grafischen Oberfläche und zugehörigem Quelltext. Der Quelltext kann zum einen ereignisgesteuert sein und steht dann in direktem Zusammenhang mit den Oberflächenelementen bzw. Objekten, zum anderen können benutzerdefinierte Prozeduren (echte Unterprogramme und echte Funktionen) definiert werden, die nicht ereignisorientiert arbeiten und dementsprechend nicht an ein bestimmtes Objekt gebunden sind. Der Aufruf wird also nicht von einem Ereignis, sondern durch einen benutzerdefinierten Unterprogramm- bzw. Funktionsaufruf festgelegt.

Je nachdem, welchen Programmcode Sie eingeben und ändern, unterscheiden sich die Kombinationslistenfelder im Editorfenster. Bearbeiten Sie ereignisorientierte Prozeduren, so werden diese als *Objekt* verwaltet. Mögliche Ereignisse können in diesem Fall im Listenfeld *Prozedur* abgerufen werden. Bearbeiten Sie stattdessen benutzerdefinierte Prozeduren, so werden diese im Kombinationsfeld *Prozedur* verwaltet, im Listenfeld *Objekt* erscheint lediglich der Begriff *generell*. Beide Listenfelder dienen zur schnellen Anwahl und anschließenden Anzeige einer Prozedur oder eines Deklarationsteiles im Editor. Um zwischen einzelnen Programmteilen zu wechseln, die nicht parallel angezeigt werden können, brauchen Sie also den Editor nicht zu verlassen. Vorausgesetzt natürlich, die Programmteile gehören zu ein und demselben Formular. Wollen Sie Programmteile eines anderen Formulars bearbeiten, so erreichen Sie dies über das Projektfenster.

Beachten Sie, daß das Editorfenster sowohl beim Programmentwurf als auch bei der Programmausführung aufrufbar ist. Bei der Programmausführung werden im Editorfenster Haltepunkte gesetzt und Ausführungen von Programmanweisungen im Einzelschritt- und Prozedurmodus verfolgt.

Das Direktfenster

Das Direktfenster kann nur während der Programmausführung in der Visual Basic-
Benutzeroberfläche geöffnet werden und dient zur Variablenverfolgung. Zum einen
können Sie Ihr Programm unterbrechen und eine initialisierte Programmvariable über
den Befehl *Print* anzeigen lassen (der Befehl *Print* kann stellvertretend durch ein Fra-
gezeichen ersetzt werden), zum anderen können Sie Werte mit Hilfe der Methode
Debug automatisch im Direktfenster ausgeben lassen. Dazu müssen Sie die Anweisung
Debug.Print, gefolgt von den Variablennamen an den Stellen im Quelltext unter-
bringen, an denen die Ausgabe im Direktfenster durchgeführt werden soll.

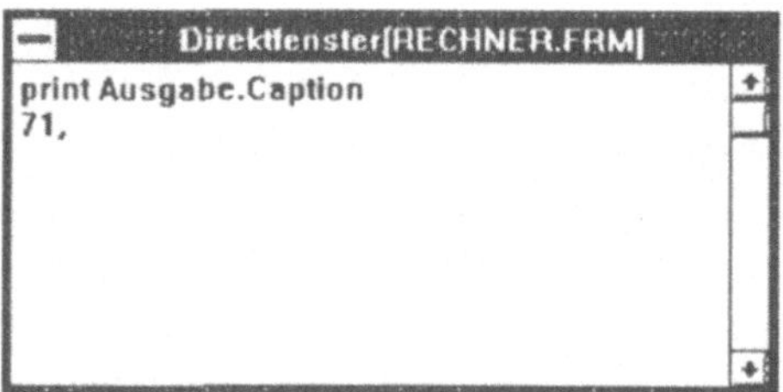

Bild 1.12: Direktfenster

Beachten Sie, daß in der Titelleiste des Direktfensters jeweils der Name des aktuell
abgearbeiteten Programmoduls angezeigt wird. In Bild 1.12 ist dies das Formular
RECHNER.FRM.- Neben der Verfolgung von Variablenwerten lassen sich im Direktfenster auch einzelne Anweisungen und Funktionsaufrufe durchführen. Jede Anweisung bzw. Folge von Anweisungen (z.B. Schleifenkonstrukte) muß in einer einzelnen
Zeile formuliert sein. Mehrzeilige Anweisungen werden im Direktfenster nicht unterstützt. Haben Sie einmal eine Anweisung getestet, so müssen Sie diese bei
wiederholtem Aufruf nicht erneut eingeben. In diesem Fall brauchen Sie lediglich den
Textcursor auf die entsprechende Anweisungszeile zu positionieren und mit [Return]
zu quittieren.

1.4.2 Das Hilfesystem

Visual Basic ist mit einer kontext-sensitiven Hilfsfunktion ausgestattet. Um zur aktiv
bearbeiteten Programmfunktion eine zugehörige Information anzeigen zu lassen, brau-
chen Sie lediglich die Funktionstaste [F1] zu betätigen. Wird zu einem Thema kein
Hilfetext gefunden, erhalten Sie eine kurze Bildschirmmeldung. Beachten Sie, daß die
Hilfe selbst über das Windows-Hilfsprogramm ausgegeben wird und nicht eigentlicher
Bestandteil des Programmentwicklungssystems ist. Kennen Sie also bereits die
Windows-Hilfsfunktion bzw. die Hilfefunktion einer anderen komplexen Windows-
Anwendung, dann werden Sie auch keine Schwierigkeiten mit der Hilfefunktion von
Visual Basic haben.

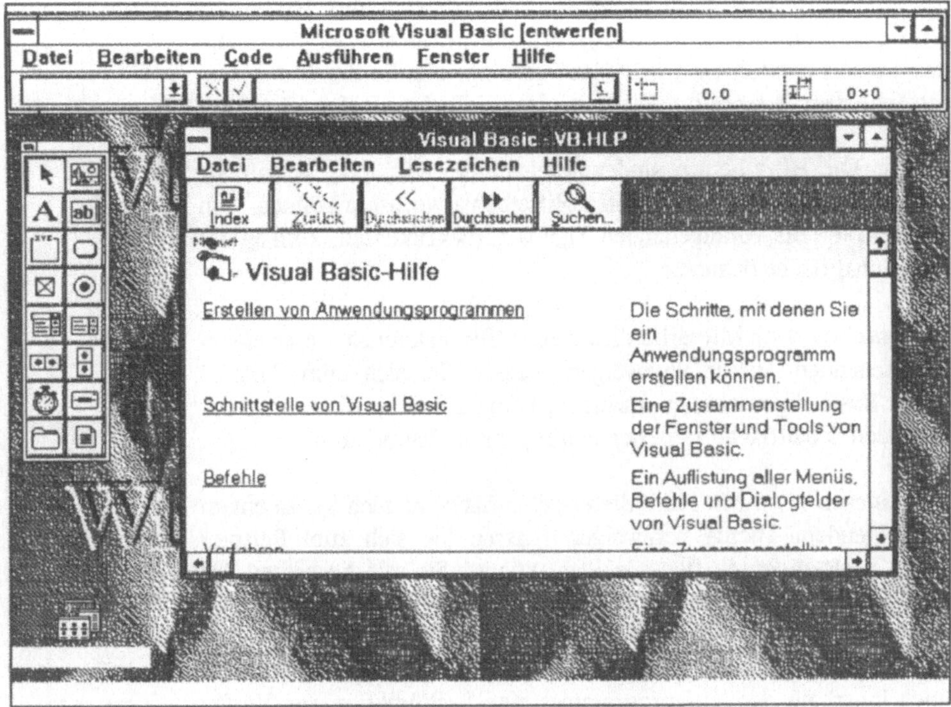

Bild 1.11: Hilfesystem von Visual Basic

Ein direkter Aufruf des Hilfeprogrammes ist auch über das Menü Hilfe von Visual Basic möglich (s. Bild 1.11). Die Menübefehle und die jeweils erscheinenden Hilfsinformationen sind nachfolgend aufgelistet.

Hilfe ● Index: Anzeige des Hilfeindex, um beliebige Themen der Hilfedatei von Visual Basic anzeigen zu lassen.

Hilfe ● Tastatur: Informationen zur Bedienung des Visual Basic-Programmentwicklungssystemes mit der Tastatur anzeigen lassen.

Hilfe ● Hilfe verwenden: Anzeige der Bedienungshinweise zum Hilfsprogramm *WINHELP*.

Innerhalb des Hilfefensters sind einzelne Begriffe und Texte unterstrichen. Klicken Sie auf unterstrichenen Text, wird zu einem anderen Hilfethema verzweigt, das thematisch mit dem ursprünglichen Thema verwandt ist (Querverweis). Spezielle Begriffe, die mit einer gestrichelten Linie unterstrichen sind, können ebenfalls mit der Maus angesteuert werden. Halten Sie die linke Maustaste gedrückt, erhalten Sie in einem speziellen Bildschirmfenster eine zugehörige Begriffsdefinition. Sobald Sie die Maustaste wieder lösen, verschwindet auch das Fenster mit der Begriffserläuterung wieder vom Bildschirm. Die einzelnen Schaltflächen im Hilfsprogramm sind nachfolgend kurz erläutert.

Index: Über diese Schaltfläche können Sie jederzeit zum Hilfeindex verzweigen, um sich eine beliebige Hilfsinformation anzeigen zu lassen. Diese Funktion entspricht der Funktion, die Sie durch den Menübefehl Hilfe ● Index innerhalb von Visual Basic aufrufen können.

Zurück: Die Hilfethemen sind untereinander verknüpft, so daß Sie sehr schnell zu einem verwandten Hilfethema wechseln können. Um zu einem jeweils vorangehenden Thema zurückzukehren, können Sie diese Schaltfläche benutzen.

Durchsuchen < <: Mit Hilfe dieser Schaltfläche können Sie zu einem vorangehenden Thema verzweigen. Lassen Sie sich zum Beispiel Visual Basic-Eigenschaften anzeigen, können Sie mit dieser und der folgenden Schaltfläche zwischen den Eigenschaften blättern.

Durchsuchen > >: Mit Hilfe dieser Schaltfläche können Sie zu einem nachfolgendem Thema verzweigen. Lassen Sie sich zum Beispiel Visual Basic-Eigenschaften anzeigen, können Sie mit dieser und der vorangehenden Schaltfläche zwischen den Eigenschaften blättern.

Suchen: Benötigen Sie Hilfe zu einem speziellen Begriff, so steht Ihnen innerhalb des Hilfeprogrammes eine Suchfunktion zur Verfügung. Mit dieser Funktion lassen sich spezielle Informationen zu einem Thema am schnellsten auffinden. Nachdem Sie die Schaltfläche angeklickt haben, erscheint zunächst ein spezielles Dialogfenster. Geben Sie nun im Textfeld *Suchen nach* den Buchstaben ein, mit dem der zu suchende Begriff beginnt, erscheinen in einem Listenfeld Worte, die mit diesem Buchstaben beginnen. Geben Sie zwei Buchstaben ein, erscheinen in der Liste die Begriffe, die genau mit diesen beiden Buchstaben beginnen. Sie können also den vorhandenen Begriff aus der Liste anwählen und brauchen ihn nicht in der Gesamtheit einzugeben. Haben Sie den Begriff ausgewählt, quittieren Sie die Anwahl über die Schaltfläche *<Suchen>*. Danach werden die gefundenen Hilfsthemen in einer Liste im unteren Bereich des Dialogfensters angezeigt. Hier können Sie nun ein Thema wählen und mit Hilfe der Schaltfläche *<Gehe zu>* anzeigen lassen. Wird kein Thema zu einem Begriff gefunden, können Sie mit der Eingabe eines neuen Suchbegriffes fortfahren oder aber die Suchfunktion über die Schaltfläche *<Abbrechen>* vorzeitig beenden.

Über die Menübefehle im Hilfsprogramm können Sie Hilfsinformationen ausdrucken oder aber Beispielprogramme in die Benutzerumgebung von Visual Basic kopieren und anschließend bearbeiten und ausführen lassen. Beachten Sie, daß Sie auch beliebige Hilfsdateien, die mit dem Windows-Hilfecompiler erstellt wurden, über den Menübefehl DATEI ● DATEI ÖFFNEN verwenden können. Verfügen Sie über den Hilfecompiler, der nicht zum Lieferumfang von Visual Basic gehört, und wollen Sie hiermit Hilfstexte für Ihre Visual Basic-Applikation erstellen, dann können Sie diese vorab testen. Die Einbindung in ein Visual Basic-Programm erfolgt, wenn die Hilfedatei Ihren Vorstellungen entspricht. Beachten Sie, daß ein Zugriff auf das Windows-Hilfsprogramm mit eigenen Hilfedateien über Windows-Systemfunktionen möglich ist. Hinweise hierzu können Sie Kapitel 3.7 entnehmen.

1.4.3 Das Lernprogramm

Visual Basic weist zwar sehr viele Ähnlichkeiten zu anderen Basic-Dialekten auf, unterscheidet sich allerdings durch die Oberflächenentwicklung und die Anbindung des zugehörigen Quelltextes. Wollen Sie die Konzepte der Visual Basic-Programmierung kennenlernen, können Sie auf das Lernprogramm zurückgreifen, das mit dem Windows-Programmiersystem ausgeliefert wird (s. Bild 1.12).

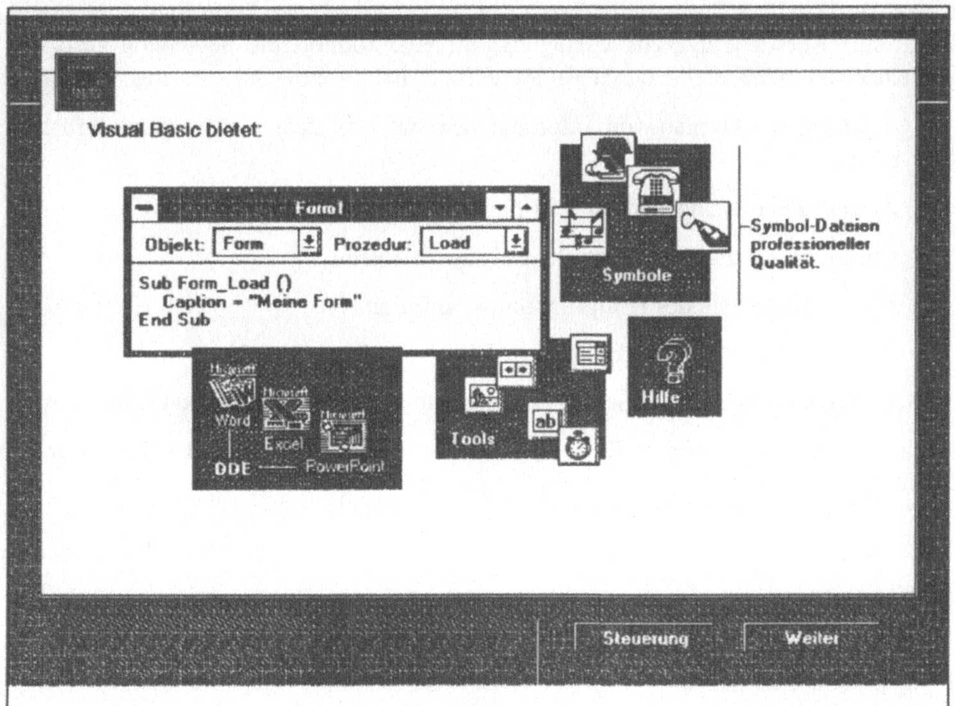

Bild 1.12: Das Lernprogramm

Das Lernprogramm wird über den Menübefehl HILFE ● LERNPROGRAMM gestartet. Insgesamt stehen vier Lektionen bereit, die Sie durcharbeiten können. Die einzelnen Inhalte der Übungen sind nachfolgend kurz angeführt.

Einführung in Visual Basic: In dieser Lektion erhalten Sie eine Erläuterung der Visual Basic-Entwicklungsumgebung und der Hilfefunktion sowie Hinweise zu Anwendungsprogrammen, die Sie mit dem Programmentwicklungssystem erstellen können.

Arbeiten mit Visual Basic: In dieser Lektion erfahren Sie, wie Sie eine Anwendung mit Visual Basic entwickeln. Dabei wird sowohl die Erstellung der Oberfläche als auch die Eingabe des zugehörigen Quelltextes berücksichtigt.

Entwerfen eigener Anwendungen: In dieser Lektion werden fortgeschrittene Gestaltungsmöglichkeiten von Programmoberflächen abgehandelt. Neben der Einbindung von grafischen Elementen wird auch der Umgang mit Daten in Textdateien besprochen.

Beispiel-Anwendungen: In dieser Lektion werden einzelne Beispielprogramme, die zum Lieferumfang von Visual Basic gehören, erläutert.

Die Lektionen selbst geben nur einen kleinen Ausschnitt der Möglichkeiten wieder, die Ihnen das Windows-Programmiersystem bietet. Innerhalb des Lernprogrammes steht Ihnen eine Kurssteuerung zur Verfügung, die eine komfortable Bedienung gestattet. Die einzelnen Menübefehle dieser Kurssteuerung sind nachfolgend kurz angeführt.

Anleitungen: Abrufen von Informationen, um mit dem Lernprogramm fortzufahren.

Zurück: Zum vorangehenden Schritt einer Lektion zurückkehren.

Übersicht: Zusammenfassung der Lektion anzeigen.

Menü: Hauptmenü des Lernprogrammes aufrufen.

Beenden: Lernprogramm beenden und zu Visual Basic zurückkehren.

Abbrechen:ESC: Kurssteuerung beenden und mit aktivierter Lektion fortfahren.

Nachdem Sie nun die Visual Basic-Benutzeroberfläche kennengelernt haben, werden Sie im nächsten Kapitel sehen, wie ein Programm mit Visual Basic generiert wird.

1.5 Das visuelle Entwicklungssystem

Um Ihnen den Einstieg in die Visual Basic-Programmierung und den Umgang mit der Benutzeroberfläche zu erleichtern, werden wir in diesem Kapitel exemplarisch zwei Anwendungsprogramme entwickeln. Dabei werden die einzelnen Schritte der Programmierung mit der Erstellung der Benutzeroberfläche und der Eingabe des zugehörigen Quelltextes bis zur Generierung des ausführbaren Anwendungsprogrammes ausführlich besprochen. Das erste Programm soll demonstrieren, wie einfache Hilfsprogramme mit einem einzelnen Formular und ohne Menüstruktur generiert werden können. An einem zweiten Programm wird in einem weiteren Schritt die Entwicklung eines Programmes mit mehreren Formularen erläutert. Dabei werden Sie auch die Erstellung eines Menüs und die Projektverwaltung der Programmierumgebung im Einsatz kennenlernen. Haben Sie weder mit einem anderen Basic-Dialekt noch mit einer anderen Programmiersprache gearbeitet und sind auch mit den Programmierkonzepten von Visual Basic nur begrenzt vertraut, dann sollten Sie versuchen, die Programme nach der folgenden Beschreibung innerhalb der Entwicklungsumgebung zu erstellen, ohne auf die Quelltexte der Diskette zurückzugreifen. Sie werden durch diese Übung nicht nur die Handhabung der Benutzeroberfläche, sondern bereits viele Grundlagen der Programmentwicklung mit Visual Basic kennenlernen. Berücksichtigen Sie bereits jetzt, daß wir die Möglichkeiten der Formulargenerierung und die einzelnen Sprachelemente im zweiten Kapitel genauer beschreiben werden und daher an dieser Stelle nur die wichtigsten Anmerkungen machen. Obgleich Visual Basic eine sehr gute Benutzerführung beinhaltet, ist es kein "interaktives Entwicklungssystem". So werden Sie bei der Programmerstellung nicht schrittweise durch Visual Basic geführt, sondern lediglich die Bereitstellung sogenannter Prozedurschablonen beim Anklicken einzelner Oberflächenelemente erfolgt automatisch. Auch die Hauptprogrammerstellung und Verwaltung der Projekte und Unterprogramme erfolgt in weiten Teilen eigenständig durch das Programmiersystem.

Hauptziel dieses Kapitels ist, Ihnen den Umgang mit der Benutzeroberfläche und das Zusammenwirken der einzelnen Fenster der Entwicklungsumgebung aufzuzeigen. Mit diesen Grundlagen sollten Sie bereits in der Lage sein, einfache Programme eigenständig zu entwickeln.

1.5.1 Das Programm WinSTAT

Ein wesentlicher Schritt in der Erstellung eines Programmes ist weniger die Programmierung selbst, als vielmehr die Suche nach einer speziellen Programmieraufgabe. Welches Programm soll geschrieben werden, welche Leistungsmerkmale soll es aufweisen und mit welchem Bedienungskomfort soll es ausgestattet sein? Ist es eine Individualanwendung für den Hausgebrauch, oder soll das Programm kommerziell weitergegeben werden? Im letzteren Falle sollte besonderer Wert auf eine komfortable Benutzerführung gelegt werden. Nachdem Sie das Thema ausgewählt, sich auf spezielle Programmfunktionen festgelegt und den Programmaufbau geplant haben, können Sie mit der Programmierung beginnen. Die Vorüberlegungen zur Festlegung des Programmablaufes können Sie sich auf einem Zettel notieren oder im Kopf behalten. Programmablaufpläne und gezeichnete Ablaufdiagramme können ebenfalls zur Grob- und Feinstrukturierung eines Programmes eingesetzt werden.

Wir wollen zunächst ein einfaches Programm entwickeln. Was bietet sich also eher an, als eine einfache Berechnung durchzuführen, die sehr verständlich ist und selbst nicht bereits mehrere Tage Einarbeitungszeit erfordert? Aus einer Reihe von Meßwerten wollen wir optional den Mittelwert, das Maximum und das Minimum ermitteln. Um die Werte eingeben zu können, benötigen wir also ein Textfeld. Dabei wollen wir bereits berücksichtigen, daß nur numerische Eingabewerte zulässig sind. Die Liste selbst wollen wir in einem Listenfeld verwalten, aus dem angewählte Einträge mit einem Doppelklick wieder gelöscht werden können. Die Berechnungsfunktionen sollen über Kontrollfelder festgelegt werden. Die eigentliche Programmsteuerung erfolgt über Schaltflächen, wodurch auf den Einsatz eines Menüs verzichtet werden kann. Damit haben wir die Programmfunktionen bereits grob festgelegt und können in einem ersten Schritt mit der Formulargenerierung beginnen.

Generierung der Programmoberfläche

Obgleich ein Wechsel zwischen Oberflächenerstellung und Quelltexteingabe möglich und in der Praxis sogar wahrscheinlich ist, um Änderungen und Anpassungen vorzunehmen, werden wir in unseren Beispielen eine festgelegte Reihenfolge einhalten. Zunächst werden wir die Programmoberfläche erstellen und diese erst im zweiten Schritt um den zugehörigen Quelltext ergänzen. Dabei gehen wir davon aus, daß die Oberfläche bereits in der endgültigen Fassung generiert wurde und keine nachträgliche Bearbeitung erforderlich ist. Wir wollen an dieser Stelle davon ausgehen, daß Sie Visual Basic bereits geladen haben und sich der Bildschirm, wie in Bild 1.13 dargestellt, präsentiert.

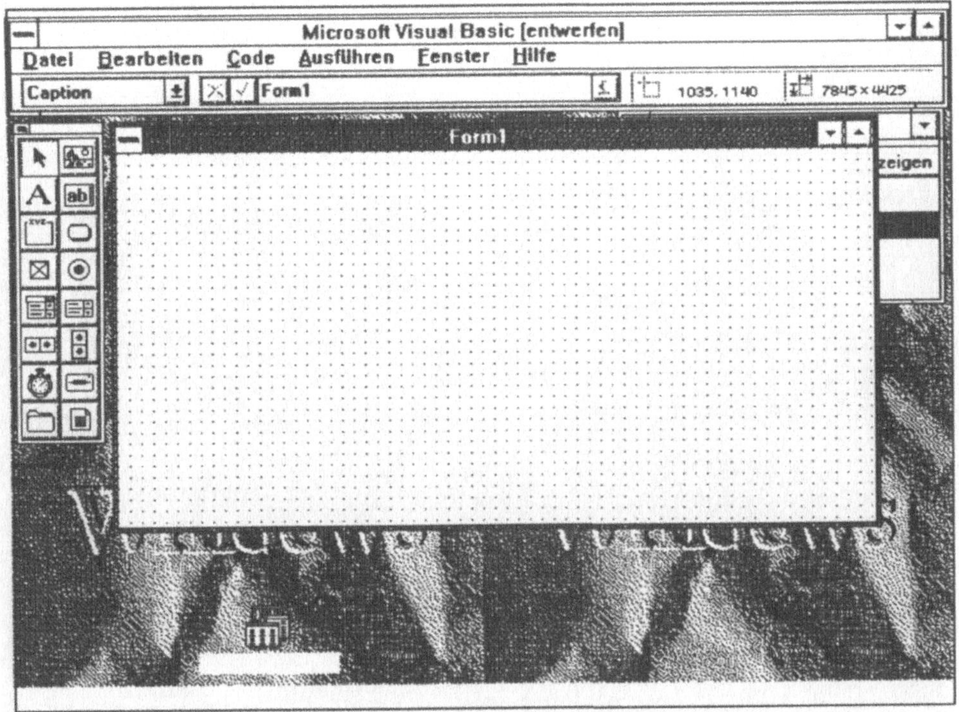

Bild 1.13: Beginn eines neuen Projektes

Starten Sie Visual Basic, so können Sie unmittelbar mit der Entwicklung eines neuen Anwendungsprogrammes beginnen. Das erste Formular, das zunächst automatisch als Startformular gültig ist und später beim Programmaufruf geladen wird, befindet sich bereits auf dem Bildschirm. Auch das Toolbox-Fenster, das Sie zur Auswahl der Oberflächenelemente benötigen, ist bereits geöffnet. Am oberen Bildschirmrand sehen Sie die Menü- und Eigenschaftenleiste und am rechten Bildschirmrand das zum großen Teil durch das Formular verdeckte Projektfenster. Beachten Sie, daß die Fenster, die nicht unbedingt für die Oberflächengestaltung erforderlich sind, wie das Menüentwurfs- und Farbpalettenfenster, gesondert über das Menü FENSTER zu öffnen sind. Das leere Fomular ist automatisch aktiviert, was an der farblichen Hervorhebung der Titelleiste erkennbar ist.

Beginnen wir zunächst damit, dem Programm einen Namen und ein ansprechendes Erscheinungsbild zu geben. Da es sich um ein Statistikprogramm für die grafische Benutzeroberfläche Windows handelt, bietet sich der Name *WinSTAT* an. Der Name selbst identifiziert später das Programm, ohne das Programm starten zu müssen, weil Sie den Namen unmittelbar zuordnen können. Verwenden Sie also immer aussagekräftige Namen, die ein Programm erläutern. Der Name selbst wird später beim Abspeichern und bei der Generierung des ausführbaren Maschinenprogrammes benötigt. In der Oberfläche selbst kann die Bezeichnung durchaus von dem eigentlichen Programmnamen abweichen. Dateinamen können maximal aus acht Zeichen und dem

Dateikürzel bestehen, Bezeichnungen in Formularen weisen diese Beschränkung nicht auf. Daher soll in unserem Formular der Name *WinSTATISTIK* angezeigt werden.

Bild 1.14: Programmbezeichnung im Formular

Bevor wir einzelne Oberflächenelemente für das Formular einrichten, können wir die Eigenschaften für das Formular *Form1* festlegen. Dazu verwenden Sie die Eigenschaftenleiste. Beachten Sie, daß sämtliche Eigenschaften Standardwerte besitzen, die nur bei Bedarf geändert werden müssen. Welche Änderungen in unserem Fall vorzunehmen sind, ist nachfolgend erläutert.

Caption: Mit der Eigenschaft *Caption* können Sie die Bezeichnung des Formulars, die in der Titelleiste des Fensters erscheint, ändern. In unserem Fall wurde die Bezeichnung beim Start von Visual Basic automatisch mit *Form1* festgelegt. Wir ändern diesen Wert durch Bearbeitung des Eintrages in der Eigenschaftenleiste auf *WinStat* (s. Bild 1.14).

FormName: Über die Eigenschaft *FormName* können Sie den Namen, unter dem das Formular gespeichert und verwaltet wird, festlegen. Bei Bedarf wird der Formname auf acht Zeichen gekürzt. Beim Abspeichern wird eine Formulardatei mit dem Suffix FRM erweitert. Der interne Kontrollname, mit dem Sie bei mehreren Formularen auf dieses Formular zugreifen können, kann länger als 8 Zeichen sein und wird ebenfalls über diese Eigenschaft festgelegt. In unserem

Fall verwenden wir den Namen STATISTIK. Der verwendete Formularname lautet dann STATISTI.FRM und der Kontrollname STATISTIK (s. Projektfenster in Bild 1.15).

MaxButton: Mit der Eigenschaft *MaxButton* können wir erreichen, daß unser Formular zur Laufzeit nicht auf die volle Bildschirmgröße gezoomt werden kann. Dazu ist der Wert in der Symbolleiste auf *falsch* zu setzen.

Borderstyle: Indem wir den Wert für *Borderstyle* auf 3 setzen, verfügt das Formular unseres Programmes zur Laufzeit nicht über eine Symbolschaltfläche am rechten Rand der Titelleiste. Eine Verkleinerung auf Symbolgröße ist nur über das Systemmenü möglich.

Icon: Nachdem Sie die Eigenschaft *Icon* angewählt haben, können Sie ein Bildsymbol festlegen, das als Datei mit dem Suffix .ICO auf dem Festspeicher vorhanden ist. Das kann ein bereits vordefiniertes Bild der mit Visual Basic ausgelieferten Symbolbibliothek oder auch ein selbst entworfenes oder bearbeitetes Symbol sein. Im letzteren Fall können Sie den Symboleditor von Visual Basic verwenden oder jedes andere Programm, das die Anlage von Ikonen unterstützt (s. Kapitel 3.6). In unserem Beispiel haben wir die Ikone mit dem "Borland Resource Workshop" erstellt, mit dem Namen STATISTI.ICO versehen und mit Visual Basic über die Eigenschaftenleiste geladen. Das Symbol ist auf der Diskette enthalten, aber für das ausführbare Programm, da es in dieses integriert wird, zur Laufzeit nicht erforderlich. Es bleibt abschließend zu erwähnen, wofür die Ikone verwendet wird. Programme und einzelne Fenster können im Regelfall in Windows auf Symbolgröße verkleinert werden. Das Programm bleibt geladen und lediglich die Ikone wird noch angezeigt. Ein Doppelklick auf das entsprechende Bildsymbol öffnet das Fenster wieder. Legen Sie über diese Eigenschaft keine spezielle Ikone fest, so wird standardmäßig eine Formularikone eingesetzt.

Hintergrundfarbe festlegen: Öffnen Sie nun zunächst das Farbpalettenfenster und wählen Sie die Hintergrundfarbe, wie es bereits in Kapitel 1.4 beschrieben wurde, aus. In unserem Beispiel verwenden wir die Farbe dunkelgrau. Die Farbeinstellung selbst kann zwar auch über die Eigenschaftenleiste, jedoch einfacher über die direkte Farbauswahl festgelegt werden.

Nachdem wir das Aussehen des Formulars festgelegt haben, können wir nun die einzelnen Oberflächenelemente definieren. Beachten Sie, daß die Fenstergröße und die Fensterposition des Formulars, die beim Entwurf festgelegt werden, auch für den späteren Programmstart verwendet werden. Die aktuellen Werte werden im rechten Teil der Eigenschaftenleiste angezeigt.

A Nun wollen wir die Programmbezeichnung *WinSTATISTIK* in das Formular eintragen. Damit der Text entsprechend wirkt, sind auch hierfür wieder spezielle Eigenschaften erforderlich. Bevor Sie diese allerdings festlegen können, müssen Sie zunächst ein Bezeichnungsfeld im Formular einrichten. Wählen Sie dazu das Feld aus der Toolbox, das durch den Buchstaben *A* gekennzeichnet ist, und zeichnen Sie anschließend mit Hilfe der Maus den Platzhalter in der gewünschten Größe in das Formular. Beachten Sie, daß ein im Entwurfsmodus aktiviertes Oberflächenelement durch mehrere kleine schwarze Quadrate umrandet ist (s. Bild 1.14). Klicken Sie eines dieser Quadrate mit dem Mauszeiger an und bewegen die Maus bei gedrückter linker Maustaste, können Sie die Größe des Oberflächenelementes ändern. Erst jetzt können die folgenden Eigenschaften festgelegt werden.

Hintergrundfarbe Textfeld: Wählen Sie aus dem Farbpalettenfenster die Hintergrundfarbe dunkelgrau. Dazu muß das äußere Kästchen am linken Rand des Farbpalettenfensters mit der Maus markiert worden sein. Beachten Sie, daß die Hintergrundfarbe für ein Oberflächenelement nicht automatisch an die für das Formular gewählte Hintergrundfarbe angepaßt wird. Anpassungen sind manuell durchzuführen.

Schriftfarbe: Die Schriftfarbe legen Sie ebenfalls über das Farbpalettenfenster mit der Farbe gelb fest. Dazu muß das innere Kästchen am linken Rand des Farbpalettenfensters mit der Maus markiert worden sein. Beachten Sie, daß keine Mischfarben zulässig sind.

Caption: Legen Sie den Text mit Hilfe der Eigenschaftenleiste fest. Geben Sie nach Anwahl von *Caption* den Begriff *WinSTATISTIK* ein.

CtlName: Muß auf ein Textelement im Quelltext zugegriffen werden, was in unserem Beispiel nicht der Fall ist, ist es sinnvoll, einen benutzerdefinierten Namen für das Oberflächenelement zu vergeben. Die Namensvergabe von Oberflächenelementen ähnelt der Namensvergabe von Variablen. In unserem Fall wählen wir den Namen *TXT_Name*. Sie sehen, auch hier können aussagekräftige Bezeichnungen gewählt werden. *TXT_* kennzeichnet das Bezeichnungsfeld und der Anhang *Name* gibt an, daß in diesem Bezeichnungsfeld der Programmname verwaltet wird.

FontItalic: Damit der Programmname kursiv im Bezeichnungsfeld ausgegeben wird, setzen wir die Eigenschaft *FontItalic* auf wahr.

FontSize: Natürlich ist es auch sinnvoll, den Programmnamen durch eine größere und fette Schrift hervorzuheben. Da das Attribut *fett* (Eigenschaft *FontBold*) automatisch aktiviert ist, brauchen wir an dieser Stelle lediglich die Schriftgröße zu variieren. dazu setzen wir die Punktgröße mit Hilfe der Eigenschaft *FontSize* auf *24*.

 In einem Untertitel wollen wir nun einen Copyright-Vermerk im Formular unterbringen. Dazu erstellen wir über die Toolbox zunächst wieder ein Bezeichnungsfeld im Formular. Danach können die einzelnen Eigenschaften festgelegt werden.

Hintergrundfarbe: Wählen Sie die Hintergrundfarbe dunkelgrau aus dem Farbpalettenfenster.

Schriftfarbe: Legen Sie die Farbe Gelb für die Schriftfarbe mit dem Farbpalettenfenster fest.

Caption: Tragen Sie über die Eigenschaft Caption den Copyright-Vermerk und eine Versionsnummer "Easy Version 1.00 (c)1992 by Dipl.-Ing. Andreas Maslo" in das Bezeichnungsfeld ein.

CtlName: Legen Sie den Kontrollnamen, mit dem auf dieses Oberflächenelement im Quelltext zugegriffen werden kann, mit *TXT_Version* fest.

FontName: Verwenden Sie die Standardschrift Helvetica und ändern Sie die Größe nicht. Damit der Text nicht im Fettdruck ausgegeben wird, setzen Sie die Eigenschaft *FontBold* auf *falsch*.

Bereits an dieser Stelle werden Sie erkennen, daß es sehr leicht ist, ansprechende Oberflächen mit Visual Basic zu gestalten. Dabei ist besonders hervorzuheben, daß die Oberfläche in der Grundform ohne speziellen Quelltext generiert wird. Allerdings werden Sie auch bemerkt haben, daß ein endgültiges Formular erst nach einer Vielzahl von Bearbeitungsschritten so aussieht, wie der Programmierer es sich vorstellt. Dabei spielen viele, nahezu unüberschaubar erscheinende Eigenschaften eine wesentliche Rolle. Diese variieren zudem je nach gewähltem Oberflächenelement. Dennoch ist die Generierung einer Oberfläche mit Visual Basic in einem Bruchteil der Zeit möglich, die Sie unter einem herkömmlichen Programmiersystem aufwenden müßten.

 Nun wollen wir zunächst einen Rahmen für das Eingabefeld des Programmes *WinSTAT* festlegen. Dazu wählen wir das entsprechende Symbol aus der Toolbox und plazieren es im Formular. Die Eigenschaft **Caption** setzen wir auf *Werteingabe* und den Farbhintergrund auf dunkelgrau.

 Wie bereits beim Programmentwurf festgelegt, benötigen wir ein Werteingabefeld. Dazu wählen wir das Symbol *Textfeld* (s. links) aus der Toolbox und plazieren es im Formular. Danach legen wir die Eigenschaft **CtlName** mit *Ein_Wert* fest und löschen den Text der Eigenschaft **Text**.

 Um die eingegebenen Werte verwalten zu können, verwenden wir ein Listenfeld in unserem Formular. Die Einrichtung einer vertikalen Bildlaufleiste für das Listenfeld ist nicht erforderlich, da diese automatisch angelegt wird, wenn nicht mehr alle Einträge in der Liste parallel darstellbar sind. Dieses geschieht nur während der Programmausführung und nicht beim Formularentwurf. Nachdem das Oberflächenelement eingerichtet ist, legen wir die Eigenschaften **CtlName** mit *List_Werte*, **FontBold** mit *falsch* und **Sorted** mit *wahr* fest. Die letztgenannte Eigenschaft sorgt dafür, daß die Liste sortiert ausgegeben wird. Die Sortierung erfolgt allerdings alphanumerisch und nicht numerisch.

Zur Anwahl einzelner Berechnungsfunktionen verwenden wir drei Kontrollfelder. Die Eigenschaft **Caption** legen wir mit *&Mittelwert*, *M&inimum* und *M&aximum* fest. Das Zeichen *&* sorgt dafür, daß der jeweils nachfolgende Buchstabe im Formular unterstrichen wird und mit Hilfe der Taste [Alt] direkt angesteuert werden kann. Die Eigenschaft **CtlName** legen wir dementsprechend mit *K_Mittel*, *K_Min* und *K_Max* fest. In unserem Programm wollen wir standardmäßig nur den Mittelwert berechnen lassen. Aus diesem Grunde setzen wir die Eigenschaft **Value** des Kontrollfeldes *K_Mittel* auf *1-geprüft*. Dadurch wird das Kontrollfeld zur Berechnung des Mittelwertes automatisch durch ein *X* markiert. Die Auswertung dieser Markierung erfolgt nicht automatisch, sondern hat später im Quelltext zu erfolgen. Für sämtliche Kontrollfelder verwenden wir die Hintergrundfarbe dunkelgrau und die Schriftfarbe cyan.

Die letzten Oberflächenelmente, die wir in unserem Formular benötigen, dienen zur Programmsteuerung. Da wir an dieser Stelle auf eine Menüdefinition verzichten wollen, bieten sich mehrere Schaltflächen an. Wir benötigen eine Schaltfläche, um die Berechnung durchzuführen (**Caption:** *&Berechnen*; **CtlName:** *S_Rechne*), eine, um eine kurze Hilfe auszugeben (**Caption:** *&Hilfe*; **CtlName:** *S_Hilfe*) und eine, um das Programm zu beenden (**Caption:** *Programmende*; **CtlName:** *S_Ende*).

Damit haben wir das Formular des Programmes *WinSTAT* definiert (s. Bild 1.15). Haben Sie die Programmentwicklung bis hierhin verfolgt, dann sollte Ihnen aufgefallen sein, daß Ergebnisse, Hilfstexte und eventuelle Sicherheitsabfragen auch ausgegeben werden sollen. Da jedes Programm unter Windows fensterorientiert in einem virtuellen Bildschirm abgearbeitet wird, und auch sämtliche Ausgaben in Fenstern erfolgen müssen, wohin sollen dann diese speziellen Ausgaben gemacht werden? Kein Problem, einige spezielle Visual Basic-Anweisungen ermöglichen Standardabfragen und Ausgaben, so daß nicht in jedem Fall benutzerdefinierte Formulare erforderlich sind. Die durch Anweisungen generierbaren Standardfenster eignen sich insbesondere für Sicherheitsabfragen, kurze Programmeldungen und die Abfrage eines einzelnen Wertes. Den Einsatz dieser Anweisungen werden Sie bei der Erstellung des Quelltextes sehen.

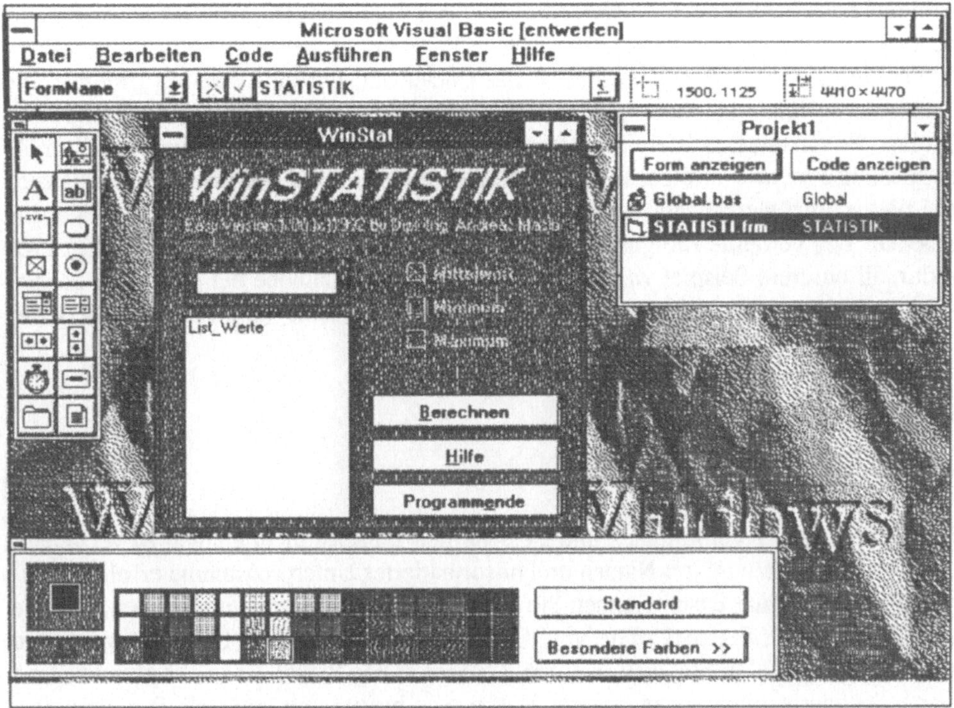

Bild 1.15: Funktionsauswahl durch Kontrollfelder

Erstellung des Quelltextes

Die Erstellung des Quelltextes erfolgt nach einem einheitlichen Schema. Jedes Oberflächenelement kann ereignisorientiert Unterprogramme aufrufen. Ein Hauptprogramm zur Kontrolle spezieller Programmfunktionen ist nicht erforderlich. Beachten Sie, daß, obwohl eine Vielzahl von Oberflächenelementen in einem Formular enthalten sein können, nicht alle auch mit speziellem Quelltext verknüpft sein müssen. Manche Oberflächenelemente werden durch einfache Abfrage ihrer Eigenschaften im Programm genutzt. Wollen Sie zu einem Oberflächenelement ein ereignisorientiertes Unterprogramm erstellen, wählen Sie es mit einem Mausdoppelklick an. Danach öffnet sich automatisch das Quelltexteditorfenster mit einer vorbereiteten Unterprogrammschablone, die durch die Schlüsselwörter *SUB* und *END SUB* gekennzeichnet ist. Zwischen diesen Schlüsselwörtern können Sie nun die Sprachanweisungen von Visual Basic eingeben, die später bei Anwahl des Oberflächenelementes ausgeführt werden sollen. In Bild 1.16 ist der Editor mit dem zur Schaltfläche *<Programmende>* gehörenden Quelltext abgebildet. Sie erkennen den Kontrollnamen im Kombinationsfeld *Objekt* und das zugehörige Ereignis im Kombinationsfeld *Prozedur*. Oberflächenelemente können auf spezielle Ereignisse reagieren. An dieser Stelle wollen wir dies lediglich am Beispiel der Ereignisse *Click* und *DblClick* erläutern. Das Ereignis *Click* tritt ein, wenn Sie einmalig mit der Maus auf ein Oberflächenelement klicken und das

Ereignis *DblClick* tritt ein, wenn Sie ein Element mit einem Doppelklick ansteuern. Je nach Wahl können Sie nun unterschiedliche Programmanweisungen ausführen lassen. In der Regel werden Sie, je nach Oberflächenelement, nur ein einzelnes Ereignis mit Quelltext belegen. In den meisten Fällen sind dies die hier genannten Ereignisse. Wollen Sie ein anderes Ereignis abfragen, können Sie dies durch Anwahl im Kombinationsfeld *Prozedur* erreichen. So könnte das Ereignis *Load* bei einem Formular zum Beispiel genutzt werden, um Anweisungen bereits beim Laden eines Formulares abzuarbeiten. Das gewählte Ereignis erscheint auch im Kopf einer ereignisorientierten Prozedur. In unserem Beispiel würde die Unterprogrammschablone bei gewählter Schaltfläche *<Programmende>* und dem Kontrollnamen *S_Ende* (Eigenschaft **CtlName**) und dem Ereignis *Click* wie folgt lauten:

```
SUB S_Ende_Click()

END SUB
```

Das Ganze klingt recht komplex und ist sicherlich zunächst nicht einfach zu verstehen. Die Zusammensetzung von Namen ereignisorientierter Unterprogramme erfolgt eigenständig durch Visual Basic. Kennen Sie die Ereignisse erst einmal und wissen, wie Sie auf Objekte und Eigenschaften von Oberflächenelementen im Quelltext zugreifen können, dann werden Sie auch mit den Konzepten der Visual Basic-Programmierung keine Schwierigkeiten mehr haben. Haben Sie bereits mit anderen Programmiersprachen gearbeitet, so sollten Sie wissen, daß Sie auch mit Visual Basic benutzerdefinierte Unterprogramme und Funktionen einrichten können. Auf diese greifen Sie später genauso zu, wie Sie es von den internen Visual Basic-Anweisungen gewohnt sind. Genauere Hinweise zur Spachsyntax erhalten Sie im 2. Kapitel.

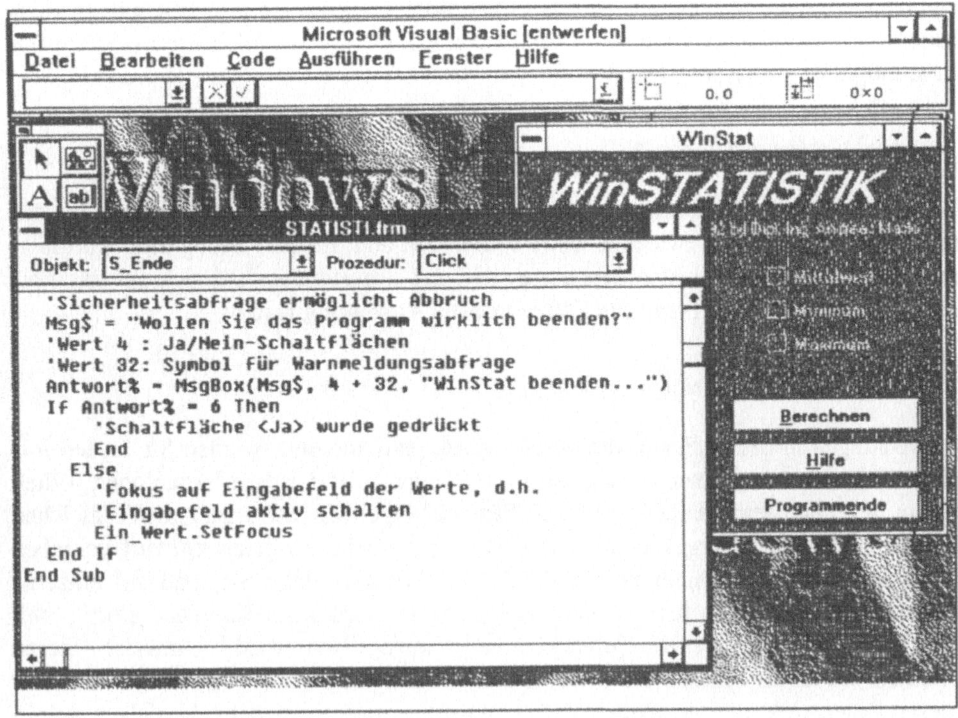

Bild 1.16: Schaltflächen zur Programmsteuerung

Bevor wir uns allerdings dem Quelltext des Programmes *WinSTAT* zuwenden, wollen wir kurz die Namensvergabe von Objekten erläutern. Diese Namen verwenden Sie im Programm, um Oberflächenelemente im Programm anzusprechen. Die eigentlichen Namen selbst haben Sie bereits über die Eigenschaft **CtlName**, die sowohl für Formulare als auch Toolbox-Elemente verfügbar ist, vergeben. Im späteren Verlauf werden Sie allerdings Programme erstellen, die aus mehreren Formularen bestehen, und jedes Formular wiederum aus mehreren Toolbox-Elementen aufgebaut sein kann. Da die Namensvergabe automatisch bei jedem Formular intern nach einem einheitlichen Schema verläuft, müssen Sie ein Oberflächenelement auch formularübergreifend ansprechen können. Beginnen wir auf Formularebene. Ein Formular kann direkt mit dem zugehörigen Kontrollnamen angesprochen werden. Haben Sie die Formulareigenschaft **CtlName** auf *Statistik* gesetzt, können Sie das Formular auch mit diesem Namen ansprechen. Wollen Sie z.B. das Formular laden, verwenden Sie den folgenden Befehl:

```
LOAD Statistik
```

Nehmen wir nun an, Sie wollen die Eigenschaft **Caption** eines Bezeichnungsfeldes ändern. Das Bezeichnungfeld selbst besitzt den Kontrollnamen *TXT_Name* (**CtlName**). Eine mögliche Anweisung lautet:

```
TXT_Name.Caption = "Neuname"
```

Diese Anweisung ist allerdings nur bedingt sinnvoll. Sollten Sie viele Programme mit mehreren Fomularen entwickeln, dann sollten Sie den direkten Bezug zum Formular mit angeben. Gehen wir also davon aus, daß das Bezeichnungsfeld sich auf das Formular *Statistik* bezieht. In diesem Fall würde die Anweisung lauten:

```
Statistik.TXT_Name.Caption = "Neuname"
```

Anweisungen in dieser Form, die durch Punkte getrennt sind, werden Sie in den folgenden Quelltexten immer wieder auffinden können. Mit diesen Informationen sollten Sie in der Lage sein, diese komplexen Bezeichnungen zu identifizieren. Vergleichen Sie auch jeweils die vergebenen Kontrollnamen, die beim Formualarentwurf vergeben wurden und nun im Quelltext wiederkehren. Berücksichtigen Sie, daß auf einzelne Elemente benutzerfdefinierter Datenstrukturen (Records) in ähnlicher Form, mit *Datenstrukturname.Datenstrukturelementname* zugegriffen wird. Hinweise hierzu erhalten Sie im 2. Kapitel. Da in den ersten beiden Programmen allerdings nicht mit diesen Datenstrukturen gearbeitet wird, können Sie zunächst sicher sein, daß es sich in den Quelltexten um Elementnamen handelt.

Anmerkung: Es bleibt abschließend darauf hinzuweisen, daß in einigen Ausnahmefällen Quelltextzeilen in den Listings umgebrochen werden mußten. Dies ist an einem Tiefstrich _ am Zeilenende erkennbar. Visual Basic selbst unterstützt dieses Fortsetzungszeichen nicht. Eine Zeile muß also immer in einer einzelnen Zeile eingegeben werden.

Festlegung globaler Variablen

Im globalen Modul GLOBAL.BAS können Sie Variablen definieren, die im gesamten Programm bekannt sind. Das Modul selbst wird automatisch bei der Anlage eines neuen Programmierprojektes angelegt und kann je nach Bedarf über das Projektfenster in den Editor geladen werden. Im Programm *WinSTAT* verwenden wir lediglich die globale Variable *Zaehler* (s. Listing 1.1).

```
'************************************************
'* WinSTATISTIK - Easy Version 1.00            *
'* (c) 1992 by Dipl.-Ing. Andreas Maslo        *
'* Visual Basic für Programmierer - Vieweg Verlag *
'*                                             *
'* Demonstrationsprogramm zur Entwicklung eines *
'* Programmes mit einem einzelnen Formular am  *
'* Beispiel einfacher statistischer Auswertungen *
'************************************************


'globale Variable zur Verwaltung der Anzahl der
'eingegebenen Werte
Global Zaehler As Integer
```

Listing 1.1: Datei GLOBAL.BAS des Programmes WinSTAT

Die Deklaration einer globalen Variable erfolgt über das Schlüsselwort *Global*. Da die hier verwendete Variable zur Verwaltung der Anzahl der maximal 100 eingegebenen Werte genutzt wird, ist der Datentyp Ganzzahl (Integer) sinnvoll. Beachten Sie, daß das globale Modul sich auch zur Aufnahme von Copyright-Vermerken und Informationen für den Programmierer selbst eignet (Kommentare).

Ereignisorientierte Unterprogramme

In Listing 1.2 sind die ereignisorientierten Unterprogramme unseres Statistikprogrammes zusammengefaßt. Auf die Verwendung zusätzlicher benutzerdefinierter Prozeduren wurde bei diesem Programm bewußt verzichtet. Bevor einige spezielle Informationen zu den einzelnen Unterprogrammen angeführt werden, sollten Sie sich zunächst den Quelltext etwas genauer betrachten. Die jeweils für die Eingabe benötigte Unterprogrammschablone können Sie sich während des Entwurfsmodus über das Anklicken eines Oberflächenlementes abrufen. In einigen Fällen müssen Sie das benötigte Ereignis im Kombinationsfeld *Prozedur* des Quelltexteditors gezielt anwählen. Sie werden feststellen, daß nicht für jedes Oberflächenelement spezieller Quelltext notwendig ist. Um Ihnen das Lesen des Listings zu erleichtern, wurden eine Vielzahl von Kommentaren integriert, die die einzelnen Anweisungen bereits erläutern. Die Kommentare selbst sind für die Programmausführung nicht erforderlich und dienen ausschließlich der Quelltextdokumentation.

```
Sub S_Ende_Click ()
    'Programm WinStat beenden
    'Sicherheitsabfrage ermöglicht Abbruch
    Msg$ = "Wollen Sie das Programm wirklich beenden?"
    'Wert 4 : Ja/Nein-Schaltflächen
    'Wert 32: Symbol für Warnmeldungsabfrage
    Antwort% = MsgBox(Msg$, 4 + 32, "WinStat beenden...")
    If Antwort% = 6 Then
        'Schaltfläche <Ja> wurde gedrückt
```

```basic
      End
    Else
      'Fokus auf Eingabefeld der Werte, d.h.
      'Eingabefeld aktiv schalten
      Ein_Wert.SetFocus
    End If
End Sub


Sub S_Rechne_Click ()
  'in jedem Fall die Anzahl der eingegebenen Werte
  'anzeigen; sind die entsprechenden Kontrollfelder
  'angeklickt, werden auch Berechnungen durchgeführt;
  'ist ein Kontrollwert markiert, hat es den Wert 1;
  'in dieser Auswertung wird die Liste für jede
  'statistische Auswertung getrennt abgearbeitet, in
  'einer optimierten Version sollten die Berechnungs-
  'blöcke geschachtelt werden, so daß die Liste selbst
  'nur einmalig ausgewertet werden muß
  '-------------------------------------------------
  'Liste in Variablenfeld doppelter Genauigkeit
  ' konvertieren, um dreimalige Konvertierung zu
  'umgehen
  ReDim Liste#(100)
  'Summe mit doppelter Genauigkeit
  Summe# = 0
  'Zeilenvorschub für Ergebnisausgabe definieren
  CL$ = Chr$(13) + Chr$(10)
  'Anzahl der Werte in der Liste
  Anzahl% = List_Werte.ListCount
  '-------------------------------------------------
  'Ausgabe der Anzahl der Listenwerte vorbereiten
  Msg$ = "Es wurden " + Str$(Zaehler) + " Werte eingegeben."
  '-------------------------------------------------
  'nur rechnen, falls mindestens ein Wert eingegeben wurde
  If Zaehler > 0 Then
    'Listeninhalt in Zahlendatenfeld einlesen, um
    'unnötige Konvertierungen zu umgehen
    For x% = 1 To Anzahl%
      'erstes Listenelement von Windows hat den Index 0
      Liste#(x%) = Val(List_Werte.List(x% - 1))
    Next x%
    '-------------------------------------------------
    'Mittelwert berechnen
    If K_Mittel.Value = 1 Then
      For x% = 1 To Anzahl%
        Summe# = Summe# + Liste#(x%)
      Next x%
      Mittelwert$ = Str$(Summe# / Anzahl%)
      Msg$ = Msg$ + CL$ + "Der Mittelwert beträgt: "
      Msg$ = Msg$ + Mittelwert$
    End If
```

```basic
    '----------------------------------------------------
    'Maximum ermitteln
    If K_Max.Value = 1 Then
      Max# = 0
      For x% = 1 To Anzahl%
        If Liste#(x%) > Max# Then
          Max# = Liste#(x%)
        End If
      Next x%
      MaxWert$ = Str$(Max#)
      Msg$ = Msg$ + CL$ + "Der maximale Wert ist: "
      Msg$ = Msg$ + MaxWert$
    End If
    '----------------------------------------------------
    'Minimum ermitteln
    If K_Min.Value = 1 Then
      'Annahme: Minimum ist maximal möglicher Wert
      If Anzahl% > 0 Then Min# = 1.67D+308
      For x% = 1 To Anzahl%
        If Liste#(x%) < Min# Then
          Min# = Liste#(x%)
        End If
      Next x%
      MinWert$ = Str$(Min#)
      Msg$ = Msg$ + CL$ + "Der minimale Wert ist: "
      Msg$ = Msg$ + MinWert$
    End If
  End If
  '----------------------------------------------------
  'Informationen ausgeben
  MsgBox Msg$, 0 + 64, "Ergebnisse WinStat"
  'Fokus auf Programmende-Schaltfläche
  S_Ende.SetFocus
End Sub


Sub S_Hilfe_Click ()
  'kurze Hilfsinformation ausgeben
  'Wert 0 : OK-Schaltfläche
  'Wert 64: Symbol für Informationsmeldung
  'Wagenrücklauf/Zeilenvorschub für Zeilenumbruch
  'im Meldungsfenster definieren
  Msg$ = "Werte werden nur in die Werteliste übernommen, "
  Msg$ = Msg$ + "wenn Sie mit der Taste [Return] quittiert "
  Msg$ = Msg$ + "wurden. Ein Doppelklick auf einen "
  Msg$ = Msg$ + "Listeneintrag löscht "
  Msg$ = Msg$ + "den entsprechenden Wert."
  MsgBox Msg$, 0 + 64, "Hilfe WinStat"
  'Fokus auf Eingabefeld der Werte, d.h.
  'Eingabefeld aktiv schalten
  Ein_Wert.SetFocus
End Sub
```

```
Sub List_Werte_DblClick ()
  'Ereignis: Doppelklick
  'eventuell vorhandene Listeneinträge aus
  'der Werteliste entfernen
  If Zaehler > 0 Then
    'Sicherheitsabfrage
    Msg$ = "Wollen Sie den Wert "
    Msg$ = Msg$ + List_Werte.List(List_Werte.ListIndex)
    Msg$ = Msg$ + " wirklich löschen?"
    Antwort% = MsgBox(Msg$, 4 + 32, "Achtung!")
    If Antwort% = 6 Then
      'falls Löschen mit <Ja> bestätigt wurde
      List_Werte.RemoveItem List_Werte.ListIndex
      'Fokus wieder auf Werteingabefeld, da nun
      'eine Werteingabe wieder möglich ist
      Ein_Wert.SetFocus
      'globale Variable 'Zaehler' auf aktuellen
      'Stand bringen
      Zaehler = Zaehler - 1
    End If
  End If
End Sub


Sub Ein_Wert_KeyPress (TastenAscii As Integer)
  'Eingabewert nur übernehmen, wenn weniger als
  'hundert positive Werte in der Liste enthalten sind
  'und wenn die Taste [Return] gedrückt wurde
  'TastenAscii=13 ... [Return] = Eingabe quittieren
  'TastenAscii=8  ... [Backspace] = zeichenweise löschen
  'TastenAscii=25 ... [Ctrl+Y] = Eingabefeld löschen
  If InStr("1234567890.", Chr$(TastenAscii)) = 0 And_
      TastenAscii <> 13 And TastenAscii <> 8 And TastenAscii <> 25 Then
      'nur numerische Eingabezeichen berücksichtigen,
      'in allen anderen Fällen Tatstaturinformation
      'löschen (hier vereinfacht, indem drei Sonderzeichen
      'an beliebiger Position erlaubt werden)
      TastenAscii = 0
    ElseIf TastenAscii = 25 Then
      Ein_Wert.Text = ""
    ElseIf TastenAscii = 13 Then
      If Zaehler < 100 Then
          'Zähler erhöhen
          Zaehler = Zaehler + 1
          'Methode AddItem zum Anfügen eines Listeneintrages,
          List_Werte.AddItem Ein_Wert.Text
        Else
          'Meldung ausgeben, daß eventuell erst
          'Werte gelöscht werden müssen, bevor neue
          'Werte eingebbar sind
          'Wert 0 : OK-Schaltfläche
```

```
        'Wert 64: Symbol für Informationsmeldung
        Msg$ = "Leider können mit WinSTATISTIK maximal "
        Msg$ = Msg$ + "100 Werte verwaltet werden. Um "
        Msg$ = Msg$ + "neue Werte eingeben zu können, "
        Msg$ = Msg$ + "müssen Sie zunächst alte Werte "
        Msg$ = Msg$ + "aus der Werteliste löschen..."
        MsgBox Msg$, 0 + 64, "Achtung!"
        'Fokus auf Listenfeld, um eventuell Werte
        'zu löschen
        List_Werte.SetFocus
      End If
  End If
End Sub
```

Listing 1.2: Datei STATISTI.FRM des Programmes WinSTAT

In der nachfolgenden Liste erhalten Sie noch einmal in Kurzform wesentliche Informationen und Hinweise zu den einzelnen Unterprogrammen, die für das Programm *WinSTAT* erstellt wurden.

Unterprogramm:	S_Ende_Click()
Funktion:	Programm nach Quittierung einer Sicherheitsabfrage beenden
Aufruf:	Ereignis
Ereignis:	Click (Mausklick)
Parameter:	-
Hinweise:	Die Sicherheitsabfrage erfolgt über die interne Visual Basic-Funktion *MsgBox*. Das Erscheinungsbild wird durch die Aufsummierung spezieller Kennwerte festgelegt (s. Listing). Wird das Programm nicht beendet, indem die Schaltfläche <*Nein*> angewählt wird, wird der Fokus auf das Eingabefeld gesetzt. Ein Oberflächenelement, das den Fokus erhält, ist das aktive Element in einem Formular. In unserem Programm wird der Fokuswechsel durch das Erscheinen des Textcursors im Eingabefeld erkennbar. Es können also unmittelbar weitere Werte eingegeben werden.

Unterprogramm:	S_Rechne_Click()
Funktion:	Berechnungen durchführen und anzeigen
Aufruf:	Ereignis
Ereignis:	Click (Mausklick)
Parameter:	-
Hinweise:	Da Eingabewerte des Listenfeldes als Zeichenkette vorliegen, werden diese zunächst in Werte mit doppelter Genauigkeit konvertiert und in ein entsprechendes Datenfeld *Liste#* überführt. Das Datenfeld muß zunächst dimensioniert werden. Die Anzahl der Werte in der Liste kann über die *ListCount*-Eigenschaft ausgelesen werden. Beachten Sie, daß die einzelnen Informationen und Ergebnisse schrittweise ermittelt werden. Ob einzelne Berechnungen durchzuführen sind, ist von der Markierung der

entsprechenden Kontrollfelder abhängig. Ist die Eigenschaft *Value* eines Kontrollfeldes *wahr* bzw. gleich 1, dann ist das entsprechende Feld markiert und die Berechnung muß durchgeführt werden. Nur wenn die Berechnung erfolgt ist, wird auch das Ergebnis für die Ausgabe aufbereitet. Da Ausgaben wieder in Form einer Zeichenkette erfolgen müssen, muß das Ergebnis jeweils über die interne Visual Basic-Funktion *STR$* zunächst in eine Zeichenkette umgewandelt werden. Nach der Berechnung gehen wir davon aus, daß das Programm *WinSTAT* beendet werden soll. Aus diesem Grund setzen wir nach der Berechnung den Fokus auf die Schaltfläche *<Programmende>*.

Um bei der Ausgabe von Informationen in einem Meldungsfenster einen Zeilenvorschub zu erzwingen, ist die Codesequenz *Carriage Return / Linefeed* bzw. *Wagenrücklauf / Zeilenvorschub* notwendig. Diese wird durch die Zeichenkette *CHR$(13) + CHR$(10)* festgelegt (s. Listing).

Unterprogramm:	S_Hilfe_Klick
Funktion:	Kurze Hilfsinformation ausgeben
Aufruf:	Ereignis
Ereignis:	Click (Mausklick)
Parameter:	-
Hinweise:	Dieses Unterprogramm gibt lediglich Hinweise zur Programmsteuerung aus, die nicht unmittelbar erkennbar sind. Dazu zählt insbesondere der Hinweis, daß Einträge aus dem Listenfeld mit einem Doppelklick gelöscht werden können. Nach der Ausgabe der Hilfe wird der Fokus wieder auf das Werteingabefeld gesetzt. Beachten Sie, daß der Inhalt des Werteeingabefeldes mit [Strg] + [Y] gelöscht werden kann. Auf eine Ausgabe dieser Information wurde verzichtet. Um einzelne Werte mehrfach hintereinander mit der Taste [Return] übernehmen zu können, wird der Eingabewert nach der Aufnahme in das Listenfeld nicht automatisch aus dem Textfeld gelöscht. Bei statistischen Auswertungen sind sich wiederholende Meßwerte recht häufig, so daß Sie sich mit dieser Funktion zum Teil sehr viel Tipparbeit ersparen können. Natürlich wäre es auch denkbar, diese Funktion über ein weiteres Kontroll- oder Optionsfeld festzulegen. In diesem Fall könnten Sie den Quelltext so erweitern, daß der Eingabewert wahlfrei nach einer Quittierung mit der Taste [Return] wieder gelöscht würde oder aber für eine erneute Übernahme erhalten bleibt.

Unterprogramm:	List_WerteDblClick()
Funktion:	Einzelne Werte aus Liste löschen
Aufruf:	Ereignis
Ereignis:	DblClick (Mausdoppelklick)
Parameter:	-
Hinweise:	Beachten Sie, daß dieses Unterprogramm im Gegensatz zu den übrigen erstellten Unterprogrammen speziell auf einen Doppelklick reagiert. Dies ist sinnvoll, damit nicht bei jedem Ansteuern des Listenfeldes ein Eintrag gelöscht wird. Die Löschfunktion wird nur abgerufen, wenn überhaupt löschbare Listeneinträge vorhanden sind, in diesem Fall ist der Wert der globalen Variablen *Zaehler* größer als Null, und wenn die Sicherheitsabfrage zum Löschen mit der Schaltfläche *<Ja>* quittiert wurde. Der angesteuerte Eintrag wird über die Eigenschaft *ListIndex* ermittelt, die Entfernung des Eintrages ist über die Eigenschaft *RemoveItem* möglich. Wurde ein Wert gelöscht, wird der Fokus erneut auf das Eingabefeld gesetzt und die globale Variable *Zaehler* um eins abgemindert.

Unterprogramm:	Ein_Wert_KeyPress(TastenAscii As Integer)
Funktion:	Nur numerische Eingabewerte im Eingabefeld zulassen
Aufruf:	Ereignis
Ereignis:	KeyPress (Tastendruck)
Parameter:	TastenAscii - automatisch übergebener Tasturcode
Hinweise:	Dieses Unterprogramm übernimmt die Kontrolle der Tastatureingaben. Da nur numerische Eingabewerte sinnvoll sind, ignorieren wir sämtliche nichtnumerischen Zeichen, außer dem Dezimalpunkt für gebrochen rationale Zahlen. Dabei verzichten wir der Einfachheit halber auf die Kontrolle, ob der Dezimalpunkt unzulässigerweise mehrfach eingegeben wird. Bei Bedarf können Sie diese Programmerweiterung eigenständig durch die Einführung einer statischen Zählvariablen realisieren. Wenn die Taste [Return] gedrückt wurde und weniger als hundert Werte eingegeben wurden (*Zaehler <100*), dann wird der Wert über die Eigenschaft *AddItem* automatisch dem Listenfeld angefügt, und die globale Variable *Zaehler* wird um eins erhöht. Wurden bereits hundert Werte eingegeben, erscheint eine kurze Programmeldung, daß zunächst ein Wert gelöscht werden muß. Nach dieser Meldung wird der Fokus programmintern auf das Listenfeld gesetzt, um ein Löschen zu erleichtern.

Nachdem Sie den Quelltext komplett eingegeben haben, sollten Sie das Programm zunächst über den Menübefehl DATEI ● PROJEKT SPEICHERN sichern. Visual Basic legt automatisch eine Make-Datei beim Speichern an, die es ermöglicht, daß beim nächsten Laden sämtliche Module eines Projektes automatisch wieder eingelesen werden. In einem weiteren Schritt sollten Sie nun Ihr Programm ausgiebig innerhalb der Benutzeroberfläche testen. Wählen Sie dazu im Menü den Eintrag AUSFÜHREN ● STARTEN (s. Bild 1.17) an. Sollten Fehler auftreten oder Änderungen erforderlich sein, können Sie die Ausführung mit AUSFÜHREN ● BEENDEN abbrechen und notwendige Änderungen unmittelbar vornehmen. Testen Sie das Programm innerhalb der Visual Basic-Entwicklungsumgebung, steht Ihnen auch der Quelltextdebugger und das Direktfenster zur Verfügung.- In Bild 1.17 können Sie auch das Fenster mit der Sicherheitsabfrage sehen, das beim Programmende erscheint. Zum Öffnen dieses Meldungsfensters wird die Funktion *MsgBox* eingesetzt.

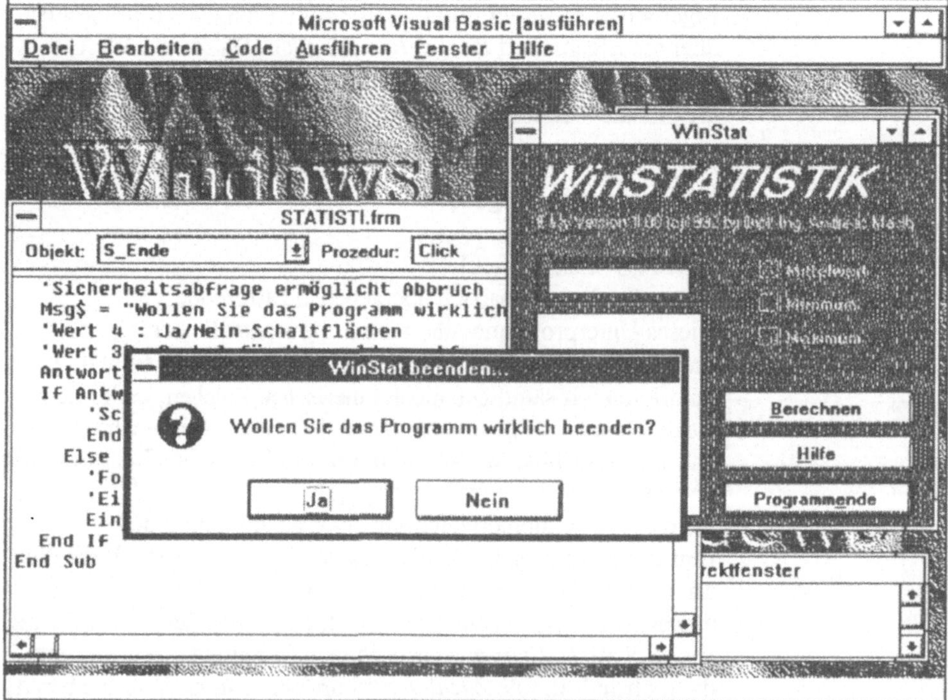

Bild 1.17: Sicherheitsabfrage vor Programmende

Erst wenn ein Programm scheinbar fehlerfrei arbeitet, sollten Sie das Maschinenprogramm erstellen. Dazu wählen Sie den Menüeintrag DATEI ● EXE-DATEI ERSTELLEN an, geben den gewünschtenm Programmnamen ein und quittieren die Eingabe mit [Return]. Das Programm wird erzeugt und liegt nun auf Festplatte vor. Sie können das generierte Programm ohne die Visual Basic-Entwicklungsumgebung ausführen. Beachten Sie allerdings, daß in jedem Fall die Datei VBRUN100.DLL mit der Visual

Basic-Laufzeitbibliothek für die Programmausführung erforderlich ist. Wollen Sie eine eigene Visual Basic-Applikation einer dritten Person überlassen, dann müssen Sie auch diese Laufzeitbibliothek weitergeben. Die Weitergabe ist lizenzfrei erlaubt, falls Sie registrierter Anwender des visuellen Entwicklungssystemes sind.

Damit *WinSTAT* über den Windows-Programm-Manager gestartet werden kann, müssen Sie zunächst das Programm in eine Programmgruppe einbinden. Danach erscheint das Programmsymbol, das Sie über die Ikonenauswahl festgelegt haben. Genauere Hinweise zur Einrichtung von Programmgruppen und Programmen können Sie Ihrem Windows-Benutzerhandbuch entnehmen. Wie sich *WinSTAT* in der Anwendung präsentiert, ist in Bild 1.18 dargestellt. Da mehr als elf der parallel in der Liste darstellbaren Werte eingegeben wurden, wurde das Listenfeld automatisch während der Laufzeit um eine vertikale Bildlaufleiste erweitert. Sind sämtliche Berechnungen durch Markierung der Kontrollfelder angewählt, wird das Ergebnis in Form des abgebildeten Meldungsfensters ausgegeben.

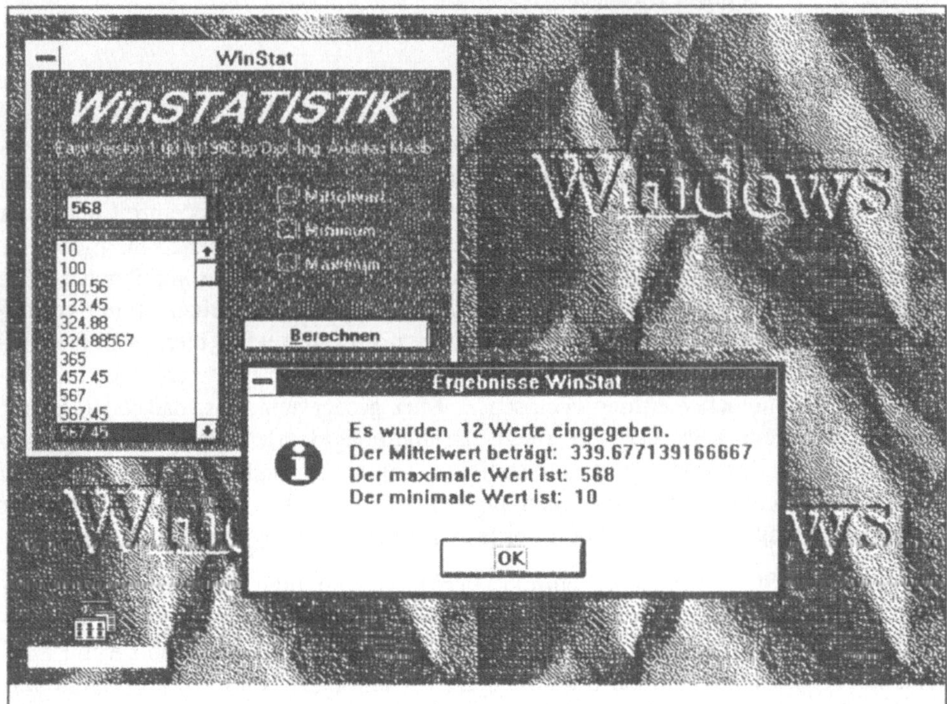

Bild 1.18: Ausführung des Programmes WinSTAT

Beachten Sie, daß das Programm nicht nur über die Schaltfläche *<Programmende>*, sondern auch über einen Doppelklick auf das symbol in der linken oberen Fensterecke des Formulars *WinSTAT* beendet werden kann.

Abschließende Anmerkungen zum Programm WinSTAT

WinSTAT ist, obgleich es bereits viele Möglichkeiten von Visual Basic nutzt, ein recht einfaches Anwendungsprogramm. Durch erweiterungen bzw. Abwandlungen der Oberfläche und des Quelltextes kann es sehr leicht für allgemeine Listenverwaltungen eingesetzt werden. Bevor wir uns dem nächsten Projekt zuwenden, sind nachfolgend noch einmal die Schwerpunktthemen, die mit diesem Programmprojekt erläutert werden sollten, angeführt.

- Formularentwurf
- Erstellung ereignisorientierter Unterprogramme
- Verknüpfung der Oberfläche mit zugehörigem Quelltext
- Turnaround (Entwicklungszyklus)
- Anwendung diverser Toolbox-Elemente
- Eigenschaften
- Ereignisse
- Objektnamensvergabe

1.5.2 Das Programm WinTIME

In unserer zweiten Anwendung wollen wir ein Programm zur Umrechnung der Systemzeit in unterschiedliche Zeitzonen entwickeln. Dabei wollen wir auch ein Menü zur Festlegung der einzelnen Zeitzonen generieren. Die Anzeige der Systemzeit und einer beliebigen weiteren Zeitzone soll parallel in zwei speziellen Formularen möglich sein. Die Formulare sollen beliebig aktivierbar, deaktivierbar und auch auf Symbolgröße verkleinerbar sein. Da sich der Programmcode zu den einzelnen Zeitzonen nur geringfügig unterscheidet und jeweils auf ein Menüereignis reagiert wird, bietet sich der Einsatz eines Steuerelementefeldes an. Was darunter zu verstehen ist, werden Sie im Verlaufe der Programmentwicklung noch sehen. Kurz gesagt heißt das, daß jeder Aufruf eines Zeitzoneneintrages aus dem Menü dasselbe ereignisorientierte Unterprogramm aufruft. Um die Zeitzonen zu veranschaulichen, soll als Formularhintergrund ein Bild mit den entsprechenden Informationen angezeigt werden. Auf die Entwicklung einer Fehlerbehandlung und Hilfefunktion werden wir in diesem Programm verzichten.

Auch an dieser Stelle wollen wir einzelne Funktionen vereinfachen, um den Quelltext nicht zu komplex werden zu lassen. Zum einen werden wir nicht zwischen Sommer- und Winterzeit unterscheiden, zum anderen werden wir auch keine Gebiete mit Sonderzeiten berücksichtigen. Das Datum wollen wir nur ansatzweise im Programm verwenden. Die wichtigsten Themen, die an diesem Beispiel demonstriert werden sollen, sind der Umgang mit mehreren Formularen, das erstellen eines Menüs und die Verwendung eines Steuerelementefeldes zur Reduzierung des Programmcodes. Auf den Umgang mit der Benutzeroberfläche wollen wir an dieser Stelle nicht noch einmal eingehen. Sollten Sie hierzu noch Fragen haben, schlagen Sie in Kapitel 1.4 bzw. 1.5.1 nach.

Das Startformular

Wie bereits in unserem ersten Beispiel können wir auch in diesem Projekt das automatisch bereitgestellte leere Formular als Hauptprogramm verwenden. Wir gehen an dieser Stelle bereits davon aus, daß die benötigte Hintergrundgrafik zur Darstellung der Zeitzonen im Bitmap-Format vorliegt und von Visual Basic verarbeitet werden kann. In unserem Fall wurde die Grafik mit einem Scanner eingelesen, in das PCX-Format konvertiert und mit *Paintbrush* bearbeitet. Das Ergebnis ist zwar nur begrenzt brauchbar, zeigt aber immerhin die Möglichkeiten, die Ihnen durch Grafikeinbindungen zur Verfügung stehen (vgl. Kapitel 3.6). Die Grafik selbst wurde nach der Bearbeitung mit *Paintbrush* unter dem Namen WELT.BMP im Bitmap-Format gespeichert und ist auch auf der Buchdiskette enthalten, so daß Sie die Programmierung dieses Beispieles nachvollziehen können. Ist die Grafik verfügbar und Visual Basic geladen, können sie die Eigenschaften für das Startformular festlegen.

Picture: *WELT.BMP* - Über die Eigenschaft *Picture* können Sie die Grafikdatei *WELT.BMP* als Formularhintergrund laden. Bei Bedarf können Sie auf diesem Hintergrund Toolbox-Elemente plazieren, was in unserem Programmbeispiel nicht nötig ist. Die gesamte Programmsteuerung erfolgt in diesem Programm über die Menüs.

Icon: *FlgDeut* - Das Formular soll beim Verkleinern auf Symbolgröße die deutsche Flagge anzeigen. Das Symbol selbst mit dem Namen *FlgDeut* gehört zur Symbolbibliothek des Programmiersystems und kann mit der Eigenschaft *Icon* ausgewählt werden.

Caption: *Weltzeituhr* - Mit der Eigenschaft *Caption* legen Sie den Namen des Formulars in der titelleiste fest.

FormName: *Welt* - Über die Eigenschaft *FormName* können Sie den Namen angeben, unter dem das Formular später gespeichert wird. Der Name selbst wird auch als Kontrollname, unter dem das Formular im Quelltext angesprochen wird, verwendet. Besteht der Name aus mehr als acht Zeichen, wird dieser für den Dateinamen (nicht für den Kontrollnamen) gekürzt und um das Kürzel .FRM erweitert.

MaxButton: *falsch* - Setzen Sie diese Eigenschaft auf *falsch*, damit das formular nicht auf die volle Bildschirmgröße gezoomt werden kann.

BorderStyle: *1* - Damit das Formular über das Symbolfeld am rechten Rand der Titelleiste verfügt, müssen Sie die Eigenschaft *BorderStyle* mit dem Wert 1 belegen.

Auch in diesem Fall ist die Formularposition und Formulargröße im Entwurfsmodus entscheidend für den Platz und die Größe des Formulars beim Programmstart. Am Startformular selbst sind keine weiteren Änderungen erforderlich, das benötigte Menü wird getrennt im Menüentwurfsfenster entworfen und erst später dem Formular hinzugefügt.

Die Menügenerierung

Um das Menü zu entwerfen, überprüfen Sie zunächst, ob das Formular, für das das
Menü erstellt werden soll, auch aktiviert ist. Sie können dies an der farblich hervorge-
hobenen Titelleiste erkennen. Erst dann können Sie über den Menüeintrag FENSTER ●
MENÜENTWURFSFENSTER das benötigte Fenster auf den Bildschirm bringen. Die wichtigsten
Informationen, die sie für die Menüdefinition benötigen, sind in Tabelle 1.1 zu-
sammengefaßt (vgl. Menüeinträge in Bild 1.9).

Menü(Caption):	Name(CtlName):	Ebene:	Index:
&Zeitzonen	MNU_Zeit	1	-
1 Zeitzone	MNU_Z	2	1
2 Hawaii	MNU_Z	2	2
3 Alaska, Dawson	MNU_Z	2	3
4 San Francisco	MNU_Z	2	4
5 Denver	MNU_Z	2	5
6 Chicago, Mexico	MNU_Z	2	6
7 New York, Bogota	MNU_Z	2	7
8 Caracas, Santiago	MNU_Z	2	8
9 Rio, Buenos Aires	MNU_Z	2	9
10 Trinidad	MNU_Z	2	10
11 Azoren,...	MNU_Z	2	11
12 London, Dakar,...	MNU_Z	2	12
13 Berlin, Paris,...	MNU_Z	2	13
14 Moskau, Kairo,...	MNU_Z	2	14
15 Ankara, Bagdad	MNU_Z	2	15
16 Zeitzone	MNU_Z	2	16
17 Omsk, Karatschi	MNU_Z	2	17
18 Nowosibirsk	MNU_Z	2	18
19 Irkutsk	MNU_Z	2	19
20 Peking	MNU_Z	2	20
21 Tokio	MNU_Z	2	21
22 Sydney	MNU_Z	2	22
23 Petropawlowsk	MNU_Z	2	23
24 Wellington	MNU_Z	2	24
&Systemdatum/Zeit	MNU_Sys	1	-
&Ende	MNU_End	1	-

Tabelle 1.1: Informationen zur Menüdefinition des Programmes WinTIME
(gekürzt, s. Bild 1.19)

Anhand des Tabelleneintrages *Ebene* sind die zwei Menüebenen erkennbar. Die erste
Ebene repräsentiert das Hauptmenü, das später im Formular in der Zeile unterhalb der
Titelleiste ausgegeben wird. Die einzelnen Einträge können bei der Programmaus-
führung über die Taste [Alt] und den jeweils hervorgehobenen Buchstaben aufgerufen

werden. Lediglich zum Hauptmenüeintrag *Zeitzonen* ist ein Untermenü (2. Ebene) definiert Sämtliche Kontrollnamen dieser zweiten Menüebene verfügen über denselben Namen, was nur innerhalb eines Steuerelementefeldes erlaubt ist. Zudem muß jeweils eine zugehörige Indexnummer, die eine Unterscheidung der einzelnen Elemente des Feldes gestattet, festgelegt werden. Insgesamt enthält das Steuerelementefeld 24 Elemente. Egal welches Element Sie später aktivieren, es wird jeweils dieselbe Ereignisprozedur aufrufen. Ein Menüsteuerelementefeld muß immer in der Gesamtheit in einer gemeinsamen Menüebene definiert sein und kann sich nicht über mehrere Menüebenen oder unterschiedliche Menüs erstrecken. Die maximal zulässige Elementanzahl in einem Steuerelementefeld ist auf 255 begrenzt. Der Zugriff auf eine einzelne Ereignisprozedur ist allerdings nur ein Vorteil, den diese Menüeinrichtung bietet. So wäre es auch denkbar, Menüeinträge während der Laufzeit dem Steuerelementefeld anzufügen oder aber zu entfernen. Würden Sie das Programm ohne Verwendung eines Steuerelementefeldes entwickeln, so müßten Sie für jeden Menüeintrag eine einzelne Ereignisprozedur definieren.

Haben Sie sämtliche Einträge korrekt eingegeben, dann erscheint die Menüdefinition im unteren Teilbereich des Menüentwurfsfensters in der in Tabelle 1.2 dargestellten Form. Durch die führenden vier Punkte bei einzelnen Einträgen wird die zweite Menüebene erkennbar.

Menüeinträge (Auszug):

    &Zeitzonen

    ....1 Zeitzone

    ....2 Hawaii

    :

    : usw.

    :

    ....24 Wellington

    &Systenmdatum/Zeit

    &Ende

Tabelle 1.2: Auszug der Menüliste im Menüentwurfsfenster

In Bild 1.19 ist die Programmoberfläche des Hauptformulars mit der eingebundenen Hintergrundgrafik und der Menüdefinition dargestellt. Anders als im Programm *WinSTAT* erfolgt im Programm *WinTIME* die Ausgabe der Ergebnisse nicht in einem Meldungsfenster, sondern in benutzerdefinierten Formularen. Damit haben wir drei wesentliche Vorteile gegenüber der internen Anweisung *MsgBox* von Visual Basic. Zum einen können wir die Ergebnisausgabe nach Wunsch optisch aufbereiten, zum anderen muß das benutzerdefinierte Formular, im Gegensatz zum Meldungsfenster, nicht modal sein. Ein Fenster, das modal ist, erscheint im Vordergrund und muß zunächst geschlossen werden, um zu einem anderen Fenster zu wechseln.

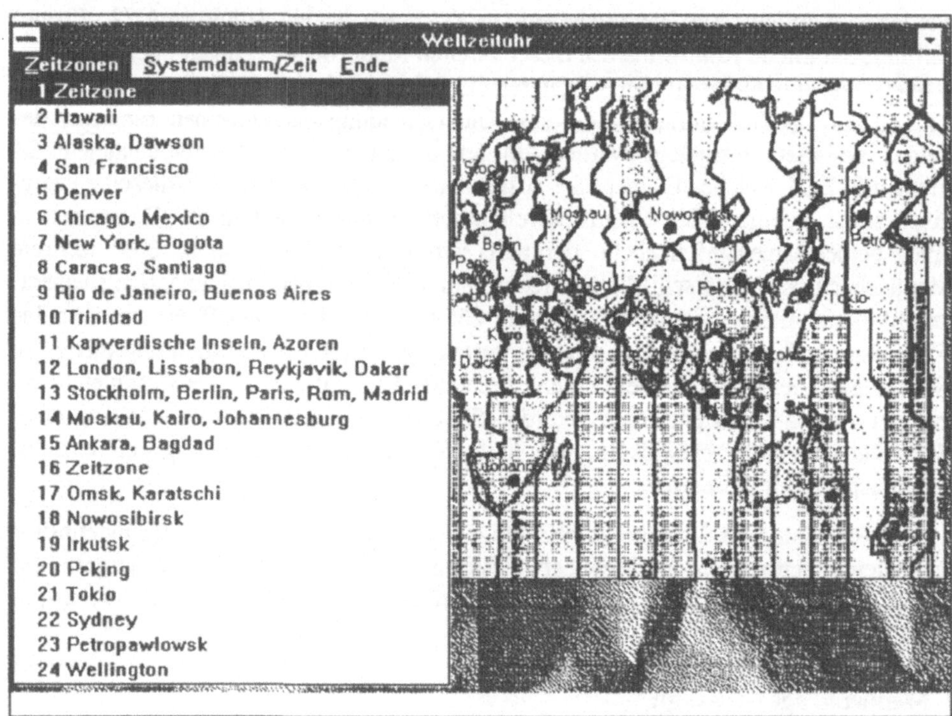

Bild 1.19: Startformular und Hauptmenü des Programmes WinTIME

Benutzerdefinierte Formulare können parallel auf dem Bildschirm verwaltet werden. Der letzte Vorteil, der gerade im vorliegenden Programmprojekt nicht zu unterschätzen ist, ist die Möglichkeit, Formularinhalte beliebig während der Anzeige zu ändern. Dabei ist es nicht erforderlich, das jeweils angesprochene Formular zu aktivieren. Um Änderungen zeitabhängig vorzunehmen, kann das Zeitmesser-Objekt aus dem Toolbox-Fenster verwendet werden. Dieses wird wie jedes andere Oberflächenelement im Formular plaziert, kann allerdings nicht in Größe und Erscheinungsbild geändert werden. Das wäre auch nicht sinnvoll, da es sich nicht um ein Element handelt, das später bei der Programmausführung angezeigt wird. Es ist lediglich dafür verantwortlich, daß in bestimmten Zeitabständen spezieller Quelltext wiederholt abgearbeitet wird. In unserem Fall werden wir diese Eigenschaft nutzen, um die Zeitausgabe der Systemzeit bzw. die Anzeige der Zeit zu einer speziellen Zeitzone jeweils auf dem aktuellen Stand zu halten.

Generierung der Zusatzformulare

Insgesamt benötigen wir zwei Zusatzformulare. Im ersten soll die Systemzeit und das Systemdatum angezeigt werden (s. Bild 1.20). Versehen Sie das Formular, nachdem Sie es erstellt haben, mit den folgenden Eigenschaften:

Icon: *Uhr02* - Das Formular soll beim Verkleinern auf Symbolgröße eine Uhr anzeigen. Das Symbol selbst mit dem Namen *Uhr02* gehört zur Symbolbibliothek des Programmiersystems und kann mit der Eigenschaft *Icon* ausgewählt werden.

Caption: *Datum / Zeit (MEZ)* - Mit der Eigenschaft *Caption* legen Sie den Namen des Formulars in der Titelleiste fest.

FormName: *Systemwerte* - Über die Eigenschaft *FormName* können Sie den Namen angeben, unter dem das Formular später gespeichert wird. Der Name selbst wird auch als Kontrollname, unter dem das Formular im Quelltext angesprochen wird, verwendet. Besteht der Name aus mehr als acht Zeichen, wird dieser für den Dateinamen (nicht für den Kontrollnamen) gekürzt und um das Kürzel .FRM erweitert.

MaxButton: *falsch* - Setzen Sie diese Eigenschaft auf *falsch*, damit das Formular nicht auf die volle Bildschirmgröße gezoomt werden kann.

BorderStyle: *1* - Damit das Formular über ein Symbolfeld am rechten Rand der Titelleiste verfügt, müssen Sie die Eigenschaft *BorderStyle* mit dem Wert 1 belegen.

Farbhintergrund: Legen Sie über das Farbpalettenfenster die Formularhintergrundfarbe auf hellgrau fest.

Nachdem das Formular selbst fertiggestellt und mit den gewünschten Eigenschaften versehen ist, müssen die benötigten Oberflächenelemente aus der Toolbox übernommen, ins Formular plaziert und in der Größe angepaßt werden. Die einzelnen Oberflächenelemente und zugehörigen Eigenschaften sind nachfolgend aufgelistet.

Fügen Sie für das Datum zunächst einen Rahmen ein und legen Sie die Hintergrundfarbe mit schwarz und die Schriftfarbe mit weiß fest. Setzen Sie anschließend die Eigenschaft **Caption** auf *Datum:*.

Fügen Sie für die Zeit zunächst einen Rahmen ein und legen Sie die Hintergrundfarbe mit schwarz und die Schriftfarbe mit weiß fest. Setzen Sie anschließend die Eigenschaft **Caption** auf *Zeit:*.

Plazieren Sie innerhalb des Rahmens für das Datum ein Bezeichnungsfeld. Legen Sie anschließend die Eigenschaft **CtlName** mit *TXT_Datum* fest, löschen Sie danach den Wert der Eigenschaft **Text** und wählen Sie aus dem Farbpalettenfenster die Hintergrundfarbe schwarz und die Schriftfarbe grün aus. Rufen Sie anschließend die Schrifteigenschaft **FontSize** auf und legen Sie den Wert mit 24 fest (Schriftgröße).

Plazieren Sie innerhalb des Rahmens für die Zeit ein Bezeichnungsfeld. Legen Sie anschließend die Eigenschaft **CtlName** mit *TXT_Zeit* fest, löschen Sie danach den Wert der Eigenschaft **Text** und wählen Sie aus dem Farbpalettenfenster die Hintergrundfarbe schwarz und die Schriftfarbe grün aus. Rufen Sie anschließend die Schrifteigenschaft **FontSize** auf und legen Sie den Wert mit 24 fest (Schriftgröße).

Plazieren Sie innerhalb des Formulares ein Zeitmesser-Objekt. Geben Sie der Eigenschaft **Interval** den Wert 1000. Damit ist gewährleistet, daß das zeitabhängige Unterprogramm im Sekundentakt aufgerufen wird. Die Aktualisierung der Zeit in den Formularen soll später jede Sekunde einmal erfolgen.

Damit haben Sie bereits das erste Zusatzformular definiert. In einem zweiten Schritt können Sie nun eine annähernde Kopie des zuerst erzeugten Formulars anlegen. Verwenden Sie dazu die Kopier- und Einfügebefehle aus dem Menü Bearbeiten. Dabei wirkt sich insbesondere das Rahmenelement positiv aus. Dieses hat verknüpfende Auswirkung auf integrierte Oberflächenelemente. Kopieren Sie den Rahmen von einem Formular zu einem anderen, so werden alle Steuerelemente, die nachträglich in diesen Rahmen integriert wurden, ebenfalls kopiert. Das wären in unserem Fall die Bezeichnungsfelder. Der Hauptunterschied der einzelnen Formulare liegt in der Titelleiste und in dem Bezeichnungsfeld für zusätzliche Informationen im unteren Bereich des Formulars. Der Vollständigkeit halber sollen dennoch die Formulareigenschaften und einzelnen Oberflächenelemente in der Gesamtheit kurz erläutert werden. Markieren Sie also zunächst das 2. Zusatzformular und legen Sie die Formulareigenschaften wie folgt fest.

Icon: Wählen Sie aus der Visual Basic-Symbolbibliothek die Ikone *Uhr02* aus. Dieses Bildsymbol wird angezeigt, wenn das Formular auf Symbolgröße verkleinert wird.

Caption: Beachten Sie, daß anders als beim ersten Zusatzformular die Festlegung dieser Eigenschaft nicht erforderlich ist. Der Eintrag der Titelleiste wird abhängig vom jeweils gewählten Menüpunkt erst während der Programmausführung festgelegt.

FormName: *Zeitzone* - Über die Eigenschaft *FormName* können Sie den Namen angeben, unter dem das Formular später gespeichert wird. Der Name selbst wird auch als Kontrollname, unter dem das Formular im Quelltext angesprochen wird, verwendet. Besteht der Name aus mehr als acht Zeichen, wird dieser für den Dateinamen (nicht für den Kontrollnamen) gekürzt und um das Kürzel .FRM erweitert.

MaxButton: *falsch* - Setzen Sie diese Eigenschaft auf *falsch*, damit das Formularfenster nicht auf die volle Bildschirmgröße gezoomt werden kann.

BorderStyle: *1* - Damit das Formular über ein Symbolfeld am rechten Rand der Titelleiste verfügt, müssen Sie die Eigenschaft *BorderStyle* mit dem Wert 1 belegen.

Farbhintergrund: Legen Sie über das Farbpalettenfenster die Formularhintergrundfarbe auf türkis fest.

Nachfolgend sind noch einmal die Oberflächenelemente angeführt, die das 2. Zusatzformular enthalten muß. Dabei bleibt es Ihnen überlassen, ob Sie die meisten Elemente aus dem 1. Zusatzformular kopieren oder aber über die Toolbox festlegen. Im letztgenannten Fall müssen Sie auch sämtliche Eigenschaften neu eingeben. Zusätzlich müssen Sie ein weiteres Bezeichnungsfeld zur Ausgabe von Städtenamen einrichten, die später bei der Programmausführung zur Charakterisierung der Zeitzonen ausgegeben werden. Dieses neue Element muß über die Toolbox ausgewählt werden. In unserer folgenden Aufstellung gehen wir davon aus, daß Sie alle Elemente mit Hilfe der Toolbox neu erstellen.

Fügen Sie für das Datum zunächst einen Rahmen ein und legen Sie die Hintergrundfarbe mit schwarz und die Schriftfarbe mit weiß fest. Setzen Sie anschließend die Eigenschaft **Caption** auf *Datum:*.

Fügen Sie für die Zeit zunächst einen Rahmen ein und legen Sie die Hintergrundfarbe mit schwarz und die Schriftfarbe mit weiß fest. Setzen Sie anschließend die Eigenschaft **Caption** auf *Zeit:*.

Plazieren Sie innerhalb des Rahmens für das Datum ein Bezeichnungsfeld. Legen Sie anschließend die Eigenschaft **CtlName** mit *TXT_Datum* fest, löschen Sie danach den Wert der Eigenschaft **Text** und wählen Sie aus dem Farbpalettenfenster die Hintergrundfarbe schwarz und die Schriftfarbe grün aus. Rufen Sie anschließend die Schrifteigenschaft **FontSize** auf und legen Sie den Wert mit 24 fest (Schriftgröße).

Plazieren Sie innerhalb des Rahmens für die Zeit ein Bezeichnungsfeld. Legen Sie anschließend die Eigenschaft **CtlName** mit *TXT_Zeit* fest, löschen Sie danach den Wert der Eigenschaft **Text** und wählen Sie aus dem Farbpalettenfenster die Hintergrundfarbe schwarz und die Schriftfarbe grün aus. Rufen Sie anschließend die Schrifteigenschaft **FontSize** auf und legen Sie den Wert mit 24 fest (Schriftgröße).

Plazieren Sie innerhalb des Formulares ein Zeitmesser-Objekt. Geben Sie der Eigenschaft **Interval** den Wert 1000. Damit ist gewährleistet, daß das zeitabhängige Unterprogramm im Sekundentakt aufgerufen wird. Die Aktualisierung der Zeit in den Formularen soll später jede Sekunde einmal erfolgen.

|A| Legen Sie im unteren ein Bezeichnungsfeld für zusatzinformationen an. Setzen sie die Eigenschaften **CtlName** auf *Info*, **FontBold** auf *falsch*, **FontItalic** auf *wahr* und löschen Sie den Inhalt der Eigenschaft **Caption**.

Einen endgültigen Eindruck der definierten Zusatzformulare erhalten Sie erst bei der Programmausführung. In Bild 1.20 sind die Fenster dargestellt, wie sie sich zur Laufzeit präsentieren. Das Start- bzw. Hauptprogrammformular ist auf Symbolgröße verkleinert. Egal welches Fenster Sie jeweils aktivieren, beide Zeiten werden auf dem aktuellen Stand gehalten. Der wesentlichste erkennbare Unterschied der Formulare liegt in den Bezeichnungen. Im Zeitzonenformular wird in der Titelleiste die Zeitzone angezeigt, im unteren Fensterbereich werden in der Regel einige Städte der entsprechenden Zeitzone zur besseren Einordnung angeführt.

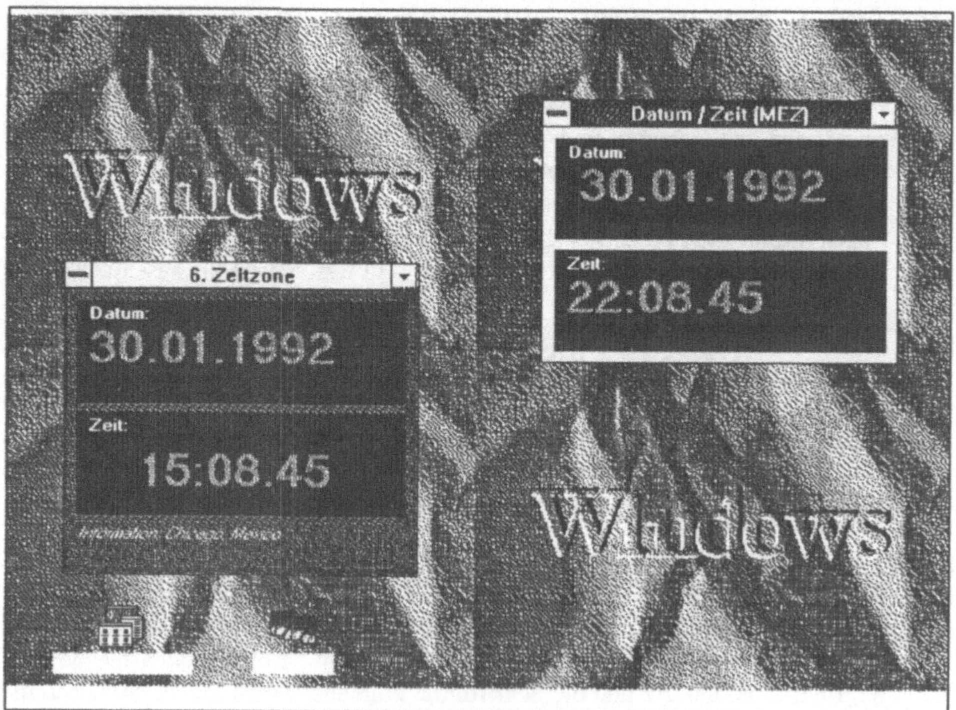

Bild 1.20: Zusatzformulare zur Ausgabe von Zeit und Datum

Nachdem sie die einzelnen Formulare erstellt haben, können Sie nun den Quelltext eingeben. Anders als in unserem ersten Beispiel besteht das Projekt *WinTIME* aus einer Vielzahl von Modulen, die jeweils über das Projektfenster angesteuert werden können. Die einzelnen Modulnamen und zugehörigen Inhalte sind auf der nächsten Seite kurz aufgelistet.

Modulname:	Erläuterung:
GLOBAL.BAS	Globale Variablen
WELT.FRM	Menüdefinition, Startformulardefinition ereignisorientierte Unterprogramme
SYSTEMWE.FRM	Formular für Zeitausgabe beliebiger Zeitzonen; ereignisorientierte Unterprogramme
ZEITZONE.FRM	Formular für Zeitausgabe beliebiger Zeitzonen; ereignisorientierte Unterprogramme
CONVERT.BAS	benutzerdefinierte Unterprogramme und Funktionen

Beginnen Sie mit der Programmentwicklung, sind standardmäßig lediglich die Module für die globalen Variablen (GLOBAL.BAS) und für das startformular angelegt (FORM1.FRM). Um weitere Formulare einem Projekt hinzuzufügen, wählen Sie den Menüeintrag Datei ● Neue Form, und um ein reines Quelltextmodul anzulegen den Menüeintrag Datei ● Neues Modul.

Erstellung des Quelltextes

Das globale Modul enthält eine kurze Programminformation, einen Copyright-Vermerk und die globalen Variablen für das Programm *WinTIME*. In der Ganzzahlvariablen *Zone* wird die jeweils gewählte Zeitzone verwaltet. Diese wird im Programm benötigt, um den Wechsel der Zeitzone durch eine erneute Menüanwahl zu ermitteln. Die Information, welche Städte in einer bestimmten zeitzone liegen, wird in der Zeichenkettenvariablen *ZeitzonenInfo* übergeben. Die Information wird jeweils aus dem angesteuerten menübefehl ermittelt. Das Modul zur Deklaration der globalen variablen ist in Listing 1.3 abgedruckt.

```
'*********************************************************
'* Weltzeituhr mit Visual Basic                        *
'* (c)1992 by Dipl.-Ing. Andreas Maslo                 *
'* Visual Basic für Programmierer - Vieweg Verlag      *
'* Demonstration eines Programmes mit mehreren Formularen *
'*********************************************************


'globale Variable, in der die aktuelle Zeitzone
'verwaltet wird (der Wert ist auch in den Menüs
'enthalten)
Global Zone As Integer


'globale Information zur Erläuterung einer Zeitzone
'(Information der Städte wird dem Menüeintrag entnommen)
Global ZeitzonenInfo As String
```

Listing 1.3: Datei GLOBAL.BAS des Programmes WinTIME

Auf den nächsten Seiten ist der Quelltext zum Programm *WinTIME* abgedruckt. Da dieser zunächst eine untergeordnetere Rolle spielt, ist es nicht erforderlich, daß Sie bereits jetzt sämtliche Anweisungen verstehen. Eine Vielzahl von Kommentaren wird es Ihnen allerdings wieder erleichtern, den Programmablauf zu verfolgen. Zusätzliche Hinweise zu den einzelnen Unterprogrammen sind am Anschluß des jeweiligen Listings angeführt. Dort erhalten Sie wichtige Zusatzinformationen zum Quelltext selbst. Sollten Sie im Zusammenhang mit den Listings weitere Fragen zu einzelnen Sprachelementen von Visual Basic haben, dann können Sie im 2. Kapitel dieses Buches nachschlagen. Beginnen wir zunächst mit dem Modul WELT.FRM, in dem das Hauptformular mit den zugehörigen Ereignisprozeduren enthalten ist.

```
Sub MNU_Sys_Click ()
  Load SystemWerte
  SystemWerte.Show
End Sub


Sub MNU_1_Click ()
  'allgemeiner Programmcode
  Zone = Val(Left$(Welt.MNU_1.Caption, 2))
  Load Zeitzone
  Zeitzone.Caption = LTrim$(Str$(Zone)) + ".Zeitzone"
  MNULen% = Len(Welt.MNU_1.Caption)
  Zeitzone.TXT_Info.Caption = LTrim$(Right$(Welt.MNU_1.Caption, MNULen% - 2))
  Zeitzone.Show
End Sub


Sub MNU_End_Click ()
  'Sicherheitsabfrage, bevor das Programm beendet wird
  '32 - Fragezeichensymbol bei Meldung anzeigen
  '4  - Schaltflächen <Ja> und <Nein> anzeigen
  Msg$ = "Wollen Sie das Programm 'Weltzeituhr' beenden?"
  Antwort% = MsgBox(Msg$, 32 + 4, "Programmende WinTIME")
  If Antwort% = 6 Then
    'beenden, falls Sicherheitsabfrage mit <Ja>
    'quittiert wurde
    End
  End If
End Sub


Sub MNU_Z_Click (Index As Integer)
  'Ereignisgesteuertes Unterprogramm für Steuerelementefeld
  Static AltZone
  AltZone = Zone
  'Zeitzone in globale Variable 'Zone' übernehmen
  Zone = Index
  'Formular mit alter Zeitzone evtl. zunächst entfernen
  If Zone <> AltZone And AltZone <> 0 Then
    Unload Zeitzone
  End If
```

```
'Zeitzoneninformationen aus Menüeintrag herausfiltern
' und an globlae Variable 'ZeitzonenInfo' übergeben
'(Menülänge abzüglich der ersten zwei Zeichen, in denen
'die Zeitzonen verwaltet werden)
MNULen% = Len(Welt.MNU_Z(Index).Caption)
ZeitZonenInfo = Right$(Welt.MNU_Z(Index).Caption, MNULen% - 2)
ZeitZonenInfo = LTrim$(ZeitZonenInfo$)
'Zeitzonenformular laden
Load Zeitzone
'Formular anzeigen
Zeitzone.Show
End Sub
```

Listing 1.4: Datei WELT.FRM des Programmes WinTIME

Unterprogramm:	MNU_Sys_Click
Funktion:	Fenster mit Systemdatum und Systemzeit anzeigen
Aufruf:	Aktivierung durch Menüereignis
Ereignis:	Click (Mausereignis)
Parameter:	-
Hinweise:	Besitzt ein Programm mehrere Formulare, dann wird beim Programmstart zunächst nur das Startformular geladen, um den Speicher nicht unnötig zu belasten. Wollen Sie bereits beim Programmstart weitere Formulare in den Speicher bringen, so müssen Sie dies durch das *Load* realisieren. In der Regel sollten Sie nur Formulare standardmäßig in den Arbeitsspeicher einlesen, die Sie in jedem Fall mehrmals bei der Programmausführung benötigen. Ansonsten sollten Sie diese nur bei Bedarf laden. Wird ein Formular nicht mehr benötigt, können Sie es mit *Unload* wieder aus dem Speicher entfernen. Damit ein eingelesenes Formular angezeigt wird, ist die Methode *Show* zu verwenden. Die Anweisung *Load* brauchen Sie nur zu verwenden, wenn das Formular nicht unmittelbar angezeigt werden soll, da *Show* ein nicht geladenes Formular ebenfalls automatisch lädt und anschließend anzeigt.

Unterprogramm:	MNU_End_Click
Funktion:	Programm *WinTIME* beenden
Aufruf:	Aktivierung durch Menüereignis
Ereignis:	Click (Mausanwahl)
Parameter:	-
Hinweise:	Bevor das Programm über den Menüeintrag *Ende* beendet wird, erscheint zunächst eine Sicherheitsabfrage. Wir diese Abfrage über die Schaltfläche *<Ja>* quittiert, wird das Programm beendet und sämtliche Formulare des Anwendungsprogrammes werden geschlossen.

Unterprogramm:	MNU_Z_Click (Index As Integer)
Funktion:	Fenster mit Zeit und Datum einer speziellen Zeitzone anzeigen
Aufruf:	Aktivierung durch Menüereignis
Ereignis:	Click (Mausanwahl)
Parameter:	*Index* - Die Nummer des angewählten Elementes eines Steuerelementefeldes wird automatisch von Windows an die Ereignisprozedur übergeben und kann in den Quelltextanweisungen ausgewertet werden.
Hinweise:	Diese ereignisorientierte Prozedur wird automatisch bei Anwahl eines Elementes des Menüsteuerelementefeldes aufgerufen. Intern wird mit Hilfe der globalen Variablen *Zone* und der statischen Variablen *AltZone* kontrolliert, ob ein Wechsel der Zeitzone durch einen erneuten Menüaufruf erfolgt ist. Falls ja, wird das Formular mit der alten Zeitzone zunächst entfernt und im Anschluß daran das neue Formular aufbereitet und ausgegeben. Beachten Sie, daß bereits in diesem Unterprogramm die globale Variable *ZeitzonenInfo* initialisiert wird, indem lediglich der gewählte Menüeintrag ohne die enthaltene Ordnungsnummer übergeben wird.

In dem Modul SYSTEMWE.FRM ist das Formular zur Ausgabe des Systemdatums und der Systemzeit enthalten. Außerdem besitzt dieses Modul zwei ereignisorientierte Unterprogramme (s. Listing 1.5). Vergleichen Sie diese mit den Unterprogrammen des Moduls ZEITZONE.FRM, dann werden Sie feststellen, daß die Unterprogrammschablonen sich entsprechen. Anders als in anderen Basic-Dialekten dürfen Unterprogrammbezeichnungen sich in unterschiedlichen Formulardateien eines Programmes also durchaus wiederholen.

```
Sub Form_Load ()
  'Initialisierung der Werte für Ausgabe von
  'Datum und Zeit; dieses Unterprogramm wird
  'automatisch beim Laden des Formulares aus-
  'geführt
  Z$ = Time$
  SystemWerte.TXT_Zeit.Caption = GerTime$(Z$)
  D$ = Date$
  SystemWerte.TXT_Datum.Caption = GerDate$(D$)
End Sub

Sub Zeitmesser1_Timer ()
  'Zeit aktualisieren
  Z$ = Time$
  SystemWerte.TXT_Zeit.Caption = GerTime$(Z$)
End Sub
```

Listing 1.5: Datei SYSTEMWE.FRM des Programmes WinTIME

Unterprogramm:	Form_Load
Funktion:	Ausgabewerte für Erstausgabe festlegen und ausgeben
Aufruf:	Ereignis
Ereignis:	Load (Laden des Formulars)
Parameter:	-
Hinweise:	In diesem Unterprogramm, das automatisch beim Laden des Formulars ausgeführt wird, wird über die Visual Basic-Anweisungen *Time$* und *Date$* die aktuelle Systemzeit und das aktuelle Systemdatum ermittelt. Die Ergebnisse werden mit Hilfe der benutzerdefinierten Funktionen *GerTime$* und *GerDate$* in das deutsche Format umgewandelt und anschließend über die Eigenschaft *Caption* an die entsprechenden Bezeichnungsfelder des Formulars übergeben und damit unmittelbar ausgegeben. Beachten Sie, daß diese Routine lediglich für die Erstausgabe der Werte verantwortlich ist. Die Aktualisierung der Informationen erfolgt über die Ereignisprozedur *Zeitmesser1_Timer*.

Unterprogramm:	Zeitmesser1_Timer
Funktion:	Zeit- und Datumseintrag im Sekundentakt aktualisieren
Aufruf:	Ereignis
Ereignis:	Timer (Zeitmesser)
Parameter:	-
Hinweise:	Dieses Unterprogramm wird automatisch in einem festgelegten Zeitintervall aufgerufen. Im vorliegenden Fall wird lediglich die Zeitausgabe aktualisiert. Sollten Sie regelmäßig bei einem Datumswechsel am Rechner arbeiten, dann sollten Sie auch das Datum durch diese Routine aktualisieren lassen, da ansonsten die Ausgabe nicht mehr mit dem tatsächlichen Datum übereinstimmt. Vergleichen Sie hierzu auch das entsprechende Unterpogramm im Formular ZEITZONE.FRM, in dem wir alternativ sowohl die Zeit als auch das Datum bei jedem Aufruf auf einen eventuellen Wechsel kontrollieren.

Wie bereits das Modul SYSTEMWE.FRM, besitzt auch das Formular ZEITZONE.FRM zur Ausgabe von Daten einer bestimmten Zeitzone lediglich zwei Ereignisprozeduren. Auch die einzelnen Quelltextanweisungen der beiden Formulare unterscheiden sich nur geringfügig voneinander. Betrachten Sie sich zunächst den Quelltext des Moduls, der in Listing 1.6 abgedruckt ist und vergleichen Sie ihn anschließend mit dem Quelltext in Listing 1.5.

```
Sub Form_Load ()
  'Initialisierung der Werte für Ausgabe von
  'Datum und Zeit; dieses Unterprogramm wird
  'automatisch beim Laden des Formulares aus-
  'geführt
  'Formulartitel festlegen
  ZeitZone.Caption = LTrim$(Str$(Zone)) + ". Zeitzone"
  'Systemdatum und Systemzeit als Grundlage für
  'die Umrechnung verwenden
  Z$ = GerTime$(Time$)
  D$ = GerDate$(Date$)
  'benutzerdefiniertes Unterprogramm zur Umrechnung der
  'Systemzeit und des Systemdatums in die gewählte Zeitzone
  '(Rückgabe: Z$=geänderte Zeit, D$= geändertes Datum)
  Call ZeitzonenUmrechnung(Z$, D$)
  ZeitZone.TXT_Zeit.Caption = Z$
  ZeitZone.TXT_Datum.Caption = D$
  ZeitZone.TXT_Info.Caption = "Information: " + ZeitZonenInfo
End Sub

Sub Zeitmesser1_Timer ()
  'Zeit und Datum aktualisieren für Übergabe
  'an Unterprogramm 'ZeitzonenUmrechnung' initialisieren
  Z$ = GerTime$(Time$)
  D$ = GerDate$(Date$)
  'Werte ermitteln
  Call ZeitzonenUmrechnung(Z$, D$)
  'Ergebnisse in Formular ausgeben
  ZeitZone.TXT_Zeit.Caption = Z$
  ZeitZone.TXT_Datum.Caption = D$
End Sub
```

Listing 1.6: Datei ZEITZONE.FRM des Programmes WinTIME

Unterprogramm:	Form_Load
Funktion:	Ausgabewerte für Erstausgabe festlegen und ausgeben
Aufruf:	Ereignis
Ereignis:	Load (Laden des Formulars)
Parameter:	-
Hinweise:	In diesem Unterprogramm, das automatisch beim Laden des Formulars ausgeführt wird, wird über die Visual Basic-Anweisungen *Time$* und *Date$* die aktuelle Systemzeit und das aktuelle Systemdatum ermittelt. Die Ergebnisse werden mit Hilfe der benutzerdefinierten Funktionen *GerTime$* und *GerDate$* in das deutsche Format umgewandelt und danach mit dem benutzerdefinierten Unterprogramm *ZeitzonenUmrechnung* in das benötigte Zeitzonenformat umgewandelt. Anschließend werden die Ergebnisse über die Eigenschaft *Caption* an die entsprechenden Bezeichnungsfelder des Formulars übergeben und

damit unmittelbar ausgegeben. Beachten Sie, daß diese Routine lediglich für die Erstausgabe der Werte verantwortlich ist. Die Aktualisierung der Informationen erfolgt über die Ereignisprozedur *Zeitmesser1_Timer*. Beachten Sie, daß bei dieser Erstausgabe des Formulars auch die Zeitzonenzusatzinformation und der im Quelltext festgelegte Inhalt der Titelleiste ausgegeben werden.

Unterprogramm:	Zeitmesser1_Timer
Funktion:	Zeit- und Datumseintrag im Sekundentakt aktualisieren
Aufruf:	Ereignis
Ereignis:	Timer (Zeitmesser)
Parameter:	-
Hinweise:	Dieses Unterprogramm wird automatisch in einem festgelegten Zeitintervall aufgerufen, um das aktuelle Datum und die aktuelle Zeit erneut festzulegen und auszugeben.

Das letzte Modul CONVERT.BAS beinhaltet einige benutzerdefinierte Konvertierroutinen, die innerhalb eines Programmes von allen Formularen genutzt werden können. Oberflächendefinitionen sind in diesem Programmteil nicht enthalten. Sie sehen an diesen Unterprogrammen und Funktionen, daß in Visual Basic nicht ausschließlich ereignisorientierte Unterprogramme erstellt werden können. Benutzerdefinierte Quelltextdateien können als Bibliotheksmodule auch in andere Programmprojekte importiert werden. Beachten Sie aber auch, daß ebenso gesamte Formulardateien in beliebige Programme eingelesen werden können. Haben Sie also eine Zeitanzeige wie in *WinTIME* generiert, dann können Sie sie durchaus in mehreren Programmen nutzen, ohne das Formular oder den zugehörigen Quelltext neu erstellen zu müssen.

```
Function GerTime$ (T$)
  'Konvertierung der Systemzeit in deutsches Format
  GerTime$ = Left$(T$, 5) + "." + Right$(T$, 2)
End Function

Function GerDate$ (D$)
  'Konvertierroutine: Umsetzung ins deutsche
  'Datumsformat
  GerDate$ = Mid$(D$, 4, 2) + "." + Left$(D$, 2) + "." + Right$(D$, 4)
End Function
```

```
Sub ZeitzonenUmrechnung (Z$, D$)
  'Das Unterprogramm erhält das Datum und die Zeit
  'im deutschen Format und ist für die Konvertierung
  'in eine spezielle Zeitzone verantwortlich; die
  'Ergebnisse selbst werden in Z$ (Zeit) und D$ (Datum)
  'wieder an das aufrufende Unterprogramm zurückgegeben
  '(in der globalen Variable 'Zone' wird die gewählte
  'Zeitzone an dieses Unterprogramm übergeben)
  'Basis MEZ durch Systemzeit (Basis Zeitzonen WEZ)
  If Zone < 13 Then
      'wenn westlich MEZ
      Unterschied% = -12 + Zone - 1
    ElseIf Zone > 13 Then
      'wenn östlich MEZ
      Unterschied% = Zone - 12 - 1
    Else
      'MEZ
      Unterschied% = 0
  End If
  'Zeitunterschied wird hier nur stundenweise berücksichtigt,
  'Gebiete mit Sonderzeiten werden vernachlässigt
  Stunde% = Val(Left$(Z$, 2))
  MEZStunde% = Stunde%
  Rest$ = Right$(Z$, 6)
  If Stunde% + Unterschied% < 0 Then
      'Zeit umrechnen (folgender Tag)
      Stunde% = Stunde% + Unterschied% + 24
      Z$ = Str$(Stunde%) + Rest$
    ElseIf Stunde% + Unterschied% > 23 Then
      'Zeit umrechnen (vorangehender Tag)
      Stunde% = Stunde% + Unterschied% - 24
      Z$ = Str$(Stunde%) + Rest$
    Else
      'Zeit direkt auswertbar (gleicher Tag)
      Stunde% = Stunde% + Unterschied%
      Z$ = Str$(Stunde%) + Rest$
  End If
  'Datumswechsel abhängig von der Uhrzeit
  'hier vereinfacht nur Anzeige, ob das Datum
  'für eine Zeitzone von gestern oder morgen gültig ist
  If MEZStunde% + Unterschied% < 0 Then
      'Datumswechsel (nächstes Datum)
      D$ = "gestern"
    ElseIf MEZStunde% + Unterschied% > 23 Then
      'Datumswechsel (vorangehendes Datum)
      D$ = "morgen"
  End If
End Sub
```

Listing 1.7: Datei CONVERT.BAS des Programmes WinTIME

Funktion:	GerTime$(T$)
Funktion:	Systemzeit in deutsches Format konvertieren
Aufruf:	a$=GerTime$(T$)
Ereignis:	Funktionsaufruf (Quelltextanweisung)
Parameter:	hin: T$ - Systemzeit (ermittelt durch *Time$*)
	zurück: a$ - Systemzeit im deutschen Format
Hinweise:	Diese Funktion wandelt ein Zeitformat in der Form "20:30:15" in die Form "20:30.15" um.

Funktion:	GerDate$(D$)
Funktion:	Systemdatum in deutsches Format konvertieren
Aufruf:	a$=GerDate$(D$)
Ereignis:	Funktionsaufruf (Quelltextanweisung)
Parameter:	hin: D$ - Systemdatum (ermittelt mit *Date$*)
	zurück: a$ - Systemdatum in deutschem Format
Hinweise:	Diese Funktion wandelt ein Datumsformat in der Form "01-30-1992" in das format "30.01.1992" um.

Unterprogramm:	ZeitzonenUmrechnung(Z$, D$)
Funktion:	Systemzeit in Zeit einer ausgewählten Zeitzone übersetzen und feststellen, ob ein Datumswechsel zwischen der Zeitzone und der Zeitzone von Deutschland existiert.
Aufruf:	CALL ZeitzonenUmrechnung (Z$, D$)
	bzw.
	ZeitZonenUmrechnung Z$, D$
Ereignis:	Unterprogrammaufruf (Quelltextanweisung)
Parameter:	hin: D$ - Systemdatumn; Z$ - Systemzeit
	zurück: D$ - Datumswechsel; Z$ - Zeitzonenzeit
Hinweise:	Die Parameter Z$ und D$ werden sowohl für die Übergabewerte als auch für die Ergebniswerte genutzt. Aus diesem Grund darf die Wertübergabe nicht beim Unterprogrammaufruf erfolgen, sondern die Werte Z$ und D$ müssen vorab initialisiert werden. D.h., die Übergabewerte müssen als Referenz und dürfen nicht als Wert an das Unterprogramm übergeben werden.

Beispiel:

```
:
Z$=Time$
D$=Date$
CALL ZeitzonenUmrechnung (Z$, D$)
PRINT "Umrechnung Datum: "; D$
PRINT "Umrechnung Zeit : "; Z$
:
```

Die Auswertung der Zeit- und Datumsumwandlung wurde nur vereinfacht implementiert. Erweiterungen sollten Sie bei Bedarf jedoch eigenständig durchführen können. Beachten Sie, daß in der vorliegenden Unterpogrammfassung weder die Sommerzeit, noch die korrekte Datumsumrechnung implementiert sind. In unserem Fall geben wir bei einem Datumswechsel lediglich aus, ob in der angewählten Zeitzone das Systemdatum gültig, oder ob noch *gestern* oder schon *morgen* ist. Damit umgehen wir die genaue Ermittlung von Monats-, Tages- und Jahreswechseln.

Das Programm ist nun vollständig und kann gespeichert, getestet und in ein ausführbares Programm übersetzt werden. Verfahren Sie wieder so, wie wir es bereits beim ersten Programm *WinSTAT* erläutert haben. Führen Sie das Programm aus, kann es sich auf dem Bildschirm, wie in Bild 1.21 dargestellt, präsentieren. Das Hauptformular ist geöffnet, das Formular für die Systemzeit und das Systemdatum ist auf Symbolgröße verkleinert (Ikone *Uhr02.ICO*) und die Werte für die 9. Zeitzone werden auf dem Bildschirm ausgegeben. Obgleich in unserem Beispiel das Uhrensymbol den Fokus hat, wird die Zeitausgabe jeweils auf dem aktuellsten Stand gehalten.

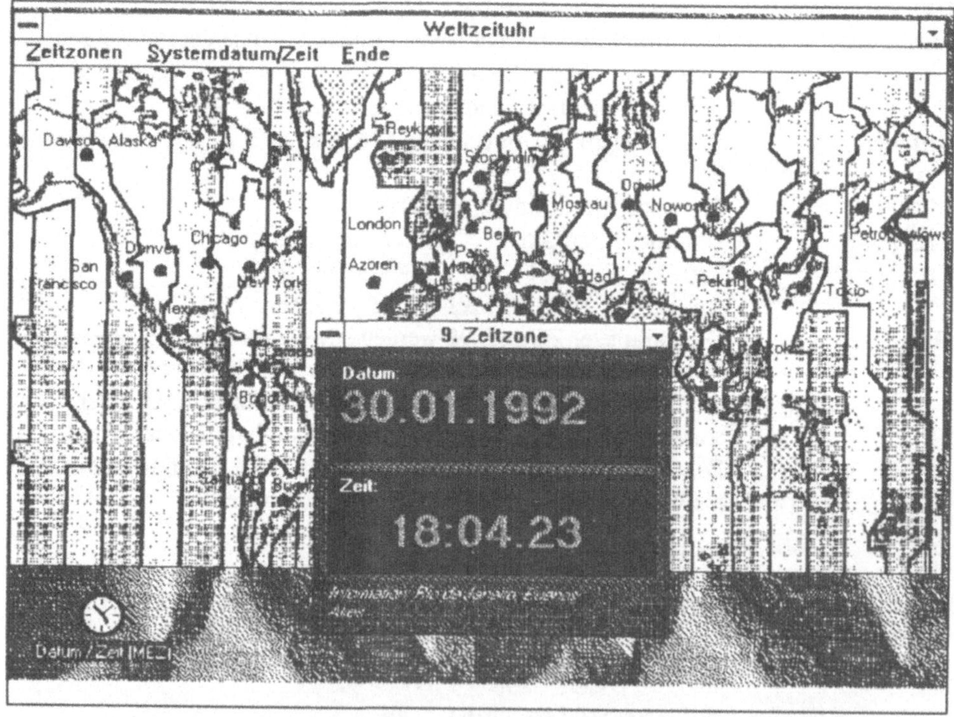

Bild 1.21: Komfortable Programmausführung von WinTIME mit Bildsymbolen

Beachten Sie, daß das ausführbare Programm *WINTIME.EXE* im Vergleich zum Programm *WinSTAT* mit über 200 KByte eine weit umfangreichere Programmgröße aufweist. Dies liegt daran, daß das Hintergrundbild des Hauptformulars in das Programm eingebunden wird.

Abschließende Anmerkungen zum Programm WinTIME:

Eine Besonderheit, die sich beim Beenden des Programmes bietet, wollen wir Ihnen nicht vorenthalten. Verlassen Sie *WinTIME* über den Menübefehl *Ende* und quittieren anschließend die Sicherheitsabfrage mit der Schaltfläche *<Ja>*, dann werden sämtliche Fenster geschlossen und aus dem Speicher entfernt. Dabei spielt es keine Rolle, ob ein oder zwei Zeitanzeigen aktiv sind (Visual Basic-*End*-Anweisung). Verlassen Sie allerdings das Hauptformular bzw. Startformular (das Formular mit dem Hauptmenü) durch einen Doppelklick auf das Systemmenüfeld bzw. durch Anwahl des Menüpunktes BEENDEN im Systemmenü, dann wird nur das Hauptformular geschlossen und aus dem Speicher entfernt. Die Zeitanzeigen bleiben aktiv und werden weiterhin abgearbeitet. Dadurch ist es mit *WinTIME* möglich, zwei Uhren mit unterschiedlichen Zeitzonenanzeigen in die Windows-Oberfläche einzubinden.- Bevor wir dieses Kapitel beenden, sind in der nachfolgenden Liste noch einmal die wichtigsten Themen zusammengestellt, dir Ihnen an diesem Programm exemplarisch vorgetsellt wurden.

- Menüentwurf
- Anwendung von Steuerelementefeldern
- Projektverwaltung
- Arbeiten mit mehreren Formularen
- mehrmodulige Programmentwicklung
- benutzerdefinierte Unterprogramme
- Einbindung grafischer Elemente
- Zeitmesser-Element

Nachdem Sie in diesem Kapitel das Entwicklungssystem für die grafische Benutzeroberfläche kennengelernt haben, werden Sie im zweiten Kapitel einen umfassenden Überblick über die Möglichkeiten der Oberflächenelemente und Spracheigenschaften von Visual Basic erhalten. Dabei wird auf die Entwicklung von umfangreichen Programmen verzichtet. Wann immer sinnvoll, werden Anweisungen durch kleine Beispiele demonstriert, die Sie unmittelbar in Visual Basic testen können, um die Wirkungsweise unmittelbar nachzuvollziehen.

Kapitel 2: Grundlagen der Programmentwicklung

Nachdem wir im ersten Kapitel den Umgang mit der Entwicklungsumgebung von Visual Basic exemplarisch vorgeführt haben, werden wir in diesem Kapitel die Elemente eines Programmes vorstellen. Dabei wird neben den grafischen Oberflächenelementen und den zugehörigen Eigenschaften und Ereignissen auch der Sprachumfang themenorientiert behandelt. Die einzelnen Anweisungen werden an kurzen, verständlichen Beispielen erläutert. Die Grundlagen, die in diesem Kapitel gelegt werden, sind zur Entwicklung von Anwendungsprogrammen erforderlich. Bei der späteren Programmentwicklung kann Ihnen dieses Kapitel als Nachschlagewerk dienen. Anders als in den Handbüchern zu Visual Basic, erhalten Sie nicht die Eigenschaften, Ereignisse und Methoden in einem Gesamtverzeichnis sortiert, sondern jeweils getrennt in kurzen Zusammenfassungen. Entwickeln Sie eine Oberfläche, sind zunächst nur die Eigenschaften von Belang, in diesem Fall ist es also nicht sinnvoll, eine Gesamtreferenz zu durchsuchen. Ebenso verhält es sich bei den Informationen zu den Ereignissen, die Sie zur Festlegung der ereignisorientierten Unterprogramme benötigen und mit den Methoden, die Sie zur Handhabung der Objekte verwenden. Bei den Zusammenstellungen wurde insbesondere darauf geachtet, daß Sie jeweils die wichtigsten Informationen parat haben. Sollten Sie weitere Hilfe benötigen, dann können Sie diese über das Hilfsprogramm abrufen oder in der Visual Basic-Sprachreferenz nachschlagen.

2.1 Der Programmaufbau

Im ersten Teil dieses Kapitels werden wir Ihnen noch einmal die einzelnen Programm- und Oberflächenelemente eines Visual Basic-Programmes vorstellen. Neben den Eigenschaften, Ereignissen und Methoden wird insbesondere die Entwicklung der benutzerdefinierten und ereignisorientierten Prozeduren beschrieben.

2.1.1 Allgemeiner Aufbau eines Programmes

Wie bereits erläutert, wird in Visual Basic kein Hauptprogramm erstellt. Die Programmsteuerung wird vollständig vom Programmiersystem und Windows übernommen. Ein Programm setzt sich aus Formen (in diesem Buch verwenden wir statt Form den Begriff Formular) und Quellmodulen zusammen. Ein Quellmodul, das sogenannte globale Modul (GLOBAL.BAS), nimmt dabei eine Sonderstellung ein.

In dieser Datei müssen alle globalen Variablen eines Programmes (s. Kapitel 2.2) deklariert werden. Sonstige Anweisungen sind im globalen Modul unzulässig. Sämtliche ausführbaren Programmanweisungen dürfen ausschließlich in Formular- und Quellmodulen und zusätzlich nur innerhalb von Prozeduren (Unterprogramme und Funktionen) enthalten sein. Formulardateien enthalten im Vergleich zu reinen Quellmodulen neben Quelltext auch die Oberflächendefinition (Ressourcen).

Globales Modul: Optionales Quellmodul, in dem ausschließlich globale Variablen deklariert sind. In diesem Modul können keine ausführbaren Programmanweisungen verwendet oder aber Prozeduren definiert werden.

Formdateien: Diese Dateien enthalten neben der Oberflächendefinition eines einzelnen Formulares (evtl. mit Menüdefinition) auch die Ereignisprozeduren und eventuell zusätzlich benötigte benutzerdefinierte Unterprogramme und Funktionen, die in Verbindung mit den Oberflächenelementen des Formulars genutzt und zur Ausführung eines Programmes gebraucht werden. Jedes Programm kann aus mehreren Formdateien bestehen, wobei beim Programmstart jeweils nur eine automatisch in den Speicher geladen wird. Dieses Formular bezeichnet man als Startformular. Welches Formular das Startformular sein soll, kann vom Programmierer frei festgelegt werden. Alle übrigen Formulare können temporär oder auch permanent (falls ausreichend Speicher vorhanden ist) über spezielle Anweisungen geladen werden. Nehmen wir an, Sie haben ein Fomular, das nicht das Startformular ist, mit dem Kontroll- bzw. Zugriffsnamen *Form1* erstellt und wollen dieses laden bzw. aus dem Speicher entfernen. In diesem Fall stehen Ihnen die folgenden Anweisungen zur Verfügung.

Form laden: **Load** *Form1*

Form entfernen: **Unload** *Form1*

Das Laden bewirkt allerdings noch nich die Anzeige einer Form. Dieses hat gesondert über die Methode *Show* (z.B. *Form1.Show*) zu erfolgen. Solange eine Form geladen, aber noch nicht aus dem Speicher entfernt wurde, können Sie auf die Steuerelemente dieses Formulars zugreifen. Verwenden Sie *Show*, ohne daß die Form geladen wurde, so wird dies programmintern nachgeholt. Wollen Sie ein Formular temporär ausblenden, ohne daß es aus dem Speicher entfernt wird, verwenden Sie die *Hide*-Methode (z.B. Form1.Hide). Ein Beispiel zur Verwaltung von Programmen mit mehreren Formularen haben Sie bereits im 1. Kapitel bei der Erstellung des Programmes *WinTIME* kennengelernt.

Quellmodule: Bei Quellmodulen handelt es sich um Dateien, die benutzerdefinierte Unterprogramme und Funktionen enthalten, die von allen Formularen eines Projektes genutzt werden können. Aus diesem Grund erfüllen sie den Status von Benutzerbibliotheken.

Unterprogramme und Funktionen, die Sie häufig in Programmen verwenden, können Sie in solchen Quellmodulen zusammenfassen und später zu Programmen wahlfrei hinzuladen. Auf die Syntax und Merkmale der Programmiersprache selbst wollen wir hier noch nicht näher eingehen. Diese Informationen erhalten Sie ab Kapitel 2.1.3.

Wenn Sie ein Programm erstellen, verwenden Sie die nachfolgenden Arbeitsschritte. Dabei ist ein zeitweiser Wechsel zwischen Formulargenerierung und Quelltextprogrammierung durchaus möglich, um gegenseitige Anpassungen vorzunehmen.

Erstellung einer Windows-Applikation mit Visual Basic:

1. Projekt planen (Programmaufbau, Formulare, Anweisungen)
2. Visual Basic laden
3. Startformular mit eventuellem Hauptmenü definieren
4. Zusatzformulare erstellen bzw. bereits erstellte und benötige Formulare
   hinzuladen
5. Quelltextformulierung (ereignisorientiert)
6. Erweiterung um notwendige benutzerdefinierte Routinen
7. Eventuell bereits erstellte Bibliotheken im Quelltextformat hinzuladen
   (wahlweise vor Punkt 5)
8. Programm austesten, Fehler beheben
9. Programm erzeugen (EXE-Datei) und Visual Basic beenden

Sie sehen also, daß Sie, bevor Sie mit der Quelltexteingabe beginnen, die Oberfläche generieren. Aus diesem Grunde wollen wir an dieser Stelle zunächst noch einmal die einzelnen Oberflächenelemente vorstellen und kurz erläutern, wie, und wofür Sie diese nutzen können.

2.1.2 Die Formulargenerierung

In Kapitel 1.4.1 haben Sie die Benutzeroberfläche von Visual Basic kennengelernt und bereits einige wichtige Informationen zu speziellen Fenstern in der Visual Basic-Programmierumgebung erhalten. Auf eine genaue Erläuterung des Toolbox-Fensters haben wir zu Beginn bewußt verzichtet, da es sich um das wichtigste Fenster zur Formulargenerierung und damit um das wichtigste Element für die Programmentwicklung handelt. Die genaue Erläuterung der einzelnen Toolbox-Symbole wollen wir nun, an passender Stelle, nachholen. Die Toolbox und die Bezeichnungen der einzelnen Schaltflächen sind in Bild 2.1 dargestellt. Diese Bezeichnungen werden wir im gesamten Buch verwenden. Sollten Sie also einmal nicht genau wissen, welches Symbol sich hinter einer Bezeichnung verbirgt, dann sollten Sie an dieser Stelle nachschlagen. Allgemein werden sämtliche Symbole als **Steuerelemente** bezeichnet. Auch diesen Begriff haben wir bereits mehrfach verwendet.

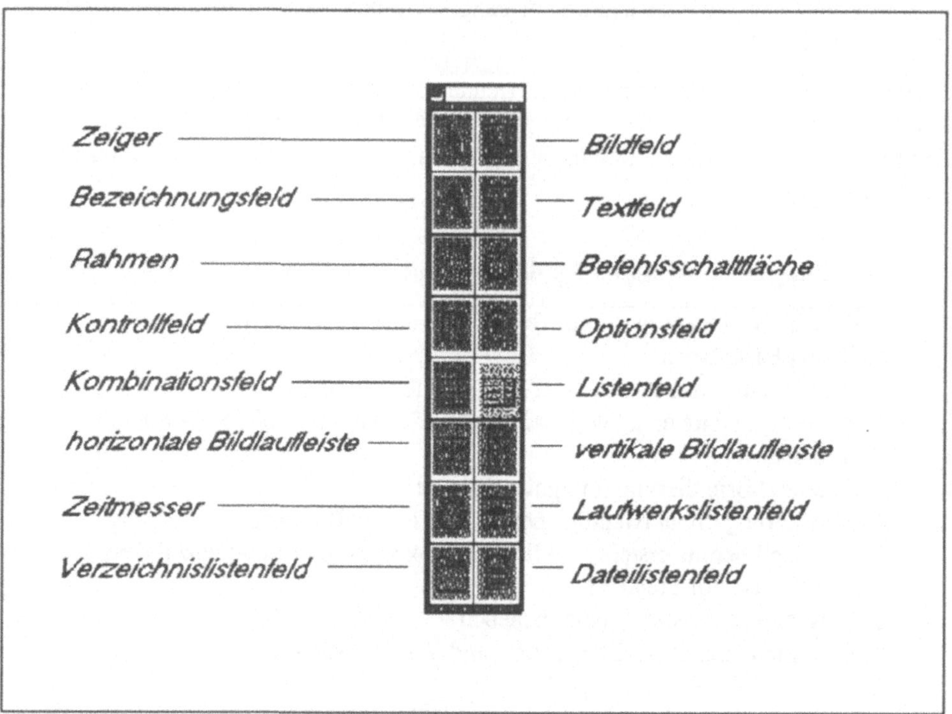

Bild 2.1: Visual Basic - Toolbox

Um ein Steuerelement in ein Formular zu zeichnen, klicken Sie das entsprechende Symbol an und zeichen danach einen Rahmen mit der Maus in das Formular. Drücken Sie dazu an der Stelle, an der die linke obere Ecke des Steuerelementes erscheinen soll die linke Maustaste und bewegen Sie die Maus bei gedrückter Taste solange, bis der Rahmen die gewünschte Größe hat. Beim Lösen der Taste erscheint nun das Steuerelement. Beachten Sie, daß ein Anklicken beliebiger Elemente in einem Formular im Entwurfsmodus die nachträgliche Bearbeitung des Steuerelementes ermöglicht. Die kleinen schwarzen Quadrate können zu einer Größenänderung verwendet werden. Klicken Sie das Element an, drücken Sie dabei die linke Maustaste, und bewegen Sie im Anschluß daran die Maus, dann können Sie ein Element im Formular verschieben. Sie können auch mehrere Steuerelemente gleichzeitig verschieben und mit der Taste [Entf] löschen, indem Sie die Taste [Strg] gedrückt halten und die entsprechenden Elemente mit der Maus anklicken und damit für die speziellen Funktionen markieren.

Zeiger: Dieses Symbol ist standardmäßig aktiviert und zeigt an, daß Sie sich im Mauszeigermodus befinden. In dieser Einstellung können Sie Steuerlemente in einem Formular in der Größe verändern und frei plazieren (s.o.).

Bildfeld: Über das Bildfeld können Sie einen bestimmten rechteckigen Bereich in einem Formular definieren. In dem festgelegten Feld können Sie Bitmap-Grafiken oder Ikonen laden oder kopieren, Grafiken mit den Grafikanweisungen erstellen oder aber auch Text ausgeben. Der Vorteil eines Bildfeldes ist, daß sich die Ausgaben jeweils auf diesen abgegrenzten Bereich und nicht auf das gesamte Formular beziehen.

Bezeichnungsfeld: In einem Bezeichnungsfeld können Sie Text als Information anzeigen lassen. Unter anderem können die Schriftart, -größe und -stil sowie Formatierungen über Eigenschaften wahlweise festgelegt werden. Dieses Feld kann z.B. Beispiel zur Anzeige eines Programmnamens oder einer Copyright-Meldung verwendet werden. Die Hauptanwendung eines Bezeichnungsfeldes liegt jedoch in der Verbindung mit einem Textfeld, um zu erläutern, welche Eingabe in dem jeweiligen Eingabefeld erwartet wird.

Textfeld: Das Textfeld dient zur Eingabe einer einzelnen Information (Eingabefeld). Die jeweils aktuelle Position im Editierfeld wird durch einen Textcursor (senkrechter Strich) gekennzeichnet. Ein Textfeld kann sowohl ein- als auch mehrzeilig sein. Dieses Steuerelement verwenden Sie in der Regel zur Abfrage von Werten, die vom Anwender manuell einzugeben sind, da keine Standardvorgaben bekannt sind. Dieses Feld eignet sich zur Erstellung bildschirmorientierter, mehrzeiliger Eingaben (z.B. für Texte).

Rahmen: Ein Rahmen dient zur optischen Abgrenzung von Steuerelementen in einem Formular, kann allerdings auch zur Gruppierung genutzt werden. Zeichnen Sie zunächst einen Rahmen und plazieren Sie innerhalb dieses Steuerelementes weitere Elemente, können diese über den Rahmen in der Gesamtheit bearbeitet werden (z.B. Kopierfunktion). Der Rahmen selbst kann am oberen Rand einen Namen oder eine Bezeichnung für eine Gruppe von Steuerelementen enthalten.

Befehlsschaltfläche: Eine Befehlsschaltfäche entspricht einem Schaltknopf und dient zum Abruf einfacher Funktionen, die keine speziellen Benutzereingaben erfordern. Einige der wichtigsten Schaltflächen sind die *<OK>*-, *<Abbrechen>*-, *<Ja>*-, *<Nein>*-, *<Wiederholen>* und *<Ignorieren>*-Schaltfläche. Der Text innerhalb einer Befehlsschaltfläche kann frei definiert werden.

☒ **Kontrollfeld:** Kontrollfelder können zur Anwahl spezieller Programmfunktionen genutzt werden. Jedes Kontrollfeld wird durch ein Quadrat eingeleitet, das mit einem X markiert werden kann, und durch einen Informationstext ergänzt wird. Befinden sich mehrere Kontrollfelder in einer Kontrollfeldgruppe, können alle, muß aber kein Eintrag markiert werden. Ein sinnvoller Einsatz von Kontrollfeldern liegt in der Festlegung zusätzlicher, aber optionaler Programmfunktionen. Nehmen Sie einmal an, Sie führen in jedem Fall eine Sortierung durch. Die Unterscheidung zwischen Groß- und Kleinschreibung und das Suchen eines Begriffes als Wort oder Teil einer Wortkette könnte dann z.B. zusätzlich verwendet werden. Für die eigentliche Sortierung ist es zunächst einmal egal, ob und wie viele Einträge Sie markieren.

◉ **Optionsfeld:** Im Vergleich zu Kontrollfeldern sind Optionsfelder durch einen Kreis eingeleitet und werden mit einem Punkt markiert. In einer Gruppe von Optionsfeldern ist immer nur ein Eintrag markierbar, d.h. eine Anwahl schließt alle anderen Optionen aus. Eine Mehrfachmarkierung wie bei den Kontrollfeldern ist also nicht zulässig. Auch hier wollen wir dies an einem kleinen Beispiel erläutern. Nehmen wir also an, Sie generieren ein Dialogfeld für eine Textverarbeitung, in der die Formatierung abgefragt werden soll. Die drei Optionsfelder tragen den Informationstext *linksbündig*, *rechtsbündig* und *zentriert*. Natürlich kann ein Text nicht linksbündig- und gleichzeitig zentriert formatiert werden. Also bietet sich der Einsatz von Optionsfeldern an.

▦ **Kombinationslistenfeld:** Bei Kombinationsfeldern handelt es sich um eine Mischform aus Textfeld (Eingabefeld) und Listenfeld (Auswahlliste). Die Liste selbst kann entweder permanent oder nur auf Anweisung geöffnet werden, das Textfeld kann bearbeitbar sein oder auch lediglich als Anzeigefeld für die Listenauswahl dienen. Dieses Steuerelement ist insbesondere dann sinnvoll, wenn einige Standardeingaben zwar bekannt sind, allerdings auch andere Eingaben möglich sind.

▤ **Listenfeld:** Ein Listenfeld besteht aus mehreren Einträgen, aus denen ein beliebiger ausgewählt und für eine weitere Programmverarbeitung genutzt werden kann. Können die vorhandenen Einträge nicht komplett in der Liste angezeigt werden, wird diese automatisch um eine vertikale Bildlaufleiste erweitert.

◧ **horizontale Bildlaufleiste:** Die horizontale Bildlaufleiste kann verwendet werden, um Elemente und Forminhalte horizontal auf dem Bildschirm zu verschieben (z.B. Text oder Tabellen horizontal scrollen). Die Bildlaufleiste kann auch zur Abfrage und Festlegung von Zahlenwerten genutzt werden (z.B. Farbwerte oder Mausgeschwindigkeit).

vertikale Bildlaufleiste: Die vertikale Bildlaufleiste kann verwendet werden, um Elemente und Forminhalte vertikal auf dem Bildschirm zu verschieben (z.B. Text oder Tabellen vertikal scrollen). Die Bildlaufleiste kann auch zur Abfrage und Festlegung von Zahlenwerten genutzt werden (z.B. Farbwerte oder Mausgeschwindigkeit).

Zeitmesser: Mit dem Zeitmesser-Steuerelement können Sie in einem bestimmten Intervall bestimmte Anweisungen ausführen lassen. Beachten Sie, daß das Steuerelement im Entwurf als Stopuhr dargestellt, während der Programmausführung allerdings nicht angezeigt wird. Ein Beispiel zum Einsatz dieses Elementes haben Sie bereits in Kapitel 1.5.2 kennengelernt.

Laufwerkslistenfeld: Das Laufwerkslistenfeld ist ein Listenfeld, in dem zur Laufzeit die aktuell verfügbaren Laufwerke angezeigt werden. Mit diesem Steuerelement können Sie in Anwendungsprogrammen einen Laufwerkswechsel realisieren.

Verzeichnislistenfeld: Das Verzeichnislistenfeld ist ein Listenfeld, in dem zur Laufzeit die Verzeichnisse eines bestimmten Laufwerkes angezeigt werden. Mit diesem Steuerelement können Sie in Anwendungsprogrammen einen Pfadwechsel durchführen.

Dateilistenfeld: Das Dateilistenlistenfeld ist ein Listenfeld, in dem zur Laufzeit die Dateien eines bestimmten Verzeichnisses angezeigt werden. Mit diesem Steuerelement können Sie in Anwendungsprogrammen eine Dateianwahl durchführen.

Anmerkung: In der Regel werden die Steuerelemente Laufwerks-, Verzeichnis- und Dateilistenfeld innerhalb eines Formulars gemeinsam genutzt, damit der Anwender nicht nur eine Arbeitsdatei auswählen, sondern auch bei Bedarf das Laufwerk und das Verzeichnis wechseln kann.

Reichen Ihnen die zur Verfügung gestellten Elemente der Toolbox nicht aus, können Sie das Entwicklungspaket CDK (Control Development Kit - Werkzeuge zur Entwicklung von Kontrollelementen) für zusätzliche Steuerelemente von Microsoft erwerben. Die Steuerelemente können dann zur bestehenden Toolbox hinzugeladen werden und werden ohne erkennbaren Unterschied im Werkzeugkasten angezeigt. Dabei ist allerdings zu berücksichtigen, daß das CDK nicht in Verbindung mit Visual Basic, sondern nur mit einer Programmiersprache genutzt werden kann, die auch DLLs (Dynamic Link Libraries) generieren kann.

Eigenschaften in Visual Basic

Jedes Steuerelement kann über spezielle Eigenschaften verfügen, die bei jeweiliger Aktivierung über die Eigenschaftenleiste festgelegt werden können. Diese Eigenschaften sind zum Teil sehr komplex und gerade für Umsteiger schwer zu merken. Aus diesem Grund sind auf den nächsten Seiten die wesentlichen Informationen zusammengestellt, die Sie zur Festlegung von Eigenschaften benötigen. Dabei wurden nicht nur die Eigenschaften berücksichtigt, die mit Steuerelementen genutzt werden können, sondern Eigenschaften im allgemeinen (Eigenschaften für Objekte, Formen und Steuerelemente). Anwendungsbeispiele und Möglichkeiten zur Nutzung dieser Eigenschaften, finden Sie in den Anwendungsprogrammen zu diesem Buch. Beachten Sie bereits, daß eine Vielzahl der Eigenschaften nicht nur über die Eigenschaftenleiste der Visual Basic-Benutzerumgebung, sondern auch über den Quelltext festgelegt oder abgefragt werden kann. Einige wiederum können nur im Entwurfsmodus festgelegt, andere nur zur Laufzeit verwendet werden. Auch diese Informationen sind in den folgenden Beispielen enthalten. Weitere Hinweise zur Namensvergabe und Verwendung von Objekten, Formen, Steuerelementen und Eigenschaften im Quelltext, erhalten sie in Kapitel 2.1.3.

Eigenschaft:	Bezeichnung der Eigenschaft
Funktion:	Kurzbeschreibung einer Eigenschaft
Objekt:	Auflistung der einzelnen Objekte, für die diese Eigenschaft festgelegt werden kann
Verwendung:	Gibt an, ob eine Eigenschaft nur über den *Quelltext* oder aber auch über die *Eigenschaftenleiste* eingesetzt werden kann
Erläuterung:	Beschreibung vordefinierter Eigenschaftswerte bzw. Anführung wichtiger Hinweise
Syntax:	Syntax bei Verwendung der Eigenschaft im Quelltext
Parameter:	Erläuterung eventuell vorhandener Parameter
Beispiel:	Quelltextbeispiel

Eigenschaft:	ACTIVECONTROL
Funktion:	Aktiviertes Steuerelement ermitteln (Fokus)
Objekt:	Screen
Verwendung:	Festlegung bei Entwurf
Erläuterung:	Mit dieser Eigenschaft kann das aktivierte Steuerelement zur Programmlaufzeit abgefragt werden (sogenannter Fokus). Wollen Sie generelle Anweisungen für ein aktiviertes Steuerelement und nicht für ein bestimmtes Steuerelement festlegen, müssen Sie diese Eigenschaft verwenden (z.B. um Text aus der Zwischenablage in ein mehrzeiliges Textfeld eines Formulars zu übernehmen).

Syntax:	Screen.ActiveControl
Parameter:	-
Beispiel:	Screen.ActiveControl.SelText=ClipBoard.GetText()

Eigenschaft:	**ACTIVEFORM**
Funktion:	Mit dieser Eigenschaft kann das aktivierte Formular zur Programmlaufzeit ermittelt werden (vgl. Eigenschaft ActiveControl).
Objekt:	Screen
Verwendung:	Festlegung bei Entwurf
Erläuterung:	Ein aktiviertes Formular ist während der Programmausführung an der farblich hervorgehobenen Titelleiste erkennbar.
Syntax:	Screen.ActiveForm
Parameter:	-
Beispiel:	Screen.ActiveForm.Caption = "aktives Fenster"

Eigenschaft:	**ALIGNMENT**
Funktion:	Formatierung von Text in einem Bezeichnungsfeld
Objekt:	Bezeichnungsfeld
Verwendung:	Eigenschaft abfragen und setzen.
Erläuterung:	Die Wahl zwischen linksbündiger, rechtsbündiger und zentrierter Ausrichtung ist durch diese Eigenschaft möglich.
Syntax:	[Form.][Bezeichnungsfeld.]Alignment[=Einstellung%]
Parameter:	Einstellung - 0 (linksbündig); 1 (rechtsbündig); 2 (zentriert)
Beispiel:	Eingabe.Alignment = 0

Eigenschaft:	**ARCHIVE, HIDDEN, NORMAL, READONLY, SYSTEM**
Funktion:	Festlegung, welche Dateien, bezogen auf ihr Attribut, in einem Dateilistenfeld zur Anzeige kommen.
Objekt:	Dateilistenfeld
Verwendung:	Eigenschaft abfragen und setzen.
Erläuterung:	Indem Sie für bestimmte Attribute die Einstellungen wahr oder falsch wählen, variieren Sie die Ausgabe in der Dateiliste. Nützlich sind diese Angaben, um etwa bei umfangreichen Dateilisten die Übersicht zu behalten oder einem anderen Anwender nur eine Auswahl von Dateien zugänglich zu machen. Standardmäßig wird von Visual Basic für Archive, Normal und ReadOnly die Einstellung wahr (-1; Anzeige in der Dateiliste), für Hidden und System die Einstellung falsch (0; keine Anzeige in der Dateiliste) vorgenommen.

Syntax:	[Form.]Dateilistenfeld.Archive[=boolesch%]
	[Form.]Dateilistenfeld.Hidden[=boolesch%]
	[Form.]Dateilistenfeld.Normal[=boolesch%]
	[Form.]Dateilistenfeld.ReadOnly[=boolesch%]
	[Form.]Dateilistenfeld.System[=boolesch%]
Parameter:	Einstellung - -1 (wahr); 0 (falsch)
Beispiel:	DListe.ReadOnly=-1

Eigenschaft: **AUTOREDRAW**

Funktion: Automatisches Neuzeichnen von grafischen Elementen, die zur Laufzeit in ein Bildfeld oder eine Form gezeichnet werden.

Objekt: Form, Bildfeld

Verwendung: Eigenschaft abfragen und setzen.

Erläuterung: Ist AutoRedraw auf wahr (-1) gesetzt, so werden Grafiken und Druckausgaben zusätzlich gespeichert. Der Speicherinhalt wird verwendet, wenn es nötig wird, die Grafik oder Druckausgabe erneut zu zeichnen. Dies ist z.B. dann der Fall, wenn diese Bildschirminhalte zeitweise durch ein anderes Fenster verdeckt sind. Ist die Eigenschaft auf falsch (0) gesetzt (Standardeinstellung), so erfolgt die Aktualisierung des Bildschirminhaltes durch ein Paint-Ereignis (siehe dort). Beachten Sie, daß die AutoRedraw-Eigenschaft sehr viel Speicher in Anspruch nehmen kann und daher nur in besonderen Fällen, insbesondere bei Einsatz der Grafikmethoden Circle, Cls, Line, Point, PSet und Print aktiv geschaltet werden sollte.

Syntax: [Form.][Bildfeld.]AutoRedraw[=boolesch%]

Parameter: Einstellung- -1 (wahr); 0 (falsch)

Beispiel: Diagramm.AutoRedraw=-1

Eigenschaft: **AUTOSIZE**

Funktion: Automatische, dem Inhalt entsprechende Größenanpassung eines Steuerelementes

Objekt: Bezeichnungsfeld, Bildfeld

Verwendung: Eigenschaft abfragen und setzen.

Erläuterung: Mit dieser Eigenschaft können Sie festlegen, ob die Größe eines Steuerelementes automatisch an den Inhalt angepaßt wird (-1 = wahr) oder der Inhalt, sollte er über die festgelegt Größe hinausreichen, abgeschnitten wird (Standardeinstellung 0 = falsch).

Syntax: [Form.]{Bezeichnungsfeld.|Bildfeld.}AutoSize[=boolesch%]

Parameter: Einstellung - -1(wahr); 0 (falsch)

Beispiel: Infotext.AutoSize=-1

Eigenschaft:	**BACKCOLOR**
Funktion:	Bestimmt die Hintergrundfarbe eines Objektes.
Objekt:	Form, Kontrollkästchen, Kombinationsfeld, Befehlsschaltfläche, Textfeld, Verzeichnislistenfeld, Laufwerklistenfeld, Dateilistenfeld, Rahmen, Bezeichnungsfeld, Listenfeld, Optionsfeld, Bildfeld,
Erläuterung:	-
Verwendung:	Eigenschaft abfragen und setzen.
Syntax:	[Form.][Steuerelement.]BackColor[=Farbe&]
Parameter:	Farbe&=Farbwert
Beispiel:	Rahmen.BackColor=QBColor(7)

Eigenschaft:	**BORDERSTYLE**
Funktion:	Die Eigenschaft legt den Rahmenstil für die aufgeführten Objekte fest.
Objekt:	Form, Bezeichnungsfeld, Bildfeld, Textfeld
Verwendung:	Eigenschaft abfragen, setzen über Eigenschaftenleiste.
Erläuterung:	Mehrere Rahmenstile werden von Visual Basic angeboten. Über die Eigenschaftenliste können Sie Ihren Formen und Feldern während der Programmerstellung entsprechende Rahmen zuweisen. Zur Laufzeit ist die Eigenschaft schreibgeschützt. Beachten Sie, daß bei der Einstellung 0 (kein Rahmen) auch auch keine Rahmenelemente (z.B. das System-Menüfeld) eingerichtet werden können (vergleiche Eigenschaft CantrolBox).
Syntax:	[Form.][Steuerelement.]BorderStyle[=Einstellung%]
Parameter:	Form: Einstellung - 0 (kein Rahmen); 1 (einfach, Größe nicht veränderbar); 2 (einfach, Größe veränderbar, Standard); 3 (doppelt, Größe nicht veränderbar). Textfeld, Bildfeld: Einstellung - 0 (kein Rahmen, Standard für Bezeichnungsfeld); 1 (einfach, Größe nicht veränderbar, Standard für Bildfeld und Textfeld).
Beispiel:	Infotext.BorderStyle=1

Eigenschaft:	**CANCEL**
Funktion:	Kann eine Befehlsschaltfläche als Schaltfläche *<Abbrechen>* in einer Form ausweisen.
Objekt:	Befehlsschaltfläche
Verwendung:	Eigenschaft abfragen und setzen.

Erläuterung:	Nur eine Befehlsschaltfläche einer Form kann als Schaltfläche *<Abbrechen>* eingerichtet werden. Für alle anderen Befehls-schaltflächen ist diese Eigenschaft dann gesperrt. Die Schaltfläche ist insbesondere dann als Standard sinnvoll, wenn eine Form eine unwiderrufliche Funktion erfüllt.
Syntax:	Befehlsschaltfläche.Cancel[=boolesch%]
Parameter:	Einstellung - -1 (wahr); 0 (falsch, Standardwert).
Beispiel:	Befehlsschaltfläche.Cancel=-1

Eigenschaft:	**CAPTION**
Funktion:	Form: Text in der Titelleiste; Steuerelement: Text in einem oder in der Nähe eines Steuerelements.
Objekt:	Form, Kontrollkästchen, Befehlsschaltfläche, Rahmen, Bezeich-nungsfeld, Menü, Optionsfeld
Verwendung:	Eigenschaft abfragen und setzen.
Erläuterung:	Visual Basic erstellt Standard-Aufschriften für Formen und Steuerelemente, die Sie mit der Caption-Eigenschaft ändern können. Wird eine Form auf Symbolgröße verkleinert,so steht der Text unterhalb des Symbols.
Syntax:	[Form.][Steuerelement.]Caption[=Zeichenfolgenausdruck$]
Parameter:	-
Beispiel:	Infotext.Caption="Informationstext"

Eigenschaft:	**CHECKED**
Funktion:	Läßt neben einem Menübefehl ein Häkchen anzeigen.
Objekt:	Menü
Verwendung:	Eigenschaft abfragen und setzen.
Erläuterung:	
Syntax:	Menüelement.Checked[=boolesch%]
Parameter:	Einstellung - -1 (wahr, das Häkchen wird neben dem Menübefehl angezeigt); 0 (falsch, Standardwert, das Häkchen kommt nicht zur Anzeige bzw. wird entfernt).
Beispiel:	Sicherheitsdateien anlegen.Checked=-1

Eigenschaft:	**CONTROLBOX**
Funktion:	Bestimmt zur Laufzeit das Erscheinen eines System-Menüfeldes in einer Form.
Objekt:	Form
Verwendung:	Eigenschaft abfragen.

Erläuterung:	Ein modales und auch ein wirkungsloses (inaktives) Fenster kann ein System-Menüfeld enthalten. Verwandte Eigenschaften (z.B. MaxButton, MinButton, BorderStyle) müssen entsprechend eingerichtet sein (siehe dort), damit ein solches Feld angezeigt werden kann.
Syntax:	[Form.]ControlBox
Parameter:	Einstellung- -1 (wahr, System-Menüfeld wird angezeigt, Standard); 0 (falsch, System-Menüfeld wird entfernt)
Beispiel:	Form1.ControlBox = -1

Eigenschaft:	**CTLNAME**
Funktion:	Kontrollname, unter dem ein Steuerelement im Quelltext angesprochen wird.
Objekt:	alle Steuerlemente, die aus der Toolbox gewählt werden können
Verwendung:	Festlegung bei Entwurf.
Erläuterung:	Visual Basic vergibt bei Anwahl eines Steuerelementes Standardnamen, die Sie ändern können. Die Zeichenlänge ist auf 40 begrenzt, wobei auch numerische und unterstrichene Zeichen enthalten sein dürfen.
Syntax:	-
Parameter:	-
Beispiel:	-

Eigenschaft:	**CURRENTX, CURRENTY**
Funktion:	Einstellung der aktuellen horizontalen (x) und vertikalen (y) Koordinaten des Bildschirms für die Ausgabe von Grafikmethoden.
Objekt:	Form, Bildfeld, Objekt Printer
Verwendung:	Eigenschaft abfragen und setzen.
Erläuterung:	Mit diesen Eigenschaften legen Sie die Ausgabe von grafischen Elementen in einem Koordinatensystem fest. Beim Aufruf bestimmter Grafikmethoden werden CurrentX und CurrentY automatisch geändert (Beispiele: Circle setzt die Koordinaten auf die Mitte des Objektes, Cls auf 0,0). Daneben existieren verwandte Eigenschaften, die das Koordinatensystem eines Objektes bestimmen: ScaleHeight, ScaleWidth, ScaleLeft, ScaleTop und ScaleMode (siehe dort).
Syntax:	{[Form.][Bildfeld.]Printer.}CurrentX[=x!] {[Form.][Bildfeld.]Printer.}CurrentY[=y!]

Parameter:	x! und y! sind Koordinaten, die standardmäßig in Twips (1 cm enspricht 567 Twips) angegeben werden.
Beispiel:	-

Eigenschaft:	**DEFAULT**
Funktion:	Mit dieser Eigenschaft wird in einr Form eine Befehlsschaltfläche als Standard-Schaltfläche ausgewiesen.
Objekt:	Befehlsschaltfläche
Verwendung:	Eigenschaft abfragen und setzen.
Erläuterung:	In einer Form kann immer nur eine Schaltfläche eine Standardschaltfläche sein (vergleiche Eigenschaft Cancel).
Syntax:	[Form.]Befehlsschaltfläche.Default[=boolesch%]
Parameter:	Einstellung - -1 (wahr, Steuerelement ist Standardschaltfläche); 0 (falsch, Eigenschaft für das Steuerelement gesperrt).
Beispiel:	Abbrechen.Default=-1

Eigenschaft:	**DRAGICON**
Funktion:	Auswahl eines Symbols für einen Drag und Drop-Vorgang (Ziehen und Loslassen).
Objekt:	Kontrollkästchen, Kombinationsfeld, Befehlsschaltfläche, Verzeichnislistenfeld, Laufwerklistenfeld, Dateilistenfeld, Rahmen, horizontale Bildlaufleiste, Bezeichnungsfeld, Listenfeld, Optionsfeld, Bildfeld, Textfeld, vertikale Bildlaufleiste
Verwendung:	Eigenschaft abfragen und setzen.
Erläuterung:	Sie verwenden diese Eigenschaft, um eine visuelle Anzeige während eines Ziehvorganges zu gestalten. So kann der Benutzer beispielsweise sofort erkennen, wenn sich ein Steuerelement über einem geeigneten Ziel befindet. Über die Anweisung LoadPicture können weitere Symbole zugewiesen werden.
Syntax:	[Form.]Steuerelement.DragIcon[=Symbol]
Parameter:	Einstellung - keine (Standard, während eines Ziehvorganges wird ein Pfeil in einem Rechteck angezeigt); Symbol (zeigt das aus der Eigenschaftenliste ausgewählte Symbol an).
Beispiel:	Bild1.DragIcon=Bild2.Picture

Eigenschaft:	**DRAGMODE**
Funktion:	Legt den Modus (manuell oder automatisch) für einen Drag und Drop-Vorgang eines Steuerelements fest.
Objekt:	Kontrollkästchen, Kombinationsfeld, Befehlsschaltfläche, Verzeichnislistenfeld, Laufwerklistenfeld, Dateilistenfeld, Rahmen, horizontale Bildlaufleiste, Bezeichnungsfeld, Listenfeld, Optionsfeld, Bildfeld, Textfeld, vertikale Bildlaufleiste
Verwendung:	Eigenschaft abfragen und setzen.
Erläuterung:	-
Syntax:	[Form.]Steuerelement.DragMode[=Modus%]
Parameter:	Einstellung - 0 (manuell, Standardwert); 1 (automatisch, es wird automatisch mit dem Ziehen begonnen, sobald auf das Steuerelement geklickt wird.
Beispiel:	Ja_Schaltfläche.DragMode=1

Eigenschaft:	**DRAWMODE**
Funktion:	Bestimmt das Erscheinungsbild der Ausgabe von Grafikmethoden
Objekt:	Form, Bildfeld, Objekt Printer
Verwendung:	Eigenschaft abfragen und setzen.
Erläuterung:	Mit dieser Eigenschaft können Sie visuelle Effekte erzielen, insbesondere, wenn Sie mit den Grafikmethoden Pset, Line und Circle arbeiten.
Syntax:	{[Form.][Bildfeld.]|Printer.}DrawMode[=Modus%]

Parameter:

Einstellung	Beschreibung
1	Schwarz
2	Nicht-Stift-Mischen
3	Maskieren-Nicht-Stift
4	Nicht-Stift-Kopieren
5	Stift-Maskieren-Nicht
6	Invers
7	Stift-Xor
8	Nicht-Stift-Maskieren
9	Stift-Maskieren
10	Nicht-Stift-Xor
11	Keine Operation
12	Nicht-Mischen-Stift
13	Stift-Kopieren (Standardwert)
14	Stift-Mischen-Nicht
15	Stift-Mischen
16	Weiß

Beispiel: Form1.DrawMode=7

Eigenschaft:	**DRAWSTYLE**
Funktion:	Bestimmt bei der Ausgabe von Grafikmethoden den Linienstil.
Objekt:	Form, Bildfeld, Objekt Printer
Verwendung:	Eigenschaft abfragen und setzen.
Erläuterung:	-
Syntax:	{[Form.][Bildfeld.]| Printer.}DrawStyle[=Linienstil%]
Parameter:	Einstellung Beschreibung
	0 Durchgezogen (Standardwert)
	1 Strich
	2 Punkt
	3 Strich-Punkt
	4 Strich-Punkt-Punkt
	5 Unsichtbar
	6 Innerhalb durchgezogen
Beispiel:	Form1.DrawStyle=3

Eigenschaft:	**DRAWWIDTH**
Funktion:	Bestimmt bei der Ausgabe von Grafikelementen die Linienbreite.
Objekt:	Form, Bildfeld, Objekt Printer
Verwendung:	Eigenschaft abfragen und setzen.
Erläuterung:	-
Syntax:	{[Form.][Bildfeld.]| Printer.}DrawWidth[=Größe%]
Parameter:	Einstellung - 1 (Standard, entspricht der Breite von 1 Pixel); höhere Zahlenwerte erzeugen entsprechend breitere Ausgaben.
Beispiel:	Form1.DrawWidth=3

Eigenschaft:	**DRIVE**
Funktion:	Gibt zur Laufzeit das ausgewählte Laufwerk an.
Objekt:	Laufwerklistenfeld
Verwendung:	Eigenschaft abfragen und setzen.
Erläuterung:	-
Syntax:	Laufwerklistenfeld.Drive[=Laufwerksangabe$]
Parameter:	Laufwerksangabe=Laufwerksbuchstabe$
Beispiel:	Laufwerksliste1.Drive="A"

Eigenschaft:	ENABLED
Funktion:	Mit dieser Eigenschaft kann eine Form oder ein Steuerelement auf Ereignisse, die der Benutzer erzeugt (z.B. Mausklick, Tastaturkommando), reagieren.
Objekt:	Form, Kontrollkästchen, Kombinationsfeld, Befehlsschaltfläche, Verzeichnislistenfeld, Laufwerklistenfeld, Dateilistenfeld, Rahmen, horizontale Bildlaufleiste, Bezeichnungsfeld, Listenfeld, Menü, Optionsfeld, Bildfeld, Textfeld, Zeitmesser, vertikale Bildlaufleiste
Verwendung:	Ereignis abfragen und setzen.
Erläuterung:	Sie setzen diese Eigenschaft ein, um zur Laufzeit Formen und Steuerelemente verfügbar zu machen oder aber zu sperren. So können zum Beispiel Textfelder, deren Inhalte nicht verändert werden sollen, gesperrt werden, indem Sie Enabled auf falsch (0) sctzcn.
Syntax:	[Form.][Steuerelement.]Enabled[=boolesch%]
Parameter:	Einstellung - -1 (wahr, Standardwert, das Objekt kann auf Ereignisse reagieren); 0 (falsch, das Objekt reagiert nicht auf Ereignisse).
Beispiel:	Form1.Enabled=0

Eigenschaft:	FILENAME
Funktion:	Eigenschaft, in der die ausgewählte Datei aus einem Dateilistenfeld verwaltet wird.
Objekt:	Dateilistenfeld
Verwendung:	Eigenschaft abfragen und setzen (nur zur Laufzeit verfügbar).
Erläuterung:	-
Syntax:	[Form.][Dateilistenfeld.]FileName[=Dateiname$]
Parameter:	-
Beispiel:	DateiName$=Dateiliste1.FileName

Eigenschaft:	FILLCOLOR
Funktion:	Bestimmt bei Anwendung der Grafikmethoden Circle und Line die Farbe, mit der Kreise und Felder ausgefüllt werden.
Objekt:	Form, Bildfeld, Objekt Printer
Verwendung:	Eigenschaft abfragen und setzen.
Erläuterung:	-
Syntax:	{[Form.][Bildfeld.]|Printer.}FillColor[=Farbe&]

Parameter: Einstellung
                    Bereich   Beschreibung
                    Normale RGB-Farben   Farben, die mit den Funktionen RGB
                                         oder QBColor im Code gesetzt wurden.
                                         (Standardwert 0 = schwarz)
                    Standardfarben des   Farben, die mit Systemfarbenkonstanten
                    Systems   aus CONSTANT.TXT angegeben wurden.
Beispiel: Form1.FillColor=0

Eigenschaft: **FILLSTYLE**
Funktion: Bestimmt bei Anwendung der Grafikmethoden Circle und Line
                    das Muster, mit der Kreise und Felder ausgefüllt werden.
Objekt: Form, Bildfeld, Objekt Printer
Verwendung: Eigenschaft abfragen und setzen.
Erläuterung: -
Syntax: {[Form.][Bildfeld.]|Printer.}FillStyle[=Stil%]
Parameter: Einstellung   Beschreibung
                    0   Gefüllt
                    1   Transparent (Standardwert)
                    2   Horizontale Linie
                    3   Vertikale Linie
                    4   Aufwärtsdiagonal
                    5   Abwärtsdiagonal
                    6   Kreuz
                    7   Diagonal
                    Ist der Standardwert eingestellt (1 = Transparent), so kann
                    die Eigenschaft nicht mit FillColor kombiniert werden.
Beispiel: Form1.FillStyle=0

Eigenschaft: **FONTBOLD, FONTITALIC, FONTSTRIKETHRU,
                    FONTTRANSPARENT, FONTUNDERLINE**
Funktion: Textformatierungen in den aufgeführten Objekten.
Objekt: Form, Kontrollkästen, Kombinationsfeld, Befehlsschaltfläche
                    Verzeichnislistenfeld, Laufwerklistenfeld, Dateilistenfeld,
                    Rahmen, Bezeichnungsfeld, Listenfeld, Optionsfeld, Bildfeld,
                    Textfeld, Objekt Printer
Verwendung: Eigenschaft abfragen und setzen.
Erläuterung: Sie nutzen diese Eigenschaften, um Text innerhalb von Steuer-
                    elementen zu formatieren. Beachten Sie, daß zunächst die Eigen-
                    schaft FontName geändert werden muß (siehe dort), bevor Sie die
                    Formatierungen vornehmen können.

Syntax:	{[Form.][Steuerelement.]|Printer.}FontBold[=boolesch%]
	{[Form.][Steuerelement.]|Printer.}FontItalic[=boolesch%]
	{[Form.][Steuerelement.]|Printer.}FontStrikeThru[=boolesch%]
	{[Form.][Bildfeld.]|Printer.}FontTransparent[=boolesch%]
	{[Form.][Steuerelement.]|Printer.}FontUnderline[=boolesch%]
Parameter:	Einstellung - -1 (wahr, Standard für Fontbold und FontTransparent, schaltet die entsprechende Formatierung ein); 0 (falsch,) Standard für FontItalic, FontStrikeThru und FontUnderline, schaltet die entsprechende Formatierung aus).
Beispiel:	Form1.FontBold=-1

Eigenschaft:	FONTCOUNT
Funktion:	Gibt an, wieviele Schriftarten für den angeschlossenen Monitor oder Drucker zur Verfügung stehen.
Objekt:	Objekt Printer, Objekt Screen
Verwendung:	Eigenschaft abfragen.
Erläuterung:	In Verbindung mit der Eigenschaft Fonts (siehe dort) werden die verfügbaren Schriftarten für Bildschirm oder Drucker angezeigt.
Syntax:	{Printer|Screen}.FontCount
Parameter:	-
Beispiel:	-

Eigenschaft:	FONTNAME
Funktion:	Gibt zur Laufzeit oder bei einer Druckoperation die Schriftart an, die zur Textanzeige in einem Steuerelement oder bei einer Ziehoperation verwendet wird.
Objekt:	Form, Kontrollkästen, Kombinationsfeld, Befehlsschaltfläche Verzeichnislistenfeld, Laufwerklistenfeld, Dateilistenfeld, Rahmen, Bezeichnungsfeld, Listenfeld, Optionsfeld, Bildfeld, Textfeld, Objekt Printer
Verwendung:	Eigenschaft abfragen und setzen.
Erläuterung:	-
Syntax:	{[Form.][Steuerelement.]|Printer}FontName[=Schriftart$]
Parameter:	-
Beispiel:	-

Eigenschaft:	FONTS
Funktion:	Erstellt eine Liste aller Schriftarten, die für das aktuelle Ausgabegerät oder den aktiven Drucker zur Verfügung stehen, wenn von 0 bis FontCount -1 durchgezählt wird (siehe dort).

Objekt:	Objekt Printer, Objekt Screen
Verwendung:	Eigenschaft abfragen.
Erläuterung:	-
Syntax:	{Printer	Screen}.Fonts(Index%)
Parameter:	-
Beispiel:	-

Eigenschaft:	FONTSIZE
Funktion:	Gibt zur Laufzeit die Schriftgröße an, die für die Textanzeige in einem Steuerelement oder bei einer Zeichen- oder Druckoperation verwendet wird.
Objekt:	Form, Kontrollkästen, Kombinationsfeld, Befehlsschaltfläche Verzeichnislistenfeld, Laufwerklistenfeld, Dateilistenfeld, Rahmen, Bezeichnungsfeld, Listenfeld, Optionsfeld, Bildfeld, Textfeld, Objekt Printer
Verwendung:	Eigenschaft abfragen und setzen.
Erläuterung:	-
Syntax:	{[Form.][Steuerelement.]	Printer}FontSize[=Punkte%]
Parameter:	Punktgröße
Beispiel:	Form1.FontSize=24

Eigenschaft:	FORECOLOR
Funktion:	Bestimmt die Vordergrundfarbe eines Objektes.
Objekt:	Form, Kontrollkästchen, Kombinationsfeld, Textfeld, Verzeichnislistenfeld, Laufwerklistenfeld, Dateilistenfeld, Rahmen, Bezeichnungsfeld, Listenfeld, Optionsfeld, Bildfeld, Objekt Printer
Verwendung:	Eigenschaft abfragen und setzen.
Erläuterung:	-
Syntax:	[Form.][Steuerelement.]BackColor[=Farbe&]
Parameter:	Farbe& =Farbwert
Beispiel:	Rahmen.ForeColor=QBColor(1)

Eigenschaft:	FORMNAME
Funktion:	Legt den Kontrollnamen für eine Form fest.
Objekt:	Form
Verwendung:	Festlegung bei Entwurf.
Erläuterung:	Visual Basic vergibt standardmäßig Namen für jede neu erstellte Form, die Sie bei Bedarf ändern können. Der Name darf aus maximal 40 Zeichen bestehen, wobei auch numerische und unterstrichene Zeichen enthalten sein können.

Eigenschaft:	**HDC**
Funktion:	Microsoft Windows stellt mit dieser Eigenschaft eine Geräte-zusammenhangskennung zur Verfügung, die bei Windows API-Aufrufen genutzt wird.
Objekt:	Form, Bildfeld, Objekt Printer
Verwendung:	Eigenschaft abfragen.
Erläuterung:	Beispiele siehe Kapitel 3.3.
Syntax:	{[Form.][Bildfeld.]|Printer.}hDC
Parameter:	-
Beispiel:	-

Eigenschaft:	**HEIGHT, WIDTH**
Funktion:	Angabe der Dimensionen für Steuerelemente, Drucker und Bildschirm.
Objekt:	Form, Kontrollkästchen, Kombinationsfeld, Textfeld, Verzeichnislistenfeld, Laufwerklistenfeld, Dateilistenfeld, Rahmen, Bezeichnungsfeld, Listenfeld, Optionsfeld, Bildfeld, Objekt Printer; Objekt Screen, vertikale Bildlaufleiste
Verwendung:	Eigenschaft abfragen und setzen.
Erläuterung:	Mit diesen Eigenschaften können Sie die externe Höhe und Breite für Formen und Steuerelemente angeben, wobei hier bei Formen der Rahmen und die Titelleiste mit eingeschlossen sind. Für das Objekt Printer entsprechen diese Eigenschaften den physikalischen Dimensionen des Papiers, mit denen das Gerät initialisiert wurde und können nur abgefragt werden. Auch die entsprechenden Werte für den Bildschirm stehen nur zur Abfrage zur Verfügung.
Syntax:	{[Form.][Steuerelement.]|Printer.|Screen.}Height[=Höhe!] {[Form.][Steuerelement.]|Printer.|Screen.}Width[=Breite!]
Parameter:	Höhe!, Breite! = Abmessungen eines Objektes in einer be-stimmten Einheit (bei Form, Objekt Printer und Objekt Screen in Twips; bei Steuerelementen in Teilungseinheiten des Platzhalters).
Beispiel:	-

Eigenschaft:	**HWND**
Funktion:	Automatische Kennung einer Form.
Objekt:	Form
Verwendung:	Eigenschaft abfragen.

Erläuterung:	Microsoft Windows vergibt jeder Form eine Kennung, die es der Betriebsumgebung erlaubt, die Form in einer Anwendung zu identifizieren. Sie können mit der hWnd-Eigenschaft auf diese Kennung zugreifen.
Syntax:	[Form.]hWnd
Parameter:	-
Beispiel:	Form1.hWnd

Eigenschaft:	ICON
Funktion:	Bereitstellung des Symbols bei Verkleinerung einer Form auf Symbolgröße zur Laufzeit.
Objekt:	Form
Verwendung:	Wird zur Entwicklungszeit nur geschrieben, zur Laufzeit nur gelesen.
Erläuterung:	Verwenden Sie die Eigenschaft, um einer beliebigen Form ein eindeutiges Symbol zuzuweisen. Eine Auswahl bietet das Symbolverzeichnis IconLibrary, Sie können aber auch selber Grafiken zeichnen und einbinden (siehe Kapitel 2.6).
Syntax:	[Form.]Icon
Parameter:	Einstellung - kein (Standard, es wird das Standardsymbol von Visual Basic angezeigt); Symbol (es wird das benutzerdefinierte Symbol angezeigt).
Beispiel:	-

Eigenschaft:	IMAGE
Funktion:	Weist einem bleibenden Bitmap eine Kennung zu.
Objekt:	Form, Bildfeld
Verwendung:	Eigenschaft abfragen.
Erläuterung:	Microsoft Windows vergibt einem bleibenden Bitmap automatisch eine Kennung, mit der die Betriebsumgebung das bleibende Bitmap eines Objektes identifiziert.
Syntax:	[Form.][Bildfeld.]Image
Parameter:	-
Beispiel:	-

Eigenschaft:	INDEX
Funktion:	Eigenschaft zur Identifikation eines Steuerelementes in einem Steuerelementefeld.
Objekt:	Kontrollkästchen, Kombinationsfeld, Textfeld, Befehlsschaltfläche, Verzeichnislistenfeld, Laufwerklistenfeld, Dateilistenfeld, Rahmen, Bezeichnungsfeld, Listenfeld, Optionsfeld, Bildfeld, Zeitmesser, horizontale Bildlaufleiste, vertikale Bildlaufleiste
Verwendung:	Eigenschaft abfragen.
Erläuterung:	Siehe Kapitel 1.5.2 Verwendung von Steuerelementefeldern.
Syntax:	[Form.]Steuerelement[(I%)].Index
Parameter:	Einstellung - kein Wert (Standard, das Steuerelememt ist nicht Bestandteil eines Steuerelementefeldes); 0 bis 32.767 (Das Steuerelement wird seinem Wert entsprechend einem Steuerelementefeld zugewiesen).
Beispiel:	a% = Index

Eigenschaft:	INTERVAL
Funktion:	Bestimmt den Eintritt einer Timer-Ereignisprozedur durch Festlegung der Millisekundenanzahl im Countdown-Intervall.
Objekt:	Zeitmesser
Verwendung:	Eigenschaft abfragen und setzen.
Erläuterung:	-
Syntax:	[Form.]Zeitmesser.Intervall[=Millisekunden&]
Parameter:	Einstellung- 0 (Standard, Zeitmesser ist gesperrt); 1 bis 65.535 (legt das Intervall dem Wert entsprechend fest).
Beispiel:	Zeitmesser1.Intervall=15.000

Eigenschaft:	LARGECHANGE, SMALLCHANGE
Funktion:	LargeCange: Größe der Änderung im Bildlaufleisten-Steuerelement bei einem Klick-Ereignis im Bereich zwischen Bildlauffeld und Bildlaufpfeil. SmallChange: Größe der Änderung bei Klick-Ereignis auf den Bildlaufpfeil.
Objekt:	Horizontale und vertikale Bildlaufleiste
Verwendung:	Eigenschaft abfragen und setzen.
Erläuterung:	Die Größe der Änderung kommt jeweils im Bildlaufleisten-Steuerelement zur Anzeige. Die Eigenschaft Value der Bildlaufleiste wird um den entsprechenden Betrag vergrößert oder verkleinert (siehe dort).

Syntax:	[Form.]{HBildlaufleiste. | VBildlaufleiste.}LargeChange [=Änderung%] [Form.]{HBildlaufleiste. | VBildlaufleiste.}SmallChange [=Änderung%]
Parameter:	Einstellung - 1 bis 32.767 (Standardwert 1,
Beispiel:	-

Eigenschaft:	**LEFT, TOP**
Funktion:	Left: regelt die Entfernung zwischen dem inneren linken Rand eines Objektes und dem linken Rand seines Platzhalters. Top: regelt die Entfernung zwischen dem inneren oberen Rand eines Objektes und dem oberen Rand seines Platzhalters.
Objekt:	Form, Kontrollkästchen, Kombinationsfeld, Textfeld, Befehlsschaltfläche, Verzeichnislistenfeld, Laufwerklistenfeld, Dateilistenfeld, Rahmen, Bezeichnungsfeld, Listenfeld, Optionsfeld, Bildfeld, horizontale Bildlaufleiste, vertikale Bildlaufleiste
Verwendung:	Eigenschaft abfragen und setzen.
Erläuterung:	Für beide Eigenschaften kann eine Zahl einfacher Genauigkeit angegeben werden. Bei Formen ist die Einheit Twips, bei Steuerelementen ist die Einheit dem Koordinatensystem des Platzhalters angepaßt.
Syntax:	[Form.][Steuerelement.]Left[=x!] [Form.][Steuerelement.]Top[=y!]
Parameter:	Ganzzahl
Beispiel:	Form1.Left=15

Eigenschaft:	**LINKITEM**
Funktion:	Datenübergabe an Client-Steuerelement während einer DDE-Kommunikation mit einem anderen Anwendungsprogramm.
Objekt:	Bezeichnungsfeld, Bildfeld, Textfeld
Verwendung:	Eigenschaft abfragen und setzen.
Erläuterung:	siehe Kapitel 3.2
Syntax:	[Form.]{Bezeichnungsfeld|Bildfeld|Textfeld}.LinkItem [=Zeichenfolgeausdruck$]
Parameter:	-
Beispiel:	-

Eigenschaft:	**LINKMODE**
Funktion:	Angabe des Verbindungstyps für eine DDE-Kommunikation und Aktivieren der Verbindung.
Objekt:	Form, Bezeichnungsfeld, Bildfeld, Textfeld
Verwendung:	Eigenschaft abfragen und setzen.
Erläuterung:	siehe Kapitel 3.2
Syntax:	[Form.][Steuerelement.]LinkMode[=Typ%]
Parameter:	Steuerelemente:

Einstellung Beschreibung
0   (Standard, kein Typ, keine Kommunikation)
1   Aktiv, das Client-Steuerelement wird aktualisiert, sobald sich verbundene Dateien ändern
2   Passiv, das Client-Steuerelement wird nur aktualisiert, wenn die LinkRequest-Methode aufgerufen wird

Beispiel:	Steuerelement1.LinkMode=1

Eigenschaft:	**LINKTIMEOUT**
Funktion:	Angabe der Wartezeit, wenn ein Steuerelement auf die Antwort zu einer DDE-Nachricht wartet.
Objekt:	Bezeichnungsfeld, Bildfeld, Textfeld
Verwendung:	Eigenschaft abfragen und setzen.
Erläuterung:	Nutzen Sie die Eigenschaft, um die Wartezeit variabel zu gestalten, da Antworten von Programm zu Programm unterschiedliche Zeiten in Anspruch nehmen können.
Syntax:	[Form.]{Bezeichnungsfeld|Bildfeld|Textfeld}.LinkTimeOut [=Dauer%]
Parameter:	Einstellung - 50 (Standard, entspricht 5 Sekunden, andere Einstellungen in Zehntelsekunden sind möglich); -1 (Steuerelement wartet unbegrente Zeit, Abbruch mit [Alt]).
Beispiel:	Bildfeld1.LinkTimeOut=100

Eigenschaft:	**LINKTOPIC**
Funktion:	Client-Steuerelement: Angabe des Server-Anwendungsprogrammes und des Themas. Bildet zusammen mit LinkItem die vollständige Angabe zu einer Datenverbindung. Server-Form: Angabe des Themas, auf das die Server-Form in einer DDE-Kommunikation antwortet.
Objekt:	Form, Bezeichnungsfeld, Bildfeld, Textfeld
Verwendung:	Eigenschaft abfragen und setzen.

Erläuterung:	Mit dieser Eigenschaft und LinkItem werden die Informationen angegeben, die für eine Client- oder Server-Verbindung notwendig sind.
Syntax:	[Form.][Bezeichnungsfeld.]LinkTopic[=Link$]
Parameter:	Die Eigenschaft besteht aus einer Zeichenfolge, die in der Regel Anwendung, Thema und Element angibt. Siehe hierzu auch Kapitel 3.2.
Beispiel:	-

Eigenschaft:	LIST
Funktion:	Listenverarbeitung in Verbindung mit Listenfeldern.
Objekt:	Kombinationsfeld, Listenfeld, Verzeichnisfeld, Laufwerklistenfeld, Dateilistenfeld
Verwendung:	Eigenschaft abfragen.
Erläuterung:	Mit dieser Eigenschaft können Sie gezielt auf bestimmte Elemente in einem Listenfeld zugreifen.
Syntax:	[Form.]Steuerelement.List(Index%)[=Zeichenfolgenausdruck$]
Parameter:	hin: Index% - Nummer des angegebenen Elementes in der Liste hin: Zeichenfolgenausdruck - neuer Listeneintrag
Beispiel:	Form1.Liste1.List(3)="neuer Eintrag"

Eigenschaft:	LISTCOUNT
Funktion:	Gibt die Anzahl der Elemente einer Liste aus.
Objekt:	Kombinationsfeld, Listenfeld, Verzeichnisfeld, Laufwerklistenfeld, Dateilistenfeld
Verwendung:	Eigenschaft abfragen.
Erläuterung:	Die Eigenschaft gibt je nach Steuerelement unterschiedliche Informationen aus. Kombinationsfeld und Listenfeld: Anzahl der Elemente in der Liste. Verzeichnislistenfeld: Anzahl der Unterverzeichnisse, die dem aktuellen Verzeichnis untergeordnet sind. Laufwerklistenfeld: Anzahl der Laufwerkverbindungen. Dateilistenfeld: Anzahl der Dateien im aktuellen Verzeichnis, die mit der Eigenschaft Pattern (siehe dort) übereinstimmen.
Syntax:	[Form.]Steuerelement.ListCount
Parameter:	-
Beispiel:	Form1.Dateiliste1.ListCount

Eigenschaft:	LISTINDEX
Funktion:	Verwaltung des Auswahlbalkens in einem Listenfeld.
Objekt:	Kombinationsfeld, Listenfeld, Verzeichnisfeld, Laufwerklistenfeld, Dateilistenfeld
Verwendung:	Eigenschaft setzen und abfragen.
Erläuterung:	ListIndex wird auch in Verbindung mit den Eigenschaften List und ListCount genutzt. Ist kein Element gewählt, so gibt die Eigenschaft den Wert -1 aus.
Syntax:	[Form.]Steuerelement.ListIndex[=Index%]
Parameter:	Index% =Nummer des angewählten Eintrags
Beispiel:	Form1.Liste1.ListIndex=5

Eigenschaft:	MAX, MIN
Funktion:	Max: Maximaler Wert für die Position der Bildlaufleiste. Min: Minimaler Wert für die Position der Bildlaufleiste.
Objekt:	Horizontale und vertikale Bildlaufleiste
Verwendung:	Eigenschaft setzen und abfragen.
Erläuterung:	Diese Eigenschaften legen den Wert für die Eigenschaft Value (siehe dort) fest und beziehen sich auf die Position des Bildlauffeldes. Der Standardwert für Min beträgt 0, der Standardwert für Max 32.767.
Syntax:	[Form.]{HBildlaufleiste|VBildlaufleiste}.Max[=Grenze%] [Form.]{HBildlaufleiste|VBildlaufleiste}.Min[=Grenze%]
Parameter:	Grenze% =maximaler bzw. minimaler Wert
Beispiel:	Form1.HBildlaufleiste.Max=15.000

Eigenschaft:	MAXBUTTON
Funktion:	Festlegung eines Vollbildfeldes in der oberen, rechten Ecke für eine Form.
Objekt:	Form
Verwendung:	Eigenschaft abfragen.
Erläuterung:	Sie verwenden diese Eigenschaft, um ein Formfenster auf volle Bildschirmgröße bringen zu lassen. Beachten Sie, daß die Eigenschaft Borderstyle hierzu den Wert 1 oder 2 besitzen muß (siehe dort).
Syntax:	[Form.]MaxButton
Parameter:	-
Beispiel:	Form1.MaxButton

Eigenschaft:	**MINBUTTON**
Funktion:	Ermöglicht die Verkleinerung einer Form auf Symbolgröße.
Objekt:	Form
Verwendung:	Eigenschaft abfragen.
Erläuterung:	
Syntax:	[Form.]MinButton
Parameter:	-
Beispiel:	Form1.MinButton

Eigenschaft:	**MOUSEPOINTER**
Funktion:	Legt den Typ des Mauszeigers fest, wenn die Maus sich zur Laufzeit über bestimmten Bildschirmelementen befindet.
Objekt:	Form, Kontrollkästchen, Kombinationsfeld, Textfeld, Befehlsschaltfläche, Verzeichnislistenfeld, Laufwerklistenfeld, Dateilistenfeld, Rahmen, Bezeichnungsfeld, Listenfeld, Optionsfeld, Bildfeld, horizontale Bildlaufleiste, vertikale Bildlaufleiste, Objekt Screen
Verwendung:	Eigenschaft abfragen und setzen.
Erläuterung:	Verwenden Sie diese Eigenschaft, um Änderungen in der Funktion der Maus anzuzeigen.
Syntax:	{[Form.][Steuerelement.]|Screen.}MousePointer [=Einstellung%]

Parameter:

Einstellung	Beschreibung
0	Standard, das Steuerelement bestimmt die Form des Mauszeigers
1	Zeiger
2	Kreuz
3	Einfügemarke
4	Symbol (Quadrat im Quadrat)
5	Richtungspfeil N-S-O-W
6	Richtungspfeil NO-SW
7	Richtungspfeil N-S
8	Richtungspfeil NW-SO
9	Richtungspfeil W-O
10	Pfeil nach oben
11	Sanduhr (Warten)
12	Kein-Loslassen

Beispiel: Screen.MousePointer=2

Eigenschaft:	MULTILINE
Funktion:	Bestimmt für ein Textfeld, ob es mehrere Textzeilen aufnehmen und anzeigen kann.
Objekt:	Textfeld
Verwendung:	Eigenschaft abfragen.
Erläuterung:	Ist diese Eigenschaft auf wahr (-1), so akzeptiert das Textfeld mehrzeilige Angaben. Hierbei wird ein automatischer Zeilenumbruch durchgeführt.
Syntax:	[Form.]Textfeld.MultiLine
Parameter:	Einstellung - -1 (wahr, Textfeld ist mehrzeilig); 0 (falsch, Standardwert, Textfeld ist einzeilig).
Beispiel:	Form1.Textblock.MultiLine

Eigenschaft:	PARENT
Funktion:	Gibt die Form an, die das gefragte Steuerelement enthält.
Objekt:	Kontrollkästchen, Kombinationsfeld, Textfeld, Befehlsschaltfläche, Verzeichnislistenfeld, Laufwerkslistenfeld, Dateilistenfeld, Rahmen, Bezeichnungsfeld, Listenfeld, Optionsfeld, Bildfeld, horizontale Bildlaufleiste, vertikale Bildlaufleiste, Zeitmesser
Verwendung:	Eigenschaft abfragen.
Erläuterung:	Mit dieser Eigenschaft haben Sie die Möglichkeit, über ein Steuerelement auf die übergeordnete Form zuzugreifen und für diese dann wiederum Steuerelemente, Eigenschaften oder Methoden anzugeben.
Syntax:	Steuerelement.Parent
Parameter:	-
Beispiel:	Schaltfläche1.Parent.MousePointer = 1

Eigenschaft:	PATH
Funktion:	Bestimmung des aktuellen Pfades.
Objekt:	Verzeichnislistenfeld, Dateilistenfeld
Verwendung:	Eigenschaft abfragen und setzen.
Erläuterung:	Mit dieser Eigenschaft können Sie den Pfad wechseln, oder sich den aktuellen Pfad anzeigen lassen.
Syntax:	[Form.]{Verzeichnislistenfeld.|Dateilistenfeld.}Path[=Spez$]
Parameter:	Pfadangabe oder nur Laufwerksangabe (Zeichenketten).
Beispiel:	Form1.Dateiliste1.Path = "A:"

Eigenschaft:	PATTERN
Funktion:	Bestimmt die Dateinamen, die ein Dateilistenfeld zur Laufzeit enthält.
Objekt:	Dateilistenfeld
Verwendung:	Eigenschaft festlegen
Erläuterung:	Mit dieser Eigenschaft können Sie in Ihrer Anwendung Dateien verwalten. Für die Dateiverwaltung sind außerdem die Eigenschaften Drive, FileName und Path (siehe dort) von Bedeutung. Die Angabe von Platzhaltern ist erlaubt (z.B. *.* für alle Dateien).
Syntax:	[Form.]Dateilistenfeld.Pattern[Anzeige$]
Parameter:	Dateinamen, auch Platzhalter (Zeichenketten).
Beispiel:	Form1.Dateiliste1.Pattern = "*.EXE"

Eigenschaft:	PICTURE
Funktion:	Bestimmt eine Grafik, die eine Form oder ein Bildfeld enthalten soll.
Objekt:	Form, Bildfeld
Verwendung:	Eigenschaft abfragen und setzen.
Erläuterung:	Mit dieser Eigenschaft können Sie Grafiken in eine Form einbinden. Picture ist sowohl zur Entwicklungszeit wie auch zur Laufzeit verfügbar. Beachten Sie, daß zur Entwicklungszeit geladene Grafiken in das Maschinenprogramm eingebunden werden und nicht getrennt auf der Festplatte vorliegen müssen. Im anderen Fall muß die Grafikdatei zur Laufzeit vorhanden sein (siehe auch Kapitel 3.6).
Syntax:	[Form.][Bildfeld.]Picture[= Bild]
Parameter:	Bildname (Dateiname im Zeichenkettenformat)
Beispiel:	Diagramm.Picture = LaodPicture("DIAGRAMM.BMP") Ist die zu ladende Grafik nicht im aktuellen Pfad, bzw. Laufwerk vorhanden, so muß die Angabe Pfad- und Laufwerksbezeichnung enthalten.

Eigenschaft:	SCALEHEIGHT, SCALEWIDTH
Funktion:	Definiert die Einteilung eines benutzerdefinierten Koordinatensystems in einer Form.
Objekt:	Form, Bildfeld, Objekt Printer
Verwendung:	Eigenschaft abfragen und setzen.

Erläuterung:	Mit diesen Eigenschaften können Sie die Skalierung eines Koordinatensystems selbst bestimmen. Verwandte Eigenschaften sind ScaleMode, ScaleLeft und ScaleTop (siehe dort), sowie die Eigenschaften CurrentX und CurrentY.
Syntax:	{[Form.][Bildfeld.] | Printer.}ScaleHeight[=Skalierung!] {[Form.][Bildfeld.] | Printer.}ScaleWidth[=Skalierung!]
Parameter:	Wert für Skalierung
Beispiel:	Bild1.ScaleHeight=100 Bild1.ScaleWidth=100

Eigenschaft:	SCALELEFT, SCALETOP
Funktion:	Horizontale (ScaleLeft) und vertikale (ScaleTop) Koordinate der oberen, linken Ecke des inneren Bereiches eines Objektes.
Objekt:	Form, Bildfeld, Objekt Printer
Verwendung:	Eigenschaft abfragen und setzen.
Erläuterung:	Mit diesen Eigenschaften geben Sie die Plazierung von Steuerelementen auf Formen oder Bildfeldern an.
Syntax:	{[Form.][Bildfeld.] | Printer.}ScaleHeight[=Skalierung!] {[Form.][Bildfeld.] | Printer.}ScaleWidth[=Skalierung!]
Parameter:	Wert für Skalierung (Standardwert 0)
Beispiel:	Bild1.ScaleLeft=25 Bild1.ScaleTop=10

Eigenschaft:	SCALEMODE
Funktion:	Definiert die Maßeinheiten eines Koordinatensystems.
Objekt:	Form, Bildfeld, Objekt Printer
Verwendung:	Eigenschaft abfragen und setzen.
Erläuterung:	Das mit dieser Eigenschaft definierte Koordinatensystem dient zu Positionierung von Steuerelementen auf Formen oder Bildfeldern und zur grafischen Ausgabe von Objekten.
Syntax:	{[Form.][Bildfeld.] | Printer.}ScaleMode[=Modus%]
Parameter:	Einstellung Beschreibung

Einstellung	Beschreibung
0	ScaleMode nicht aktiv, Koordinatensystem wird direkt über ScaleHeight, ScaleWidth, ScaleLeft und ScaleTop eingerichtet (siehe dort)
1	Standard, Einheit Twips (1440 Twips pro logischer Zoll, 567 Twips pro logischer Zentimeter)

Parameter: 2   Punkt (72 Punkte pro logischer Zoll)
                    3   Pixel (kleinste Einheit der Bildschirmauf-
                                 lösung)
                    4   Zeichen (120 Twips pro Einheit der X-Achse,
                                 240 Twips pro Einheit der Y-Achse)
                    5   Zoll
                    6   Millimeter
                    7   Zentimeter
Beispiel: Bild1.ScaleMode=2

Eigenschaft: **SCROLLBARS**
Funktion: Weist einem Textfeld Bildlaufleisten zu.
Objekt: Textfeld
Verwendung: Eigenschaft abfragen.
Erläuterung: Diese Eigenschaft ist insbesondere für mehrzeilige Textfelder
                    (siehe Eigenschaft MultiLine) sinnvoll, da Bildlaufleisten das
                    Blättern und Bewegen im Text sehr komfortabel gestalten.
Syntax: [Form.]Textlistenfeld.ScrollBars
Parameter: Einstellung   Beschreibung
                    0   (Standard) Keine
                    1   . Horizontal
                    2   Vertikal
                    3   Beide
Beispiel: Form1.Liste1.ScrollBars (Wertfestlegung über
                    Eigenschaftenliste)

Eigenschaft: **SELLENGTH**
Funktion: Anzahl der ausgewählten Zeichen wird festgelegt.
Objekt: Kombinationsfeld, Textfeld
Verwendung: Eigenschaft abfragen und setzen.
Erläuterung: Mit dieser Eigenschaft können Sie beispielsweise die Zeichen-
                    länge für eine Texteingabe festlegen oder den Umfang eines
                    Löschvorganges bestimmen.
Syntax: [Form.]{Kombinationsfeld|Testfeld}.SelLength[=Länge&]
Parameter: Werte: 0 bis Textlänge (Anzahl der Zeichen)
Beispiel: Eingabe.SelLength=25

Eigenschaft:	SELSTART
Funktion:	Anfangspunkt des ausgewählten Textes bzw. Anzeige der Eingabeposition.
Objekt:	Kombinationsfeld, Textfeld
Verwendung:	Eigenschaft abfragen und setzen.
Erläuterung:	-
Syntax:	[Form.]{Kombinationsfeld|Testfeld}.SelStart[=Index&]
Parameter:	Werte: 0 bis Textlänge (Anzahl der Zeichen)
Beispiel:	Eingabe.SelStart=0

Eigenschaft:	SELTEXT
Funktion:	Zeichenfolge des ausgewählten Textes.
Objekt:	Kombinationsfeld, Textfeld
Verwendung:	Eigenschaft abfragen und setzen.
Erläuterung:	-
Syntax:	[Form.]{Kombinationsfeld|Testfeld}.SelText [=Zeichenfolgenausdruck$]
Parameter:	Zeichenkette
Beispiel:	Eingabe.SelText=Hallo Welt!

Eigenschaft:	SORTED
Funktion:	Ermöglicht eine automatische, alphabetische Sortierfunktion.
Objekt:	Kombinationsfeld, Listenfeld
Verwendung:	Eigenschaft abfragen.
Erläuterung:	Wenn Sie mit dieser Eigenschaft arbeiten, verwaltet Visual Basic die Liste entsprechend dieser Sortierung bei neuen Eingaben und Löschvorgängen. Elemente mit der Methode AddItem (siehe dort) werden jedoch in der Regel nicht korrekt eingefügt.
Syntax:	[Form.]{Kombinationsfeld|Listenfeld}.Sorted
Parameter:	Einstellung Beschreibung -1 (wahr) alphabetische Sortierung 0 (falsch) keine Sortierung (Standard)
Beispiel:	Liste1.Sorted

Eigenschaft:	STYLE
Funktion:	Festlegung des Kombinationsfeldtyps und des Verhaltens der Listenfeldkomponente des Steuerelementes.
Objekt:	Kombinationsfeld
Verwendung:	Eigenschaft abfragen.
Erläuterung:	-
Syntax:	[Form.]Kombinationsfeld.Style

Parameter:	Einstellung - 0 (Standard, Dropdown-Kombinationsfeld, dieses beinhaltet ein Bearbeitungsfeld und eine Liste, die nur angezeigt wird, wenn der Benutzer auf den nach unten zeigenden Bildlaufpfeil klickt); 1 (einfaches Kombinationsfeld, beinhaltet einen Bearbeitungsbereich und eine permanente Liste); 2 (Dropdown-Liste, enthält eine aufschlagbare Liste).
Beispiel:	-

Eigenschaft:	**TABINDEX**
Funktion:	Tabulatorindex eines Steuerelementes.
Objekt:	Kontrollkästchen, Kombinationsfeld, Textfeld, Befehlsschaltfläche, Verzeichnislistenfeld, Laufwerklistenfeld, Dateilistenfeld, Rahmen, Bezeichnungsfeld, Listenfeld, Optionsfeld, Bildfeld, horizontale Bildlaufleiste, vertikale Bildlaufleiste
Verwendung:	Eigenschaft abfragen und setzen.
Erläuterung:	Der Tabulatorindex wird beim Zeichnen eines Steuerelementes auf eine Form automatisch vergeben, ist jedoch im nachhinein änderbar.
Syntax:	[Form.]Steuerelement.TabIndex[=Index%]
Parameter:	Werte von 0 bis n-1 (n = Anzahl der Steuerelemente mit einer TabIndex-Eigenschaft auf einer Form)
Beispiel:	Schaltfläche1.TabIndex=1

Eigenschaft:	**TABSTOP**
Funktion:	Eigenschaft zur Anwahl eines Steuerelementes mit der Tabulator-taste.
Objekt:	Kontrollkästchen, Kombinationsfeld, Textfeld, Befehlsschaltfläche, Verzeichnislistenfeld, Laufwerklistenfeld, Dateilistenfeld, Rahmen, Bezeichnungsfeld, Listenfeld, Optionsfeld, Bildfeld, horizontale Bildlaufleiste, vertikale Bildlaufleiste
Verwendung:	Eigenschaft abfragen und setzen.
Erläuterung:	Verwenden Sie diese Eigenschaft, um Steuerelemente in die Tabulatorreihenfolge einer Form einzufügen oder daraus zu entfernen.
Syntax:	[Form.]Steuerelement.TabStop[=boolesch%]
Parameter:	Einstellung - -1 (wahr, Standard, Steuerelement mit Tabulator anwählbar); 0 (falsch, Tabulator überspringt das Steuerelement).
Beispiel:	Schaltfläche1.TabStop

Eigenschaft:	TAG
Funktion:	Speicherung spezieller Daten mit einem Objekt.
Objekt:	Kontrollkästchen, Kombinationsfeld, Textfeld, Befehlsschaltfläche, Verzeichnislistenfeld, Laufwerklistenfeld, Dateilistenfeld, Rahmen, Bezeichnungsfeld, Listenfeld, Optionsfeld, Bildfeld, horizontale Bildlaufleiste, vertikale Bildlaufleiste, Zeitmesser
Verwendung:	Eigenschaft abfragen und setzen.
Erläuterung:	Verwenden Sie diese Eigenschaft, um Objekten besondere Daten zur Identifikation und Verwaltung zuzuordnen.
Syntax:	{[Form.]|[Steuerelement.]}Tag[=Zeichenfolgenausdruck$]
Parameter:	Zeichenfolge
Beispiel:	-

Eigenschaft:	TEXT
Funktion:	Aktuell gewählter Eintrag.
Objekt:	Kombinationsfeld, Listenfeld, Textfeld
Verwendung:	Eigenschaft abfragen.
Erläuterung:	-
Syntax:	[Form.]{Kombinationsfeld|Listenfeld|Textfeld}.Text [=Zeichenfolgenausdruck$]
Parameter:	Zeichenfolge
Beispiel:	a$ = Blumenliste.Text

Eigenschaft:	VALUE
Funktion:	Aktueller Status des Steuerelementes.
Objekt:	Kontrollkästchen, Befehlsschaltfläche, horizontale und vertikale Bildlaufleiste, Optionsfeld
Verwendung:	Eigenschaft abfragen und setzen.
Erläuterung:	Je nach Art des Steuerelementes gibt diese Eigenschaft den aktuellen Zustand an.
Syntax:	[Form.][Steuerelement.]Value[=Einstellung%]
Parameter:	Einstellung

Kontrollkästchen	0	aus (Standard)
	1	ein
	2	abgeblendet
Befehlsschaltfläche	-1	wahr, Schaltfläche gedrückt
	0	falsch, nicht gedrückt

Parameter:	Optionsfeld	-1	wahr, Feld ausgewählt
		0	falsch, Standard, nicht ausgewählt

Horizontale und vertikale Bildlaufleisten, Werte zwischen -32.768 und 32.767 zur Positionierung des Bildlauffeldes

Beispiel: Schaltfläche1.Value=-1

Eigenschaft: VISIBLE

Funktion: Legt den Sichtbarkeitsstatus eines Objektes fest.

Objekt: Kontrollkästchen, Kombinationsfeld, Textfeld, Befehlsschaltfläche, Verzeichnislistenfeld, Laufwerklistenfeld, Dateilistenfeld, Rahmen, Bezeichnungsfeld, Listenfeld, Optionsfeld, Bildfeld, horizontale Bildlaufleiste, vertikale Bildlaufleiste

Verwendung: Eigenschaft abfragen und setzen.

Erläuterung: Verwenden Sie diese Eigenschaft, um etwa ein Steuerelement beim Programmstart zunächst zu verbergen. Durch ein bestimmtes Ereignis kann es zur Laufzeit dann wieder sichtbar werden.

Syntax: [Form.][Steuerelement.]Visible[=boolesch%]

Parameter: Einstellung - -1 (wahr, Standard, das Objekt ist sichtbar); 0 (falsch, das Objekt ist unsichtbar).

Beispiel: Schaltfläche5.Visible=0

Eigenschaft: WINDOWSTATE

Funktion: Legt den Sichtbarkeitsstatus eines Formfensters zur Laufzeit fest.

Objekt: Form

Verwendung: Eigenschaft abfragen und setzen.

Erläuterung: Mit dieser Eigenschaft legen Sie fest, in welcher Form ein Fenster zur Laufzeit angezeigt wird, wobei Sie zwischen Normal, Symbol und Vollbild wählen können.

Syntax: [Form.]WindowState[=Status%]

Parameter:

Einstellung	Beschreibung
0	Normal (Standard)
1	Symbol
2	Vollbild

Beispiel: Form1.WindowState=1

Die Eigenschaften gehören mit zu den wichtigsten Sprachmerkmalen von Visual Basic und stellen neben den Ereignissen und Methoden die eigentliche Windows-Schnittstelle dar.

2.1.3 Objektorientierte Programmierung

Die Programmierung in Visual Basic erfolgt objektorientiert, auch wenn dies für den Programmierer selbst kaum erkennbar ist. Aus diesem Grund ist das visuelle Programmiersystem auch so einfach zu handhaben. Wesentliche Grundlage, um mit Visual Basic programmieren zu können, ist das Verständnis der Namensvergabe und das Ansprechen von Oberflächenelementen und deren Verknüpfung mit dem zugehörigen Quelltext. An dieser Stelle wollen wir die wichtigsten Informationen und einige spezielle Themen zur Programmierung anführen.

Verknüpfung der Objekte mit Quelltext

Die Eingabe und Verknüpfung von Quelltext mit den Oberflächenelementen ist denkbar einfach und läßt sich in einem einzelnen Satz beschreiben. Sie klicken im Entwurfsmodus lediglich auf das Element, zu dem Sie Quelltext eingeben wollen und schon können Sie in einer automatisch bereitgestellten Unterprogrammschablone den Quelltext eintasten. Schwieriger hingegen ist die Verwendung der Oberflächenelemente im Quelltext selbst. Bevor wir allerdings die Verwendung erläutern, zunächst einige Hinweise zu den Oberflächenelementen:

Formulare: Der Name, unter dem das Formular in einem Quelltext angesprochen wird, kann vom Programmierer über die Eigenschaft *FormName* frei festgelegt werden.

Steuerelemente: Der Name, unter dem das Steuerelement in einem Quelltext angesprochen wird, kann vom Programmierer über die Eigenschaft *CtlName* frei festgelegt werden.

Objekte: Der Begriff Objekt bezieht sich auf alle Formen bzw. Formulare, Steuerelemente und die nachfolgend angeführten speziellen Objekte *Clipboard, Debug, Printer* und *Screen.* Anweisungen, die sich auf Objekte beziehen, werden als Methoden bezeichnet. Diese werden später noch aufgelistet und beschrieben.

Clipboard-Objekt: Objekt zum Zugriff auf die Windows-Zwischenablage, um Text- oder Grafikdaten auszutauschen.

Debug-Objekt: Objekt, um Fehler innerhalb eines Visual Basic-Programmes zu suchen. Mit Hilfe dieses Objektes können Ausgaben in das Direktfenster umgeleitet werden.

Printer-Objekt: Objekt zum Umgang mit dem Drucker. Damit können Sie Text und Grafiken zum Drucker schicken.

Screen-Objekt: Mit diesem Objekt können sie ein bestimmtes Objekt (Form oder Steuerelement) aktivieren.

Eigenschaften: Bei Eigenschaften handelt es sich um Attribute von Steuerelementen, Objekten und Formen, mit denen das Erscheinungsbild oder das Verhalten beeinflußt wird.

Ereignisse: Jedes Oberflächenelement (Objekt), kann Ereignisse empfangen. Diese können bei der Programmausführung genutzt werden, um spezielle Programmanweisungen auszuführen. Das Prinzip ist denkbar einfach. Ein Oberflächenelement, z.B. ein Listenfeld, wartet auf beliebige Benutzereingaben wie z.B. Tastatureingaben, Maussteuerungen usw. Tritt eines dieser Ereignisse auf, wird kontrolliert, ob für dieses entsprechende Ereignis Anweisungen innerhalb der zugehörigen Ereignisprozedur definiert sind. Die allgemeine Syntax einer solchen Prozedur lautet:

```
Sub SteuerelementeName_Ereignis ([Parameterliste])
  'Anweisungen, die ausgeführt werden, wenn das
  'Ereignis erkannt wurde
End Sub
```

Der Aufruf dieses Unterprogrammes erfolgt nicht durch einen Unterprogrammaufruf, sondern durch das Ereignis. Innerhalb des Unterprogrammes können sämtliche Visual Basic- und benutzerdefinierten Anweisungen verwendet werden. Da die Ereignisse die wichtigsten Bestandteile zur Festlegung des Programmablaufes darstellen, sind diese nachfolgend in einer Liste zusammengestellt und anschließend einzeln erläutert.

CHANGE	Dieses Ereignis zeigt an, daß sich der Inhalt eines Steuerelementefeldes geändert hat.
CLICK	Wenn Sie mit der Maus ein Formular oder ein Steuerelement anklicken, tritt dieses Ereignis ein.
DBLCLICK	Ein Doppelklick mit der Maus auf ein Steuerelement oder eine Form führen zu diesem Ergebnis.
DRAGDROP	Zeigt an, das eine DragDrop-Behandlung beendet wurde (schieben und loslassen).
DRAGOVER	DragDrop-Behandlung wird gerade durchgeführt (aktiv).
DROPDOWN	Zeigt an, daß eine Liste in einem Kombinationsfeld geöffnet wird.
GOTFOCUS	Dieses Ereignis tritt ein, wenn ein Objekt aktiviert wurde (Fokus mit Maus oder Taste [Tab] gesetzt).
KEYDOWN	Anzeige, daß eine Taste gedrückt wurde
KEYPRESS	Anzeige, daß eine ASCII-Taste gedrückt wurde
KEYUP	Anzeige, daß eine Taste losgelassen wurde
LINKCLOSE	DDE wurde beendet.
LINKERROR	Kommunikationsfehler während DDE
LINKEXECUTE	Befehlszeichenkette wurde vom Client-Anwendungsprogramm in einer DDE-Kommunikation gesendet (Client = Programm, das Daten erhält).

LINKOPEN   DDE-Kommunikation wurde begonnen
LOAD   eine Form wurde geladen
LOSTFOCUS   Ein Objekt hat den Fokus verloren (Aktivierungswechsel)
MOUSEDOWN   eine Maustaste wurde gedrückt
MOUSEMOVE   Ereignis zeigt an, daß die Maus bewegt wurde
MOUSEUP   eine Maustaste wurde wieder gelöst
PAINT   Form oder Teil wurde freigelegt
PATHCHANGE   aktueller Pfad wurde gewechselt
PATTERNCHANGE   Suchmaske für Dateien wurde geändert
RESIZE   die Größe einer Form wurde geändert
TIMER   Zeitmesserintervall ist abgelaufen
UNLOAD   Form wurde vom Bildschirm entfernt

Ereignis:	Bezeichnung des Ereignisses *Hinweis:* Tritt ein Ereignis auf zu dem Anweisungen innerhalb der vordefinierten Tastaturschablone formuliert sind, dann wird diese Ereignisprozedur abgearbeitet.
Beschreibung:	Kurzbeschreibung des Ereignisses
Objekt:	Auflistung der einzelnen Objekte, für die dieses Ereigniss verwendbar ist
Erläuterung:	Erläuterung wichtiger Besonderheiten
Syntax:	Syntax bei Verwendung der Eigenschaft im Quelltext (wird als Prozedurschablone automatisch von Visual Basic zur Verfügung gestellt)
Parameter:	Erläuterung der eventuell vorhandenen Parameter

Ereignis:	CHANGE
Beschreibung:	Inhalt eines Steuerelementes wurde geändert
Objekt:	Kombinations- und Bezeichnungsfeld, Verzeichnis- und Laufwerkslistenfeld, Bildlaufleisten, Bild- und Textfeld
Erläuterung:	Die Änderungen können zum Teil durch eine Ansteuerung des Objektes oder durch Änderung einer Eigenschaft im Quelltext erfolgen.
Syntax:	SUB Steuerelementname_Change(Index As Integer)
Parameter:	Steuerelementname - Kontrollname eines Objekts Index - Nummer eines Elementes eines Steuerelementefeldes (optional)

Ereignis:	CLICK
Beschreibung:	Maustaste wurde über einem Objekt gedrückt und wieder losgelassen
Objekt:	Form, Kontrollkästchen, Kombinationsfeld, Befehlsschaltfläche, Verzeichnislistenfeld, Dateilistenfeld, Menü, Bezeichnungsfeld, Listenfeld, Optionsfeld, Bildfeld
Erläuterung:	Bei Steuerelementen kann auch über die Tastatur ein Click-Ereignis ausgelöst werden:

Steuerelement	Taste	Funktion
Kombinationsfeld, Listenfeld	Richtungstasten	Auswahl eines Elementes
Befehlsschaltfläche, Optionsfeld, Kontrollkästchen	Leertaste	Wenn das Steuerelement den Fokus hat, wird auf die Leertaste reagiert
Befehlsschaltfläche	Eingabetaste	Ist die Eigenschaft Default auf wahr (-1) gesetzt, so wird auf die Eingabetaste reagiert
Schaltfläche <Abbrechen>	Esc-Taste	Besitzt eine Form diese Schaltfläche, so wird auch auf Esc reagiert

Daneben läßt sich das Click-Ereignis auch im Code auslösen, indem Sie bei Befehlsschaltflächen und Optionsfeldern die Eigenschaft Value auf wahr (-1) setzen oder bei einem Kontrollkästchen diese Eigenschaft ändern.

Syntax:	Sub Form_Click () Sub Steuerelementname_Click (Index As Integer)
Parameter:	Steuerelementname - Kontrollname eines Objekts Index - Nummer eines Elementes eines Steuerelementefeldes (optional)

Ereignis:	DBLCLICK
Beschreibung:	Maustaste wurde über einem Objekt gedrückt, losgelassen und erneut gedrückt
Objekt:	Form, Kombinationsfeld, Verzeichnislistenfeld, Dateilistenfeld, Bezeichnungsfeld, Listenfeld, Optionsfeld, Bildfeld
Erläuterung:	Vom Code aus können Sie ebenfalls Doppelklick-Ereignisse auslösen. So für ein Verzeichnislistenfeld durch Ändern der Eigenschaft Path oder für ein Listenfeld durch setzen der Eigenschaft FileName auf einen vorhandenen Dateinamen.

Syntax:	Sub Form_DblClick ()_
	Sub Steuerelementname_DblClick (Index As Integer)
Parameter:	Steuerelementname - Kontrollname eines Objekts
	Index - Nummer eines Elementes eines Steuerelementefeldes
	(optional)

Ereignis:	**DRAGDROP**
Beschreibung:	Zeigt an, daß eine DragDrop-Handlung (ziehen und loslassen) beendet wurde
Objekt:	Form, Kontrollkästchen, Kombinationsfeld, Befehlsschaltfläche, Verzeichnislistenfeld, Laufwerklistenfeld, Dateilistenfeld, Rahmen, horizontale Bildlaufleiste, vertikale Bildlaufleiste, Bezeichnungsfeld, Listenfeld, Optionsfeld, Bildfeld, Textfeld
Erläuterung:	Ein Steuerelement wird angeklickt und bei gedrückter Maustaste verschoben. Ist die gewünschte Position erreicht, wird die Maustaste losgelassen. Sie erzielen ein solches Ereignis auch, wenn Sie die Methode Drag mit dem Argument Aktion% =2 verwenden.
Syntax:	Sub Form_DragDrop (Quelle As Controll, X As Single,_
	Y As Single)
	Sub Steuerelementname_DragDrop ([Index As Integer,]_
	Quelle As Controll, X As Single, Y As Single)
Parameter:	Steuerelementname - Kontrollname eines Objekts
	Index - Nummer eines Elementes eines Steuerelementefeldes
	(optional)
	Quelle - Name des Steuerelementes, das gezogen wird
	X,Y - aktuelle Koordinaten des Mauszeigers in der Zielform,
	bzw. des Zielsteuerelementes

Ereignis:	**DRAGOVER**
Beschreibung:	Zeigt an, daß eine DragDrop-Handlung (ziehen und loslassen) durchgeführt wird
Objekt:	Form, Kontrollkästchen, Kombinationsfeld, Befehlsschaltfläche, Verzeichnislistenfeld, Laufwerklistenfeld, Dateilistenfeld, Rahmen, horizontale Bildlaufleiste, vertikale Bildlaufleiste, Bezeichnungsfeld, Listenfeld, Optionsfeld, Bildfeld, Textfeld
Erläuterung:	Mit einem DragOver-Ereignis verfolgen Sie die Position des Mauszeigers.

Syntax:	Sub Form_DragOver (Quelle As Controll, X As Single,_
	Y As Single, Zustand As Integer)
	Sub Steuerelementname_DragOver ([Index As Integer,]_
	Quelle As Controll, X As Single, Y As Single,
	Zustand As Integer)
Parameter:	Steuerelementname - Kontrollname eines Objekts
	Index - Nummer eines Elementes eines Steuerelementefeldes
	(optional)
	Quelle - Name des Steuerelementes, das gezogen wird
	X,Y - aktuelle Koordinaten des Mauszeigers in der Zielform,
	bzw. des Zielsteuerelementes
	Zustand - Übergangszustand eines Steuerelementes im Verhältnis
	zu seinem Ziel:
	0 Eintreten (Steuerelement im Bereich des Zieles)
	1 Verlassen (Steuerelement verläßt Ziel)
	2 Darüber (Steuerelement wurde im Bereich des Zieles
	bewegt)

Ereignis:	**DROPDOWN**
Beschreibung:	Zeigt an, daß eine Liste in einem Kombinationsfeld geöffnet wird
Objekt:	Kombinationsfeld
Erläuterung:	Beachten Sie, daß dieses Ereignis einfache Kombinationsfelder
	(Eigenschaft Style=1) nicht betrifft.
Syntax:	Sub Steuerelementname_DropDown (Index As Integer)
Parameter:	Steuerelementname - Kontrollname eines Objekts
	Index - Nummer eines Elementes eines Steuerelementefeldes
	(optional)

Ereignis:	**GOTFOCUS**
Beschreibung:	Dieses Ereignis tritt ein, wenn ein Objekt aktiviert wird, also
	den Fokus bekommt
Objekt:	Form, Kontrollkästchen, Kombinationsfeld, Befehlsschaltfläche,
	Verzeichnislistenfeld, Laufwerklistenfeld, Dateilistenfeld,
	Rahmen, horizontale Bildlaufleiste, vertikale Bildlaufleiste,
	Bezeichnungsfeld, Listenfeld, Optionsfeld, Bildfeld, Textfeld
Erläuterung:	Ein Objekt erhält den Fokus durch Anklicken mit der Maus oder
	durch Bewegen des Fokus mit der Tabulatortaste. Im Code wird
	der Fokus durch die Methode SetFocus geändert.

Syntax:	Sub Form_GotFocus ()
	Sub Steuerelementname_GotFocus (Index As Integer)
Parameter:	Steuerelementname - Kontrollname eines Objekts
	Index - Nummer eines Elementes eines Steuerelementefeldes
	(optional)

Ereignis:	**KEYDOWN**
Beschreibung:	Anzeige, daß eine Taste gedrückt wurde
Objekt:	Form, Kontrollkästchen, Kombinationsfeld, Befehlsschaltfläche, Verzeichnislistenfeld, Laufwerklistenfeld, Dateilistenfeld, Rahmen, horizontale Bildlaufleiste, vertikale Bildlaufleiste, Bezeichnungsfeld, Listenfeld, Optionsfeld, Bildfeld, Textfeld
Erläuterung:	Während ein Objekt den Fokus hat, zeigt dieses Ereignis an, daß eine Taste gedrückt wurde.
Syntax:	Sub Form_KeyDown (Tastencode As Integer,_
	Umschalten As Integer)
	Sub Steuerelementname_KeyDown (Tastencode As Integer,_
	Umschalten As Integer)
Parameter:	Steuerelementname - Kontrollname eines Objekts
	Index - Nummer eines Elementes eines Steuerelementefeldes
	(optional)
	Tastencode - Beispiel: Key_F1 (F1-Taste), siehe Visual Basic-Datei CONSTANT.TXT
	Umschalten - Status von Umschalt-, Strg- und Alt-Taste, Angabe als Bit-Wert

Bit-Wert	*Taste*
1	Umschalttaste gedrückt
2	Strg-Taste gedrückt
4	Alt-Taste gedrückt

Ereignis:	**KEYPRESS**
Beschreibung:	Anzeige, daß eine ASCII-Taste gedrückt wurde
Objekt:	Form, Kontrollkästchen, Kombinationsfeld, Befehlsschaltfläche, Verzeichnislistenfeld, Laufwerklistenfeld, Dateilistenfeld, Rahmen, horizontale Bildlaufleiste, vertikale Bildlaufleiste, Bezeichnungsfeld, Listenfeld, Optionsfeld, Bildfeld, Textfeld
Erläuterung:	Während ein Objekt den Fokus hat, zeigt dieses Ereignis an, daß eine Taste gedrückt wurde. Das Ereignis gilt für das Objekt mit dem Fokus.

Syntax:	Sub Form_KeyPress (AsciiTaste As Integer)
	Sub Steuerelementname_KeyPress([Index As Integer]_
	AsciiTaste As Integer)
Parameter:	Steuerelementname - Kontrollname eines Objekts
	Index - Nummer eines Elementes eines Steuerelementefeldes
	(optional)
	AsciiTaste - Angabe des nummerischen Standard-ASCII-Codes

Ereignis:	**KEYUP**
Beschreibung:	Anzeige, daß eine Taste losgelassen wurde
Objekt:	Form, Kontrollkästchen, Kombinationsfeld, Befehlsschaltfläche, Verzeichnislistenfeld, Laufwerklistenfeld, Dateilistenfeld, Rahmen, horizontale Bildlaufleiste, vertikale Bildlaufleiste, Bezeichnungsfeld, Listenfeld, Optionsfeld, Bildfeld, Textfeld
Erläuterung:	Während ein Objekt den Fokus hat, zeigt dieses Ereignis an, daß eine Taste gedrückt wurde.
Syntax:	Sub Form_Key Up ([Index As Integer]Tastencode As Integer,_ Umschalten As Integer)
	Sub Steuerelementname_KeyUp ([Index As Integer]_ Tastencode As Integer, Umschalten As Integer)
Parameter:	Steuerelementname - Kontrollname eines Objekts
	Index - Nummer eines Elementes eines Steuerelementefeldes (optional)
	Tastencode - Beispiel: Key_F1 (F1-Taste), siehe Visual Basic-Datei CONSTANT.TXT
	Umschalten - Status von Umschalt-, Strg- und Alt-Taste, Angabe als Bit-Wert

Bit-Wert	*Taste*
1	Umschalttaste gedrückt
2	Strg-Taste gedrückt
4	Alt-Taste gedrückt

Ereignis:	**LINKCLOSE**
Beschreibung:	DDE wurde beendet
Objekt:	Form, Bezeichnungsfeld, Bildfeld, Textfeld
Erläuterung:	Das Ereignis zeigt an, daß eine DDE-Kommunikation beendet ist.
Syntax:	Sub Form_LinkClose ()
	Sub Steuerelementname_LinkClose (Index As Integer)
Parameter:	Steuerelementname - Kontrollname eines Objekts
	Index - Nummer eines Elementes eines Steuerelementefeldes (optional)

Ereignis:	LINKERROR
Beschreibung:	Kommunikationsfehler während einer DDE
Objekt:	Form, Bezeichnungsfeld, Bildfeld, Textfeld
Erläuterung:	Das Ereignis tritt bei Fehlern ein, die auftreten, wenn kein Visual Basic-Code ausgeführt wird.
Syntax:	Sub Form_LinkError (LinkFehler As Integer)
	Sub Steuerelementname_LinkError ([Index As Integer]_ LinkFehler As Integer)
Parameter:	Steuerelementname - Kontrollname eines Objekts
	Index - Nummer eines Elementes eines Steuerelementefeldes (optional)
	LinkFehler - Fehlernummer

1   Daten wurden im falschen Format angefordert
2   Daten wurden ohne vorherige Einleitung einer DDE angefordert
3   Versuch der Durchführung einer DDE ohne Einleitung
4   Versuch der Änderung des Elementes einer nicht existenten DDE
5   Versuch eines Daten-Poking ohne Einleitung einer DDE
6   Versuch einer Fortführung der DDE bei Server LinkMode auf 0 (Keine)
7   Zu viele DDE-Verbindungen
8   Zu lange Zeichenfolge
9   Client hat ungültiges Element aus einem Steuerelementefeld angegeben
10   Unerwartete DDE-Meldung
11   Speicherplatz für DDE nicht ausreichend
12   Server versuchte Client-Funktionen

Ereignis:	LINKEXECUTE
Beschreibung:	Befehlszeichenkette wurde vom Client-Anwendungsprogramm in einer DDE-Kommunikation gesendet (Client = Programm, das Daten erhält)
Objekt:	Form
Erläuterung:	Nach Übersendung der Befehle erwartet der Client, daß der Server die entsprechnde Handlung durchführt.
Syntax:	Sub Form_LinkExecute (BefZeichenfolge As String, Abbrechen As Integer)
Parameter:	BefZeichenfolge - Befehlszeichenfolge, die vom Client-Anwendungsprogramm gesendet wurde
	Abbrechen - 0 (Befehlszeichenfolge wurde zurückgewiesen), 1 (Befehlszeichenfolge wurde angenommen)

Ereignis:	**LINKOPEN**
Beschreibung:	DDE-Kommunikation wurde begonnen
Objekt:	Form, Bezeichnungsfeld, Bildfeld, Textfeld
Erläuterung:	Dieses Ereignis zeigt an, daß eine DDE-Kommunikation begonnen wurde.
Syntax:	Sub Form_LinkOpen (Abbrechen As Integer)
	Sub Steuerelementname_LinkOpen([Index As Integer]_ Abbrechen As Integer)
Parameter:	Steuerelementname - Kontrollname eines Objekts
	Index - Nummer eines Elementes eines Steuerelementefeldes (optional)
	Abbrechen - 0 (Kommunikation wird angenommen), 1 (Kommunikation wird zurückgewiesen)

Ereignis:	**LOAD**
Beschreibung:	Eine Form wurde geladen
Objekt:	Form
Erläuterung:	Durch eine Load-Anweisung tritt beim Start einer Anwendung ein Load-Ereignis ein.
Syntax:	Sub Form_Load ()
Parameter:	-

Ereignis:	**LOSTFOCUS**
Beschreibung:	Ein Objekt hat den Fokus verloren, Aktivierungswechsel
Objekt:	Form, Kontrollkästchen, Kombinationsfeld, Befehlsschaltfläche, Verzeichnislistenfeld, Laufwerklistenfeld, Dateilistenfeld, Rahmen, horizontale Bildlaufleiste, vertikale Bildlaufleiste, Bezeichnungsfeld, Listenfeld, Optionsfeld, Bildfeld, Textfeld
Erläuterung:	Ein Objekt verliert den Fokus durch Klicken mit der Maus oder durch Bewegen des Fokus mit der Tabulatortaste auf ein anderes Objekt. Im Code wird der Fokus durch die Methode SetFocus geändert.
Syntax:	Sub Form_LostFocus ()
	Sub Steuerelementname_LostFocus (Index As Integer)
Parameter:	Steuerelementname - Kontrollname eines Objekts
	Index - Nummer eines Elementes eines Steuerelementefeldes (optional)

Ereignis:	**MOUSEDOWN**
Beschreibung:	Eine Maustaste wurde gedrückt
Objekt:	Form, Dateilistenfeld, Bezeichnungsfeld, Listenfeld, Bildfeld
Erläuterung:	Das Ereignis tritt ein, wenn der Benutzer auf eine Maustaste drückt.
Syntax:	Sub Form_MouseDown (Maustaste As Integer,_ Umschalten As Integer, X As Single, Y As Single) Sub Steuerelementname_MouseDown ([Index As Integer]_ Maustaste As Integer, Umschalten As Integer, X As Single,_ Y As Single)
Parameter:	Steuerelementname - Kontrollname eines Objekts Index - Nummer eines Elementes eines Steuerelementefeldes (optional) Maustaste - Bitfeld, Bit 0 = Linke Maustaste, Bit 1 = rechte Maustaste, Bit 2 = mittlere Maustaste.

Wert	*Bedeutung*
1	linke Maustaste wurde gedrückt
2	rechte Maustaste wurde gedrückt
4	mittlere Maustaste wurde gedrückt

Umschalten - Status von Umschalt-, Strg- und Alt-Taste, Angabe als Bit-Wert

Bit-Wert	*Taste*
1	Umschalttaste gedrückt
2	Strg-Taste gedrückt
4	Alt-Taste gedrückt

X, Y - aktuelle Koordinaten des Mauszeigers

Ereignis:	**MOUSEMOVE**
Beschreibung:	Die Maus wurde bewegt
Objekt:	Form, Dateilistenfeld, Bezeichnungsfeld, Listenfeld, Bildfeld
Erläuterung:	Das Ereignis tritt ein, wenn der Benutzer die Maus bewegt.
Syntax:	Sub Form_MouseMove (Maustaste As Integer,_ Umschalten As Integer, X As Single, Y As Single) Sub Steuerelementname_MouseMove ([Index As Integer]_ Maustaste As Integer, Umschalten As Integer, X As Single,_ Y As Single)

Parameter:	Steuerelementname - Kontrollname eines Objekts
	Index - Nummer eines Elementes eines Steuerelementefeldes (optional)
	Maustaste - Bitfeld, Bit 0 = Linke Maustaste, Bit 1 = rechte Maustaste, Bit 2 = mittlere Maustaste.

Wert	*Bedeutung*
1	linke Maustaste wurde gedrückt
2	rechte Maustaste wurde gedrückt
4	mittlere Maustaste wurde gedrückt

Umschalten - Status von Umschalt-, Strg- und Alt-Taste, Angabe als Bit-Wert

Bit-Wert	*Taste*
1	Umschalttaste gedrückt
2	Strg-Taste gedrückt
4	Alt-Taste gedrückt

X, Y - aktuelle Koordinaten des Mauszeigers

Ereignis:	**MOUSEUP**
Beschreibung:	Eine Maustaste wurde wieder losgelassen
Objekt:	Form, Dateilistenfeld, Bezeichnungsfeld, Listenfeld, Bildfeld
Erläuterung:	Das Ereignis tritt ein, wenn der Benutzer die gedrückte Maustaste wieder losläßt.
Syntax:	Sub Form_MouseUp (Maustaste As Integer,_
	Umschalten As Integer, X As Single, Y As Single)
	Sub Steuerelementname_MouseUp ([Index As Integer]_
	Maustaste As Integer, Umschalten As Integer, X As Single,_
	Y As Single)
Parameter:	Steuerelementname - Kontrollname eines Objekts
	Index - Nummer eines Elementes eines Steuerelementefeldes (optional)
	Maustaste - Bitfeld, Bit 0 = Linke Maustaste, Bit 1 = rechte Maustaste, Bit 2 = mittlere Maustaste.

Wert	*Bedeutung*
1	linke Maustaste wurde gedrückt
2	rechte Maustaste wurde gedrückt
4	mittlere Maustaste wurde gedrückt

Umschalten - Status von Umschalt-, Strg- und Alt-Taste, Angabe als Bit-Wert

Bit-Wert	*Taste*
1	Umschalttaste gedrückt
2	Strg-Taste gedrückt
4	Alt-Taste gedrückt

X, Y - aktuelle Koordinaten des Mauszeigers

Ereignis:	PAINT
Beschreibung:	Eine Form, oder ein Teil von ihr wurde freigelegt
Objekt:	Form, Bildfeld
Erläuterung:	Das Ereignis tritt ein, wenn eine Form, oder ein Teil von ihr freigelegt, also sichtbar geworden ist, nachdem sie verschoben oder vergrößert wurde, bzw. ein Fenster, das die Form überlagerte, verschoben oder verkleinert wurde.
Syntax:	Sub Form_Paint ()
	Sub Steuerelementname_Paint ([Index As Integer])
Parameter:	Steuerelementname - Kontrollname eines Objekts
	Index - Nummer eines Elementes eines Steuerelementefeldes (optional)

Ereignis:	PATHCHANGE
Beschreibung:	Der aktuelle Pfad wurde gewechselt
Objekt:	Dateilistenfeld
Erläuterung:	Das Ereignis tritt ein, wenn der aktuelle Pfad durch Setzen der Eigenschaften FileName oder Path im Code verändert wurde.
Syntax:	Sub Steuerelementname_PathChange ([Index As Integer])
Parameter:	Steuerelementname - Kontrollname eines Objekts
	Index - Nummer eines Elementes eines Steuerelementefeldes (optional)

Ereignis:	PATTERNCHANGE
Beschreibung:	Suchmaske für Dateien wurde geändert
Objekt:	Dateilistenfeld
Erläuterung:	Das Ereignis tritt ein, wenn die Art der Dateilistung durch Setzen der Eigenschaften FileName oder Path im Code verändert wurde.
Syntax:	Sub Steuerelementname_PatternChange ([Index As Integer])
Parameter:	Steuerelementname - Kontrollname eines Objekts
	Index - Nummer eines Elementes eines Steuerelementefeldes (optional)

Ereignis:	RESIZE
Beschreibung:	Die Größe einer Form wurde geändert
Objekt:	Form
Erläuterung:	Das Ereignis tritt ein, wenn die Größe einer Form verändert wurde und auch, wenn die Form zum ersten Mal dargestellt wurde.
Syntax:	Sub Form_Resize ()
Parameter:	-

Ereignis:	**TIMER**
Beschreibung:	Zeitmesserintervall ist abgelaufen
Objekt:	Zeitmesser
Erläuterung:	Das Ereignis tritt ein, wenn das eingestellte Intervall (Zeitraum in Millisekunden) eines Zeitmessers abgelaufen ist.
Syntax:	Sub Steuerelementname_Timer ([Index As Integer])
Parameter:	Steuerelementname - Kontrollname eines Objekts Index - Nummer eines Elementes eines Steuerelementefeldes (optional)

Ereignis:	**UNLOAD**
Beschreibung:	Eine Form wurde vom Bildschirm entfernt
Objekt:	Form
Erläuterung:	Das Ereignis tritt in dem Moment ein, wenn eine Form vom Bildschirm gelöscht wird. Es wird vom Benutzer durch Schließen der Form oder durch die Anweisung Unload im Code ausgelöst.
Syntax:	Sub Form_Unload (Abbrechen As Integer)
Parameter:	Abbrechen - 0 (die Form kann entfernt werden); ungleich 0 (die Form kann nicht entfernt werden)

Methoden: Bei den Methoden handelt es sich um Anweisungen, die sich auf bestimmte Objekte beziehen. Die Methoden selbst (z.B. die Circle-Methode zum Zeichen von Kreisen, Kreisbögen und Ellipsen) werden nachfolgend aufgelistet und beschrieben.

Methode:	Bezeichnung der Methode
Funktion:	Kurzbeschreibung der Methode, bei der es sich um eine Anweisung für ein bzw. mehrere bestimmte Objekte handelt.
Objekt:	Auflistung der einzelnen Objekte, für die diese Methode verwendbar ist. Beachten Sie, daß Methoden wie interne Visual Basic-Anweisungen nur zur Programmlaufzeit ausgeführt werden.
Syntax:	Syntax bei Verwendung der Eigenschaft im Quelltext. Damit die Anweisung ausgeführt werden kann, muß das angesprochene Steuerelement existieren.
Parameter:	Erläuterung eventuell vorhandener Funktionsparameter

Methode:	**ADDITEM**
Funktion:	Eintrag an Liste anhängen
Objekt:	Listenfeld, Kombinationsfeld
Syntax:	Steuerelement.AddItem Element$ [,Index%]
Parameter:	Steuerelement - Kontrollname des Objektes
	Element$ - anzuhängender Eintrag im Zeichenkettenformat
	Index% - Position innerhalb der Liste

Methode:	**CIRCLE**
Funktion:	Kreis, Ellipse oder Bogen zeichnen
Objekt:	Form (Standard), Bildfeld, Printer
Syntax:	[Objekt.]Circle [Step](x!,y!),Radius![,[Farbe&][,[Start!]_
	[,[Ende!][,Verhältnis!]]]]

Methode:	**CLEAR**
Funktion:	Inhalt der Zwischenablage löschen
Objekt:	Clipboard
Syntax:	ClipBoard.Clear

Methode:	**CLS**
Funktion:	Zur Laufzeit erstellte Grafik- oder Textausgaben löschen
Objekt:	Form, Bildfeld
Syntax:	[Objekt.]Cls

Methode:	**DRAG**
Funktion:	Ziehvorgang beginnen, abbrechen oder beenden
Objekt:	Steuerelement
Syntax:	[Steuerelement.]Drag [Funktion%]
Parameter:	0 - abbrechen; 1 bzw. ohne Parameter - beginnen; 2 - beenden

Methode:	**ENDDOC**
Funktion:	Druckerausgabe beenden und für Drucker bzw. Druckerspooler freigeben
Objekt:	Printer
Syntax:	Printer.EndDoc

Methode:	**GETDATA**
Funktion:	Bild aus Zwischenablage liefern
Objekt:	Clipboard
Syntax:	ClipBoard.GetData([Format%])
Parameter:	2 - Bitmap (Standard); 3 - Metafile; 8 - DIB

Methode:	**GETFORMAT**
Funktion:	Überprüfen, ob sich ein Element mit angegebenem Format in der Zwischenablage befindet
Objekt:	ClipBoard
Syntax:	ClipBoard.GetFormat(Format%)
Parameter:	&HBF00 - Link; 1 - Text; 2 - Bitmap; 3 - Metafile; 8 - DIB

Methode:	**GETTEXT**
Funktion:	Text aus Zwischenablage übernehmen
Objekt:	Clipboard
Syntax:	ClipBoard.GetText (Format%)
Parameter:	&HBF00 - Link; 1 - Text

Methode:	**HIDE**
Funktion:	Formular ausblenden, aber im Speicher lassen
Objekt:	Form
Syntax:	[Form.]Hide

Methode:	**LINE**
Funktion:	Linien und Rechtecke zeichnen
Objekt:	Form, Bildfeld, Printer
Syntax:	[Objekt.]Line [[Step](x1!,y1!]-[Step](x2!,y2!)[,[Farbe&],B[F]]
Parameter:	x1!, y1! - Anfangsposition
	x1!, y2! - Endposition
	Farbwert der Linie (RGB-Farbe)
	B - Rechteck
	F - Füllfläche bei Rechteck

Methode:	**LINKEXECUTE, LINKPOKE, LINKREQUEST, LINKSEND**
Funktion:	Methoden für Dynamic Data Exchange
Hinweis:	Das Thema DDE wird gesondert im Kapitel 3.2 behandelt.

Methode: **MOVE**
Funktion: Verschiebefunktion
Objekt: Form, Steuerelement (außer Zeitmesser)
Syntax: [Objekt.]Move x! [,y! [,B! [,H!]
Parameter: x!, y! - linker oberer Rand des Objekts
B!, H! - Objektbreite Höhe

Methode: **NEWPAGE**
Funktion: Seitenumbruch für Drucker
Objekt: Printer
Syntax: Printer.NewPage

Methode: **PAINT**
Funktion: Objekt nach Zeichenvorgang neu konstruieren
Objekt: Form, Bildfeld
Syntax: SubForm_Paint()
Sub Steuerelementename_Paint([Index As Integer])
Parameter: Index - Elementnummer in einem Steuerelementefeld

Methode: **PRINT**
Funktion: Ausdrucksliste ausgeben lassen
Objekt: Form, Bildfeld, Printer
Syntax: [Objekt.]Print [Ausdrucksliste][, | ;]
Parameter: ; - Zeilenvorschub unterdrücken
, - Tabultorsprung (14 Zeichen)

Methode: **PRINTFORM**
Funktion: Formular auf Drucker ausgeben
Objekt: Form
Syntax: [Form.]PrintForm

Methode: **PSET**
Funktion: Punkt ausgeben
Objekt: Form, Bildfeld, Printer
Syntax: [Objekt.]PSet[Step](x!,y!)[,Farbe&]
Parameter: x!, y! - Punktkoordinatem
Farbe& - RGB-Farbnummer

Methode:	**REFRESH**
Funktion:	Aktualisierung erzwingen
Objekt:	Form, Steuerelement
Syntax:	[Objekt.]Refresh

Methode:	**REMOVEITEM**
Funktion:	Eintrag zur Laufzeit aus Listenfeld entfernen
Objekt:	Listenfeld, Kombinationsfeld
Syntax:	Steuerelement.RemoveItem Index%
Parameter:	Index - Indexnummer des Eintrages

Methode:	**SCALE**
Funktion:	Koordinatensystem definieren
Objekt:	Form, Bildfeld, Printer
Syntax:	[Objekt.]Scale[(x1!,y1!)-(x2!,y2!)
Parameter:	x1!, x2!, y1!, y2! - Grenzen

Methode:	**SETDATA**
Funktion:	Bild in Zwischenablage kopieren
Objekt:	Clipboard
Syntax:	Clipboard.SetData (Daten,[Format%])
Parameter:	Daten% - Eigenschaft "Image" oder "Picture"
	Format% - 2 - Bitmap; 3 - Metafile; 8 - DIB

Methode:	**SETFOCUS**
Funktion:	Fokus auf Objekt plazieren
Objekt:	Form, Steuerelement
Syntax:	Objekt.Focus

Methode:	**SETTEXT**
Funktion:	Text in Zwischenablage kopieren
Objekt:	Clipboard
Syntax:	Clipboard.SetText Daten$, [Format%]
Parameter:	Daten$ - Zeichenkette mit Text
	Format% - &HBF00 - Link; 1 - Text

Methode:	**SHOW**
Funktion:	Form anzeigen
Objekt:	Form
Syntax:	[Form.]Show [Style%]
Parameter:	Style% - 1- modal (aktiv); 0 - wirkungslos

Methode:	**TEXTHEIGHT, TEXTWIDTH**
Funktion:	Höhe und Breite eines Textes ermitteln
Objekt:	Form, Bildfeld, Printer
Syntax:	[Objekt.]TextHeight(Zeichenkette$)
	[Objekt.]TextWidth(Zeichenkette$)
Parameter:	Zeichenkette$ - zu untersuchender Text

Das größte Problem, welches u.U. das Nachvollziehen eines bereits vorhandenen Visual Basic-Programmlistings erschwert, ist, daß sämtliche Namen bzw. sogenannte Kontrollnamen für Oberflächenelemente frei vergeben werden können. In der Regel werden Objekte in Verbindung mit Ihren Eigenschaften in folgender Syntax angesprochen:

Formular.Steuerelement.Eigenschaft

Die Verknüpfung der Oberflächenelemente und Eigenschaften erfolgt durch Punkte. Das Ansprechen von Elementen benutzerdefinierter Datenstrukturen erfolgt nach dem selben Schema und kann ein Erkennen von Objektbezeichnungen erschweren. Bezeichnungen, in denen Punkte vorhanden sind, müssen also nicht unbedingt Objektformulierungen sein. Vergleichen Sie in diesem Zusammenhang die Beispiele und Erläuterungen in Kapitel 2.2.5. Hinzu kommt, daß Sie, falls Sie ohnehin mit einem einzigen Formular arbeiten oder sich auf das aktuelle Formular beziehen, den Kontrollnamen für das Formular weglassen können. In diesem Fall könnte es sich auch um ein Record-Element handeln. Vergeben Sie allerdings aussagekräftige Namen, dann sollte Ihnen nach einiger Zeit die Unterscheidung zwischen Datenstrukturelement und Objektbezeichnung nicht mehr schwer fallen.

Unterprogramme und Funktionen

Da sämtliche Anweisungen in Prozeduren ausgeführt werden müssen, wird der Anwender automatisch zur strukturierten Programmierung gezwungen. Funktionen und Unterprogramme sind die leistungsfähigsten Sprachelemente einer höheren Programmiersprache, ermöglichen sie doch erst den Einsatz lokaler und globaler Variablen (s. Kapitel 2.2.1). Den Aufbau der ereignisorientierten Prozedur, die wir kurz erläutert haben, wollen wir hier nicht mehr berücksichtigen, sondern uns speziell mit den benutzerdefinierten Prozeduren befassen. Beginnen wir zunächst mit der Funktion. Dabei handelt es sich um eine Prozedur, die ein Ergebnis in ihrem Namen zurückgibt. Die allgemeine Syntax lautet:

```
Function FktName [(Parameterliste)]
  'Anweisungen
  'evtl. Funktion vorzeitig verlassen
  [Exit Function]
  'Anweisungen
  'im Funktionsnamen das Ergebnis zurückliefern
  FktName = Ergebnis
End Function


'Beispiel Ganzzahlmultiplikation
'Ergebnis vom Datentyp lange Ganzzahl (&)
Function Mult& (a%, b%)
  Mult& = a% * b%
End Function

'Beispiel Funktionsaufruf
a& = Mult& (2, 3)
```

Die benutzerdefinierten Funktionen werden im Quelltext wie Visual Basic-interne
Funktionen verwendet (z.B. Sin()). Anders als die Funktion, kann ein Unterprogramm
keinen Rückgabewert im Namen zurückgeben. Wollen Sie das Ergebnis der
Beispielfunktion mit einem Unterprogramm ermitteln, dann müßten Sie einen
zusätzlichen Unterprogrammparameter einführen.

```
Sub SubName [(Parameterliste)]
  'Anweisungen
  'evtl. Unterprogramm vorzeitig verlassen
  [Exit Sub]
  'Anweisungen
End Sub


'Beispiel Ganzzahlmultiplikation
'Ergebnis vom Datentyp lange Ganzzahl (&)
Sub Multiplikation (a%, b%, Ergebnis&)
  Ergebnis& = a% * b%
End Function

'Beispiel Unterprogrammaufruf
Mult 2, 3, a&
```

Umfangreichere und vor allen Dingen sinnvollere Funktionen und Unterprogramme
können Sie den Quelltexten der Anwendungsprogrogramme in diesem Buch
entnehmen.

2.2 Sprachelemente von Visual Basic

Im zweiten Teil dieses Kapitels werden wir Ihnen die Sprachelemente von Visual Basic vorstellen, die Sie bei der Programmentwicklung am häufigsten benötigen werden. Berücksichtigen Sie bereits jetzt, daß einige spezielle Themen gesondert im dritten Kapitel behandelt werden. Haben Sie bereits mit einem anderen Basic-Dialekt gearbeitet, dann werden Sie an dieser Stelle sehr viele Ähnlichkeiten mit Visual Basic erkennen. Beachten Sie allerdings, daß sämtliche ausführbaren Programmanweisungen innerhalb von echten Unterprogrammen und echten Funktionen stehen müssen. Anders als in anderen Programmiersprachen wird in Visual Basic kein Hauptprogramm auf Quelltextebene erstellt.

Damit Sie die einzelnen Anweisungen praktisch ausprobieren können, sind kleine Beispielprogramme angeführt. Diese müssen Sie innerhalb einer Prozedur ausführen. Um die Eingabe möglichst einfach zu realisieren, stehen Ihnen zwei Möglichkeiten zur Verfügung. Gehen wir zunächst einmal davon aus, daß Sie sich innerhalb der Visual Basic-Entwicklungsumgebung befinden und gerade ein neues Projekt geöffnet haben. In diesem Fall befindet sich ein leeres Formular auf dem Bildschirm. Da für eine Vielzahl der folgenden Beispiele keine Steuerelemente erforderlich sind, können Sie die Ereignisprozedur *Form1.Load* zur Ausführung der Beispiele verwenden. Sobald Sie die Anweisungen in die vordefinierte Unterprogrammschablone eingetragen haben, können Sie das jeweilige Beispielprogramm ausführen. Beachten Sie die jeweiligen Anmerkungen in den Quelltexten.

Ereignisorientiertes Unterprogramm:

```
Sub Form1_Load()
  'hier Beispiel eingeben
End Sub
```

Alternativ können Sie, und damit wären wir bei der zweiten Möglichkeit, für das Startformular die Prozedur *Main* einführen (s. Kapitel 2.1), die automatisch beim Programmstart abgearbeitet wird. Dazu ist Voraussetzung, daß das Formular zunächst über die Methode *Show* angezeigt wird, da dies nicht automatisch geschieht. Beachten Sie, daß es sich bei der Routine *Main*, obgleich diese spezielle Aufgaben übernehmen kann und gesondert von Visual Basic behandelt wird, um ein benutzerdefiniertes Unterprogramm des Startformulars handelt, das nicht automatisch angelegt wird.

Benutzerdefiniertes Unterprogramm:

```
Sub Main()
  Form1.Show
  'hier Beispiel eingeben
End Sub
```

In den Beispielen selbst wird auf die wiederholte Angabe der Prozedurköpfe verzichtet. Ein Beispiel weist daher den nachfolgenden Aufbau auf:


```
:
Abzug% = 100
Wert% = 200 + 200 - Abzug%
Print "Ergebnis: "; Wert%
:
```

Sie sehen, daß sich stellvertretend für einleitende und sich anschließende Quellzeilen jeweils ein Doppelpunkt im Beispiellisting befindet. Diese Doppelpunkte können bereits stellvertretend für die genannten Prozedurschablonen, oder aber für andere ausführbare Programmanweisungen stehen.

> **Hinweis:** Sie können die Beispiele auch in jede andere Ereignisprozedur integrieren. Die Ausführung erfolgt dann nur, wenn auch das entsprechend gewählte Ereignis eingetreten ist. Wollen Sie das Anklicken eines Formulars zur Ausführung der Beispiele verwenden, könnten Sie z.B. die Ereignisprozedur *Form_Click* mit dem entsprechenden Quelltext füllen.

2.2.1 Variablen, Datentypen und Operatoren

Um innerhalb einer Programmiersprache mit Daten arbeiten zu können, muß zunächst die programminterne Verwaltung festgelegt werden. Anders als in anderen Programmiersprachen, ist die Variablendeklaration in Basic nicht am Programmbeginn erforderlich und kann innerhalb des Quelltextes erfolgen. Dabei stehen dem Programmierer eine Vielzahl von Datentypen zur Verfügung, die sicherstellen, daß für Variablen nicht mehr Speicher verwendet wird, als unbedingt nötig.

Variablennamen und Variablentypen

Wollen Sie in einem Programm mit Zahlen und Zeichenketten arbeiten, so müssen Sie hierfür entsprechende Namen einfügen, unter denen diese variablen Werte verwaltet werden. Variablennamen selbst können aus bis zu 40 Zeichen bestehen, werden durch einen Buchstaben begonnen und dürfen nicht identisch mit den Namen der internen Visual Basic-Anweisungen sein.- Wollen Sie eine einzelne Ganzzahl in einem Programm benutzen, könnten Sie den folgenden Namen wählen:


```
Eingabewert%
```

Der Variablenname ist durch ein sogenanntes Typkennzeichen erweitert (Prozentzeichen), das den Datentyp auf eine Ganzzahl festlegt. Welche Typkennzeichen für die unterschiedlichen Datentypen verwendet werden, ist in der folgenden Tabelle dargestellt.

Datentyp	Beispiel	Wertebereich	Erläuterung
Integer	Wert%	-32.768 bis 32.767	Ganzzahl (2 Byte)
Long	Wert&	-2.147.483.648 bis 2.147.483.647	Ganzzahl (4 Byte)
Single	Wert!	-3,37E+38 bis 3,37E+38	Gleitpunktzahl (4 Byte)
Double	Wert#, Wert	-1,67D+308 bis 1,67D+308	Gleitpunktzahl (8 Byte)
Currency	Wert@	-9.22E+14 bis 9.22E+14	Währungsdatentyp
String	Wert$	z.B. "Testtext"	Zeichenkette

Tabelle 2.1: Visual Basic-Datentypen

Sie sehen, daß Sie neben Ganzzahlen auch Gleitkommazahlen und Zeichenketten mit Visual Basic bearbeiten können. Alternativ lassen sich mehrere Variablen, die mit einem festgelegten Buchstaben beginnen, mit einem Standarddatentyp belegen. Dazu stehen Ihnen die Anweisungen *DefInt*, *DefLng* usw. zur Verfügung. Beipiele zu den Standarddatentypen sind in Tabelle 2.2 enthalten. Sie können bei den entsprechenden Anweisungen nicht nur einen einzelnen Buchstaben, sondern auch Buchstabenbereiche mit anführen. Beachten Sie, daß, wenn Sie Variablentypen nicht explizit deklarieren, der Typ *Single* verwendet wird.

Standarddatentyp	Anweisung	Beispiel	Beispielvariablen
Integer	DefInt	DefInt A	AWert, AEingabe,...
Long	DefLng	DefLng A, C	AWert, CWert,...
Single	DefSng	DefSng A-C	AWert, BWert, CWert,...
Double	DefDbl	DefDbl X	XWert, XEingabe,...
Currency	DefCur	DefCur X-Z	XWert, YWert, ZWert,...
String	DefStr	DefStr S	S_Wert, S_Text, SText...

Tabelle 2.2: Visual Basic-Standarddatentypfestlegung

Es ist durchaus möglich, gleiche Variablennamen mit unterschiedlichen Typkennzeichnen im Programm zu verwenden. Visual Basic erkennt anhand des Typs, daß es sich um unterschiedliche Variablen handelt. Wann immer möglich, sollten Sie Ganzzahldatentypen, insbesondere den Datentyp *Integer* verwenden, da dieser am schnellsten in einem Programm verarbeitet werden kann. Arbeiten Sie nur mit 2-Byte-Ganzzahlen, können Sie mit der Anweisung *DefInt A-Z* alle Variablen auf den Typ *Integer* festlegen und auf die Angabe der Typkennzeichen am Variablennamen verzichten. Verwenden Sie bei Variablen andere Datentypen durch eine Typkennzeichnung, wird die *DefInt*-Anweisung wieder übersteuert. Mit der DIM-Anweisung können Sie zusätzlich einem Variablennamen einen bestimmten Datentyp zuweisen. Verwenden Sie dazu die Bezeichnung der Datentypen, wie Sie in Tabelle 2.1 angegeben sind.

```
dynamische Zeichenkette: Dim TextEingabe AS String
Ganzzahlwert:            Dim WertEingabe AS Integer
Dim TextEingabe As String * 30
```

In den hier angeführten Beispielen sehen Sie, wie Sie neben den dynamischen Zeichenketten auch Zeichenketten mit konstanter Länge deklarieren können. Standardmäßig
sind alle Zeichenketten in Visual Basic in der Länge variabel. Damit haben Sie die ein-
fachsten Variablendeklarationen kennengelernt. Wollen Sie Listen und Meßreihen
bearbeiten oder Vektor- und auch Matrizenberechnungen durchführen, können Sie ein-
und mehrdimensionale Datenfelder einrichten. Nehmen wir z.B. an, Sie wollen eine
Meßreihe mit 100 Ganzzahlwerten (2 Byte) verarbeiten. In diesem Fall könnten Sie
eine der nachfolgenden Anweisungen verwenden.

```
Dim Werte%(1 to 100)
```

```
Dim Werte (1 to 100) As Integer
```

Auf jedes Element eines Datenfeldes können Sie später über einen bestimmten Index
zugreifen. Das erste Element wird mit Wert%(1), das zweite mit Wert%(2) usw. angesprochen. In der Regel geben Sie jeweils die untere und obere Grenze des Datenfeldes
bei der Dimensionierung an. Verzichten Sie auf die Angabe der unteren Grenze, so
wird diese automatisch mit Null festgelegt. Wollen Sie die Untergrenze standardmäßig
für Datenfelder bestimmen, so ist das über die Anweisung *Option Base* möglich. Auch
negative Zahlenwerte sind als Grenzbereiche denkbar:

```
DIM Werte%(-20 to -10)
DIM Werte%(-20 to 20)
DIM Werte%(200)
```

Entsprechend den eindimensionalen Feldern werden auch die mehrdimensionalen
Datenfelder dimensioniert (z.B. *DIM Werte%(10, 10)*). Bis zu 60 Dimensionen sind in
Datenfeldern zulässig, ein Wert, den Sie wohl kaum benötigen werden. Sie sollten die
Dimensionen in jedem Fall so gering wie eben möglich halten, da der Speicherbedarf
mehrdimensionaler Datenfelder sehr groß ist und exponentiell mit der Anzahl der
Dimensionen wächst.

> **Achtung:** Anders als in anderen Basic-Dialekten müssen Datenfelder in Visual
> Basic vor der Verwendung deklariert werden, auch wenn weniger als 10 Elemente
> verwaltet werden.

Es wird zwischen **dynamischen** und **statischen Datenfeldern** in Visual Basic unterschieden. Die Anzahl der Elemente in einem statischen Datenfeld werden bereits bei
der Erstellung des Quelltextes durch den Programmierer festgelegt (s. vorangehende
Beispiele). Alternativ können Sie die Datenfelder dynamisch dimensionieren. Dann

kann die Größe des Datenfeldes zur Laufzeit und je nach Bedarf festgelegt werden. Verwenden Sie zur Dimensionierung dynamischer Datenfelder die Anweisung in der nachfolgenden Form:

```
Dim Datenfeld ()
```

Verzichten Sie in jedem Fall auf die Angabe der Grenzwerte für das Datenfeld. Die eigentliche Festlegung kann nun gezielt bei Bedarf durch die *ReDim*-Anweisung vorgenommen werden (z.B. *ReDim Datenfeld(20,100)*). Der Vorteil dieser dynamischen Deklaration ist, daß Speicher nur temporär vom Datenfeld selbst belegt wird. Beachten Sie, daß durch jede erneute *ReDim*-Anweisung der ursprüngliche Inhalt eines Datenfeldes verloren geht. Bevor wir uns den benutzerdefinierten Datenstrukturen zuwenden, bleibt abschließend darauf hinzuweisen, daß globale Datenfelder (Felder, die im gesamten Programm bekannt sind) mit dem Schlüsselwort *Global* im globalen Modul (s.Kapitel 2.1), statt mit der *Dim*-Anweisung auf sonstiger Quelltextebene zu deklarieren sind. Mit der Anweisung *UBound* können Sie im Quelltext die obere Grenze und mit der Anweisung *LBound* die untere Grenze eines Datenfeldes zur Laufzeit ermitteln (z.B. *A% = UBound(A,2)*). Geben Sie bei den letztgenannten Anweisungen die Datenfeldbezeichnung, gefolgt von der Nummer der Dimension, die abgefragt werden soll, als Aufrufparameter an.

Häufig ist es sinnvoll, mehrere Variablen in einer **benutzerdefinierten Datenstruktur** bzw. Recordstruktur zu verbinden. Wollen Sie z.B. eine Adressverwaltung programmieren, könnten Sie die Datensatzstruktur in der folgenden Form festlegen:

```
Type AdressDatenSatz
   Nachname As String * 30
   Vorname As String * 30
   Postleitzahl As Integer
   Wohnort As String
   Strasse As String
   Hausnummer As Integer
End Type
```

Innerhalb einer Recordstruktur können Sie jeden Datentyp verwenden, der in Tabelle 2.1 abgedruckt ist. Beachten Sie allerdings, daß die Definition mit der *As*-Klausel erfolgen muß. Typkennzeichen sind bei den Elementnamen nicht zulässig. Außerdem muß die Definition im globalen Modul erfolgen. Danach kann die Verbundstruktur im Programm genutzt werden. Variablen, die auf diese Definition zurückgreifen sollen, sind gesondert zu deklarieren. Soll z.B. die Variable *Adresse* vom Typ *AdressDatensatz* sein, so lautet die Anweisung:

```
Dim Adresse As AdressDatenSatz
```

Wollen Sie gezielt auf einzelne Elemente der Datenstruktur zugreifen, können Sie dies über die Angabe *Datenstruktur.Element* erreichen. Nehmen wir an, Sie wollen für den Titel im Formular *Form1* den Nachnamen verwenden. Benutzen Sie dazu die folgende Anweisung:

```
Form1.Caption = Adresse.Nachname
```

> **Anmerkung:** Anders als in anderen Basic-Dialekten können Sie in Visual Basic Zeichenketten fester und variabler Länge in benutzerdefinierten Datenstrukturen einsetzen. Handelt es sich allerdings um die Datensatzdefinition für eine Direktzugriffsdatei, müssen Sie auf variable Zeichenketten verzichten. Die Verwendung von Datenfeldern als Elemente in einem benutzerdefinierten Verbund ist nicht zulässig.

Geltungsbereiche für Variablen

In der Programmierung wird zwischen globalen, lokalen und statischen Variablen unterschieden. Zunächst wollen wir kurz die Unterschiede der Geltungsbereiche dieser Variablen erläutern.

Globale Variablen: Globale Variablen sind im gesamten Anwendungsprogramm, also in sämtlichen Formularen und Quellmodulen bekannt. Eine Änderung einer globalen Variablen wirkt sich auf das gesamte Programm aus. Die Deklaration der globalen Variablen erfolgt ausschließlich im globalen Modul über das Schlüsselwort *Global*.

Lokale Variablen: In der Regel nimmt Visual Basic an, daß es sich bei einer eingeführten und nicht explizit einem speziellen Geltungsbereich zugeordneten Variablen um eine lokale Variable handelt. Eine lokale Variable ist immer nur in dem Unterprogramm bzw. der Funktion bekannt, in der Sie mit *Dim* deklariert bzw. ohne Deklaration verwendet wird. Aus diesem Grunde ist es durchaus möglich, in mehreren Prozeduren lokale Variablen gleichen Namens einzusetzen, ohne daß diese sich untereinander beeinflussen. Bei jedem Aufruf eines Unterprogrammes werden alle lokalen Variablen neu initialisiert. Stringvariablen werden mit einer leeren Zeichenkette und alle anderen Variablenwerte auf Null gesetzt.

Statische Variablen: Statische Variablen werden innerhalb von Prozeduren verwendet und sind wie lokale Variablen nur innerhalb dieser Prozeduren bekannt. Wird ein Unterprogramm oder eine Funktion beendet, dann geht der Wert einer statischen Variablen allerdings nicht wie bei den lokalen Variablen verloren, sondern kann bei einem erneuten Prozeduraufruf weiterverwendet werden. Um Variablen als statisch zu deklarieren, müssen Sie das Schlüsselwort *Static* entprechend der *Dim*-Anweisung verwenden.

Variablen auf Form- bzw. Modulebene: Visual Basic stellt eine besondere Möglichkeit zur Deklaration von Variablen bereit. Neben lokalen und statischen Variablen, die nur in einzelnen Prozeduren bekannt sind, und den globalen Variablen, die im gesamten Programm beeinflußbar sind, können auch Variablen auf Form- bzw. Modulebene eingerichtet werden. Diese Variablen sind jeweils global in dem Modul bekannt, in dem sie definiert worden sind. Außerdem sind diese Variablen bezogen auf das Hauptprogramm statisch, d.h der jeweilige Wert dieser Variablen ist zwar nicht im gesamten Programm bekannt, geht aber auch beim Verlassen eines Formulars oder Moduls nicht verloren. - Um Variablen auf Form- bzw. Modulebene zu deklarieren, müssen Sie zunächst über das Projektfenster den entsprechenden Code anzeigen lassen. Danach wählen Sie aus dem Kombinationsfeld *Objekt* den Eintrag *generell* und aus dem Kombinationsfeld *Prozedur* den Eintrag *Deklarationen* aus. Nun können Sie die Variablen mit der *Dim*-Anweisung, wie bereits erläutert, festlegen.

Konstanten

Häufig werden in einem Programm feste Werte benötigt. Führen Sie z.B. trigonometrische Berechnungen durch, dann werden Sie in den meisten Fällen mit der Kreiszahl *Pi* arbeiten. Da es nicht zulässig ist, diese Zahl irrtümlicherweise zu ändern, können Sie in Visual Basic eine Konstante definieren. Der weitere Vorteil ist, daß die Verwendung von Konstanten zu einer besseren Lesbarkeit eines Programmes führt. Kehren wir also noch einmal zur Mathematik zurück und definieren wir einige Konstanten:

```
'Pi
Const Pi = 3.14159265
'Fallbeschleunigung in m/s*s in Meereshöhe
'und 45° geografischer Breite
Const G = 9.80665
'boolescher Wert: wahr
Const wahr = -1
'boolescher Wert: falsch
Const falsch = 0
'konstante Zeichenkette
Const ProgName = "WinStat 1.00"
```

Beachten Sie, daß Definitionen von Konstanten im globalen Modul durch das Schlüsselwort *Global* eingeleitet werden müssen (z.B. *Global Const falsch=0*). In der Datei CONSTANT.TXT, die mit Visual Basic ausgeliefert wird, sind eine Vielzahl vordefinierter Konstanten enthalten, die Sie in Ihr Anwendungsprogramm bei Bedarf importieren können. Nachdem Sie die Konstante definiert haben, können Sie diese stellvertretend für den entsprechenden Wert im Quelltext verwenden.

```
:
'Abfrage der Eigenschaft ControlBox
If Form1.ControlBox = wahr Then
  'weitere Anweissungen, die nur ausgeführt
  'werden, wenn Form1.ControlBox = -1 ist
End If
:
```

Operatoren

Neben der einfachen Wertzuweisung, die durch ein Gleichheitszeichen erfolgt (z.B. Wert%=5), spielen die relationalen, arithmetischen und logischen Vergleichsoperatoren in der Programmierung eine wesentliche Rolle. Damit können Variablen, Zeichenketten und Konstanten miteinander verknüpft und diverse Auswertungen durchgeführt werden.

Arithmetische Operatoren: Diese Operatoren werden für einfache mathematische Anweisungen wie die Addition und Subtraktion genutzt.

```
:
'Beispielausdruck:
'Operator für Addition
Wert% = AWert% + 200
'Operator für Subtraktion
BWert% = 2000 - Wert%
:
```

Relationale Operatoren: Bei den relationalen Operatoren handelt es sich um Vergleichsoperatoren. Das Ergebnis eines Vergleiches ist immer ein boolescher Wert, nämlich -1, wenn die Beziehung *wahr* (true) und 0, wenn die Beziehung *falsch* (false) ist. Relationale Operatoren werden in If-Then-Else-End If-Kontrollstrukturen verwendet.

```
:
'Überprüfen, ob ein Wert größer als ein anderer ist
AWert%=100
BWert%=200
If AWert%>BWert% Then
    'Bedingung ist in diesem Beispiel nicht
    'erfüllt, daher wird auch dieser
    'Anweisungsblock nicht ausgeführt
    Print "Bedingung ist wahr"
  Else
    'Bedingung ist nicht erfüllte
    Print "Bedingung ist nicht erfüllt."
  End If
:
```

Logische Operatoren: Über diese Operatoren können Werte miteinander logisch verknüpft und Auswertungen auf Bitebene durchgeführt werden. Dabei stehen Ihnen mit UND, ODER und NICHT die wichtigsten Operatoren zur Verfügung.

```
:
'Vergleichsoperator UND
AWert%=300
BWert%=50
If AWert%>200 AND BWert%<100 THEN
    'diese Anweisung wird ausgeführt, da
    'die aufgestellte Bedingung wahr ist
    Print "Bedingung ist erfüllt"
  Else
    'diese Anweisung wird nicht ausgeführt
    Print "Bedingung ist nicht erfüllt"
End If
:


:
'Vergleichsoperator UND/ODER
A%=3
B%=5
C%=1
If (A%>200 AND B%>100) OR C%=1 THEN
    'diese Bedingung wird ausgeführt, da
    'die aufgestellte Bedingung wahr ist
    Print "Bedingung ist erfüllt"
  Else
    'diese Bedingung wird nicht ausgeführt
    Print "Bedingung ist nicht erfüllt"
End If
:
```

Weitere Beispiel zur Verknüpfung mit Operatoren erhalten Sie in den späteren Anwendungsprogrammen und bei der Erläuterung der Kontroll- und Entscheidungsstrukturen. Die einzelnen Operatoren sind in der Reihenfolge ihrer Auswertung (Rangfolge) in der folgenden Tabelle zusammengestellt.

Bezeichnung:	Rangfolge:	Symbol:	Erläuterung:
relational	1	=	gleich
		>	größer
		<	kleiner
		< =	kleiner gleich
		> =	größer gleich
		< >	ungleich
arithmetisch	1	^	Exponentiation
	2	-	Negation
	3	*	Multiplikation,
		/	Division (Ergebnis als Gleitkommazahl)
	4	\	
	5	Mod	Ganzahldivision (Rest geht verloren)
	6	+	Addition
		-	Subtraktion
logisch	1	Not	Logische Negation
	2	And	UND-Verknüpfung
	3	Or	ODER-Verknüpfung
	4	Xor	Exklusives ODER (entweder oder)
	5	Eqv	Logische Äquivalenz
	6	Imp	Implikation (1.Operand falsch, 2.Operand wahr)

Tabelle 2.3: Rangfolge der Operatoren

Ausdrücke in der Form A%=B%+C%+C% werden von links nach rechts abgearbeitet, da die Operatoren allesamt eine gleiche Rangfolge aufweisen. Werden in einem Ausdruck Operatoren unterschiedlicher Rangfolge miteinander verknüpft, dann wird die höhere Rangstufe zunächst ausgewertet (vgl. Multiplikation und Addition in der Mathematik). Um komplexe Ausdrücke besser formulieren zu können, sind Klammerebenen erlaubt. Bevor wir uns den wichtigsten Anweisungen zuwenden, sind nachfolgend die Ergebniswerte der logischen Operatoren zusammengestellt.

And	1.Wert	2.Wert	Ergebnis
	0	0	0
	0	1	0
	1	0	0
	1	1	1

Eqv	1.Wert	2.Wert	Ergebnis
	0	0	1
	0	1	0
	1	0	0
	1	1	1

Imp	1.Wert	2.Wert	Ergebnis
	0	0	1
	0	1	1
	1	0	0
	1	1	1

Or	1.Wert	2.Wert	Ergebnis
	0	0	0
	0	1	1
	1	0	1
	1	1	1

Xor	1.Wert	2.Wert	Ergebnis
	0	0	0
	0	1	1
	1	0	1
	1	1	0

Tabellen 2.4: Wahrheitstabellen logischer Verknüpfungen

2.2.2 Standardanweisungen

In diesem Kapitel wollen wir Ihnen die wichtigsten Standardfunktionen von Visual Basic kurz vorstellen. Die Syntax dieser Anweisungen selbst entspricht in den meisten Fällen der Syntax anderer Basic-Dialekte. Und zwar auch dann, wenn die Realisierung einzelner Befehle aufgrund der Systemschnittstelle von Windows und der Verwendung von Objekten und Oberflächenelementen komplexer sein kann. Insbesondere bei den grafischen Methoden, die wir bereits im ersten Teil dieses Kapitels kennengelernt haben, wird das deutlich. Die Hinweise auf diese speziellen Funktionen soll Ihnen ein Auffinden in der Sprachreferenz bzw. der Hilfsfunktion von Visual Basic erleichtern.

Kommentare

Die erste Anweisung, die wir Ihnen vorstellen und die Sie zur Kommentierung Ihres Quelltextes einsetzen sollten, ist die *Rem*-Anweisung. Diese kann wahlweise durch ein Apostroph ersetzt werden. In den Listings, die sie bislang kennengelernt haben, wurde von dieser Anweisung bereits ausgiebiger Gebrauch gemacht.

```
Rem Dies ist ein Kommentar
' Dies ist auch ein Kommentar
```

Beachten Sie allerdings, daß ein Apostroph nicht über die Taste links neben der Taste [Backspace], sondern mit der Taste rechts neben der Taste [Ä] eingegeben werden muß.

Mathematische Funktionen

Computer und Programmiersprachen sind zunächst ausschließlich für Rechenoperationen entwickelt worden. Konnten die ersten Rechner lediglich etwas mit den Grundrechenarten anfangen, so gehören heute alle wichtigen mathematischen Funktionen standardmäßig zu einer Programmiersprache, die Sie zur Entwicklung jeder weiteren Funktion benötigen. Wollen Sie z.B. Hyberbelfunktionen oder Rotationskörper berechnen, so ist das mit Visual Basic kein Problem. Die einzelnen Funktionen sind in Tabelle 2.5 zusammengestellt.

Funktion:	*Erläuterung:*
Abs	Absolutbetrag, z.B. A% = ABS(-200)
Atn	Arkustangens eines Argumentes (Ergebnis in Bogenmaß)
Cos	Kosinus eines Argumentes (Ergebnis in Bogenmaß)
Exp	e^x ermitteln (x = Argument)
Log	Natürlichen Logarithmus eines Argumentes ermitteln
Sin	Sinus eines Argumentes ermitteln (Ergebnis in Bogenmaß)
Tan	Tangens eines Argumentes ermitteln (Ergebnis in Bogenmaß)

Tabelle 2.5: Mathematische Funktionen

Stringfunktionen

Auch die Zeichenkettenverarbeitung spielt in der Programmierung eine sehr wichtige Rolle. Sei es zur Datenverwaltung, zur Entwicklung kontext-sensitiver Hilfsprogramme oder aber für einfache Ausgabeformatierungen. Zeichenketten selbst können über den Operator + miteinander verkettet werden.

```
:
Teil_A_Text$="Textanfang..."
Teil_B_Text$="Textende"
GesamtText$ = Teil_A_Text + Teil_B_Text
Print Ergebnis: "; GesamtText$
:
```

In unserem Beispiel wird z.B. der Text aus den Teilzeichenketten *Teil_A_Text$* und *Teil_B_Text$* in der Variablen *GesamtText$* verbunden und ausgegeben. Das Ergebnis lautet also *"Textanfang...Textende"*. Mit weiteren speziellen Funktionen können Sie Zeichenketten beliebig manipulieren. Diese sind in Tabelle 2.6 zusammengestellt.

Funktion:	*Erläuterung:*
Instr	Position einer gesuchten Zeichenkette in einem Suchstring ermitteln
LCase$	Zeichenkette in Kleinbuchstaben umwandeln, z.B. a$=LCase$(a$)
Left$	Linken Teil einer Zeichenkette ermitteln, z.B. a$=Left$(b$,8)
Len	Länge einer Zeichenkette ermitteln, z.B. a%=Len(Text$)
LSet	Zeichenkette einer anderen festen Zeichenkette linksbündig zuweisen bzw. Datensatzvariable in eine andere Datensatzvariable kopieren
LTrim$	Linke Leerzeichen einer Zeichenkette entfernen, z.B. a$=LTrim$(a$)
Mid$	Teilzeichenkette aus einem String extrahieren bzw. neu setzen (Syntax: Mid$(Gesamt$, Beginn&, Länge&))
RSet	Zeichenkette einer anderen festen Zeichenkette rechtsbündig zuweisen bzw. Datensatzvariable in eine andere Datensatzvariable kopieren
Right$	Rechten Teil einer Zeichenkette ermitteln, z.B. a$=Right$(b$,8)
RTrim$	Rechte Leerzeichen einer Zeichenkette entfernen, z.B. a$=RTrim$(a$)
Spc$	Zeichen mit festgelegter Anzahl von Leerzeichen erzeugen, z.B. b$=Spc$(5)
Str$	Numerischen Ausdruck in Zeichenkette umwandeln, z.B.a$=Str$(34.5)
String$	Zeichenkette aus ANSI-Code erzeugen, z.B. a$=String$(3,65), a$=String$(3,"A") bzw. a$=String$(3,"ABCD") ergeben jeweils die Zeichenkette "AAA"
Ucase$	Zeichenkette in Großbuchstaben umwandeln, z.B. a$=RCase$(a$)

Tabelle 2.6: Stringfunktionen

Bevor wir uns dem nächsten Thema widmen, wollen wir zunächst ein kurzes Beispiel zur Verdeutlichung der Zeichenkettenverarbeitung vorstellen:

```
:
'Vorname und Nachname aus einer
'Zeichenkette ermitteln, die alle Angaben
'enthält.
GName$="Gero Schöpker"
'Gesamtlänge der Zeichenkette ermitteln
GLen%=Len(GName$)
'Position Leerzeichen ermitteln
Leer%=Instr(GName$, " ")
'Länge der Restzeichenkette (Nachname)
Rest%=GLen%-Leer%
'Länge des ersten Teiles (Vorname)
Anfang%=GLen%-(GLen%-Leer%)
```

```
'Vornamen ermitteln
Vorname$=Left$(GName$, Anfang%)
'Nachnamen ermitteln
Nachname$=Right$(GName$, Rest%)
'Ergebnisse ausgeben
Print "Vorname : "; Vorname$
Print "Nachname: "; Nachname$
:
```

Zeit-, Datum-, Konvertier- und Formatierroutinen

Mit Hilfe der Konvertierfunktionen können Variablen von einem Datentyp in einen anderen Datentyp umgewandelt werden. Beachten Sie allerdings, daß dabei u.U. Informationen verloren gehen. Konvertieren Sie z.B. den Wert einer Gleitpunktzahl in das Format einer Ganzzahl, gehen logischerweise die Informationen der Nachkommastellen verloren. Sämtliche Funktionen zur Konvertierung in einen neuen Datentyp werden durch den Buchstaben C für *Convert* eingeleitet (s. Tabelle 2.6).- Mit Hilfe der Funktionen *Okt$* und *Hex$* können Sie auch mit zwei speziellen Zahlensystemen arbeiten. Berücksichtigen Sie dabei, daß sämtliche Konvertierungen eine Zeichenkette als Ergebnis zurückliefern. Diese können Sie allerdings mit Hilfe der *Val*-Funktion wieder in einen numerischen Wert konvertieren. Wir wollen Ihnen die Möglichkeiten dieser Umwandlungen kurz demonstrieren.

```
:
'Ganzzahl in Hexadezimalstring umwandeln
'(Zahlensystem zur Basis 16)
Wert%=200
HexWert$ = Hex$(200)
'Hexadezimale Zeichenkette in Ganzzahl umwandeln
HexWert% = Val("&H"+HexWert$)
Print "eingegebene Ganzzahl: "; Wert%
Print "Zeichenkette Hex    : "; HexWert$
Print "Hexstring in Wert    : "; HexWert%
:


:
'Ganzzahl in Oktalstring umwandeln
'(Zahlensystem zur Basis 8)
Wert%=200
OktWert$ = Oct$(200)
'Oktalstring in Ganzzahl umwandeln
OktWert% = Val("&O"+OktWert$)
Print "eingegebene Ganzzahl: "; Wert%
Print "Zeichenkette Oct    : "; OktWert$
Print "Oktalstring in Wert : "; OktWert%
:
```

Bei der Zurückübersetzung der erstellten Zeichenkette in einen numerischen Wert nutzen wir die Präfixe *&H* und *&O* aus, an denen Visual Basic die speziellen Zahlensysteme erkennt. Die Kennungen verknüpfen wir mit der über die Funktion *Hex$* bzw. *Oct$* ermittelten Zeichenkette und verwenden erst im Anschluß daran die *Val*-Funktion.- Eine besondere Funktion liegt mit *Format$* vor. Damit können Sie das Datum, die Zeit oder Variablen beliebig formatieren. Dabei erfolgt automatisch eine Umwandlung in das Zeichenkettenformat. Die allgemeine Syntax lautet:

```
Format$(Ausdruck[,Formatierungszeichenkette$])
```

Geben Sie keine Zeichenkette an, die eine Formatierung festlegt, ist *Format$* identisch mit der Funktion *Str$*. Innerhalb einer Formatierungszeichenkette steht die *0* als Platzhalter für eine Ziffer bzw. falls keine vorhanden ist, für die Ausgabe der Null. Das Doppelkreuz *#* dient ebenfalls als Platzhalter für eine Ziffer, ist jedoch keine vorhanden, wird keine Null stellvertretend ausgegeben. Der Dezimalpunkt wird zur Angabe für das Dezimaltrennzeichen (im deutschen Format ergibt der Dezimalpunkt bei der Formatierung ein Dezimalkomma) und ein Komma als Trennzeichen für Tausenderstellen genutzt (im deutschen Format ergibt das Komma bei der Formatierung einen Punkt). Die Zeichen + - ( ) und Leerzeichen erscheinen bei der Formatierung eines Ausdrucks genau so, wie Sie in der Formatzeichenkette verwendet wurden. An den nachfolgenden Beispielen können Sie die Leistungsfähigkeit dieser Anweisung erkennen. Wir gehen davon aus, daß Sie bei der Installation von Windows das Land auf Deutschland gesetzt haben.

```
Beispiel:                        Ergebnis:

Format$(645.67, "####.##")       645,67
Format$(654.6, "####.00")        645,60
Format$(Now,"ddddd")             Datum in der Form: 30.11.1991
Format$(Now,"ttttt")             Zeit in der Form: 20:15:12
Format$(Now,"ddddd ttttt")       30.11.1991 20:15:12
```

Funktion:	Erläuterung:
Asc	Ermittlung des ASCII- bzw. ANSI-Codes des ersten Zeichens einer Zeichenkette, z.B. a% = ASC("Text")
CCur	Numerischen Ausdruck in Währungsausdruck umwandeln, z.B. A@ = CCur(A#)
CDbl	Numerischen Ausdruck in Wert mit doppelter Genauigkeit umwandeln
Chr$	Zeichen aus ANSI-Code ermitteln
CInt	Numerischen Ausdruck in Ganzzahl umwandeln (runden)
CLng	Numerischen Ausdruck in lange Ganzzahl umwandeln
CSng	Numerischen Ausdruck in Wert einfacher Genauigkeit umwandeln
Fix	Numerischen Ausdruck in Ganzzahl umwandeln (Nachkommastellen abschneiden)
Format$	Zahl in Zeichenkette mit benutzerdefiniertem Format umwandeln
Hex$	Dezimales Argument in Hexadezimalstring umwandeln
Int	Numerischen Ausdruck in Ganzzahl umwandeln
Oct$	Argument in Zeichenkette im Oktalformat umwandeln
Sgn	Vorzeichen eines numerischen Ausdrucks ermitteln (>0 ergibt das Ergebnis 1, $=0$ ergibt 0 und <0 ergibt das Ergebnis -1)
Val	Zahl im Zeichenkettenformat in numerischen Wert umwandeln, z.B. a% = Val("200)

Tabelle 2.6: Konvertier- und Formatierfunktionen

Im Vergleich zu Quick Basic wurden in Visual Basic auch spezielle Konvertierfunktionen für die Zeit und das Datum integriert (s. *Now*-Funktion im Beispiel der Funktion *Format$*). Haben Sie bereits mit MS-Basic PDS gearbeitet, dann werden Sie diese Funktionen aus der Zusatzbibliothek (Add-On-Library) DTFMTxx.LIB kennen. Wollen Sie Berechnungen auf Basis der Zeit oder eines Datums durchführen, dann sollten Sie mit diesen Funktionen arbeiten.

Funktion:	*Erläuterung:*
DateSerial	Zahlwert für Datum ermitteln
	(Syntax: DateSerial(Jahr%, Monat%, Tag%)
DateValue	Zahlwert aus Datum, das im Zeichenkettenformat übergeben wird,
	ermitteln (Syntax: DateValue(Datum$))
Day	Tag aus Datumswert ermitteln (Syntax: Day(Datumswert))
Hour	Stunde aus Zeitwert ermitteln (Syntax: Hour(Zeitwert))
Minute	Minute aus Zeitwert ermitteln (Syntax: Minute(Datumswert))
Month	Monat aus Datumswert ermitteln (Syntax: Month(Datumswert))
Now	Zahlenwert für Datum und Zeit ermitteln
Second	Sekunde aus Zeitwert ermitteln (Syntax: Second(Zeitwert))
TimeSerial	Zeitwert ermitteln
	(Syntax: TimeSerial(Stunde%, Minute%, Sekunde%)
TimeValue	Zeitwert aus Datumszeichenkette ermitteln
	(Syntax: TimeValue(Zeit$)
Weekday	Tag aus Datumswert ermitteln (Syntax: Weekday(Datumswert))
Year	Jahr aus Datumswert ermitteln (Syntax: Year(Datumswert)

Tabelle 2.7: Zeit- und Datumfunktionen

Vordefinierte Ein- und Ausgabeanweisungen

Haben Sie bereits mit einem anderen Basic-Dialekt gearbeitet, dann ergeben sich insbesondere bei den bildschirmorientierten Ein- und Ausgaben wesentliche Unterschiede. Das ist allerdings nicht verwunderlich, da der Formulargenerator spezielle Anweisungen dieser Art nicht erforderlich macht. Lediglich für Standardmeldungen und die Eingabe eines einzelnen Wertes stehen Befehle zur Verfügung (s. Tabelle 2.8).

Anweisung:	*Erläuterung:*
Beep	Ton auf Lautsprecher ausgeben, z.B. Beep
InputBox$	fensterorientierte Eingabeaufforderung eines einzelnen Fensters im
	Zeichenkettenformat
MsgBox	Meldung in einem Dialog anzeigen und u.U. gedrückte
	Schaltflächen auswerten
SendKeys	Tastaturfolgen an ein aktives Fenster senden

Tabelle 2.8: Ein- und Ausgabeanweisungen

Da Sie mit Hilfe dieser vordefinierten Ein- und Ausgabefunktionen auf die Generierung einer Vielzahl von Formularen verzichten können, sollen an dieser Stelle die Syntax und die möglichen Parameter kurz zusammengestellt werden.

Funktion:	**MSGBOX**
Syntax:	a% = MsgBox(Msg$[, Typ%[, Titel$]])
Parameter:	a% - Rückgabewert (Antwort)

    1   *<OK>* angewählt

    2   *<Abbrechen>* angewählt

    3   *<Abbrechen>* angewählt

    4   *<Wiederholen>* angewählt

    5   *<Ignorieren>* angewählt

    6   *<Ja>* angewählt

    7   *<Nein>* angewählt

Msg$ - Zeichenkette mit Meldungstext

Titel$ - Eintrag der Titelleiste

Typ% - Erscheinungsbild festlegen (durch die Aufsummierung von Werten ist eine Kombination von Schaltflächen und Bildsymbolen möglich)

    0   *<OK>*

    1   *<OK>*, *<Abbrechen>*

    2   *<Abbrechen>*, *<Wiederholen>*, *<Ignorieren>*

    3   *<Ja>*, *<Nein>*, *<Abbrechen>*

    4   *<Ja>*, *<Nein>*

    5   *<Wiederholen>*, *<Abbrechen>*

   16 [Stop]-Symbol

   32 [Fragezeichen]-Symbol

   48 [Ausrufungszeichen]-Symbol

   64 [Informations]-Symbol

    0   erste Schaltfläche hat den Fokus

 256   zweite Schaltfläche hat den Fokus

 512   dritte Schaltfläche hat den Fokus

Hinweis: Über die Zeichenfolge Chr$(13)+Chr$(10) kann innerhalb einer Meldung ein Zeilenumbruch erzwungen werden (s. Anwendungsprogramme im 4. Kapitel). Besitzt das Meldungsfenster die *<Abbrechen>*-Schaltfläche, dann kann das Fenster auch mit der Taste [Esc] geschlossen werden. Es kann für ein Meldungsfenster nur ein Symbol und eine Schaltflächenwahl erfolgen.

Beispiel:	:

```
Titel$ = "Programm beenden..."
Msg$ = "Wollen Sie das Programm wirklich beenden?"
'<Ja>-, <Nein>-Schaltfläche und Fragezeichensymbol
Erscheinung% = 4 + 32
Antwort% = MsgBox$ (Msg$, Erscheinung%, Titel$)
If Antwort% = 6 Then
  End '<Ja> gewählt
End If
```

:

Anweisung: **MsgBox**

Syntax: MsgBox Msg$[, Typ%[, Titel$]]

Parameter: Msg$ - Zeichenkette mit Meldungstext

Titel$ - Eintrag der Titelleiste

Typ% - Erscheinungsbild festlegen (durch die Aufsummierung von Werten ist eine Kombination von Schaltflächen und Bildsymbolen möglich)

  0   *<OK>*

 16 [Stop]-Symbol

 32 [Fragezeichen]-Symbol

 48 [Ausrufungszeichen]-Symbol

 64 [Informations]-Symbol

Hinweis: Über die Zeichenfolge Chr$(13)+Chr$(10) kann innerhalb einer Meldung ein Zeilenumbruch erzwungen werden. Beachten Sie, daß an dieser Stelle nur die Typen für das Erscheinungsbild sinnvoll sind, die hier auch angeführt wurden. Theoretisch können Sie alle Typen verwenden, die bereits bei der Funktion *MsgBox$* angeführt wurden. Berücksichtigen Sie allerdings, daß mehrere Schaltflächen unsinnig wären, da Sie nicht kontrollieren können, welche Schaltfläche vom Anwender gedrückt wurde (Die Anweisung *MsgBox* gibt keinen Wert an das aufrufende Programm zurück).

Beispiel: :

```
Titel$ = "Alarmzeit..."
Msg$ = "Sie wollten um 18.00 Uhr an einen Termin "
Msg$ = Msg$ + "erinnert werden."
Erscheinung% = 48
MsgBox Msg$, Erscheinung%, Titel$
```

:

Funktion:	**INPUTBOX$**
Syntax:	a$ = InputBox(Meldung$[, Titel$[, Vorgabe$[,x%[,y%]]]])
Parameter:	a$ - zurückgegebene Eingabe
	Meldung$ - im Fenster ausgegebene Informtion
	Titel$ - Eintrag der Titelleiste
	Vorgabe$ - Feldvorgabe im Eingabefeld
	x%, y% - Fensterposition in Twips bezogen auf die linke obere Bildschirmecke
Hinweis:	Über die Zeichenfolge Chr$(13)+Chr$(10) kann innerhalb einer Meldung ein Zeilenumbruch erzwungen werden. Das Dialogfenster verfügt über die Schaltflächen *<OK>* und *<Abbrechen>*. Wählen Sie nicht die Schaltfläche *<OK>* zur Quittierung einer Eingabe an, wird eine leere Zeichenkette zurückgeliefert.

Beispiel:

```
     :
Titel$ = "Identifizierung..."
Meldung$ = "Bitte geben Sie Ihren Benutzernamen ein!"
'keine Feldvorgabe
Antwort$ = InputBox$(Meldung$, Titel$)
If Antwort$ = "" Then
  'keine Eingabe, Programm wird beendet
  End
End If
     :
```

Die Ein- und Ausgabefunktionen, die sich auf Dateien beziehen, sind gegenüber Quick und MS-Basic nahezu unverändert. Statt der Druckeranweisung *LPRINT* müssen Sie allerdings mit dem Druckerobjekt Printer arbeiten. Hinweise zur Dateiverwaltung erhalten Sie in Kapitel 2.2.5 und Hinweise zum Objekt *Printer* im Kapitel 2.1.3.

Druckerausgabe

Um Informationen auf dem Drucker auszugeben, haben Sie zwei Möglichkeiten. Entweder senden Sie den Text direkt zum Drucker, oder aber Sie schreiben die Informationen zunächst in ein Formular und drucken das Formular anschließend aus. Berücksichtigen Sie allerdings, daß Druckerausgaben nicht über *LPRINT* möglich sind. Die letztgenannte Anweisung kennen Sie vielleicht aus anderen Basic-Dialekten. Stattdessen erfolgt die Druckerausgabe über das Objekt *Printer* oder aber mit Hilfe der Methode *PrintForm*. Bevor wir die beiden unterschiedlichen Varianten an kurzen Beispielen vorstellen, soll darauf hingewiesen werden, daß auch für die Druckerausgabe eine Vielzahl von Eigenschaften gesetzt werden kann. Diese wurden bereits in Kapitel 2.1 erläutert und sollen daher an dieser Stelle nicht noch einmal angeführt werden. Um Text direkt auf dem Drucker, ähnlich wie mit der *LPRINT*-Anweisung, auszugeben, verwenden Sie das Objekt *Printer* in Verbindung mit der Methode *Print*.

```
Syntax:   Printer.Print Text$;
Beispiel: Printer.Print "Dieser Text wird ausgedruckt"
```

Alternativ schreiben Sie den Text erst in ein Formular und anschließend auf den Drucker.

```
Syntax:   [Form.]Print Text$
          [Form.]PrintForm
Beispiel: Form1.Print "Dies ist der zu druckende Text"
          Form1.PrintForm
```

Auf die Angabe und Erläuterung weiterer Eigenschaften und Methoden, die mit dem Objekt *Printer* genutzt werden können, wollen wir an dieser Stelle verzichten. Die Funktionen, die in Verbindung mit der Druckerausgabe eingesetzt werden können, sind in der Tabelle 2.9 zusammengestellt.

Funktion:	*Erläuterung:*
EndDoc	Methode zum Beenden des Ausdrucks (Seitenvorschub)
NewPage	Methode, um einen Seitenumbruch auf dem Drucker zu erzwingen
PrintForm	Methode zum Ausdrucken einer Form
Spc	Bestimmte Anzahl von Leerzeichen beim Ausdruck überspringen
Tab	Tabulatorfunktion

Tabelle 2.9: Funktionen zur Druckausgabe

Systemfunktionen

Visual Basic stellt eine Vielzahl von Systemfunktionen zur Verfügung. Damit können Sie über eigene Anwendungen getrennt vorliegende Maschinenprogramme für das Betriebssystem DOS bzw. echte Windows-Applikationen ausführen. Auch die wichtigsten Betriebssystemkommandos, wie z.B. Laufwerks- und Verzeichniswechsel sind implementiert. Neben einem Zufallsgenerator können Sie auch Kommandozeilenparameter in einem Visual Basic-Programm nutzen. Damit ist nur ein kleiner Teil der Systemfunktionen angeführt, eine Liste sämtlicher Funktionen ist in den Tabellen 2.10 und 2.11 enthalten.

Anweisung:	*Erläuterung:*
Randomize	Startwert für Zufallszahlengenerator ermitteln
Rnd	Zufallszahl zwischen 0 und 1 ermitteln
Timer	Anzahl der seit Mitternacht vergangenen Sekunden ermitteln

Tabelle 2.10: Anweisungen des Zufallszahlengenerators

Einige Besonderheiten sollen allerdings nicht verschwiegen werden. Haben Sie Erfahrung mit der Interrupt-Programmierung (Programmierung von Systemunterbrechungsroutinen zum Zugriff auf DOS- und BIOS-Funktionen), dann werden Sie feststellen, daß eine entsprechende Funktion in Visual Basic nicht vorhanden ist. Wollen Sie maschinennah bzw. betriebssystemnah und nah am Windows-Kern programmieren, müssen Sie schon ein wenig in die Trickkiste greifen. Sie können auf die Programmierstelle von Windows mit Visual Basic zugreifen, oder aber benötigte Routinen über Fremdsprachen-DLLs (Dynamic Link Libraries = dynamische Link-Bibliotheken) bereitstellen. Die benötigten Informationen sind allerdings nicht in der Dokumentation von Visual Basic enthalten, so daß Sie zwangsläufig auf Sekundärliteratur zurückgreifen müssen. An dieser Stelle würde die Erläuterung dieser fortgeschrittenen Programmiertechniken zu weit führen, daher wollen wir hier lediglich auf das dritte Kapitel dieses Buches verweisen. Dort werden wir Ihnen einige erweiterte Möglichkeiten von Visual Basic vorstellen. Neben dem Zugriff und der Dokumentation wichtiger Windows-API- (Application Program Interface = Programmierschnittstelle für Anwendungsprogramme) und GDI-Funktionen (Graphics Device Interface = grafische Geräteschnittstelle), werden wir Ihnen anhand *Turbo Pascal für Windows* die Einsatzgebiete von Fremdsprachen-DLLs aufzeigen.

Anweisung:	Erläuterung:
AppActivate	Fenster eines Anwendungsprogrammes mit dem entsprechenden Titeltext aktivieren, z. B. AppActivate "Programm-Manager"
ChDir	Verzeichnis wechseln, z.B. ChDir "C:\WINDOWS"
ChDrive	Laufwerk wechseln, z.B. ChDrive "A"
Command$	Kommandozeilenparameter einlesen, z.B. a$=Command$
CurDir$	aktuelles Verzeichnis eines Laufwerks ermitteln, z.B. a$=CurDir$("A")
Date$	Systemdatum ermitteln, z.B. a$ = Date$
Date$	Systemdatum setzen, z.B. Date$ = "12.30.1992"
Dir$	Dateiname nach bestimmtem Suchmuster aus Laufwerksverzeichnis einlesen, z.B. Dir$ "*.BAS". Sollen mehrere Dateinamen mit gleichem Muster in ein Dateidatenfeld eingelesen werden, darf nur beim ersten Aufruf die Suchmaske angegeben werden.
DoEvents	Prozessorrechenzeit anderen Anwendungen zur Ereignis-verarbeitung zur Verfügung stellen
End	Programm beenden
Environ$	bestimmte Umgebungsvariablen auslesen, z.B. a$=Environ$("PATH"); bestimmten Eintrag der Umgebung auslesen (Syntax: a$=Environ(Eintragsnummer%)
Kill	Datei(en) löschen, z.B. Kill "C:\VB\TEST.BAS" oder Kill "A:*.BAK"
MkDir	Unterverzeichnis anlegen, z.B. MkDir "C:\WINDOWS\TEST"
Name	Dateiname ändern, z.B. Name "ALT.DAT" As "NEU.DAT"
RmDir	Leeres Unterverzeichnis löschen, z.B. RmDir "C:\WINDOS\TEST"
Shell	DOS-Shell; DOS- oder Windows-Programm ausführen (s. Applikation WinSHELL im 4. Kapitel)
Stop	Programmausführung temporär unterbrechen (nur in der Anwendungsumgebung verfügbar, in einem Maschinenprogramm entspricht die Stop- der End-Anweisung)
Time$	Systemzeit ermitteln, z.B. a$=Time$
Time$	Systemzeit setzen, z.B. Time$="20.12.00"

Tabelle 2.11: Systemfunktionen

Auf einzelne Beispiele zu den hier vorgestellten Anweisungen wollen wir an dieser Stelle verzichten. Ein Großteil dieser Funktionen wurde dazu verwendet, um einen alternativen Programm-Manager unter Visual Basic zu implementieren. Das Programm mit dem Namen *WinSHELL* wird in Kapitel 4.2 vorgestellt. Im Programmlisting zu dieser Anwendung werden Sie auch den Einsatz dieser Funktionen kennenlernen.

2.2.3 Anweisungen zur Programmablaufsteuerung

Zur strukturierten Programmierung stehen innerhalb von Visual Basic spezielle Kontrollstrukturen bereit. Diese unterscheiden sich nicht von den Programmablaufsteuerungen, die Ihnen in anderen Basic-Dialekten, wie z.B. Quick und MS-Basic PDS zur Verfügung stehen. Verwenden Sie keine Kontrollanweisungen, werden die Befehle, die Sie in einem Programm eingeben, linear in Folge abgearbeitet. Wie alle anderen Programmanweisungen, dürfen auch die Kontrollstrukturen nur innerhalb von Prozeduren verwendet werden.

Sprunganweisungen

Die einfachste Anweisung zur Programmablaufsteuerung liegt mit dem *Goto*-Befehl vor. Damit können Sie die Ausführung eines Programmes an einer beliebigen Stelle fortsetzen. Beachten Sie allerdings, daß eine übermäßige Anwendung dieses Befehls ein Programm nur schwer lesbar macht und eine spätere Fehlersuche unnötig erschwert. Verwenden Sie daher diese Anweisung nur, wenn Sie keine andere Möglichkeit haben. Über die Schleifenkonstrukte, die wir später noch genauer betrachten werden, erübrigt sich in der Regel eine *Goto*-Anweisung. Der Vollständigkeit halber sollen dennoch einige aussagekräftige Beispiele angeführt werden. Die Sprünge selbst werden durch Pfeile hervorgehoben. Diese erscheinen später nicht im Quelltext.

```
:
Wert% = 50
Goto Marke
'die nächsten drei Anweisungen werden
'nicht ausgeführt!
Print "Wertberechnung"
Wert% = Wert%+50
Wert% = Wert%*2
Marke:
Print "Programmsprung"
:
```

Sie können in diesem Beispiel noch sehr einfach den Programmablauf verfolgen. Verwenden Sie allerdings mehrere *Goto*-Anweisungen und springen vermehrt an diverse Sprungmarken bzw. Label, ist der Programmablauf kaum mehr zu verfolgen. Damit Sie diese Technik nicht unnötig nutzen, wollen wir, obgleich dies nicht üblich ist, ein Negativ-Beispiel vorstellen.

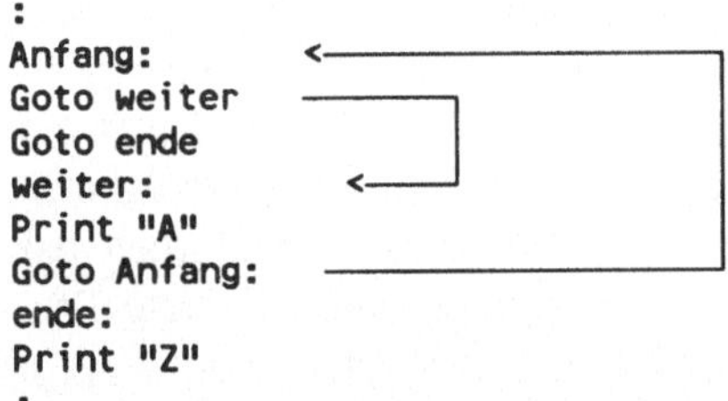

In diesen wenigen Programmzeilen ist bereits das erfolgt, was einer der gröbsten Fehler in der Programmierung ist. Durch unsinnig eingesetzte Sprungmarken ist eine Endlosschleife programmiert worden. Es wird in endloser Folge der Buchstabe "A" ausgegeben, die Anweisung nach der Sprungmarke *ende* wird nie ausgeführt. So offensichtlich ist ein Fehler in einem größeren Programm allerdings nicht. Diese schwer lesbare Quelltextaufbereitung wird auch als "Spaghetti-Code" bezeichnet, da eine Programmwartung und spätere Quelltextanpassung kaum möglich ist. Damit wollen wir uns einigen sinnvolleren Anweisungen zuwenden.

Mit den Anweisungen *Gosub* und *Return* können Sie "Unterprogramme" innerhalb von Prozeduren definieren. Dabei handelt es sich natürlich nicht um echte Unterprogramme, sondern lediglich um in Blöcke zusammengefaßte Anweisungen ohne Prozedurköpfe. Alle Variablen des Anweisungsblockes sind global innerhalb der verwendeten Prozedur gültig. *Gosub* ist dabei die Anweisung, mit der zu einer Sprungmarke verzeigt wird, und die Anweisung *Return* ist dafür verantwortlich, daß das Programm unmittelbar nach dem *Gosub*-Befehl weiter fortgesetzt wird. Zur Veranschaulichung ist nachfolgend die allgemeine Syntax dargestellt. Stellvertretend wurde hier eine allgemeine Schablone für ein Unterprogramm verwendet. Beachten Sie, daß die *Gosub-Return*-Anweisung auch innerhalb von Funktionen (*Function-End Funtion*) genutzt werden kann.

```
allgemeine Syntax:

Sub Unterprogramm [(Parameterliste)]
   'Programmanweisungen
   Gosub Marke
   'Programmanweisungen
   Exit Sub
Marke:
   'Anweisungsblock
Return
End Sub
```

Anweisungsblöcke sollten Sie immmer am Ende von Prozeduren plazieren. Verwenden
Sie vor den Sprungmarken der Anweisungsblöcke keinen *Exit*-Befehl, wird der Anwei-
sungsblock vor dem Verlassen der Prozedur erneut abgearbeitet, ohne daß dieser mit
Gosub angesprungen wurde. Würde in diesem Fall die Ausführung auf die *Return*-
Anweisung treffen, wäre eine Fehlermeldung und u.U. ein Programmabbruch das
Ergebnis. Natürlich können Sie auch mehrere Anweisungsblöcke innerhalb einer Pro-
zedur einrichten (s. nächstes Beispiel).

```
Sub Form1_Click()
  'Programmanweisungen
  Gosub Marke1
  'Programmanweisungen
  Gosub Marke3
  Gosub Marke2
  'Programmanweisungen
  Exit Sub
Marke1:
  'Anweisungsblock
Return
Marke2:
  'Anweisungsblock
Return
Marke3:
  'Anweisungsblock
Return
End Sub
```

In Verbindung mit dem Schlüsselwort *On* können Sie mit einem *Goto*- bzw. *Gosub*-
Befehl, abhängig von einem numerischen Ausdruck, unterschiedliche Sprungmarken
ansteuern. *Goto* bewirkt dabei einen unbedingten Sprung und bei *Gosub* wird später
mit der Anweisung *Return* die Programmausführung nach der *Gosub*-Anweisung fortgesetzt. Auch diese beiden Anweisungen wollen wir an allgemeinen Beispielen verdeutlichen.

```
Syntax: On Ausdruck Goto Zeilenmarken
        On Ausdruck Gosub Zeilenmarken

Sub Form1_Click()
  'Programmanweisungen
  ' Wert% entweder 1, dann zu Marke1
  '          oder 2, dann zu Marke2
  '          oder 3, dann zu Marke3
  On Wert% Goto Marke1, Marke2, Marke3
  'Programmanweisungen, falls Wert% <> 1, 2, 3
  'wird keine Exit-Anweisung verwendet, werden
  'alle nachfolgenden Anweisungsblöcke linear
  'nacheinander abgearbeitet
  Exit Sub
```

```
Marke1:
  'Anweisungsblock
  'wird Marke1 angesteuert, wird auch der 2.
  'Anweisungsblock abgearbeitet
Marke2:
  'Anweisungsblock
  'End-Anweisung beendet das Unterprogramm
End
Marke3:
  'Anweisungsblock
  'Prozedur wird normal beendet
End Sub


Sub Form1_Click()
  'Programmanweisungen
  ' Wert% entweder 1, dann zu Marke1
  '          oder 2, dann zu Marke2
  '          oder 3, dann zu Marke3
  On Wert% Gosub Marke1, Marke2, Marke3
  'Programmanweisungen
  Exit Sub
Marke1:
  'Anweisungsblock
Return
Marke2:
  'Anweisungsblock
Return
Marke3:
  'Anweisungsblock
Return
End Sub
```

Damit haben Sie bereits einige komplexere Kontrollstrukturen kennengelernt. Die *On-Goto*-Anweisung bietet zwar viele Möglichkeiten, birgt aber auch durch unbedingte Sprunganweisungen wieder Gefahren. Beachten Sie, daß der numerische Wert (Wert% in den Beispielen) für diese Anweisungen zwischen 1 und 255 liegen sollte. Der Wert 0 unterdrückt einen Sprung zu einer Marke, negative Werte und größere Werte führen zu einer Fehlermeldung. Wenn für einen numerischen Wert keine zugeordnete Sprunganweisung vorhanden ist, dies wäre z.B. in unseren Beispielen für den Wert 4 der Fall, würde die Anweisung ignoriert.

Schleifenkonstrukte

Bei den Schleifenkonstrukten handelt es sich mit um die wichtigsten und komfortabelsten Elemente einer höheren Programmiersprache. Damit können Sie, abhängig von einem bestimmten Ausdruck, Programmanweisungen wiederholt ausführen lassen. Neben der *While-Wend-* und der *For-Next-*, steht Ihnen auch die *Do-Loop*-Schleife zur Verfügung. Beginnen wir der Einfachheit halber zunächst mit der *While-Wend*-Konstruktion.

```
While Bedingung
   'Programmanweisungen
Wend
```

```
:
'Beispiel
While x%<20
   Form1.Print x%;". Zeile wird ausgegeben"
   x% = x% +1
Wend
:
```

Die Anweisungen innerhalb dieses Schleifenkonstruktes werden solange abgearbeitet, wie die Bedingung wahr ist (boolescher Wert). Beachten Sie allerdings, daß, falls die Bedingung bereits zu Beginn falsch ist, werden die Anweisungen innerhalb dieser Schleife **nicht** abgearbeitet werden. Berücksichtigen Sie dieses Merkmal insbesondere dann, wenn wichtige Initialisierungen in einer Schleife erfolgen, ohne die das eigentliche Programm nicht mehr korrekt oder überhaupt nicht mehr abgearbeitet werden kann. In einem solchen Fall wäre die *Do-Loop*-Schleife vorzuziehen, die so programmiert werden kann, daß sie in jedem Fall einmal durchlaufen wird. Beachten Sie, daß While-Wend-Schleifen auch geschachtelt sein können.

```
'allgemein
While [1.Bedingung]
   While [2.Bedingung]
      [Programmanweisungen]
    'Ende zweiter bzw. innerere Schleife
   Wend
'Ende erster Schleife
Wend
```

Mit Hilfe der *For-Next*-Schleife können spezielle Start-, End- und Schrittweiten festgelegt werden. Wird kein spezieller Wert für die Schrittweite bestimmt, wird die Zählvariable jeweils um 1 erhöht. Die allgemeine Syntax und kurze Beispiele sind nachfolgend angeführt.

```
For Zaehlvariable = Startwert To Endwert [Step Schrittweite]
   'Programmanweisungen
Next [Zaehlvariable]



:
'Beispiel
For x% = 1 To 100 Step 20
  Form1.Print "Wert der Zaehlvariablen"; x%
Next x%
:


:
'geschachtelte Schleife
For i%=1 To 100
   [Programmanweisungen]
  For j%=100 to 20 Step -1
    [Programmanweisungen]
    For k%=2 To 4
      'Programmanweisungen
    Next k%
  Next j%
Next i%
```

Die *Do-Loop*-Schleife kann auf zwei unterschiedliche Arten verwendet werden. Wird die Anweisung in Form der *While-Wend*-Schleife genutzt, wird eine Bedingung zu Beginn der Schleife abgefragt. Ist diese Bedingung nicht wahr, wird die Schleife keinmal durchlaufen. Beachten Sie, daß Sie das Schlüsselwort *While* oder *Until* wahlweise verwenden können. Geben Sie keine Bedingung an, handelt es sich um eine Endlosschleife. Diese kann über die Anweisung *Exit Do* (evtl. in Verbindung mit einer *If*-Abfrage) beendet werden.

```
'Syntax
Do [{While|Until}]
  [Anweisungen]
  [Exit Do]
Loop


:
'Beispiel
Do While x%<100
  x%=x%+1
  Form1.Print x%;".
Loop
:
```

In der zweiten Syntax erfolgt die Bedingungsabfrage am Ende der Do-Loop-Schleife. Anders als bei While-Wend bedeutet dies, daß die Schleife in jedem Fall einmal durchlaufen wird, und zwar auch dann, wenn die Bedingung selbst von vornherein falsch ist.

```
'Syntax
Do
  [Anweisungen]
  [Exit Do]
Loop [{While|Until}]


:
'Beispiel
Wert%=1000
Do
  x%=x%+1
  Form1.Print x%;".
Loop While Wert%<100
'Bedingung ist falsch, die Schleife wird nur
'einmal durchlaufen

:
```

Damit haben Sie die Syntax der Schleifenkonstrukte kennengelernt. Natürlich können die einzelnen Konstrukte auch in Verbindung genutzt werden. Wir wollen uns nun den Entscheidungsabfragen zuwenden.

2.2.4 Entscheidungsstrukturen

Neben der *If-* und der erweiterten Block-*If*-Anweisung steht Ihnen in Visual Basic die *Select Case*-Anweisung zur Verfügung. Damit können Sie, abhängig von einem bestimmten Wert oder einer speziellen Bedingung, unterschiedlichen Programmcode abarbeiten lassen. Die Entscheidungsstrukturen sind die effektivsten Elemente zur Strukturierung von Quelltext. Beginnen wir zunächst mit der einfachen *If*-Anweisung.

```
Syntax:        If Bedingung Then Anweisung1 [Else Anweisung2]
Beispiel:      If A%=1 THEN B%=0 Else B%=10
```

Ist die Bedingung wahr, wird *Anweisung1*, ansonsten optional *Anweisung2* ausgeführt. Die einzeilige *If*-Anweisung eignet sich in der Regel nur für kurze Entscheidungsabfragen, die lediglich eine einzelne Programmausführung ergeben. Sollen abhängig von speziellen Bedingungen Anweisungsblöcke ausgeführt werden, sollten Sie mit der erweiterten If-Abfrage arbeiten.

```
:
'allgemein
If 1_Bedingung Then
    'Anweisungen, wenn 1_Bedingung wahr
  [ElseIf 2_Bedingung Then
    'Anweisungen, wenn 2_Bedingung wahr]
  [Else
    'Anweisungen wenn keine vorherige Bedingung erfüllt ist]
End If

:
'Beispiel
Wert%=5
IF Wert%=5 Then
    'Anweisung wird ausgeführt
    BWert%=10
  Else
    'Anweisung wird nicht ausgeführt
    BWert%=0
End If
'BWert%=10 ausgeben
From1.Print "Ergebnis: "; BWert%
:
```

Im nachfolgenden Beispiel ist exemplarisch dargestellt, wie *If*-Blöcke verschachtelt
werden können.

```
:
'Beispiel
Wert%=1
BWert%=2
If Wert%<0 Then
      IF BWert%=2 Then
          CWert%=2
       Else
          CWert%=0
      End If
    ElseIf Wert%>1 Then
      CWert%=2
    Else
      'dann ist Wert%=0
      If BWert%=2 Then CWert%=5 ELSE CWert%=1
End If
:
```

Die letzte Kontrollanweisung, die wir behandeln, ist die *Select Case*-Auswahl. Dabei
wird, abhängig von einem Wert, einer von mehreren definierten Anweisungsblöcken
ausgeführt. Die allgemeine Syntax ist auf der nächsten Seite abgedruckt.

```
:
Select Case Ausdruck
  Case 1.Prüfung
     'Anweisungen, falls 1.Prüfung wahr
  [Case 2.Prüfung
     'Anweisungen, falls 2. Prüfung wahr]
  [Case n.Prüfung
     'Anweisungen, falls n.Prüfung wahr]
  [Case Else
     'Anweisungen wenn keine Prüfung wahr]
End Select
:
```

Über das Schlüsselwort *To* können Sie Wertebereiche für eine Prüfung festlegen. Aber auch Vergleichsoperatoren, die Sie bereits in Kapitel 2.2.1 kennengelernt haben, sind innerhalb dieser Ausdruckslisten in Verbindung mit dem Schlüsselwort *Is* zulässig. Einige Möglichkeiten sind im nachfolgenden Beispiel dargestellt.

```
:
'Beispiel
'Annahme: Wert% wurde bereits initialisiert
Select Case Wert%
    Case 1
       'Anweisungen
    Case 2
       'Aneisungen
    Case 3 To 20
       'Anweisungen
    Case 30 To 35, 40 To 45, 50
       'Anweisungen
    Case Is >=60
       'Anweisungen
    Case Else
       'Anweisungen
End Select
:
```

Nachdem wir die Grundlagen der wichtigsten Themen von Visual Basic bereits besprochen haben, wollen wir uns nun kurz mit den speziellen Themen Dateiverwaltung, Grafik und Fehlerbehandlung befassen.

2.2.5 Dateiverwaltung

Der Umgang mit Dateien ist, egal welchen Dateimodus Sie wählen, identisch. Zunächst müssen Sie die Datei mit der *Open*-Anweisung öffnen, dann können Sie Daten mit speziellen Schreib- und Leseanweisungen bearbeiten und abschließend mit der *Close*-Anweisung wieder schließen. Bei der *Open*-Anweisung wird neben dem Dateimodus (binär, random, sequentiell), in dem eine Datei bearbeitet werden soll, auch die Dateinummer, unter der die Datei später angesprochen wird, vergeben. Die Dateinummer selbst kann jeweils nur einmalig verwendet werden. Um die Nummer nicht selbst festlegen zu müssen, können Sie die nächstfreie Nummer über die Visual Basic-Funktion *FreeFile* ermitteln. Damit lassen sich spezielle Unterprogramme und Funktionen allgemein für Dateien formulieren.

Dateitypen

Bevor wir ein wenig genauer auf die Dateiverwaltung eingehen, wollen wir an dieser Stelle zunächst die unterschiedlichen Dateimodi erläutern.

Sequentieller Dateimodus: Datensätze in sequentiellen Dateien werden zeilenweise gespeichert. Die Trennung der Datensätze erfolgt durch ein Carriage Return / LineFeed (CR/LF = Wagenrücklauf / Zeilenvorschub) und ist erforderlich, da jeder Datensatz eine unterschiedliche Länge aufweisen kann. Dieser Modus kann zur Verwaltung von ASCII- und ANSI-Textdateien und kleinen Datendateien wie Initialisierungsdateien, Makrodateien usw. genutzt werden. Beachten Sie, daß das wahlfreie Lesen eines Datensatzes aus einer sequentiellen Datei nicht möglich ist. Wollen Sie z.B. den letzten Datensatz in den Speicher einlesen, dann müssen Sie auch alle vorherigen Datensätze lesen, und zwar auch dann, wenn Sie diese für die eigentliche Bearbeitung des Programmes nicht benötigen. Müssen Sie schnell und gezielt auf spezielle Daten in einer großen Indexdatei zugreifen, die nicht in ihrer Gesamtheit in den Arbeitsspeicher eingelesen werden kann, dann sollten Sie den Randommodus verwenden.

Randommodus: In Direktzugriffsdateien werden Datensätze mit einer fest definierten Datensatzlänge verwaltet. Zwischen den Sätzen ist aufgrund der bekannten Datensatzlänge kein spezielles Trennzeichen erforderlich. Innerhalb einer Randomdatei können Sie auf jeden Datensatz wahlfrei zugreifen. Ein Einlesen nicht benötigter Datensätze ist nicht erforderlich. Diesen Modus sollten Sie zur Verwaltung großer Datenbenstände nutzen, wie z.B. in Lager-, Literatur- oder Adressverwaltungen.

Index-sequentieller Dateimodus: Bei der index-sequentiellen Dateiverwaltung handelt es sich um eine Mischform aus sequentiellen und Direktzugriffsdateien. Visual Basic stellt zur Anlage dieses Dateimodus keine Anweisung bereit, so daß Sie die Dateiverwaltungsroutinen selbst entwickeln müssen. Dazu sei angemerkt, daß Speicher in jedem Rechner nur begrenzt zur Verfügung steht und daher bei großen Datenmengen ein Einlesen aller Daten einer Datei in den Speicher nicht möglich ist. Wollen Sie nun Datensätze aus einer Datei sortieren, stoßen Sie also auf eines der ersten Probleme. Führen Sie die Sortierung festspeichergebunden aus, d.h. Sie speichern alle Zwischenschritte der Sortierung, damit jeweils nur wenige Datensätze im Speicher gehalten werden müssen, dann sind die Sortierzeiten sehr hoch. Alternativ können Sie einen Index erstellen, der jeweils nur eine Auswahl einer Datei enthält. So könnte eine Indexdatei zu einer Adreßverwaltung z.B. lediglich die Nachnamen und die Datensatznummern der zugehörigen Datensätze der Adreßdatenbank enthalten. Zur Sortierung der Gesamtdatei reicht nun die Sortierung der Indexdatei aus. Diese kann, aufgrund eines geringeren Datenumfanges, komplett im Speicher sortiert werden. Ob Sie nun über den sortierten Index auf die Adreßdatenbank zugreifen oder die Sortierung der Gesamtdatei unmittelbar mit Hilfe der Indexdatei nachholen, können Sie selbst entscheiden. Die Verwendung einer Indexdatei in Verbindung mit einer Direktzugriffsdatei wird als index-sequentielle Zugriffsmethode bezeichnet. Den Index selbst haben wir erläutert und auch den Begriff sequentiell sollten Sie bereits kennen (s.o.). Kurz beschrieben heißt das nichts anderes, als das der Index selbst wiederum in einer sequentiellen Datei gespeichert wird. Dennoch soll auch nicht unerwähnt bleiben, daß dem Anwender kaum Grenzen gesetzt sind und auch weitere Mischformen definierbar sind. So können Sie natürlich den Index auch in einer eigenen Direktzugriffsdatei verwalten oder aber eine Gesamtdatei erstellen, in der Sie eine bestimmte Byte-Anzahl zur Verwaltung von Index-Einträgen reservieren. Die letztgenannte Möglichkeit wird auch von der ISAM-Toolbox des MS-Basic-Programmiersystems genutzt.

Hinweis: Müssen Sie umfangreiche Datenbankprogramme erstellen, so kann es unter Umständen für Sie sinnvoller sein, wenn Sie vorgefertigte Toolboxen mit erweiterten Datenbankroutinen für Visual Basic verwenden. Diese nutzen zudem das sogenannte dDBASE-Format, mit dem der Zugriff auf Datenbestände der meisten populären Anwendungsprogramme möglich ist. Hinweise zu Zusatzsoftware zu Visual Basic geben wir Ihnen in Kapitel 3.8.

Binärmodus: Im Binärmodus können Sie beliebige Datendateien aber auch Maschinenprogramme byteweise verarbeiten. Dieser Modus kann zum Beispiel verwendet werden, wenn Sie sich Ihren eigenen Hexadezimaleditor für beliebige Dateien oder auch eigene Kopierprogramme erstellen wollen. Aber auch zur speziellen Einrichtung benutzerdefinierter Dateiformate kann dieser Modus genutzt werden.

Sie sehen also, mit den Dateiverwaltungsroutinen von Visual Basic haben Sie nahezu unbegrenzte Möglichkeiten. Haben Sie bereits mit Quick oder MS-Basic gearbeitet, dann bemerken Sie kaum Änderungen in der Syntax, und auch bereits bestehende Datenbestände können weiterverarbeitet werden. Der Hauptunterschied erfordert allerdings in bestehenden Anwendungen mit Direktzugriffsdateien einige Änderungen. So können Sie die *Field*-Anweisung, die zum Standardelement der meisten Basic-Dialekte zählt (z.B. GWBasic, Quick- Power- und MS-Basic) innerhalb von Visual Basic nicht mehr verwenden. Stattdessen müssen Sie Datensätze innerhalb einer einzelnen Zeichenkettenvariablen oder einer benutzerdefinierten Datenstruktur (*Type...End Type*) verwalten.

Arbeiten mit Dateien

Da wir nicht auf sämtliche Anweisungen ausführlich eingehen können, wollen wir Ihnen an dieser Stelle exemplarisch die Grundbefehle zum Arbeiten mit den unterschiedlichen Dateibefehlen vorstellen. Eine vollständige Liste der Anweisungen mit kurzen Funktionserläuterungen ist in Tabelle 2.12 enthalten.

Sequentielle Dateien

Beginnen wir also zunächst mit den sequentiellen Dateien. Sie werden sehen, daß drei unterschiedliche Öffnungsmodi angewendet werden können. Mit *Output* öffnen Sie eine neue Datei, um Daten zu speichern. Bereits vorhandene Dateiinhalte gehen dabei jedoch automatisch verloren. Verwenden Sie stattdessen den Modus *Append*, dann werden bestehende Daten der Datei nicht gelöscht, sondern die Datei wird lediglich um neue Informationen erweitert. Anders als bei Direktzugriffs- und Binärdateien müssen sequentielle Dateien für Schreib- und Lesevorgänge gesondert geöffnet werden. Wollen Sie also Daten aus einer vorhandenen sequentiellen Datei in den Speicher einlesen, dann müssen Sie den Öffnungsmodus *Input* verwenden (s. Beispiele).

```
:
'Daten in eine sequentielle Datei schreiben
'Dateimodus: OUTPUT
'Dateinummer festlegen
DateiNummer% = FreeFile
'Datei im sequentiellen Ausgabemodus öffnen
Open "TEST.DAT" For Output As #DateiNummer%
   a%=300
   b!=2.5
   DateiText$="Dies ist der neue Dateiinhalt"
   Print #DateiNummer%, DateiText$
   Print #DateiNummer%, a%, b!
'Datei schließen
Close #DateiNummer%
:
```

```
:
'Daten in eine sequentielle Datei schreiben
'Dateimodus: APPEND
'Dateinummer festlegen
DateiNummer% = FreeFile
'Datei im sequentiellen Anfügemodus öffnen
Open "TEST.DAT" For Output Aa #DateiNummer%
  DateiText$="angefügter Dateiinhalt"
  Print #Dateinummer%, DateiText$
'Datei schließen
Close #DateiNummer%
:


:
'Daten aus einer sequentiellen Datei lesen
'(Annahme: vorangehende Beispiele wurden
'nacheinander abgearbeitet)
'Dateimodus: INPUT
'Dateinummer festlegen
DateiNummer% = FreeFile
'Datei im sequentiellen Lesemodus öffnen
Open "TEST.DAT" For Input As #DateiNummer%
  DateiText$="angefügter Dateiinhalt"
  'Datensatz in Zeichenkette einlesen (Line
  'Input); auch Kommata in der Zeile sind erlaubt
  Line Input #Dateinummer%, DateiText$
  'Werte lesen und Variablen zuweisen (Zuweisung
  'ist durch Trennnung in Datei durch Leerzeichen
  'oder Komma möglich) Leseanweisungen
  'entsprechen den ehemaligen Schreibanweisungen
  Input #DateiNummer%, a%, b!
Close #DateiNummer%
:
```

Wie bereits kurz angedeutet, werden sequentielle Dateien häufig in Ihrer Gesamtheit in den Speicher eingelesen. Eine einfache Möglichkeit, dies zu realisieren, liegt in der Anwendung der *While-Wend*-Schleife in Kombination mit der *EOF*-Funktion. Damit Sie den Programmablauf besser nachvollziehen können, befinden sich in dem Auszug des Listings umfangreiche Erläuterungen.

```
:
'Datei in Datenfeld einlesen
'Annahme: Datei besteht aus maximal 100 Zeilen
'Variable für dateinummer als Integer deklarieren
Dim DNr As Integer
'Datenfeld für Dateiinhalt dimensionieren
Dim Zeilen$(1 To 100)
'Datei im sequentiellen Lesemodus öffnen
Open "TEST.DAT" For Input As #DNr
  'Datei zeilenweise einlesen, bis das Dateiende
  'erreicht wird
  Zaehler%=0
  'nur einlesen, wenn EOF-Marke nicht erreicht
  'ist und außerdem weniger als 100 Zeilen
  'gelesen wurden
  While Not Eof(DNr) AND Zaehler%<100
    'Listenindex hochzählen
    Zaehler%=Zaehler%+1
    Line Input #DNr, Zeilen$(Zaehler%)
  Wend
Close #DNr
'an dieser Stelle kann der Listeninhalt weiter
'verarbeitet werden
:
```

Direktzugriffs- oder Randomdateien

Nun wollen wir uns kurz mit den Direktzugriffsdateien befassen. Hier stehen Ihnen zwei alternative Bearbeitungsmethoden zur Verfügung. Welche Sie wählen, muß nach der jeweiligen Programmieraufgabe festgelegt werden. Generell werden Sie allerdings feststellen, daß mit benutzerdefinierten Datenstrukturen eine einfachere Handhabung komplexer Datensätze möglich ist. Einzelne Variablen, die vom Benutzer aufgebaut und später wieder getrennt werden, erfordern zwar mehr Bearbeitungsschritte, bieten allerdings auch mehr Flexibilität für den fortgeschrittenen Programmierer.

```
Syntax Datei öffnen:        Open DName$ For Random As DNr% Len=L%
                            Dateiname$ - zulässiger Dateiname
                            DNr% - Dateinummer (ermittelt mit FreeFile)
                            L% - Datensatzlänge
    Datensatz lesen:        Get #DNr, [SatzNummer], DatensatzVariable
    Datensatz schreiben:    Put #DNr, [SatzNummer], DatenSatzVariable
```

Betrachten Sie sich nun das erste Beispiel, in dem wir mit Datensätzen arbeiten, die über benutzerdefinierte Recordstrukturen festgelegt werden. Die benutzerdefinierte Datenstruktur muß im globalen Modul deklariert werden, die eigentliche Datensatzvariable wird gesondert über die *Dim*-Anweisung festgelegt.

```
'globales Modul
Type DatenSatz
  'Datensatzlänge 120 Zeichen
  Vorname As String * 30
  Nachname As String * 30
  Strasse As String * 30
  Wohnort As String * 30
End Type


:
'innerhalb einer Prozedur
Dim DNr As Integer
Dim AdressDatenSatz As DatenSatz
Open "TEST.DBF" For Random As #DNr
  'Daten initialisieren (elementweise)
  AdressDatenSatz.Vorname = "Gero"
  AdressDatenSatz.Nachname = "Schöpker"
  AdressDatenSatz.Strasse = "Traumstraße 7"
  AdressDatenSatz.Wohnort = "3200 Hildesheim / Himmeltür"
  '1. Datensatz schreiben
  Put #DNr%, 1, AdressDatenSatz
  '1. Datensatz lesen
  Get #DNr%, 1, AdressDatensatz
  'Datenwerte aus Datensatz neuen Variablen zuweisen
  DBF_V$ = AdressDatenSatz.Vorname
  DBF_N$ = AdressDatenSatz.Nachname
  DBF_S$ = AdressDatenSatz.Strasse
  DBF_W$ = AdressDatenSatz.Wohnort
  'neue Variablen beinhalten nun den Inhalt des Datensatzes
  'weitere Programmanweisungen
Close
:
```

Erstellung allgemeiner Datenbanksysteme

Das nächste Beispiel, das wir Ihnen vorstellen, ermöglicht Ihnen die Programmierung allgemeiner Datenbankanwendungen. Bei einer variablen Festlegung der Datensatzlänge und der Verwendung einer variablen Zeichenkette als Datensatzvariable, können Sie Dateien mit Datensatzlängen von 1 bis 32.767 Byte mit allgemeinen Routinen erstellen. Das Besondere daran ist, daß Sie sämtliche Datensatzinformationen im Quelltext aufbauen, abspeichern und nachträglich die Informationen der einzelnen Zeichenkette wieder splitten. Beachten Sie, daß die Verwendung variabler Zeichenketten in Verbindung mit Recordstrukturen nicht möglich ist. Sollen Ihre Datensätze in einem Programm je nach Bedarf unterschiedliche Satzlängen aufweisen, um Speicherplatz zu sparen (ansonsten könnten Sie natürlich auch jeweils die maximale Datensatzlänge für jede Datei definieren), sollten Sie daher die Formulierungen Ihrer Quelltexte an dem folgenden Beispiel orientieren. Auf eine komplette Erstellung eines allgemeinen

Datenbanksystems werden wir in diesem Buch verzichten, um nicht andere Software-Hersteller von Datenbanksystemen brotlos zu machen. Reizt Sie allerdings dieses Thema, dann sollten mit diesen Hinweisen dazu in der Lage sein, die Entwicklung eigenständig vorzunehmen. Beachten Sie allerdings, daß in diesem Fall ausgiebig mit Steuerelementefeldern gearbeitet werden muß, da Sie keine speziellen Formulardefinitionen in Verbindung mit allgemeinen Datenbankensystemen verwenden können. Das nachfolgende Beispiel können Sie nach dem Programmstart von Visual Basic ohne Änderungen und Erweiterungen in die Ereignisprozedur *Form_Click* übernehmen und anschließend ausführen lassen.

```
Sub Form_Click ()
  Dim SatzVar As String
  Dim DNr As Integer
  'Datensatzlänge wird durch Datensatzvariable bestimmt
  'die Datensatzlänge muß <= der Größe sein, die in der
  'Open-Anweisung definiert wurde; beachten Sie, daß
  'variable Zeichenketten einen 2-Byte-Stringdeskriptor
  'besitzen, der ebenfalls innerhlab des Datensatzes
  'abgelegt wird (Deskriptor wird zur Speicherung der
  'Länge der variablen Zeichenkette benötigt)
  'Datensatzlänge variabel (f. allgemeine Datenbank-
  'anwendungen, evtl. durch Benutzerdefinition zur
  'Laufzeit festgelegt)
  Laenge% = 400
  'zulässige Dateinummer ermitteln
  DNr = FreeFile
  Open "TEST.DBF" For Random As #DNr Len = Laenge%
  'Variable Zeichenkettenvariable nimmt Datensatz auf
  '(d.h. maximale Datensatzlänge 32.767 Zeichen)
  SatzVar = "beliebiger Datensatz im Zeichenkettenformat"
  'Datensatz 20 x in Datei schreiben
  For i% = 1 To 20
    Put #DNr, i%, SatzVar
  Next i%
  'Datensatz einlesen und in Form schreiben
  For j% = 1 To 20
    Get #DNr, j%, SatzVar
    Form1.Print j%; ".Datensatz: "; SatzVar
  Next j%
  Close
  MsgBox "Programmende"
End Sub
```

Wollen Sie die Anzahl der Datensätze in einer Direktzugriffsdatei ermitteln, dann können Sie die *Lof*-Funktion verwenden. Diese liefert die Gesamtzahl von Bytes einer geöffneten Datei. Die allgemeine Syntax lautet:

```
DatenSatzAnzahl&=LOF(DateiNummer)\DatensatzLaenge%
```

Binärdateien

Kommen wir nun abschließend zu den **Binärdateien**. Die Verwaltung erfolgt ähnlich wie bei den Direktzugriffsdateien. Unterschiede sind beim Vergleich der Beispiele erkennbar. Theoretisch können Sie jeden Datentyp als Datensatzvariable einer Binärdatei verwenden (s. Tabelle 2.1). Die Größe der Variablen entscheidet darüber, wieviele Bytes parallel aus einer Datei gelesen oder in eine Datei geschrieben werden. In der Regel werden Zeichenketten in Verbindung mit Binärdateien genutzt.

```
:
'1.Beispiel: Daten binär aus einem
'            Maschinenprogramm lesen
Dim DNr As Integer
'freie Dateinummer ermitteln
DNr = FreeFile
'Datei binär öffnen
Open "VB.EXE" For Binary as #DNr
  'Zeichenkette (Länge 1)
  a$=" "
  'Zeichenkette (Länge 50)
  b$=Space$(50)
  'ein Byte lesen
  Get #DNr,, a$
  '50 Byte lesen
  Get #DNr,, b$
Close #DNr
:
```

```
:
'2.Beispiel: Daten binär in eine Datei schreiben
Dim DNr As Integer
'freie Dateinummer ermitteln
DNr = FreeFile
'Datei binär öffnen
Open "TEXT.DAT" For Binary as #DNr
  'Zeichenkette (Länge 1)
  a$="a"
  'Zeichenkette (Länge 5)
  b$="abcde"
  'ein Byte schreiben
  Put #DNr,, a$
  '50 Byte lesen
  Put #DNr,, b$
Close #DNr
:
```

Zusammenfassung

Da an dieser Stelle eine Beschreibung sämtlicher Funktionen zur Dateiverwaltung mit Visual Basic nicht möglich ist, sind in der Tabelle 2.12 noch einmal sämtliche Funktionen und Anweisungen zu diesem Thema mit einer kurzen Erläuterung abgedruckt.

Anweisung:	*Erläuterung:*
Close	Dateien schließen
EOF	End-Of-File-Marke einer sequentiellen Datei überprüfen (EOF-Marke = Dateiendemarke)
FileAttr	Dateimodus einer bereits geöffneten Datei ermitteln
Get	Datensatz einlesen
Line Input #	Datensatz aus sequentieller Datei einlesen
Input #	Variablen aus einer sequentiellen Datei einlesen und Variablen zuweisen
Input$	Zeichenfolge aus einer Datei einlesen
Loc	Aktuelle Dateiposition in Byte ermitteln
Lock/Unlock	Zugriffsrechte für Dateien oder bestimmte Datensätze einer geöffneten Datei festlegen (insbesondere im Netzwerkbetrieb)
Lof	Dateilänge einer geöffneten Datei in Bytes ermitteln
Open	Datei im Binär- sequentiellen oder Direktzugriffsmodus öffnen
Print #	Daten in sequentielle Dateien schreiben
Put	Datensatz (Variable oder benutzerdefinierter Datensatz) in eine Datei schreiben
Reset	alle geöffneten Dateien schließen
Seek	Funktion, um aktuelle Dateiposition zu ermitteln (abhängig vom Dateimodus)
Seek	Anweisung zur Positionierung innerhalb einer Datei (abhängig vom Dateimodus)
Type	Recordstruktur zur Definition eines Datensatzes
Width	Ausgabebreite für Datei festlegen
Write #	Daten in eine sequentielle Datei schreiben (anders als bei Print # werden die Werte durch Kommata getrennt, Zeichenketten werden in Anführungszeichen gesetzt)

Tabelle 2.12: Anweisungen zur Bearbeitung von Dateien

Beachten Sie, daß wir an dieser Stelle keine umfassenden Beispiele vorgestellt haben, da eine Vielzahl der hier angeführten Anweisungen und Funktionen in Kapitel 4.3 und 4.4 ausführlich genutzt wird. Dann werden wir zeigen, wie Sie einen Editor (sequentielle Dateibearbeitung) und ein spezielles Datenbankprogramm (Direktzugriffsdateien) erstellen. Den binären Dateimodus werden wir an einem Kopierprogramm in Kapitel 4.1.1 demonstrieren.

2.2.6 Grafikprogrammierung

Das Thema Grafikbehandlung können wir recht schnell abhandeln. Zwar sind viele Grafikanweisungen im Vergleich zu übrigen Basic-Dialekten nahezu unverändert anwendbar, dennoch erfolgt die interne Ausführung nach anderen Kriterien. Diese haben wir bereits in der Zusammenstellung der Methoden und Eigenschaften in Kapitel 2.1 erläutert. Da Farben unter Windows nicht mehr so leicht zu handhaben sind, sollten Sie sich unbedingt die Datei CONSTANT.TXT ansehen, in der wichtige Farbkonstanten definiert sind. Diese können Sie in Ihre Anwendugen einbinden und anschließend nutzen.

Die wichtigsten Methoden zum Erstellen von Grafiken sind in Tabelle 2.13 zusammengefaßt. Beachten Sie allerdings, daß Sie auf sämtliche GDI-Funktionen (Graphics Device Interface = grafische Geräteschnittstelle) zugreifen können und daher weitaus mehr Möglichkeiten haben, als es auf den ersten Blick den Anschein hat. Hinweise hierzu können Sie auch dem Programmlisting zum Symboleditor entnehmen, das zum Lieferumfang von Visual Basic gehört.

Anweisung:	*Erläuterung:*
Circle	Methode zum Zeichnen von Kreisen, Kreisbögen und Ellipsen
Cls	Methode zum Löschen einer Form oder eines Bildfeldes (abfragen oder setzen)
Line	Methode zum Zeichnen von Linien und Rechtecken
Point	Methode zur Farbermittlung eines Bildpunktes (RGB-Farbe)
Print	Methode zum Ausgeben von Text
PSet	Methode zum Setzen eines Bildpunktes
QBColor	RGB-Farbnummer aus Quick Basic-Farbnummer ermitteln
RGB	RGB-Farbwert aus Rot-, Grün- und Blau-Anteil ermitteln

Tabelle 2.13: Grafikanweisungen

Eigenschaft:	*Erläuterung:*
CurrentX	horizontale Koordinate des Bildschirms (abfragen oder setzen)
CurrentY	vertikale Koordinate des Bildschirms (abfragen und setzen)
DrawMode	Zeichenmodus festlegen
DrawStyle	Linienstil festlegen (z.B. gestrichelt, durchgezogen)
DrawWidth	Linienstärke bzw. Linienbreite festlegen
FillColor	Eigenschaft zum Festlegen einer Füllfarbe
FillStyle	Eigenschaft zum Festlegen eines Füllmusters
BackColor	Farbhintergrund definieren
ForeColor	Farbvordergrundfarbe festlegen

Tabelle 2.14: Grafikeigenschaften

Auf die Anführung spezieller oder allgemeiner Beispiele wollen wir an dieser Stelle verzichten. Es sei jedoch darauf hingewiesen, daß die Grafikanweisungen im Anwendungprogramm *WinPAINT*, das in Kapitel 4.5 vorgestellt wird, demonstriert werden.

2.2.7 Fehlerverfolgung

Sie haben zwei Möglichkeiten, um ein Programm ablaufsicher zu programmieren. Zum einen können Sie sämtliche Eingabewerte und im Programm errechnete Zwischenwerte so umfangreich kontrollieren und auf sinnvolle Wertbereiche überprüfen, daß kein Fehler auftritt, zum anderen implementieren Sie eine Fehlerbehandlungsroutine, um eventuell auftretende Fehler abzufangen, zu melden oder programmintern zu beheben, so daß das Programm weiter ausgeführt werden kann. Ein häufig angeführtes Beispiel, in dem kaum auf eine Fehlerbehandlung verzichtet werden kann, ist das Ansprechen eines Diskettenlaufwerkes, in das keine Diskette eingelegt ist. Die Anweisungen, die Visual Basic zur Fehlerbehandlung bereitstellt, sind in Tabelle 2.15 zusammengestellt. Damit lassen sich selbst benutzerdefinierte Fehler und Fehlermeldungen in ein Anwendungsprogramm integrieren.

Anweisung:	*Erläuterung:*
Err, Erl	Abfrage des Fehlerstatus (*Err* gibt einen Fehlercode zu einem aufgetretenen Fehler zurück, *Erl* stattdessen die Zeilennumer, in der der Fehler aufgetreten ist) (Funktionen)
Err	Anweisung, um Fehlercode selbst festzulegen
Error$	Entsprechende Fehlermeldung (Zeichenkette) zu einem Fehlercode (Ganzzahl) ermitteln.
Error	Laufzeitfehler simulieren (Fehlernummer zwischen 1 und 32.767), um die interne Fehlerbehandlung von Visual Basic in eigenen Anwendungen zu erweitern.
On Error...	Benutzerdefinierte Fehlerbehandlungsroutine anspringen (die Verwendung ist, anders als bei Quick Basic ausschließlich innerhalb von Prozeduren zulässig; aus Kompatibilitätsgründen zu MS-Basic PDS kann stellvertretend für *On Error...* auch *On Local Error...* eingesetzt werden, Auswirkungen auf die Programmausführung hat dieses Schlüsselwort nicht)
Resume	Benutzerdefinierte Fehlerbehandlungsroutine beenden

Tabelle 2.15: Anweisungen zur Fehlerbehandlung

Wie Sie Fehlerhandlungsroutinen praktisch in ein Programm einbauen, können Sie in
Kapitel 4 anhand der entwickelten Anwendungsprogramme verfolgen. Aus diesem
Grund wollen wir auch auf zusätzliche Beispiele an dieser Stelle verzichten. Lediglich
die Strukturierung einer Fehlerbehandlungsroutine soll hier vorgestellt werden. Jede
Fehlerbehandlung wird durch eine *On Error*-Anweisung aktiviert, durch einen auftre-
tenden Fehler ausgelöst und durch die *Resume*-Anweisung wieder beendet.

```
{Sub|Function} ProzedurName ([Parameterliste])
On Error Goto ErrorHandling:
   :
   'Programmanweisungen
   :
   'optional: Fehlerbehandlung vorzeitig
   'ausschalten
   [On Error Goto 0]
   :
'Prozedurende
Exit {Sub|Function}
ErrorHandling:
   'allgemeine Fehlerbehandlung für beliebige
   'Fehlernummern
   If Err=Fehlernummer_1 Then
       'Fehlerbehandlung für Fehlernummer_1
     ElseIf Err=FehlerNummer_2 Then
       'Fehlerbehandlung für Fehlernummer_2
     Else
       'Fehlerbehandlung für nicht definierte
       'Fehlernummern
   End If
'Next - weiter mit Anweisung, nach der der Fehler
'        aufgetreten ist
'Zeilennumer - Sprungmarke an der die Ausführung
'        fortgesetzt werden soll
'Resume ohne Zusatz bzw Rsume 0 - Anweisung die
'        Fehler hervorgerufen hat erneut ausführen
'        (z.B. nach Fehlermeldung: "Bitte zunächst
'        Diskettte einlegen..." (in diesem Fall
'        tritt der Fehler solange auf, bis er
'        programmintern oder durch den Anwender
'        abgestellt wurde)
Resume [0|Next|Zeilennummer]
End {Sub|Function}
```

Sie können in der folgenden Variante, die zudem eine Erweiterung gegenüber der Fehlerbehandlung von Quick und MS-Basic darstellt, Fehler an beliebigen Stellen des Quelltextes auswerten. Die *On Error Goto Resume Next*-Anweisung sorgt bei einem auftretenden Fehler zunächst dafür, daß das Programm mit der nächten Programmanweisung fortgesetzt wird, ohne daß Ausgaben oder Fehlerbehandlungsroutinen abgearbeitet werden. In diesem Fall kann an beliebiger Stelle innerhalb der Prozedur mit der *Err*-Funktion die Fehlernummer abgefragt und bei Bedarf behandelt werden.

```
{Sub|Function} ProzedurName ([Parameterliste])
On Error Goto Resume Next
  :
  'Programmanweisungen
  :
  'optional: Fehlerbehandlung ausschalten
  [On Error Goto 0]
  :
  [optional: Auswertung des Fehlers mit ERR-Funktion]
  :
End {Sub|Function}
```

Nachdem wir in diesem Kapitel die wichtigsten Informationen zur Formular- und Quelltexterstellung vorgestellt haben, werden wir uns im nächsten Kapitel einigen fortgeschrittenen Themen zuwenden. Sollte Ihnen der Sprachumfang einmal nicht ausreichen und Sie suchen gezielt eine spezielle Funktion, dann müssen Sie nicht gleich die Programmiersprache wechseln, denn mit Visual Basic können Sie auch direkt auf die Windows-Programmierschnittstelle zugreifen. Wie, das ist eines unserer nächsten Themen. Aber auch Hinweise zur Einbindung grafischer Elemente aus anderen Grafikprogrammen oder die Verwendung von dynamischen Link-Bibliotheken werden wir behandeln.

Kapitel 3: Fortgeschrittene Programmiertechniken

An dieser Stelle wollen wir einige Themen für fortgeschrittene Visual Basic-Programmierer behandeln. Neben der Verwendung dynamischer Link-Bibliotheken, die eine Erweiterung des Sprachumfanges ermöglichen, werden wir zeigen, wie Sie bereits bestehenden Quelltext anderer Basic-Dialekte importieren und anpassen und wie Sie erweiterte Spracheigenschaften von Visual Basic sinnvoll nutzen können. Mit Hilfe spezieller Deklarationen von API- und GDI-Funktionen ist auch ein direkter Zugriff auf Windows-Systemfunktionen realisierbar. Da eine Dokumentation in den Visual Basic-Handbüchern nicht enthalten ist, werden wir eine Auswahl dieser Funktionen in diesem Buch beschreiben. Beachten Sie allerdings, daß die hier vorgestellten 50 Funktionen lediglich einen Teil der immerhin mehr als 600 Funktionen umfassenden Programmierschnittstelle von Windows ausmachen.

Am Beispiel von Turbo Pascal für Windows zeigen wir Ihnen abschließend, wie Sie Visual Basic selbst erweitern können. Auch hier erzeugen wir eine DLL. Leider ist Visual Basic selbst nicht dazu in der Lage, dynamische Laufzeitbibliotheken, die parallel von mehreren Anwendungsprogrammen genutzt werden können, zu generieren. Allerdings kann jede, durch eine andere Programmiersprache erstellte, DLL genutzt werden. Das muß nicht Turbo Pascal für Windows, sondern kann entsprechend TopSpeed Pascal, Quick C für Windows oder auch MS-Fortran PDS 5.1 sein. Besitzen Sie neben Visual Basic noch eine weitere Programmiersprache für Windows, die DLLs generieren kann, lassen sich beide sinnvoll im Verbund nutzen. Wollen Sie sich Ihre Zusatzbibliothek nicht selbst schreiben, so stehen Ihnen bereits eine Vielzahl von Benutzerbibliotheken zur Verfügung, die Sie über den Fachhandel beziehen können.

> **Hinweis:** In Kapitel 3 sind mehrere Listings enthalten. Dort, wo Zeilen umbrochen wurden, wird dies durch einen Tiefstrich deutlich gemacht. Beachten Sie, daß innerhalb des Visual Basic-Editors diese Tiefstriche nicht erlaubt sind und die Anweisung immer innerhalb einer einzelnen Zeile stehen muß!

3.1 Übernahme von Quick und MS-Basic-Programmen

Obgleich Visual Basic im Vergleich zu den Programmiersprachen Quick und MS-Basic sehr viele Übereinstimmungen in der Syntax aufweist, gibt es auch eine Vielzahl von Unterschieden. Aus diesem Grunde lassen sich bereits vorhandene Quelltexte nur schwer, wenn überhaupt, auf Windows übertragen. Programme mit umfangreichen Ein- und Ausgaberoutinen fallen dem Systemwechsel ebenso zum Opfer, wie hardwarenah programmierte Anwendungen. Auf der anderen Seite haben Sie allerdings mit Visual Basic weitaus mehr Möglichkeiten zur Programmerstellung. Eine Textverarbeitung, ein Zeichenprogramm oder auch ein kleines Datenbankprogramm läßt sich sehr schnell mit dieser Sprache entwickeln. Haben Sie erst einmal ein wenig mit dem Windows-Programmiersystem experimentiert und die erweiterten Möglichkeiten kennengelernt (DLLs, API- und GDI-Funktionen), dann werden Sie auch mit den Schwachpunkten leben können. Damit Sie einen Überblick über wesentliche Änderungen und stattdessen bereitstehende Anweisungen bekommen, betrachten Sie sich die nachfolgende Aufstellung.

Befehle:	**Ersatz:**
BLOAD, BSAVE	Objekt ClipBoard
CHAIN	Methoden Show, Hide, Load, Unload
INTERRUPT, PEEK, POKE,	Fremdsprachenroutinen, API-Funktionen
DEF SEG, VARSEG, SADD,	
SETMEM, INP, OUT	
READ, DATA, RESTORE	Ersetzung durch Datenfelder
SWAP	Einführung einer temporären Variablen
	(Werrtaustausch)
diverse Zeichenfunktionen und	GDI-Funktionen
Bildschirmanweisungen	
Ein- und Ausgaberoutinen	Visual Basic-Anweisungen,
	Formularentwurf
LPRINT, WIDTH LPRINT	Objekt Printer
LOCATE, CSRLIN	Formularmodus
diverse Konvertierroutinen	Toolboxen
FIELD	Realisierung über benutzerdefinierte
	Datenstrukturen

Beachten Sie, daß, falls Sie unter Visual Basic eine Funktion ohne Parameter verwenden, der Aufruf immer mit leeren Klammern erfolgen muß. Die *Declare*-Anweisung dient ausschließlich der Benennung von Prozeduren in DLLs. Unterprogramme und Funktionen von Visual Basic werden nicht deklariert, auch nicht, wenn Sie sich in unterschiedlichen Modulen und Formularen befinden. Fehlerbehandlungsroutinen sind, anders als in MS- und Quick Basic, immer *lokal*. Die Aktivierung und Fehlerbehandlungsroutine selbst müssen sich jeweils innerhalb einer Prozedur (Funktion oder Unterprogramm) befinden. Eine prozedurübergreifende Fehlerbehandlung ist nicht möglich.

Trotz dieser Vielzahl von Unterschieden lassen sich dennoch viele Routinen aus MS- und Quick Basic übernehmen, vorausgesetzt, Sie haben sich Benutzerbibliotheken angelegt und mit echten Unterprogrammen und Funktionen gearbeitet. Allgemeine Konvertierroutinen, Dateiverwaltungsroutinen und mathematische Funktionen können ohne jede Änderung von Visual Basic übernommen werden. Die Routinen müssen allerdings immer als Quellmodul eingebunden werden, da Visual Basic über kein eigenes Bibliothekskonzept verfügt.

3.2 Dynamischer Datenaustausch

Ein allgemeines Leistungsmerkmal von Windows ist der dynamische Datenaustausch (DDE = Dynamic Data Exchange). Damit lassen sich Daten zwischen Anwendungsprogrammen automatisch und fortlaufend austauschen. Berücksichtigen Sie allerdings, daß, obwohl Windows diese Möglichkeit bietet, nicht alle Windows-Anwendungen ebenfalls mit diesem Leistungsmerkmal aufwarten können. Visual Basic verfügt jedoch über die nötigen Anweisungen, um, in hiermit entwickelten Programmen, Daten dynamisch auszutauschen. Für den Vorgang selbst sind mindestens zwei Anwendungsprogramme notwendig. Ein Anwendungsprogramm ist jeweils der *Client*, d.h. das Programm, das die Kommunikation beginnt, und ein Anwendungsprogramm der *Server*, d.h. das Programm, das auf die Kommunikationsanforderung des *Client* antwortet. Die Kommunikation wird jeweils durch den Aufruf eines Namens von einem speziellen DDE-Anwendungsprogramm begonnen. Welcher Name das ist, ist abhängig von der Anwendung selbst und wird in der Regel im Benutzerhandbuch des jeweiligen Programmes dokumentiert. Die einzelnen Eigenschaften und Methoden, die in Verbindung mit dem dynamischen Datenaustausch verwendet werden, wurden bereits in Kapitel 2 zusammengestellt, so daß wir uns an dieser Stelle lediglich auf einige wesentliche Punkte beschränken wollen.

Herstellen einer DDE-Verbindung

In einem ersten Schritt, ist beim Aufbau einer DDE-Verbindung, der Modus festzulegen. Entweder ist die Verbindung passiv oder aktiv. Bei der aktiven Verbindung wird das für den DDE verwendete *Client*-Steuerelement automatisch bei jeder Datenänderung aktualisiert und bei der passiven Verbindung nur, wenn die Methode *LinkRequest* im Quelltext aufgerufen wird. Beachten Sie, daß auch der Modus für den Server mit 1 gesetzt sein muß Standardwert).

```
Client: Steuerelement.LinkMode = {0|1|2}
Server: Steuerelement.LinkMode = {0|1}
```

Über die Eigenschaft *LinkTopic* legen Sie das Thema für die DDE-Kommunikation fest. Das kann lediglich der Name eines Anwendungsprogrammes sein, ist aber in der Regel zusätzlich ein zugehöriger Dateiname, in dem die entsprechenden Daten verwaltet werden. Die beiden Informationen werden über ein Verknüpfungssysmbol innerhalb der Eigenschaft festgelegt. Zusätzlich kann über *LinkItem* auch ein einzelnes Datenfeld für eine DDE-Verbindung genutzt werden.

```
LinkTopic = "DDE-Anwendungsname|Lw:\Pfad\Datei.Suffix"
```

```
LinkItem =  "Datenfeld"
```

Nachdem die Verbindung existiert, ergeben sich DDE-Ereignisse, die ebenso verarbeitet werden können, wie die vom Benutzer ausgelösten Ereignisse, z.B. *LinkOpen, LinkClose* und *LinkError*. Um die DDE-Verbindung wieder aufzuheben, ist der DDE-Modus (*LinkMode*) lediglich auf Null zurückzusetzen.

3.3 Verwendung von API- und GDI-Funktionen

An dieser Stelle wollen wir Ihnen demonstrieren, welche Möglichkeiten Sie beim Einsatz der API- und GDI-Funktionen haben. Dabei handelt es sich um ca. 600 Funktionen, die die Programmierschnittstelle von Windows darstellen. Sollten Sie bei Visual Basic-Anweisungen einmal eine benötigte Anweisung nicht entdecken können, dann werden Sie wahrscheinlich bei diesen Systemfunktionen fündig. Dabei ist allerdings zu bemängeln, daß Visual Basic selbst keine Dokumentation zu diesen Funktionen enthält, so daß Sie bei Bedarf auf Sekundärliteratur zurückgreifen müssen. Auch sind die Funktionsdeklarationen der API- und GDI-Funktionen, ohne die ein Einsatz in Visual Basic nicht möglich ist, auch nicht im Lieferumfang von Visual Basic enthalten. Um Ihnen hier einige erweiterte Möglichkeiten in der Visual Basic-Programmierung zu geben, stellen wir Ihnen zunächst 50 dieser Systemfunktionen in der Syntax mit einer kurzen Beschreibung vor. Die Deklarationen dieser Funktionen befinden sich zum größten Teil in der Datei API.BAS auf der Buchdiskette. Einige weitere Funktionen wurden im Beispielprogramm *Symboleditor* zu Visual Basic genutzt aber leider von Microsoft ebenfalls nicht in der Dokumentation erläutert. Die Deklarationen dieser Funktionen können Sie dem Quelltext zum *Symboleditor* entnehmen. Die einzelnen Informationen zu den einzelnnen Funktionen sind nachfolgend kurz erläutert.

Funktion:	Bezeichnung
Beschreibung:	Kurzbeschreibung der Funktion
Deklaration:	Definition des Funktionsaufrufes einer DLL (ohne diese Deklaration kann eine Funktion nicht verwendet werden)
DLL:	Name der Datei
Syntax:	Syntax bei Verwendung der Funktion im Quelltext
Parameter:	Erläuterung der eventuell vorhandenen Parameter
Rückgabewert:	Angabe des Rückgabewertes
Beispiel:	Quelltextbeispiel

API-Funktionen (DLL: KERNEL.EXE) für Visual Basic

Funktion:	**GETVERSION%**
Beschreibung:	Funktion gibt die Nummer der aktuellen Windows-Version an.
Deklaration:	Declare Function GetVersion% Lib "Kernel" ()
DLL:	KERNEL.EXE
Syntax:	GetVersion% ()
Parameter:	-
Rückgabewert:	Haupt- und Nebenversionsnummer von Windows als Speicherwort
Beispiel:	a% = GetVersion% ()
Anmerkung:	Wie der ermittelte Zahlenwert in ein Zeichenkettenformat konvertiert werden kann, sehen Sie an der benutzerdefinierten Funktion WinVer$ (siehe Listing zu den API-Funktionen).

Funktion:	**GETNUMTASKS%**
Beschreibung:	Funktion gibt die Anzahl, der zur Abfragezeit aktiven Prozesse (Tasks = einzelne Instanzen einer Windows-Anwendung) wieder.
Deklaration:	Declare Function GetNumTasks% Lib "Kernel" ()
DLL:	KERNEL.EXE
Syntax:	GetNumTask% ()
Parameter:	-
Rückgabewert:	Anzahl der Tasks (Integer)
Beispiel:	Print "Anzahl Tasks: "; GetNumTask% ()

Funktion:	**GETMODULEHANDLE%**
Beschreibung:	Funktion ruft das Module-Handle des angegebenen Moduls ab.
Deklaration:	Declare Function GetModuleHandle% Lib "Kernel" (ByVal Modulename$)
DLL:	KERNEL.EXE
Syntax:	GetModuleHandle% (ModuleName$)
Parameter:	ModuleName$ - Dateiname (Zeichenkette)
Rückgabewert:	Nummer des Moduls oder 0, bei erfolgloser Ausführung der Funktion
Beispiel:	Handle% = GetModuleHandle% ("ToolsDLL")

Funktion:	**GETMODULEFILENAME%**
Beschreibung:	Funktion ruft den Pfadnamen der Datei ab, aus der das angegebene Modul geladen wurde.
Deklaration:	Declare Function GetModuleFileName% Lib "Kernel" (ByVal_ Handl%, ByVal Dateiname$, ByVal Laenge%)
DLL:	KERNEL.EXE
Syntax:	GetModuleFileName% (Handle%, Dateiname$, Laenge%)
Parameter:	Handle% - Nummer, unter der das Modul verwaltet wird
	Dateiname$ - Zeichenkette, Name der Datei
	Laenge% - Länge der Zeichenkette
Rückgabewert:	Tatsächliche Länge des vollständigen Pfadnamens
Beispiel:	a% = GetModuleFileName% (Handle%, Dateiname$, 255)

Funktion:	**GETWINFLAGS&**
Beschreibung:	Funktion gibt die aktuelle Speicherkonfiguration für Windows an.
Deklaration:	Declare Function GetWinFlags& Lib "Kernel" ()
DLL:	KERNEL.EXE
Syntax:	GetWinFlags& ()
Parameter:	-
Rückgabewert:	32-Bit-Wert mit den Flags der Speicherkonfiguration

Wert	*Bedeutung*
wf_80x87	System enthält einen mathematischen Intel-Coprozessor
wf_CPU086	System-CPU ist ein 8086
wf_CPU186	System-CPU ist ein 80186
wf_CPU286	System-CPU ist ein 80286
wf_CPU386	System-CPU ist ein 80386
wf_CPU486	System-CPU ist ein 80486
wf_Enhanced	erweiterter 386-Modus, immer auch wf_PMode gesetzt
wf_LargeFrame	Large-Frame-EMS-Speicherkonfiguration
wf_Mode	Protected Mode, immer gesetzt bei wf_Enhanced oder wf_Standard
wf_SmallFrame	Small-Frame-EMS-Speicherkonfiguration
wf_Standard	Standardmodus, immer auch wf_PMode gesetzt

Beispiel:	Flags& = GetWinFlags& ()

Funktion:	**GETFREESPACE&**
Beschreibung:	Funktion ermittelt den freien Speicher.
Deklaration:	Declare Function GetFreeSpace& Lib "Kernel" (ByVal_ wFlag%)
DLL:	KERNEL.EXE
Syntax:	GetFreeSpace& (wFlag%)
Parameter:	wFlag - 0
Rückgabewert:	Größe des freien Speichers in Byte
Beispiel:	a& = GetFreeSpace& (0)
Anmerkung:	Die Funktion berücksichtigt nicht, ob der Speicherplatz zusammenhängend ist.

Funktion:	**GETDRIVETYPE%**
Beschreibung:	Funktion stellt den Laufwerkstyp fest (Diskettenlaufwerk, Festplatte, Netzwerk).
Deklaration:	Declare Funktion GetDriveType% Lib "Kernel" (ByVal Lw%)
DLL:	KERNEL.EXE
Syntax:	a%=GetDriveType% (Lw%)
Parameter:	Lw - Nummer des Laufwerks (i.d.R. 0=A, 1=B, 2=C,...)
Rückgabewert:	*Wert* — *Bedeutung*
	Drive_Removeable — Diskettenlaufwerk
	Drive_Fixed — Festplattenlaufwerk
	Drive_Remote — Netzwerklaufwerk
Beispiel:	a% = GetDriveType% (2)

Unterprogramm:	**GETSYSTEMDIRECTORY**
Beschreibung:	Unterprogramm stellt den Systempfad des Windows-Unterverzeichnisses fest.
Deklaration:	Declare Sub GetSystemDirectory Lib "Kernel" (ByVal_ Text$, ByVal Laenge%)
DLL:	KERNEL.EXE
Syntax:	GetSystemDirectory (Text$, Laenge%)
Parameter:	Text$ - Zeichenkette, Pfadname
	Laenge% - Länge der Zeichenkette
Rückgabewert:	Länge des Pfadnamens
Beispiel:	GetSystemDirectory Text$, Laenge%

Funktion:	**GETWINDOWSDIRECTORY%**
Beschreibung:	Funktion stellt den Pfadnamen des Windows-Verzeichnisses fest.
Deklaration:	Declare Function GetWindowsDirectory% Lib "Kernel" (ByVal_ Text$, ByVal Laenge%)
DLL:	KERNEL.EXE
Syntax:	GetWindowsDirectory% (Text$, Laenge%)
Parameter:	Text$ - Zeichenkette, Pfadname Laenge% - Länge der Zeichenkette
Rückgabewert:	Länge des Pfadnamens
Beispiel:	a%=GetWindowsDirectory% (Text$, Laenge%)

GDI-Funktionen (DLL: GDI.EXE) für Visual Basic

Funktion:	**ARC%**
Beschreibung:	Funktion zeichnet einen elliptischen Kreisbogen.
Deklaration:	Declare Function Arc% Lib "GDI" (ByVal Hdc, ByVal x1%,_ ByVal y1%, ByVal x2%, ByVal y2%, ByVal x3%, ByVal y3%,_ ByVal x4%, ByVal y4%)
DLL:	GDI.EXE
Syntax:	Arc% (Hdc, x1%, y1%, x2%, y2%, x3%, y3%, x4%, y4%)
Parameter:	Hdc - Gerätekontext, Festlegung automatisch über Visual Basic
	x1/y1 — Virtuelle x/y-Koordinaten der oberen linken Ecke des umgebenden Rechtecks
	x2/y2 — Virtuelle x/y-Koordinaten der unteren rechten Ecke des umgebenden Rechtecks
	x3/y3 — Virtuelle x/y-Koordinaten des Startpunktes des Kreisbogens
	x4/y4 — Virtuelle x/y-Koordinaten des Endpunktes des Kreisbogens
Rückgabewert:	*True*, wenn der Bogen gezeichnet wird, sonst *false*.
Beispiel:	R% = Arc% (Hdc, 300, 50, 600, 200, 360, 60, 580, 180)

Funktion:	**CHORD%**
Beschreibung:	Funktion zeichnet einen elliptischen Bogen (Ausschnitt einer Ellipse) einschließlich der Schnittlinie.
Deklaration:	Declare Function Chord% Lib "GDI" (ByVal Hdc, ByVal_ x1%, ByVal y1%, ByVal x2%, ByVal y2%, ByVal x3%,_ ByVal y3%, ByVal x4%, ByVal y4%)
DLL:	GDI.EXE

Syntax:	Chord% (Hdc, x1%, y1%, x2%, y2%, x3%, y3%, x4%, y4%)
Parameter:	Hdc - Gerätekontext, Festlegung automatisch über Visual Basic

	x1/y1	Virtuelle x/y-Koordinaten der oberen linken Ecke des eingrenzenden Rechtecks
	x2/y2	Virtuelle x/y-Koordinaten der unteren rechten Ecke des eingrenzenden Rechtecks
	x3/y3	Virtuelle x/y-Koordinaten des ersten Endpunktes der Schnittlinie
	X4/y4	Virtuelle x/y-Koordinaten des zweiten Endpunktes der Schnittlinie

Rückgabewert:	*True*, wenn der Bogen gezeichnet wurde, sonst *false*.
Beispiel:	R% = Chord% (Hdc, 350, 50, 550, 150, 360, 60, 580, 180)

Funktion:	**ELLIPSE%**
Beschreibung:	Funktion zeichnet eine Ellipse.
Deklaration:	Declare Function Ellipse% Lib "GDI" (ByVal Hdc, ByVal x1%,_ ByVal y1%, ByVal x2%, ByVal y2%)
DLL:	GDI.EXE
Syntax:	Ellipse% (Hdc, x1%, y1%, x2%, y2%)
Parameter:	Hdc - Gerätekontext, Festlegung automatisch über Visual Basic

	x1/y1	Virtuelle x/y-Koordinaten der oberen linken Ecke des umgebenden Rechtecks
	x2/y2	Virtuelle x/y-Koordinaten der unteren rechten Ecke des umgebenden Rechtecks

Rückgabewert:	*True*, wenn die Ellipse gezeichnet wurde, sonst *false*.
Beispiel:	R% = Ellipse% (Hdc, 360, 100, 400, 200)

Funktion:	**GETPIXEL&**
Beschreibung:	Funktion stellt fest, welchen RGB-Farbwert der Pixel an der mit x/y angegebenen Position hat (gilt nur für Clipping-Region).
Deklaration:	Declare Function GetPixel% Lib "GDI" (ByVal Hdc,_ ByVal x%, ByVal y%)
DLL:	GDI.EXE
Syntax:	GetPixel& (Hdc, x%, y%)
Parameter:	Hdc - Gerätekontext, Festlegung automatisch über Visual Basic x/y - Virtuelle x/y-Koordinaten des gefragten Punktes
Rückgabewert:	RGB-Farbwert; -1, wenn Punkt außerhalb der Clipping-Region
Beispiel:	a& = GetPixel& (Hdc, 370, 100)

Funktion:	**LineTo%**
Beschreibung:	Funktion zeichnet eine Linie von der aktuellen Position bis zu der mit x/y angegebenen Position.
Deklaration:	Declare Function LineTo% Lib "GDI" (ByVal Hdc, ByVal x%,_ ByVal y%)
DLL:	GDI.EXE
Syntax:	LineTo% (Hdc, x%, y%)
Parameter:	Hdc - Gerätekontext, Festlegung automatisch über Visual Basic x/y - Virtuelle x/y-Koordinaten des Endpunktes der Linie
Rückgabewert:	*True*, wenn die Linie gezeichnet wurde, sonst *false*.
Beispiel:	R% = LineTo% (Hdc, 320, 60)

Funktion:	**MoveTo%**
Beschreibung:	Funktion verlegt aktuelle Position an Punkt x/y.
Deklaration:	Declare Function MoveTo% Lib "GDI" (ByVal Hdc,_ ByVal x%, ByVal y%)
DLL:	GDI.EXE
Syntax:	MoveTo% (Hdc, x%, y%)
Parameter:	Hdc - Gerätekontext, Festlegung automatisch über Visual Basic x/y - Virtuelle x/y-Koordinaten des Punktes
Rückgabewert:	Koordinaten der vorherigen Position
Beispiel:	R% = MoveTo% (Hdc, 320, 60)

Funktion:	**Pie%**
Beschreibung:	Funktion zeichnet ein Tortendiagramm.
Deklaration:	Declare Function Pie% Lib "GDI" (ByVal Hdc, ByVal x1%,_ ByVal y1%, ByVal x2%, ByVal y2%, ByVal x3%, ByVal y3%,_ ByVal x4%, ByVal y4%)
DLL:	GDI.EXE
Syntax:	Pie% (Hdc, x1%, y1%, x2%, y2%, x3%, y3%, x4%, y4%)
Parameter:	Hdc - Gerätekontext, Festlegung automatisch über Visual Basic
	x1/y1 Virtuelle x/y-Koordinaten der oberen linken Ecke des umgebenden Rechtecks
	x2/y2 Virtuelle x/y-Koordinaten der unteren rechten Ecke des umgebenden Rechtecks
	x3/y3 Virtuelle x/y-Koordinaten des Startpunktes des Bogens
	X4/y4 Virtuelle x/y-Koordinaten des Endpunktes des Bogens
Rückgabewert:	*True*, wenn das Diagramm gezeichnet wurde, sonst *false*.
Beispiel:	R% = Pie% (Hdc, 400, 30, 420, 50, 410, 35, 400, 40)

Funktion:	**RECTANGLE%**
Beschreibung:	Funktion zeichnet ein Rechteck und füllt es aus.
Deklaration:	Declare Function Rectangle% Lib "GDI" (ByVal Hdc, ByVal_ x1%, ByVal y1%, ByVal x2%, ByVal y2%)
DLL:	GDI.EXE
Syntax:	Rectangle% (Hdc, x1%, y1%, x2%, y2%)
Parameter:	Hdc - Gerätekontext, Festlegung automatisch über Visual Basic

                x1/y1   Virtuelle x/y-Koordinaten der oberen linken Ecke des Rechtecks

                x2/y2   Virtuelle x/y-Koordinaten der unteren rechten Ecke des Rechtecks

Rückgabewert:	*True*, wenn das Rechteck gezeichnet wurde, sonst *false*.
Beispiel:	R% = Rectangle% (Hdc, 450, 50, 470, 100)

Funktion:	**ROUNDRECT%**
Beschreibung:	Funktion zeichnet ein Rechteck mit abgerundeten Ecken und füllt es aus.
Deklaration:	Declare Function RoundRect% Lib "GDI" (ByVal Hdc,_ ByVal x1%, ByVal y1%, ByVal x2%, ByVal y2%, ByVal x3%,_ ByVal y3%)
DLL:	GDI.EXE
Syntax:	RoundRect% (Hdc, x1%, y1%, x2%, y2%, x3%, y3%)
Parameter:	Hdc - Gerätekontext, Festlegung automatisch über Visual Basic

                x1/y1   Virtuelle x/y-Koordinaten der oberen linken Ecke des Rechtecks

                x2/y2   Virtuelle x/y-Koordinaten der unteren rechten Ecke des Rechtecks

                x3/y3   Breite/Höhe der Ellipse, die verwendet wird, um die abgerundeten Ecken zu zeichnen

Rückgabewert:	*True*, wenn das Rechteck gezeichnet wurde, sonst *false*.
Beispiel:	R% = RoundRec% (Hdc, 480, 50, 520, 100, 20, 20)

Funktion:	**SETPIXEL&**
Beschreibung:	Funktion setzt einen Pixel am Punkt x/y, mit möglichst dem Parameter Color& entsprechendem Farbwert (gilt nur für die Clipping-Region).
Deklaration:	Declare Function SetPixel% Lib "GDI" (ByVal Hdc,_ ByVal x%, ByVal y%, ByVal Color&)
DLL:	GDI.EXE
Syntax:	SetPixel& (Hdc, x%, y%, Color&)

Parameter:	Hdc - Gerätekontext, Festlegung automatisch über Visual Basic
	x/y - Virtuelle x/y-Koordinaten des gefragten Punktes
Rückgabewert:	RGB-Farbwert; -1, wenn Punkt außerhalb der Clipping-Region
Beispiel:	S& = SetPixel& (Hdc, 350 + x%, 100, Purpur)

API-Funktionen (DLL: USER.EXE) für Visual Basic

Funktion:	**ANSILOWERBUFF%**
Beschreibung:	Funktion konvertiert den String im Puffer in Kleinbuchstaben.
Deklaration:	Declare Function AnsiLowerBuff% Lib "User" (ByVal Text$,_
	ByVal Laenge%)
DLL:	USER.EXE
Syntax:	AnsiLowerBuff% (Text$, Laenge%)
Parameter:	Text$ - Zeichenkette, String
	Laenge% - Länge der Zeichenkette
Rückgabewert:	Länge des konvertierten Strings
Beispiel:	R% = AnsiLowerBuff (Text$, Laenge%)

Funktion:	**ANSIUPPERBUFF%**
Beschreibung:	Funktion konvertiert den String im Puffer in Großbuchstaben.
Deklaration:	Declare Function AnsiUpperBuff% Lib "User" (ByVal Text$,_
	ByVal Laenge%)
DLL:	USER.EXE
Syntax:	AnsiUpperBuff% (Text$, Laenge%)
Parameter:	Text$ - Zeichenkette, String
	Laenge% - Länge der Zeichenkette
Rückgabewert:	Länge des konvertierten Strings
Beispiel:	R% = AnsiUpperBuff (Text$, Laenge%)

Funktion:	**WINHELP%**
Beschreibung:	Funktion ruft die Hilfeanwendung von Windows auf und übergibt
	optional Daten zur Art der angeforderten Hilfe.
Deklaration:	Declare Function WinHelp% Lib "User" (ByVal Hwnd,_
	ByVal Datei$, ByVal wCommand, ByVal dwData As Long)
DLL:	USER.EXE
Syntax:	WinHelp% (Hwnd, Datei$, wCommand, dwData)
Parameter:	Hwnd - Fenster, das die Hilfe anfordert
	Datei$ - Hilfedatei

	wCommand - Art der Hilfe (s. Kapitel 3.7)
Rückgabewert	*True*, wenn die Funktion erfolgreich war, sonst *false*.
Beispiel:	s. Kapitel 3.7

Unterprogramm:	**MESSAGEBEEP**
Beschreibung:	Unterprogramm erzeugt einen Warnton am Systemlautsprecher.
Deklaration:	Declare Sub MessageBeep Lib "User" (ByVal Null%)
DLL:	USER.EXE
Syntax:	MessageBeep (Null%)
Parameter:	Null% - nicht belegt
Beispiel:	MessageBeep (0)

Funktion:	**GETDESKTOPWINDOW%**
Beschreibung:	Funktion stellt das Fenster-Handel für das Windows-Desktop-Fenster (Hintergrundfenster) zur Verfügung.
Deklaration:	Declare Function GetDesktopWindow% Lib "User" ()
DLL:	USER.EXE
Syntax:	GetDesktopWindow% ()
Parameter:	-
Rückgabewert:	Wert, der das Desktop-Fenster bezeichnet.
Beispiel:	a% = GetDesktopWindow% ()

Funktion:	**GETDOUBLECLICKTIME%**
Beschreibung:	Funktion gibt die Zeit an, in der ein Doppelklick mit der Maus durchgeführt werden muß.
Deklaration:	Declare Function GetDoubleClickTime% Lib "User" ()
DLL:	USER.EXE
Syntax:	GetDoubleClickTime% ()
Parameter:	-
Rückgabewert:	aktuelle Doppelklickzeit in Millisekunden
Beispiel:	a% = GetDoubleClickTime% ()

Funktion:	**SETDOUBLECLICKTIME%**
Beschreibung:	Über die Funktion wird das Doppelklickzeitintervall für die Maus geändert.
Deklaration:	Declare Function SetDoubleClickTime% Lib "User" (ByVal_ Wert%)
DLL:	USER.EXE
Syntax:	SetDoubleClickTime% (Wert%)

Parameter: Wert - Anzahl der Millisekunden, die zwischen den beiden
                     Klicks verstreichen dürfen
Beispiel: a% = SetDoubleClickTime% (600)

Funktion: SWAPMOUSEBUTTON%
Beschreibung: Funktion tauscht die Belegung von linker und rechter
                     Maustaste.
Deklaration: Declare Function SwapMouseButton% Lib "User" (ByVal_
                     Wert%))
DLL: USER.EXE
Syntax: SwapMouseButton% (Wert%)
Parameter: Wert - 1, Tasten vertauschen; 0, ursprüngliche Einstellung
Rückgabewert: *True*, wenn durch die Funktion die Belegung der Maustasten
                     getauscht wurde, sonst *false*.
Beispiel: a% = SwapMouseButton% (0)

API- und GDI Funktionen aus dem beispielprogramm Symboleditor

Quelltextbeispiele zu den einzelnen, nachfolgenden Funktionen entnehmen Sie dem
Listing des Programmes *Symboleditor*, das auf den Origianldisketten zu Visual Basic
als Demonstrationsprogramm enthalten ist. Sämtliche in den Beschreibungen nicht
explizit deklarierte Funktionen und Parameter sind vom Typ Integer (Typkennzeichen
%).

Funktion: BITBLT
Beschreibung: Funktion bewegt ein Bitmap von einem Quellgerät (Kontext
                     destHdc) zu einem Zielgerät (Kontext scrHdc).
Deklaration: Declare Function BitBlt Lib "GDI" (ByVal destHdc, ByVal X,_
                     ByVal Y, ByVal w, ByVal h, ByVal scrHdc, ByVal scrX,_
                     ByVal scrY, ByVal Rop As Long)
DLL: GDI
Syntax: BitBlt (destHdc, X, Y, w, h, scrHdc, scrX, scrY, Rop)

Parameter:	destHdc	Gerätekontext des Zielgerätes
	X/Y	virtuelle X/Y-Koordinaten der oberen linken Ecke des Zielrechtecks
	w	Breite des Ziel- und Quell-Bitmaps in virtuellen Einheiten
	h	Höhe des Ziel- und Quell-Bitmaps in virtuellen Einheiten
	scrHdc	Gerätekontext des Quellgerätes (muß den Wert 0 haben, wenn durch den Parameter Rob eine Rasteroperation bestimmt wird, die keine Quelle enthält)
	scrX/scrY	virtuelle X/Y-Koordinaten der oberen linken Ecke des Quellrechtecks
	Rop	gibt die durchzuführende Rasteroperation an

Rückgabewert: *True*, wenn das Bitmap gezeichnet wurde, sonst *false*.

Funktion:	**CREATECOMPATIBLEBITMAP**
Beschreibung:	Funktion erzeugt ein Bitmap, das dem, durch den Parameter hdc angegebenen, Gerätekontext kompatibel ist.
Deklaration:	Declare Function CreateCompatibleBitmap Lib "GDI" (ByVal_ hdc, ByVal w, ByVal h)
DLL:	GDI
Syntax:	CreateCompatibleBitmap

Parameter:	hdc	Gerätekontext
	w	Breite des Bitmaps in Bits
	h	Höhe des Bitmaps in Bits

Rückgabewert: Bezeichnet ein Bitmap, wenn die Funktion erfolgreich durchgeführt wurde, sonst 0.

Funktion:	**CREATECOMPATIBLEDC**
Beschreibung:	Funktion erzeugt einen Speichergerätekontext, der dem, durch den Parameter hdc angegebenen, Gerätekontext kompatibel ist.
Deklaration:	Declare Function CreateCompatibleDC Lib "GDI" (ByVal hdc)
Syntax:	CreateCompatibleDC (hdc)
Parameter:	hdc - Gerätekontext
Rückgabewert:	Neuer Speichergerätekontext, wenn die Funktion erfolgreich durchgeführt wurde, sonst 0.

Funktion:	**DELETECD**
Beschreibung:	Funktion löscht den angegebenen Gerätekontext.
Deklaration:	Declare Function DeleteCD Lib "GDI" (ByVal hdc)
DLL:	GDI
Syntax:	DeleteCD (hdc)
Parameter:	hdc - Gerätekontext
Rückgabewert:	*True*, wenn Löschvorgang erfolgreich war, sonst *false*.

Funktion:	**DELETEOBJECT**
Beschreibung:	Funktion löscht das angegebene Objekt.
Deklaration:	Declare Function DeleteObject Lib "GDI" (ByVal hObject)
DLL:	GDI
Syntax:	DeleteObject (hObject)
Parameter:	hObject - Gerätekontext
Rückgabewert:	*True*, wenn Löschvorgang erfolgreich war, sonst *false*.

Funktion:	**EXTFLOODFILL**	
Beschreibung:	Funktion füllt einen Bereich des Bildschirmes mit dem aktuellen Pinsel.	
Deklaration:	Declare Function ExtFloodFill "GDI" (ByVal hdc, ByVal X,_ ByVal Y, ByVal scrColor As Long, ByVal wFillType As Long)	
DLL:	GDI	
Syntax:	ExtFloodFill (hdc, X, Y, scrColor, wFillType)	
Parameter:	hdc	Gerätekontext des Zielgerätes
	X/Y	virtuelle X/Y-Koordinaten des Ausgangspunktes
	scrColor	Farbe der Begrenzung oder des ausgefüllten Bereichs, abhängig vom Parameter wFillType
	wFillType	legt die Art des Ausfüllens fest: FloodFillBorder - der auszufüllende Bereich wird begrenzt durch die im Parameter Color festgelegte Farbe FloodFillSurface - der auszufüllende Bereich wird definiert durch die im Parameter Color festgelegte Farbe
Rückgabewert:	Ungleich 0, wenn das Ausfüllen erfolgreich war, sonst *false*.	

Funktion:	**GETBITMAPBITS**
Beschreibung:	Funktion kopiert die Bits der angegebenen Bitmaps in den Puffer, der durch den Parameter lpBits bezeichnet wird
Deklaration:	Declare Function GetBitmapBits Lib "GDI" (ByVal hBitmap,_ ByVal dwCount As Long, ByVal lpBits As Long) As Long

DLL:	GDI
Syntax:	GetBitmapBits (hBitmap, dwCount, lpBits)
Parameter:	hBitmap gibt das zu kopierende Bitmap an
	dwCount gibt die Anzahl der zu kopierenden Bytes an
	lpBits Gibt den Puffer an, in den das Bitmap kopiert werden soll
Rückgabewert:	Tatsächliche Anzahl der Bytes des Bitmaps, bei Fehler 0

Funktion: **GETDEVICECAPS**

Beschreibung: Funktion gibt gerätespezifische Informationen zu einem Bildschirm aus, wobei der Parameter nIndex den Typ der angeforderten Informationen bestimmt.

Deklaration: Declare Function GetDeviceCaps Lib "GDI" (ByVal hdc,_ ByVal nIndex)

DLL: GDI

Syntax: GetDeviceCaps (hdc, nIndex)

Parameter: hdc   Gerätekontext des Zielgerätes

nIndex   legt die zurückgegebene Information fest:

Index	*Bedeutung*
DriverVersion	Versionsnummer, z.B. $100 für 1.0
Technology	Gerätetechnik, mögliche Werte:
	dt_Plotter Vektorplotter
	dt_RasDisplay Rasterbildschirm
	dt_RasPrinter Rasterdrucker
	dt_RasCamera Rasterkamera
	dt_CharStream Zeichen-Stream
	dt_MetaFile Metafile
	dt_DispFile Bildschirmdatei
HorzSize	Breite der physikalischen Anzeige in Millimetern
VertSize	Höhe der physikalischen Anzeige in Millimetern
HorzRes	Breite der Anzeige in Pixel
VertRes	Höhe der Anzeige in Scan-Zeilen
LogPixelsX	Anzahl der Pixel pro virtuellem Zoll über die Breite der Anzeige
LogPixelsY	Anzahl der Pixel pro virtuellem Zoll über die Höhe der Anzeige
BitsPixel	Anzahl der benachbarten Farb-Bits eines Pixels
Planes	Anzahl der Farbebenen
NumBrushes	Anzahl der gerätespezifischen Pinsel
NumMarkers	Anzahl der Markierungssymbole

Parameter: (Fortsetzung)	NumPens	Anzahl der gerätespezifischen Stifte
	NumFonts	Anzahl der gerätespezifischen Schriften
	NumColors	Anzahl der Einträge in der Farbtabelle des Geräts
	AspectX	Relative Breite des zum Zeichnen einer Linie verwendeten Pixels eines Gerätes
	AspectY	Relative Höhe des zum Zeichnen einer Linie verwendeten Pixels eines Gerätes
	AspectXY	Diagonale Abmessung des zum Zeichnen einer Linie verwendeten Pixels eines Gerätes
	PDeviceSize	Größe der internen PDEVICE-Datenstruktur
	ClipClaps	Flag, das die Clipping-Fähigkeit des Geräts anzeigt. Es ist 1, wenn das Gerät entlang eines Rechtecks abschneiden kann und 0, wenn es dazu nicht in der Lage ist
	SizePalette	Anzahl der Einträge in der Systempalette. Dieser Index ist nur dann gültig, wenn der Gerätetreiber das rc_Palette-Bit im RasterCaps-Index setzt. Er ist nur verfügbar, wenn die Versionsnummer des Treibers 3.0 und höher ist.
	NumReserved	Anzahl der reservierten Einträge in der Systempalette. Dieser Index ist nur dann gültig, wenn der Gerätetreiber das rc_Palette-Bit im RasterCaps-Index setzt. Er ist nur verfügbar, wenn die Versionsnummer des Treibers 3.0 und höher ist.
	ColorRes	Gegenwärtige Farbauflösung des Geräts in Bits je Pixel.Dieser Index ist nur dann gültig, wenn der Gerätetreiber das rc_Palette-Bit im RasterCaps-Index setzt. Er ist nur verfügbar, wenn die Versionsnummer des Treibers 3.0 und höher ist.

Parameter: (Fortsetzung)	RasterCaps	Wert, der die Rasterfähigkeiten anzeigt:	
		rc_Banding	Benötigt Frequenzunter-stützung
		rc_BitBlt	Fahigkeit zur Bitmap-Übertragung
		rc_BigFont	Unterstützt Schriften mit mehr als 64 KByte
		rc_Bitmap64	Fähig zur Unterstützung von Bitmaps mit mehr als 64 KByte
		rc_DI_Bitmap	Fähig zu Unterstützung von SetDIBits und GetDIBits
		rc_DIBToDev	Fähig zu Unterstützung von SetDIBitsToDevice
		rc_FloodFill	Fähig zum Ausmalen
		rc_GDI20_ Output	Fähig zur Untestützung von Merkmalen der Ver-sion Windows 2.0
		rc_Palette	Unterstützt Farbpaletten
		rc_Scaling	Fähig zum Skalieren
		rc_StretchBlt	Fähig zur Durchführung von StretchBlt
		rc_StretchDIB	Fähig zur Durchführung von StretchDIB
	CurveCaps	Zeigt die Bogenzeichenfähigkeit des Geräts:	
		cc_Chord	Kann Kreisbögen darstellen
		cc_Circles	Kann Kreise darstellen
		cc_Ellipses	Kann Ellipsen darstellen
		cc_Interiors	Kann Ausfüllungen dar-stellen
		cc_None	Gerät hat keine Bogen-zeichnungsfähigkeiten
		cc_Pie	Kann Tortendiagramme darstellen
		cc_Styled	Kann veschiedene Linien darstellen
		cc_Wide	Kann breite Lienien dar-stellen
		cc_WideStyled	Kann verschieden breite Linien darstellen

Parameter: (Fortsetzung)	LineCaps	Zeigt die Linienzeichenfähigkeit des Geräts:	
		lc_Interiors	Kann Ausfüllungen darstellen
		lc_Marker	Kann Markierungen darstellen
		lc_None	Gerät hat keine Linienzeichnungsfähigkeiten
		lc_PolyLine	Kann Linienzüge darstellen
		lc_PolyMarker	Kann Punktmarkierungen darstellen
		lc_Styled	Kann verschiedene Linien darstellen
		lc_Wide	Kann breite Linien darstellen
		lc_WideStyled	Kann veschieden breite Linien darstellen
	PolygonalCaps	Fähigkeit zum Zeichnen von Vielecken:	
		pc_Interior	Kann Ausfüllungen darstellen
		pc_None	Gerät kann keine Vielecke darstellen
		pc_Polygon	Kann Vielecke darstellen
		pc_Rectangle	Kann Rechtecke darstellen
		pc_ScanLine	Kann Scan-Zeilen darstellen
		pc_Styled	Kann verschiedene Rahmen darstellen
		pc_Trapezoid	Kann Trapeze darstellen
		pc_Wide	Kann breite Rahmen darstellen
		pc_WideStyled	Kann verschieden breite Rahmen darstellen
		pc_Wind_ Polygon	Kann komplexe Vielecke darstellen
	TextCaps	Fähigkeit des Gerätes Text darzustellen:	
		tc_cp_Stroke	Kann vektoriell mit Clipping ausgeben
		tc_cr_90	Kann Buchstaben um 90 Grad rotieren
		tc_cr_Any	Kann beliebige Buchstabenrotationen vornehmen

Parameter:	tc_ca_Double	Kann Zeichen fett setzen
(Fortsetzung)	tc_la_Able	Kann Zeichen kursiv setzen
	tc_op_Character	Kann zeichengenau ausgeben
	tc_op_Stroke	Kann vektoriell ausgeben
	tc_va_Able	kann Rasterschriften darstellen
	tc_sa_Double	Kann mit zweifachem Skalenabstand skalieren
	tc_sa_Integer	Kann das mehrfache eines Integerwertes zur Skalierung verwenden
	tc_sa_Contin	Kann einen beliebigen vielfachen Wert zur Skalierung verwenden
	tc_st_X_YIndep	Kann unabhängig von X und Y skalieren
	tc_so_Able	Kann Zeichen durchgestrichen darstellen
	tc_ua_Able	Kann unterstreichen
	tc_va_Able	Kann Vektorschriften darstellen

Rückgabewert: Wert der angeforderten Information

Funktion:	**GETMENU**
Beschreibung:	Gibt für ein Menu im angegebenen Fenster das Handle an.
Deklaration:	Declare Function GetMenu Lib "User" (ByVal hwnd)
DLL	USER
Syntax:	GetMenu (hwnd)
Parameter:	hwnd - legt das Fenster des gefragten Menüs fest
Rückgabewert:	Bezeichnung des Menüs; 0, wenn ein Fenster ohne Menü ausgewählt wurde.

Funktion:	**GETNEARESTCOLOR**
Beschreibung:	Funktion gibt die virtuelle Farbe an, die einer angegebenen virtuellen Farbe am ähnlichsten ist und von dem im Parameter hdc festgelegten Gerät darstellbar ist.
Deklaration:	Declare Function GetNearestColor Lib "GDI" (ByVal hdc,_ ByVal RGBColor As Long) As Long

DLL	GDI
Syntax:	GetNearestColor (hdc, RGBColor)
Parameter:	hdc Gerätekontext des Zielgerätes
	RGBColor Wert der Farbe, die verglichen werden soll
Rückgabewert:	Wert der ähnlichsten, darstellbaren, virtuellen Farbe

Funktion:	**GETPRIVATEPROFILEINT**
Beschreibung:	Funktion ermittelt aus einer Initialisierungsdatei den Wert einer Integerschlüsselanweisung.
Deklaration:	Declare Function GetPrivateProfileInt Lib "Kernel" (ByVal_ Appname As String, ByVal Keyname As String, ByVal standard_ As Integer, ByVal FileName As String)
DLL	KERNEL
Syntax:	GetPrivateProfileInt (Appname, Keyname, standard, Filename)
Hinweis:	Der Eintrag in der Initialisierungsdatei hat folgenden Aufbau: [Anwendungsname] Schlüsselname = Ganzzahl
Parameter:	Appname Name einer Windows-Anwendung, die in der Initialisierungsdatei erscheint
	Keyname Bezeichnung der Schlüsselanweisung
	standard Standardwert der angegebenen Schlüsselanweisung
	Filename Bezeichnung der Initialisierungsdatei
Rückgabewert:	0, wenn zum Schlüsselnamen kein oder ein negativer Integerwert gehört; Wert der Ziffern, sofern der Schlüsselname Ziffern enthält; standard, wenn die Schlüsselanweisung nicht gefunden wurde

Funktion:	**GETPRIVATEPROFILESTRING**
Beschreibung:	Funktion ermittelt aus einer Initialisierungsdatei den String einer Schlüsselanweisung und speichert diesen in einen Puffer.
Deklaration:	Declare Function GetPrivateProfileString Lib "Kernel" (ByVal_ Appname As String, ByVal Keyname As String, ByVal standard_ As String, ByVal ReturnedString As String, ByVal MaxSize As_ Integer, ByVal FileName As String)
DLL	KERNEL
Syntax:	GetPrivateProfileString (Appname, Keyname, standard,_ ReturnedString, MaxSize, Filename)
Hinweis:	Der Eintrag in der Initialisierungsdatei muß folgenden Aufbau haben: [Anwendungsname] Schlüsselname = Zeichenkette

Geben Sie für Keyname 0 an, so listet die Funktion alle Schlüsselnamen auf, die der Anwendung Appname zugeordnet sind. Die Länge der Zeichenkette ist allerdings durch MaxSize begrenzt.

Parameter:	Appname	Name einer Windows-Anwendung, die in der Initialisierungsdatei erscheint
	Keyname	Bezeichnung der Schlüsselanweisung
	standard	Standardzeichenkette der angegebenen Schlüsselanweisung
	ReturnedString	Puffer, in den die Zeichenkette kopiert wird
	MaxSize	maximale Anzahl der Zeichen, einschließlich Nullen, die in den Speicher kopiert werden sollen
	Filename	Bezeichnung der Initialisierungsdatei
Rückgabewert:	Anzahl der kopierten Zeichen, ohne abschließende Nullzeichen	

Funktion:	**WRITEPRIVATEPROFILESTRING**
Beschreibung:	Funktion trägt eine neue Schllüsselanweisung in eine Initialisierungsdatei ein oder ersetzt bei einer bestehenden Schlüsselanweisung den Wert.
Deklaration:	Declare Function WritePrivateProfileString Lib "Kernel" (ByVal Appname As String, ByVal Keyname As String, ByVal_ NewString As String, FileName As String)
DLL	**KERNEL**
Syntax:	WritePrivateProfileString (Appname, Keyname, NewString,_ FileName)
Hinweis:	Der Eintrag in der Initialisierungsdatei muß folgenden Aufbau haben: [Anwendungsname] Schlüsselname = Zeichenkette

Parameter:	Appname	Name einer Windows-Anwendung, die in der Initialisierungsdatei erscheint
	Keyname	Bezeichnung der Schlüsselanweisung
	NewString	Wert (neuer Wert) der angegebenen Schlüsselanweisung
	Filename	Bezeichnung der Initialisierungsdatei
Rückgabewert:	*True*, wenn die Funktion erfolgreich durchgeführt wurde, sonst *false*.	

Funktion:	**GETSUBMENUE**
Beschreibung:	Funktion gibt das Menü-Handle eines Pop-Up-Menüs an.
Deklaration:	Declare Function GetSubMenu Lib "User" (ByVal hwnd, ByVal_ Position)
DLL	USER
Syntax:	GetSubMenu (hwnd, Position)
Parameter:	hwnd - Bezeichnung des Menüs
	Position - gibt die Position des Pop-Up-Menüs im angegebenen Menü an, die Werte beginnen mit 0 für die erste Menüoption.
Rückgabewert:	Bezeichnet das Pop-Up-Menü; 0, wenn an der angegebenen Position kein solches Menü besteht

Funktion:	**GETSYSTEMMENU**
Beschreibung:	Greift über die Anwendung auf das Systemmenü zu, um dieses zu kopieren und eventuell zu ändern.
Deklaration:	Declare Function GetSystemMenu Lib "User" (ByVal hwnd,_ ByVal bRevert)
DLL	USER
Syntax:	GetSystemMenu (hwnd, bRevert)
Parameter:	hwnd - gibt das Fenster an, das eine Kopie des Systemmenüs erhalten soll
	bRevert.- Bestimmung der auszuführenden Aktion:
	false: Die Funktion gibt ein Handel des aktuell verwendeten Systemmenüs zurück, die anschließend verändert werden kann.
	true: Die Funktion entfernt die aktuell zu dem bestimmten Fenster gehörige Kopie des Systemmenüs und ersetzt sie durch ein Handle der ursprünglichen Systemmenüversion.
Rückgabewert:	Bezeichnet das Systemmenü

Funktion:	**GLOBALLOCK**
Beschreibung:	Funktion reserviert einen Speicherbereich im globalen Speicher für eine Anwendung und sperrt ihn gegen andere Zugriffe. Die Aufhebung dieser Funktion erfolgt durch GlobalUnlock (siehe unten).
Deklaration:	Declare Function GlobalLock Lib "Kernel" (ByVal nMem)_ As Long
DLL	KERNEL
Syntax:	GlobalLock (nMem)
Parameter:	nMem - bezeichnet einen Speicherblock
Rückgabewert:	Erstes Speicherbyte im globalen Block, wenn die Funktion erfolgreich ausgeführt wurde, sonst 0.

Funktion:	**GLOBALUNLOCK**
Beschreibung:	Funktion hebt die Reservierung eines Speicherbereich im globalen Speicher, die durch GlobalLock gesetzt wurde, wieder auf.
Deklaration:	Declare Function GlobalUnlock Lib "Kernel" (ByVal nMem)
DLL	KERNEL
Syntax:	GlobalUnlock (nMem)
Parameter:	nMem - bezeichnet den Speicherblock, dessen Sperrung aufgehoben werden soll
Rückgabewert:	*False*, wenn Sperrenzähler auf 0 verringert wurde, sonst *true*.

Funktion:	**INVERTRECT**
Beschreibung:	Funktion gibt ein inverses Bild des bezeichneten Rechtecks aus.
Deklaration:	Declare Function InvertRect Lib "User" (ByVal hdc, lpRect As_ RECT)
DLL	USER
Syntax:	InvertRect (hdc, lpRect)
Parameter:	hdc - Gerätekontext lpRect - Datenstruktur mit den virtuellen Koordinaten des Rechtecks

Funktion:	**REMOVEMENU**
Beschreibung:	Funktion löscht einen Menüeintrag mit verbundenem Pop-UP-Menü, das Handel bleibt erhalten, so daß eine Wiederverwendung des Menüs möglich ist.
Deklaration:	Declare Function RemoveMenu Lib "User" (ByVal hMenu,_ ByVal nPosition, ByVal wFlags)
DLL	USER
Syntax:	RemoveMenu (hMenu, nPosition, wFlags)
Parameter:	hMenu - gibt das zu verändernde Menü an nPosition - gibt die zu löschende Menüoption an wFlags - bestimmt die Interpretation des Parameters nPosition, er muß mf_ByCommand (Befehls-ID des Menüs) oder mf_ByPosition (Position der Menüoption) sein.
Rückgabewert:	*True*, wenn die Funktion erfolgreich ausgeführt wurde, sonst *false*.

Funktion:	**SELECTOBJECT**
Beschreibung:	Funktion wählt ein virtuelles Objekt aus, wobei dieses das vorherige Objekt gleichen Typs ersetzt.
Deklaration:	Declare Funktion SelectObject Lib "GDI" (ByVal hdc, ByVal_ hObject)

DLL	GDI
Syntax:	SelectObject (hdc, hObject)
Parameter:	hdc - Gerätekontext
	hObject - Standardobjekt der GDI-Ausgabefunktionen
Rückgabewert:	Bezeichnet das ersetzte Objekt

Funktion:	**SETBITMAPBITS**
Beschreibung:	Funktion setzt die Bits der angegebenen Bitmaps auf die Werte, die durch den Parameter lpBits bezeichnet werden.
Deklaration:	Declare Function SetBitmapBits Lib "GDI" (ByVal hBitmap,_ ByVal dwCount As Long, ByVal lpBits As Long) As Long
DLL:	GDI
Syntax:	SetBitmapBits (hBitmap, dwCount, lpBits)
Parameter:	hBitmap — gibt das zu setzende Bitmap an
	dwCount — gibt die Anzahl der zu setzenden Bytes an
	lpBits — Gibt die Bitmap-Bits an, die in einem Byte-Array gespeichert sind
Rückgabewert:	Anzahl der gesetzten Bytes des Bitmaps, bei Fehler 0

Funktion:	**STRETCHBLT**
Beschreibung:	Funktion bewegt ein Bitmap von einem Quellrecht (Kontext destHdc) zu einem Zielrechteck (Kontext scrHdc) und paßt seine Abmessungen an (Strecken und Stauchen).
Deklaration:	Declare Function StretchBlt Lib "GDI" (ByVal destHdc, ByVal_ X, ByVal Y, ByVal w, ByVal h, ByVal scrHdc, ByVal scrX,_ ByVal scrY, ByVal scrW, ByVal scrH, ByVal Rop As Long)
DLL:	GDI
Syntax:	StretchBlt (destHdc, X, Y, w, h, scrHdc, scrX, scrY, scrW,_ scrH, Rop)
Parameter:	destHdc — Gerätekontext des Zielrechtecks
	X/Y — virtuelle X/Y-Koordinaten der oberen linken Ecke des Zielrechtecks
	w/h — Breite/Höhe des Zielrechtecks in virtuellen Einheiten
	scrHdc — Gerätekontext des Quellrechtecks
	scrX/scrY — virtuelle X/Y-Koordinaten der oberen linken Ecke des Quellrechtecks
	scrW/scrH — Breite/Höhe des Quellrechtecks in virtuellen Einheiten
	Rop — gibt die durchzuführende Rasteroperation an
Rückgabewert:	*True*, wenn das Bitmap gezeichnet wurde, sonst *false*.

Funktion:	TRACKPOPUPMENU
Beschreibung:	Funktion gibt an der angegebenen Position ein Pop-Up-Menü aus und ermittelt dessen Tracking-Auswahl für die Optionen.
Deklaration:	Declare Function TrackPopupMenu Lib "User" (ByVal hMenu,_ ByVal r1, ByVal X, ByVal Y, ByVal r2, ByVal hwnd, ByVal_ r3 As Long)
DLL	USER
Syntax:	TrackPopupMenu (hmenu, r1, X, Y, r2, hwnd, r3)

Parameter:

hMenu	gibt das darzustellende Pop-Up-Menü an
r1,r2	reserviert, müssen auf 0 gesetzt werden
r3	reserviert, muß auf nil gesetzt werden
X	legt die horizontale Position der linken Seite des Menüs auf dem Bildschirm in Bildschirmkoordinaten fest
Y	legt die vertikale Position der Oberkante des Menüs auf dem Bildschirm in Bildschirmkoordinaten fest

Rückgabewert: *True*, wenn die Funbktion erfolgreich ausgeführt wurde, sonst *false*.

Um Ihnen den Einsatz der Funktionen zu verdeutlichen, ist nachfolgend ein kleines Demonstrationsprogramm abgedruckt, in dem die API- und GDI-Funktionen aufgerufen werden. In der Regel sollten Sie die Datentypen standardmäßig auf Integer festlegen. In diesem Fall brauchen Sie Ganzzahlvariablen und Funktionen mit dem Typ Integer nicht explizit zu deklarieren (*DEFINT A-Z*). Wenn Sie sich die aufgeführten Funktionen ein wenig genauer betrachtet haben, werden Sie häufiger mit dem Begriff Gerätekontext (hDC) und mit der Fensterkennung (hWnd) konfrontiert worden sein. Beide Werte können innerhalb von Visual Basic über die Eigenschaften **hDC** und **hWnd** ermittelt und unmittelbar an die Systemfunktionen übergeben werden. Weisen Sie den Wert dieser Eigenschaften keinen Variablen zu, sondern übergeben Sie die Funktionen unmittelbar beim Aufruf in der Parameterliste, da sich die Werte sehr schnell ändern können. Wie bereits zu Beginn erwähnt, können die Systemfunktionen nur nach entsprechender Deklaration eingesetzt werden. Diese sind im folgenden Listing enthalten, ebenso wie einige Windows-Konstanten, die in Verbindung mit speziellen Systemfunktionen eingesetzt werden.

Hinweis: Beachten Sie, daß für das Demonstrationsprogramm die benutzerdefinierte DLL ToolsDLL eingesetzt wird. Hinweise zur Erstellung und zum Einsatz dieser dynamischen Link-Bibliothek können Sie Kapitel 3.4 entnehmen.

```
'*****************************************************************
'* API-/GDI-Funktionen für Visual Basic                        *
'*                                                              *
'* (die API- und GDI-Funktionen wurden so ausgewählt, daß      *
'* nicht nur alternative, sondern tatsächlich zusätzliche      *
'* Anweisungen in Visual Basic bereitstehen; die Routinen      *
'* können in allen Programmen genutzt werden, in denen dises*
'* globale Deklarationsmodul eingebunden wird)                 *
'*                                                              *
'* Visual Basic für Programmierer - Vieweg Verlag              *
'* (c)1992 by Dipl.-Ing. Andreas Maslo                         *
'*****************************************************************


'*****************************************************************
'* Standarddelaration für alle Variablen Integer (Ganzzahl) *
'*****************************************************************

DefInt A-Z

'*****************************************************************
'* Deklarationsteil der Funktionen aus der Dynamischen Link-*
'* bibliothek ToolsDLL (erstellt mit Turbo Pascal f.Windows;*
'* kopieren in globalen Windows-Pfad)                          *
'*                                                              *
'* (c) 1992 by Dipl.-Ing. Andreas Maslo                        *
'*****************************************************************

Declare Function HighByte% Lib "ToolsDLL.DLL" (ByVal Wert%)
Declare Function LowByte% Lib "ToolsDLL.DLL" (ByVal Wert%)
Declare Function FreeSpace% Lib "ToolsDLL.DLL" (ByVal Drive%)
Declare Function DiskSpace% Lib "ToolsDLL.DLL" (ByVal Drive%)

'*****************************************************************
'* API-Funktionen (DLL: KERNEL.EXE) für Visual Basic           *
'*****************************************************************

Declare Function GetVersion% Lib "Kernel" ()
Declare Function GetNumTasks% Lib "Kernel" ()
Declare Function GetModuleHandle% Lib "Kernel" _
                (ByVal Modulname$)
Declare Function GetModuleFileName% Lib "Kernel" _
                (ByVal Handle%, ByVal Dateiname$,_
                 ByVal Laenge%)
Declare Function GetWinFlags& Lib "Kernel" ()
Declare Function GetFreeSpace& Lib "Kernel" (ByVal wFlag%)
Declare Function GetDriveType% Lib "Kernel" (ByVal Lw%)
Declare Sub GetSystemDirectory Lib "Kernel" (ByVal Text$,_
                ByVal Laenge%)
Declare Function GetWindowsDirectory% Lib "Kernel" _
                (ByVal Text$, ByVal Laenge%)
```

```
'***************************************************************
'* GDI-Funktionen (DLL: GDI.EXE) für Visual Basic             *
'***************************************************************

Declare Function Arc% Lib "GDI" (ByVal Hdc, ByVal x1%,_
              ByVal y1%, ByVal x2%, ByVal y2%, ByVal x3%,_
              ByVal y3%, ByVal x4%, ByVal y4%)
Declare Function Chord% Lib "GDI" (ByVal Hdc, ByVal x1%,_
              ByVal y1%, ByVal x2%, ByVal y2%, ByVal x3%,_
              ByVal y3%, ByVal x4%, ByVal y4%)
Declare Function Ellipse% Lib "GDI" (ByVal Hdc, ByVal x1%,_
              ByVal y1%, ByVal x2%, ByVal y2%)
Declare Function GetPixel& Lib "GDI" (ByVal Hdc, ByVal x%,_
              ByVal y%)
Declare Function LineTo% Lib "GDI" (ByVal Hdc, ByVal x%,_
              ByVal y%)
Declare Function MoveTo% Lib "GDI" (ByVal Hdc, ByVal x%,_
              ByVal y%)
Declare Function Pie% Lib "GDI" (ByVal Hdc, ByVal x1%,_
              ByVal y1%, ByVal x2%, ByVal y2%, ByVal x3%,_
              ByVal y3%, ByVal x4%, ByVal y4%)
Declare Function Rectangle% Lib "GDI" (ByVal Hdc, ByVal x1%,_
              ByVal y1%, ByVal x2%, ByVal y2%)
Declare Function RoundRect% Lib "GDI" (ByVal Hdc, ByVal x1%,_
              ByVal y1%, ByVal x2%, ByVal y2%, ByVal x3%,_
              ByVal y3%)
Declare Function SetPixel& Lib "GDI" (ByVal Hdc, ByVal x%,_
              ByVal y%, ByVal Color&)


'***************************************************************
'* API-Funktionen (DLL: USER.EXE) für Visual Basic            *
'***************************************************************

Declare Function AnsiLowerBuff% Lib "User" (ByVal Text$,_
               ByVal Laenge%)
Declare Function AnsiUpperBuff% Lib "User" (ByVal Text$,_
               ByVal Laenge%)
Declare Function WinHelp% Lib "User" (ByVal Hwnd,_
               ByVal Datei$, ByVal wCommand,_
               ByVal dwData As Long)
Declare Function GetDeskTopWindow% Lib "User" ()
Declare Sub MessageBeep Lib "User" (ByVal Null%)
Declare Function GetDoubleClickTime% Lib "User" ()
Declare Function SetDoubleClickTime% Lib "User" (ByVal Wert%)
Declare Function SwapMouseButton% Lib "User" (ByVal Wert%)
```

```
'**************************************************************
'* die nachfolgenden Konstanten können bei Bedarf in Verbin-*
'* dung mit den jeweils angegebenen API-/GDI-Funktionen     *
'* genutzt werden                                           *
'**************************************************************

'Wert für Funktion SwapMouseButton%
'Tasten vertauschen
Global Const Swap_True = 1
'ursprüngliche Maustasteneinstellung
Global Const Swap_False = 0

'GetWinFlags-Konstante
'Protected Mode
Global Const WF_PMode = &H1
'Hauptprozessor
Global Const WF_CPU286 = &H2
Global Const WF_CPU386 = &H4
Global Const WF_CPU486 = &H8
'Betriebsmodus
Global Const WF_Standard = &H10
Global Const WF_Enhanced = &H20
'Coprozessor
Global Const WF_WF_80x87 = &H400

'GetDriveType-Konstante
'Diskettenlaufwerk
Global Const Drive_Removeable = 2
'Festplattenlaufwerk
Global Const Drive_Fixed = 3
'Netzwerklaufwerk
Global Const Drive_Remote = 4

'WinHelp-Konstante
Global Const Help_Context = &H1
Global Const Help_Quit = &H2
Global Const HELP_HelpOnHelp = &H4

'Farbwerte für GDI-Funktionen
Global Const Scharz = &H0&
Global Const DunkelBlau = &H800000
Global Const DunkelGruen = &H8000&
Global Const DunkelCyan = &H808000
Global Const DunkelRot = &H80&
Global Const DunkelPurpur = &H800080
Global Const DunkelGelb = &H8080&
Global Const DunkelGrau = &H808080
Global Const Grau = &HC0C0C0
Global Const Blau = &HFF0000
```

```
'Farbwerte für GDI-Funktionen (Fortsetzung)
Global Const Gruen = &HFF00&
Global Const Cyan = &HFFFF00
Global Const Rot = &HFF&
Global Const Purpur = &HFF00FF
Global Const Gelb = &HFFFF&
Global Const Weiss = &HFFFFFF
```

Listing 3.1: Deklarationen von ausgewählten API-/GDI-Funktionen und -Konstanten (API.BAS)

Das nachfolgende Demoprogramm wird bei jedem *Paint*-Ereignis aufgerufen und gibt lediglich die Ergebnisse unformatiert in einem Formular aus. Auf eine genauere Beschreibung des Programmes wollen wir verzichten. Hinweise können Sie dem dokumentierten Listing entnehmen.

```
Sub Form_Paint ()
  'Demoaufrufe ausgewählter API-/GDI-Funktionen
  'Windows-Versionsnummer ermitteln
  Print "Hallo Windows "; WinVer$()
  'Anzahl aktiver Prozesse ermitteln
  Print "Anzahl Tasks: "; GetNumTasks%()
  'Dateinummer DLL oder EXE-Datei ermitteln
  Handle% = GetModuleHandle%("ToolsDLL")
  Print "Modul-Handle ToolsDLL: "; Handle%
  'Zeichenkette vorbereiten
  Dateiname$ = Space$(255)
  'Pfad des
  R% = GetModuleFileName%(Handle%, Dateiname$, 255)
  'Achtung: Ende jeder zurückgegebenen Zeichenkette
  'ist ein ASCII 0, daher ein Zeichen entfernen
  Print "Pfad Modul ToolsDLL: "; Cut$(Dateiname$)
  'Hardwareinformationen über die API-Funktion
  'GetWinFlags ermitteln und auswerten
  Flags& = GetWinFlags&()
  If Flags& And WF_PMode Then
    Print "ermittelter Modus: Protected Mode"
  End If
  If Flags& And WF_CPU286 Then
      Print "Hauptprozessor: 286"
    ElseIf Flags& And WF_CPU386 Then
      Print "Hauptprozessor: 386"
    ElseIf Flags& And WF_CPU486 Then
      Print "Hauptprozessor: 486"
  End If
  If Flags& And WF_Standard Then
      Print "Modus: Standardmodus"
    ElseIf Flags& And WF_Enhanced Then
      Print "Modus: Erweiterter Modus für 386er"
  End If
```

```
If Flags& And WF_80x87 Then
    Print "Coprozessor: installiert"
  Else
    Print "Coprozessor: nicht vorhanden"
End If
'Laufwerk A=0, B=1, C=2,... (hier Bsp. an Laufwerk C)
R% = GetDriveType%(2)
If R% = Drive_Removeable Then
    Print "Laufwerk ist ein Diskettenlaufwerk"
  ElseIf R% = Drive_Fixed Then
    Print "Laufwerk ist ein Festplattenlaufwerk"
  ElseIf R% = Drive_Remote Then
    Print "Laufwerk ist ein Netzwerklaufwerk"
End If
'Zeichenkette in Kleinbuchstaben konvertieren
'(abhängig von Landeseinstellung) und anschließend wieder
'in Großbuchstaben umwandeln
Text$ = "ÄÖÜOKJUOIÜÄÖ"
R% = AnsiLowerBuff%(Text$, Len(Text$))
Print "AnsiLowerBuff: "; Text$
R% = AnsiUpperBuff%(Text$, Len(Text$))
Print "AnsiUpperBuff: "; Text$
'Zeichenkette vom ANSI- ins OEM-Format; die Zeichenkette
'kann nicht größer als 64 KByte sein
Text$ = "ABCabcÄÖÜäöüß=)(890=}] [{.:,;0,31"
'elliptischen Kreisbogen zeichnen
R% = Arc%(Hdc, 300, 50, 600, 200, 360, 60, 580, 180)
'elliptischen Bogen zeichnen
'(wie Arc%, jedoch geschlossener Linienzug)
R% = Chord%(Hdc, 350, 50, 550, 150, 360, 60, 580, 180)
'Elliptische Region zeichnen
R% = Ellipse%(Hdc, 360, 100, 400, 200)
'Desktop-Fenster-Handle ermitteln
Print "Desktop-Handle: "; GetDeskTopWindow%()
'Farbwert eines Pixels ermitteln
Print "Farbwert mit GetPixel: "; GetPixel&(Hdc, 370, 100)
'Anfangspunkt zum Linien ziehen ansteuern
R% = MoveTo%(Hdc, 300, 60)
'Linie vom aktuellen bis zum angegebenen Punkt zeichnen
R% = LineTo%(Hdc, 320, 60)
'Tortendiagramm zeichnen
R% = Pie%(Hdc, 400, 30, 420, 50, 410, 35, 400, 40)
'Rechteck zeichnen
R% = Rectangle%(Hdc, 450, 50, 470, 100)
'Rechteck mit abgerundeten Ecken zeichnen
R% = RoundRect%(Hdc, 480, 50, 520, 100, 20, 20)
'Punkt setzen
For x% = 1 To 50
  S& = SetPixel&(Hdc, 350 + x%, 100, Purpur)
Next x%
```

```
    'Windows-Systempfad ermitteln
    Text$ = Space$(255)
    GetSystemDirectory Text$, Len(Text$)
    Print "Systempfad: "; Cut$(Text$)
    'Windows-Pfad ermitteln
    Text$ = Space$(255)
    R% = GetWindowsDirectory(Text$, Len(Text$))
    Print "Windows-Verzeichnis: "; Cut$(Text$)
    'Zeit für Doppelklick in ms ermitteln
    Print "Doppelklickintervall: "; GetDoubleClickTime%()
    'Programmende durch API-Beep-Funktion anzeigen
    R% = SwapMouseButton%(0)
    MessageBeep 0
End Sub


Sub Befehl1_Click ()
   'Demo API/GDI beenden
   End
End Sub
```

Listing 3.2: Beispielprogramm zum Einsatz ausgewählter API- und GDI-Funktionen (API.FRM)

Basic, so auch Visual Basic, verfügt im Vergleich zu anderen Programmiersprachen, wie z.B. C, nur über eine begrenzte Anzahl von Datentypen (vgl. Kapitel 2). Windows selbst ist in C entwickelt und gibt Werte entsprechend anderer Datentypen zurück. In der Regel können Datentypen, wie Byte und Word mit den Visual Basic-Datentypen Integer und Long ausgelesen werden. Für das Ermitteln der einzelnen Werte, wie höherwertiges und niederwertiges Byte oder einzelne Bit-Informationen fehlen jedoch die entsprechenden Anweisungen. Zwar lassen sich die Funktionen zur Bitmanipulation auch in Basic entwickeln, in unserem Fall verwenden wir jedoch die Konvertierroutinen des Turbo Pascal-Entwicklungssystems für Windows (vgl. Kapitel 3.4). Diese setzen wir im Demoprogramm zur Ermittlung der Windows-Version ein. Im nachfolgenden Listing sind die Funktionsaufrufe und das Formatieren von Zeichenketten enthalten. Zeichenketten, die von Windows zurückgegeben werden, sind ASCIIZ-Strings (ASCII 0), werden also durch ein CHR$(0) beendet. Werden Zeichenketten über Systemfunktionen ermittelt, sollten diese bereits in einer Länge von 255 Zeichen initialisiert sein (z.B. *Ergebnis$=Space$(255)*) und erst anschließend als Parameter in einem API-Funktionsaufruf eingesetzt werden. Die vom System zurückgegebene Zeichenkette muß von Visual Basic auf die echte Länge gekürzt werden. Entweder verwenden wir hierzu die durch diverse Funktionen in einem speziellen Parameter zurückgegebene Länge der Zeichenkette oder kürzen die Zeichenkette durch eine benutzerdefinierte Funktion (s. *Cut$*).

```
Function WinVer$ ()
  'Speicherwort ermitteln, das die aktuelle
  'Windows-Version enthält (Wort = Word = 2 Byte)
  Wert% = GetVersion%()
  'Version in Zeichenkettenform
  'niederwertiges Byte: Unterversionsnummer
  'höherwertiges Byte:  Hauptversionsnummer
  'LowByte und HighByte wurde über
  'Turbo Pascal-DLL importiert
  WinVer$ = Str$(LowByte%(Wert%)) + "." + LTrim$(Str$(HighByte%(Wert%)))
End Function


Function Cut$ (Text$)
  'Funktion zum Entfernen des letzten ASCII-Zeichens
  'aus einer Zeichenkette (CHR$(0)) (i.V. mit API-Funktion);
  'diese Funktion setzt voraus, daß die Zeichenkette
  'vor einem API-Aufruf mit Leerzeichen aufgefüllt wurde...
  Text$ = RTrim$(Text$)
  'zunächst überprüfen
  If Right$(Text$, 1) = Chr$(0) Then
    ' ein Zeichen abschneiden
    Text$ = Left$(Text$, Len(Text$) - 1)
  End If
  Cut$ = Text$
End Function
```

Listing 3.3: Quelldatei mit speziellen Konvertierfunktionen für verwendete API- und GDI-Funktionen

Damit haben Sie bereits eine Möglichkeit kennengelernt, wie Sie den Sprachumfang von Visual Basic sinnvoll erweitern könnnen. Die Ausgabe des Demoprogrammes ist in Bild 3.1 dargestellt. Wollen Sie eigene DLLs anlegen, und um nichts anderes handelt es sich bei den Dateien USER.EXE, KERNEL.EXE und GDI.EXE, dann müssen Sie auf eine Fremdsprache ausweichen. Im nächsten Kapitel werden wir Ihnen an einem einfachen Beispiel die Entwicklung einer DLL vorstellen.

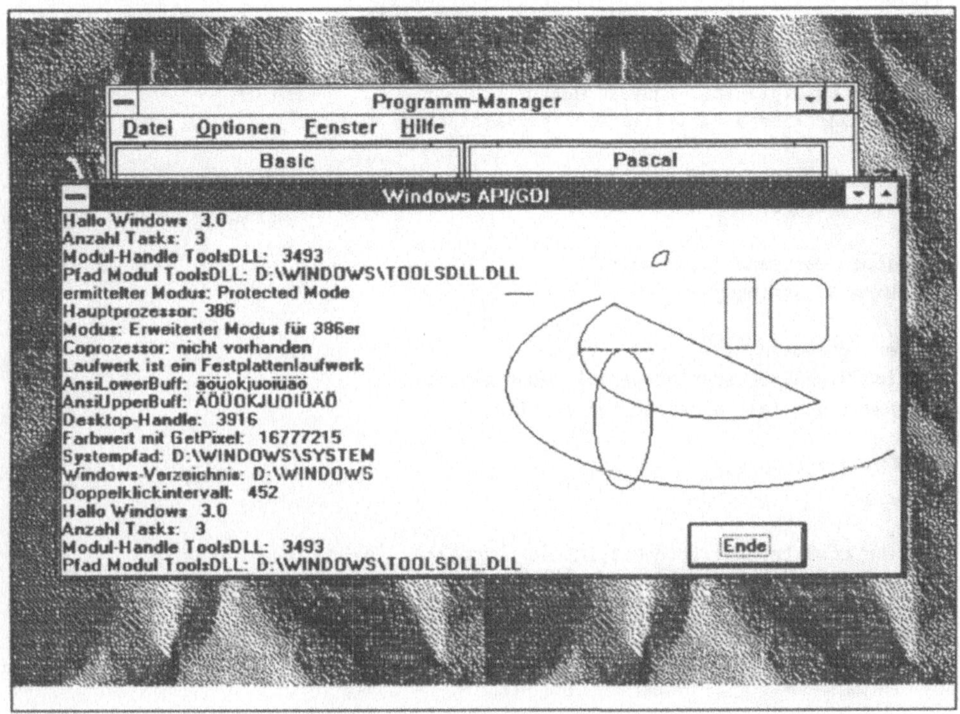

Bild 3.1: Das Testprogramm API

3.4 Schnittstelle zu anderen Programmiersprachen

Haben Sie bereits mit einem Basic-Compiler unter dem Betriebssystem MS-DOS gearbeitet, dann sind Sie es wahrscheinlich gewohnt, benutzerdefinierte Bibliotheken anzulegen, die bereits compiliert sind und lediglich zu einem ausführbaren Programm hinzugebunden werden müssen. In Visual Basic selbst lassen sich lediglich Quelldateien als Benutzerbibliotheken anlegen. Wollen Sie DLLs generieren, müssen Sie eine andere Programmiersprache verwenden. Aufgrund der Popularität von *Turbo Pascal für Windows*, wollen wir Ihnen die einzelnen Arbeitsschritte an einem leicht nachvollziehbaren Beispiel mit dieser Sprache demonstrieren. Dabei gehen wir davon aus, daß Sie mit der Pascal-Programmierung und der entsprechenden Syntax ein wenig vertraut sind. Zunächst erstellen Sie sich eine Benutzerbibliothek und geben dieser Bibliothek über das Schlüsselwort *Library* einen Namen. Danach binden Sie benötigte *Units* (Bibliotheken) ein, definieren Sie die Prozeduren und deklarieren die für Visual Basic vorgesehenen Funktionen und Unterprogramme mit dem Schlüsselwort *export* als exportierbar (s. Listing 3.4).

```pascal
{**************************************************}
{ Turbo Pascal für Windows - DLL                   }
{ DEMO-Funktionsbibliothek für Visual Basic        }
{ (c)1992 by Dipl.-Ing. Andreas Maslo              }
{**************************************************}

{Bibliothek benennen}
library ToolsDLL;

{einbinden der benötigten Units}
uses WinDOS, Strings;

{Konvertierroutinen}
function HighByte(Wert:Integer):Integer;export;
{höherwertigen Teil eines Wortes ermitteln}
begin
  HighByte:=HI(Wert)
end;

function LowByte(Wert:Integer):Integer;export;
{höherwertigen Teil eines Wortes ermitteln}
begin
  LowByte:=LO(Wert)
end;

{DOS-Funktionen}
function FreeSpace(Drive: Byte):Integer; export;
{freie Laufwerkskapazität in KByte
 A=1, B=2,...}
begin
  FreeSpace:=DiskFree(Drive) div 1024
end;

function DiskSpace(Drive: Byte):Integer; export;
{Laufwerkskapazität gesamt in KByte
 A=1, B=2,...}
begin
  DiskSpace:=DiskSize(Drive) div 1024
end;

{Funktionen exportieren}
exports
  HighByte      index 1,
  LowByte       index 2,
  FreeSpace     index 3,
  DiskSpace     index 4;

begin
end.
```

Listing 3.4: Aufbau einer DLL in Turbo Pascal für Windows (TOOLSDLL.PAS)

In einem zweiten Schritt starten Sie nun den Testlauf unter Turbo Pascal. Es sei allerdings schon jetzt darauf hingewiesen, daß nicht alle Routinen, die einwandfrei in Turbo Pascal laufen, auch in Visual Basic fehlerfrei genutzt werden können.- Erzeugen Sie sich zunächst eine Unit, die den Aufbau besitzt, wie er in Listing 3.5 dargestellt ist. Diese Unit ermöglicht es, daß Turbo Pascal die angegebenen Prozeduren als *external* erkennt.

```
{*****************************************************}
{ Turbo Pascal für Windows                           }
{ Unit zur Dynamischen Link-Bibliothek ToolsDLL      }
{ Testlauf der Funktionen in Turbo Pascal            }
{ (c) 1992 by Dipl.-Ing. Andreas Maslo               }
{*****************************************************}


{**************************}
{Name der Unit vereinbaren}
{**************************}

unit Tools;

{*****************}
{Deklarationsteil}
{*****************}

interface

function HighByte(Wert: Integer):Integer;
function LowByte(Wert: Integer): Integer;
function FreeSpace(Drive: Byte):Integer;
function DiskSpace(Drive:Byte):Integer;

{*********************************}
{externe Zuweisung zur DLL ToolsDLL}
{*********************************}

implementation

function HighByte;        external 'ToolsDLL' index 1;
function LowByte;         external 'ToolsDLL' index 2;
function FreeSpace;       external 'ToolsDLL' index 3;
function DiskSpace;       external 'ToolsDLL' index 4;

begin
end.
```

Listing 3.5: Erstellung einer Unit für Turbo Pascal für Windows (TOOLS.PAS)

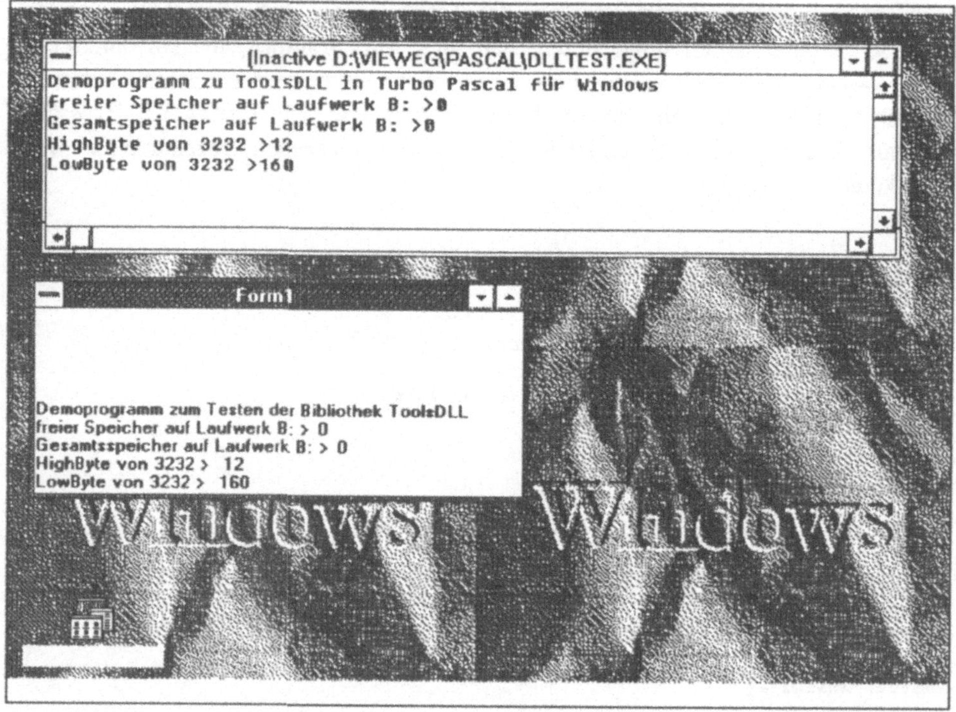

Bild 3.2: DLLTEST und PASCAL in Aktion

Nun können Sie das Pascal-Programm in üblicher Weise erstellen. Anstatt der DLL verwenden Sie die zuvor generierte Unit als einzubindende Funktionsbibliothek (s. Listing 3.5). Damit kann während der Programmausführung auf die DLL zugegriffen werden. Auch der Name der DLL ist bereits durch die Unit bekannt.

```
{**************************************************}
{ Turbo Pascal für Windows / Visual Basic          }
{ Demo-Programm zur Bibliothek ToolsDLL            }
{ für Turbo Pascal für Windows                     }
{ Anmerkung: Die Ausgabe erfolgt unter Windows     }
{            mit Hilfe der Unit WinCrt             }
{ (c)1992 by Dipl.-Ing. Andreas Maslo             }
{**************************************************}


program DLLTest;

uses WinCrt, Tools;

var
  AX, BX, CX, DX:Integer;
  Attr:Word;
```

```
begin
  {Laufwerk A=1, B=2,...}
  WriteLn('Demoprogramm zu ToolsDLL in Turbo Pascal_
          für Windows');
  Write('freier Speicher auf Laufwerk B: >');
  WriteLn(FreeSpace(2));
  Write('Gesamtspeicher auf Laufwerk B: >');
  WriteLn(DiskSpace(2));
  Write('HighByte von 3232 >');
  WriteLn(HighByte(3232));
  Write('LowByte von 3232 >');
  WriteLn(Lowbyte(3232));
end.
```

Listing 3.6: Test der benutzerdefinierten DLL in Turbo Pascal für Windows (DLLTEST.PAS)

Sollten die benutzerdefinierten Anweisungen korrekt arbeiten, können Sie sie auch mit Visual Basic testen (s. Listing 3.7). Die Unit selbst ist für Basic nicht erforderlich, da bei Funktionsaufrufen aus einer DLL der Bibliotheksname mit angegeben werden muß. Ansonsten gehen Sie so vor, als wenn Sie eine API-Funktion verwenden wollen. Deklarieren Sie zunächst die Funktion entsprechend und verwenden Sie sie anschließend wie eine interne Basic-Anweisung. Die Ausgabe erfolgt in unserem Visual Basic-Demoprogramm über das Ereignis *Paint* und ähnelt der Ausgabe des Pascal-Programmes. Eine Gegenüberstellung der Bildschirmausgaben ist in Bild 3.2 enthalten.

```
'**************************************************************
'* Deklarationsteil der DLL-Funktionen aus ToolsDLL.DLL       *
'* (c) 1992 by Dipl.-Ing. Andreas Maslo                       *
'**************************************************************

'Deklarationsaufbau: Routine, Bibliothek, Parameterliste
Declare Function HighByte% Lib "ToolsDLL.DLL" (ByVal Wert%)
Declare Function LowByte% Lib "ToolsDLL.DLL" (ByVal Wert%)
Declare Function FreeSpace% Lib "ToolsDLL.DLL" (ByVal Drive%)
Declare Function DiskSpace% Lib "ToolsDLL.DLL" (ByVal Drive%)

Sub Form_Paint ()
On Error Resume Next
  Print "Demoprogramm zum Testen der Bibliothek ToolsDLL"
  Print "freier Speicher auf Laufwerk B: >";
  Print FreeSpace(2)
  Print "Gesamtsspeicher auf Laufwerk B: >";
  Print DiskSpace(2)
  Print "HighByte von 3232 > "; HighByte%(3232)
  Print "LowByte von 3232 > "; LowByte%(3232)
End Sub
```

Listing 3.7: Einsatz der benutzerdefinierten DLL unter Visual Basic (PASCAL.FRM)

3.5 Projektverwaltung in Visual Basic

An dieser Stelle wollen wir uns noch einmal kurz mit der Projektverwaltung befassen, die wir bereits im Zusammenhang mit der Erläuterung des Projektfensters kennengelernt haben. Die Verwaltung eines Projektes, das aus mehreren Formularen und Quellmodulen besteht, gestaltet sich während der Entwurfsphase über dieses Fenster recht einfach. So können Sie sich z.B. sehr leicht Benutzerbibliotheken im Quelldateiformat anlegen, bei Bedarf zu einem Programm hinzuladen und über das Projektfenster verwalten. Aber auch immer wieder benötigte Formulare , z.B. um Dateien zu öffnen, generieren Sie nur einmal und verwenden Sie in allen Programmen, die mit Dateien arbeiten, erneut.

Programme, die Sie mit Visual Basic erstellen, sind zunächst einmal nicht an eine bestimmte Programmgröße gebunden, da einzelne Formulare temporär aus der ausführbaren Datei nachgeladen und ebenso wieder aus dem Speicher entfernt werden können, was einer Overlay-Verwaltung schon recht nahe kommt. Ein nicht zu unterschätzendes Leistungsmerkmal, das inbesondere bei umfangreichen Programmen sinnvoll eingesetzt werden sollte, ist die Übergabe von Steuerelementen und Formen als Parameter in einer Prozedur. Damit lassen sich benutzerdefinierte Routinen allgemein formulierem, in Benutzerdateien im Quellformat integrieren und von beliebigen Steuerelementen bzw. Formularen nutzen (vgl. Kapitel 4.4; Programm *WinFINANZ*; Funktion *WaehrungsEingabe%*). Da jeder Parameter einer Partameterliste einer Funktion und eines Unterprogrammes mit einem speziellen Typ festgelegt werden muß, wurden für Steuerelemente und Formulare spezielle Schlüsselwörter eingeführt. Steuerlemente deklarieren Sie als *Control* und Formulare als *Form*. Wollen Sie z.B. allgemein ein Unterprogramm formulieren, das einen Text in der Titelleiste eines beliebigen Formulars festlegt, so könnte das Unterprogramm und der entsprechende Aufruf wie folgt lauten:

```
Sub SchreibeTitel (Formular As Form, Titel$)
  Formular.Caption = Titel$
End Sub


SchreibeTitel WEDIT, "WinEDIT 1.00"
```

Ebenso könnten Sie ein allgemeines Unterprogramm zur Festlegung des Textes einer Schaltfläche (Steuerelement) formulieren.

```
Sub ErsetzeText (Schalter As Control, Text$)
  Schalter.Text = Text$
End Sub


ErsetzeText "Abbruch"
```

Sie können die Funktionen und Unterprogramme allgemein für beliebige Steuerelemente formulieren. Da allerdings nicht jede Anweisung für jedes Steuerelement sinnvoll wäre, steht ihnen eine weitere Anweisung zur Verfügung, die eine Programmausführung abhängig vom Typ des Steuerelementes ermöglicht.

```
allgemein:

If TypeOf Steuerelement Is Steuerelementetyp Then
  ...
End If


oder:

If Bedingung Then
  ...
  ElseIf TypeOf Steuerelement Is Steuerelementetyp Then
  ...
End If


Beispiel:

If TypeOf GewaehltesSteuerlement Is CheckBox Then
  'weitere Programmanweisungen
End If
```

Die einzelnen Bezeichnungen der Steuerelementetypen in diesem Befehl sind in der nachfolgenden Tabelle zusammengestellt.

Schlüsselwort:	Steuerelementetyp:
CheckBox	Kontrollfeld
ComboBox	Kombinationslistenfeld
CommandButton	Schaltfläche
DirListBox	Verzeichnislistenfeld
DriveListBox	Laufwerkslistenfeld
FileListBox	Dateilistenfeld
Frame	Rahmen
HScrollBar	horizontaler Rollbalken
Label	Bezeichnungs- bzw. Ausgabefeld
ListBox	Verzeichnislistenfeld
OptionButton	Optionsfeld
PictureBox	Bildfeld
TextBox	Text- bzw. Eingabefeld
Timer	Zeitgeber
VScrollBar	vertikaler Rollbalken

Mit den in diesem Kapitel vorgestellten Anweisungen, sollten Sie dazu in der Lage sein, komplexe und allgemein nutzbare Visual Basic-Quellbibliotheken anzulegen. Auch der Quelltext selbst kann bei Verwendung dieser Routinen reduziert werden.

3.6 Einbindung grafischer Elemente

Visual Basic stellt mit dem Bildfeld bzw. der PictureBox ein Steuerelement zur Verfügung, das es Ihnen ermöglicht, die grafische Oberfläche an Ihre eigenen Bedürfnisse anzupassen. Anders als es bei der Toolbox zunächst den Anschein hat, können Sie Formularhintergründe und Schalter frei definieren und mit Grafiken versehen. Haben Sie bereits mit Turbo Pascal für Windows oder dem Borland Resource Workshop gearbeitet, dann kennen Sie die optisch aufbereiteten Dialogfenster und dreidimensionalen Schaltflächen mit Schatteneffekt. Wenn nicht, dann werden Sie sie in diesem Kapitel kennenlernen. Wir haben uns bei der Realisierung einer nach Borland orientierten Benutzeroberfläche für den Resource Workshop entschieden. Aber auch Paintbrush kann zur Generierung von Schaltern und Hintergründen eingesetzt werden. Einzige Voraussetzung ist das Bitmap-Dateiformat (BMP). Neben den Grafikdateien sind keine weiteren Hilfsmittel erforderlich. Sie brauchen also weder ein CDK von Microsoft, noch ein Custom Control Kit von einem anderen Software-Hersteller und schon gar keine andere Programmiersprache zur Generierung von DLLs. Dafür müssen Sie allerdings mit umfangreichen Programmgrößen rechnen, da die Bitmaps selbst in das Programm eingebunden werden. Außerdem können die Ereignisse zu den Schaltflächen nicht mehr frei ausgewertet werden und eine eigene Tastatursteuerung muß implementiert werden. Wie dies geht, wollen wir Ihnen in diesem Kapitel demonstrieren. Eine Auswahl von Bitmaps ist auf der Buchdiskette enthalten. Diese dienen lediglich der Demonstration und dürfen nicht gewerblich genutzt werden. Dabei handelt es sich zum einen um Dialogfensterhintergründe und zum anderen um »Borland Workshop Custom Controls«. Diese dürfen Sie nur als lizensierter Anwender des Reource Workshop (s. Bild 3.3) nutzen.

Um Bitmaps als Dialogfensterhintergrund zu laden, brauchen Sie nur die Eigenschaft *Picture* für das jeweilige Formular anzuwählen und ein Bitmap anzugeben. Stellen Sie anschließend die Formulargröße entsprechend dem gewählten Bitmap ein. Wollen Sie Schalter in ein Formular integrieren, definieren Sie zunächst über die Toolbox ein Bildfeld und setzen die Eigenschaft *Autosize* auf wahr. In diesem Fall wird das Bildfeld entsprechend der Größe der eingebundenen Grafik angepaßt. Dabei müssen Sie zunächst die Grafik für die gedrückte Taste und in einem zweiten Schritt, genau darüber, die Grafik der nichtgedrückten Taste einfügen. Sie definieren also zwei Bildfelder, wobei das erste direkt von einem weiteren Bildfeld verdeckt wird.

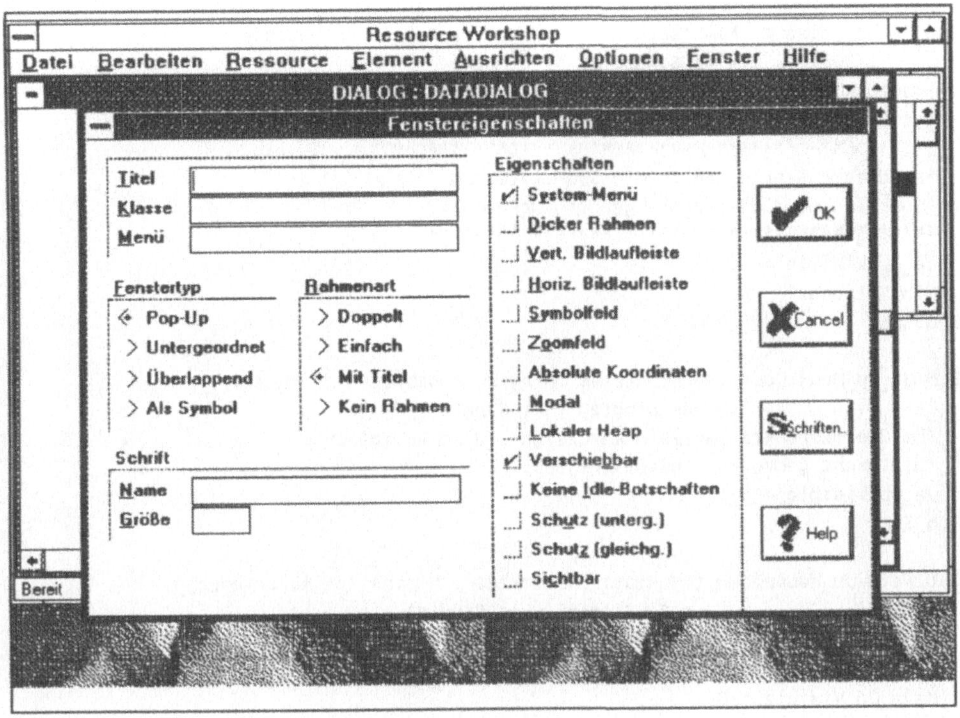

Bild 3.3: Erstellung von Bitmap-Resourcen

Der Aufbau des Formulars ist also sehr schnell realisiert. Umfangreicher wird die Programmierung der Schaltflächendarstellung in Abhängigkeit von speziellen Tastatur- und Mausereignissen, da sie selbst dafür sorgen müssen, daß eine Taste gedrückt ist. Die Anweisung, um die Taste zu drücken, stellt dabei nur die kleinste Schwierigkeit dar. Über die Eingenschaft *Visible* können sie jederzeit die nicht gedrückte Taste verstecken und dadurch unmittelbar die gedrückte Taste sichtbar werden lassen. Sie brauchen also nur speziellen Quellcode zur Handhabung der nicht gedrückten Taste entwickeln. Aus diesem Grunde wäre es also durchaus denkbar, daß Sie die gedrückte Taste direkt mit in das Hintergrundbitmap eines Dialogfensters integrieren. In unseren Beispielen haben wir darauf verzichtet und die Schaltflächen jeweils getrennt in das Formular integriert. Der zugehörige Quelltext ist in Listing 3.8 enthalten.

```
Sub Main ()
  'Unterprogramm wurde lediglich für Kommentar angelegt!
  'Hinweis: Sämtliche Ereignissteuerungen werden über
  '         die nichtgedrückten Bitmap-Tasten realisiert,
  '         um innerhalb des Quelltextes keine Unordnung
  '         aufkommen zu lassen. Dazu ist jeweils erforder-
  '         lich, daß die nichtgedrückte Taste in die
  '         gedrückte Taste beim Entwurf gezeichnet wird!
End Sub
```

```
Sub Ja_Up_MouseUp (Maustaste As Integer, Umschalten As Integer,_
                   x As Single, y As Single)
  'gedrückte Taste wird gelöst; dabei wird die nicht
  'gedrückte Taste wieder angezeigt
  '**************************************************
  'an dieser Stelle könnte die Schaltflächen-
  'funktion über die Maus abgerufen werden...
  '**************************************************
  Ja_Up.Visible = -1
  Ein.SetFocus
End Sub


Sub Ja_Up_MouseDown (Maustaste As Integer, Umschalten As Integer,_
                     x As Single, y As Single)
  'um die gedrückte Ja-Taste anzuzeigen, wird lediglich
  'die nicht gedrückte Taste versteckt
  Ja_Up.Visible = 0
End Sub


Sub Nein_Up_MouseDown (Maustaste As Integer, Umschalten As Integer,_
                       x As Single, y As Single)
  'nicht gedrückte Taste verstecken, wobei die gedrückte
  'Taste automatisch angezeigt wird...
  Nein_Up.Visible = 0
End Sub


Sub Nein_Up_MouseUp (Maustaste As Integer, Umschalten As Integer,_
                     x As Single, y As Single)
  'nicht gedrückte Nein-Taste wieder anzeigen
  '**************************************************
  'an dieser Stelle könnte die Schaltflächen-
  'funktion über die Maus abgerufen werden...
  '**************************************************
  Nein_Up.Visible = -1
  Ein.SetFocus
End Sub


Sub DemoMsg (Text$)
  'kurze Meldung ausgeben, welche Taste gedrückt wurde
  Msg$ = "Die Taste <" + UCase$(Taste$) + "> wurde "
  Msg$ = "über die Tastatur angesteuert..."
  MsgBox Text$, 0, "Demo-Button"
End Sub
```

```
Sub ButtonKey (Taste As Integer)
  'allgemeine Tastaturroutine für Dialogfelder
  'Kontrolle, ob "j" gedrückt wurde
  If UCase$(Chr$(Taste)) = "J" Then
    'Schaltfläche <J>a wurde gedrückt
    'Taste optisch anpassen
    Ja_Up.Visible = 0
    'Meldung ausgeben
    DemoMsg "Die Tastenkombination [Alt]+[J] wurde gedrückt..."
    'nicht gedrückte Taste anzeigen
    Ja_Up.Visible = -1
  ElseIf UCase$(Chr$(Taste)) = "N" Then
    'Schaltfläche <N>ein wurde gedrückt
    'optisch anzeigen
    Nein_Up.Visible = 0
    'Meldung ausgeben
    DemoMsg "Die Tastenkombination [Alt]+[N] wurde gedrückt..."
    'normale Taste wiederherstellen
    Nein_Up.Visible = -1
  End If
End Sub


Sub Ja_Up_MouseMove (Maustaste As Integer, Umschalten As Integer,_
                     x As Single, y As Single)
  'Schaltflächengrenze allgemein errechnen
  x1! = Ja_Up.ScaleLeft
  x2! = x1! + Ja_Up.ScaleWidth
  y1! = Ja_Up.ScaleTop
  y2! = y2! + Ja_Up.ScaleHeight
  'sobald die Maus bei gedrückter Taste den zulässigen
  'Bereich verläßt, wird die Schaltfläche in den normalen
  'Zustand überführt (Taste nicht gedrückt); das Ereignis
  'soll erst ausgelöst werden, wenn die Taste bei korrektem
  'Anklicken wieder gelöst wird!
  If (x < x1! Or x > x2! Or y < y1! Or y > y2!) And Not Ja_Up.Visible Then
    Ja_Up.Visible = -1
    Ein.SetFocus
  End If
End Sub


Sub Nein_Up_MouseMove (Maustaste As Integer, Umschalten As Integer,_
                       x As Single, y As Single)
  'Schaltflächengrenze allgemein errechnen
  x1! = Nein_Up.ScaleLeft
  x2! = x1! + Nein_Up.ScaleWidth
  y1! = Nein_Up.ScaleTop
  y2! = y2! + Nein_Up.ScaleHeight
  'sobald die Maus bei gedrückter Taste den zulässigen
  'Bereich verläßt, wird die Schaltfläche in den normalen
  'Zustand überführt (Taste nicht gedrückt); das Ereignis
  'soll erst ausgelöst werden, wenn die Taste bei korrektem
```

```
    'Anklicken wieder gelöst wird!
    If (x < x1! Or x > x2! Or y < y1! Or y > y2!) And Not Nein_Up.Visible Then
      Nein_Up.Visible = -1
      Ein.SetFocus
    End If
End Sub


Sub Ein_KeyDown (Tastencode As Integer, Umschalten As Integer)
  If Umschalten = 4 Then
    ButtonKey Tastencode
  End If
End Sub


Sub Ja_Up_KeyDown (Tastencode As Integer, Umschalten As Integer)
  'falls Alt-Taste gedrückt wurde (Umschalten=4), dann
  'allgemeine Tastaturbehandlungsroutine ButtonKey
  '(benutzerdefiniert) aufrufen
  If Umschalten = 4 Then
    ButtonKey Tastencode
  End If
End Sub


Sub Nein_Up_KeyDown (Tastencode As Integer, Umschalten As Integer)
  'falls Alt-Taste gedrückt wurde (Umschalten=4), dann
  'allgemeine Tastaturbehandlungsroutine ButtonKey
  '(benutzerdefiniert) aufrufen
  If Umschalten = 4 Then
    ButtonKey Tastencode
  End If
End Sub


Sub Form_Click ()
  'da das Demoprogramm bzw. Formular nicht
  'mit einer Programmende-Schaltfläche ausge-
  'stattet ist, wird das Programm RESOURCE
  'über ein Anklicken des Formulars selbst
  'beendet...
  End
End Sub


Sub Form_Paint ()
  'Eingabefeld aktivieren; im Eingabefeld
  'werden auch die Sondertasten zum Drücken
  'der Schaltflächen über die Tastatur abgefragt
  Ein.SetFocus
End Sub
```

Listing 3.8: Einbindung von Bitmaps in Visual Basic-Anwendungen (FORM1.FRM /
RESOURCE.EXE)

Anders als bei Windows-Dialogschaltflächen üblich, haben wir in diesem Beispiel nur die Zustände *gedrückt* und *nicht gedrückt* berücksichtigt. Im Normalfall müßte auch eine Taste, die nicht gedrückt ist aber den Fokus hat, als Zustand implementiert werden. Da die Realisierung sich allerdings nur unwesentlich von dieser Demonstration unterscheidet, wollen wir an dieser Stelle darauf verzichten. Außerdem wollen wir Sie darauf hinweisen, daß Sie die Unterprogramme zur benutzerdefinierten Schaltflächensteuerung später vereinheitlichen und die entsprechenden Steuerelemente (hier Bildfelder) als Kommandozeilenparameter an die jeweiligen Prozeduren übergeben (vgl. Kapitel 3.5) sollten.

> **Hinweis:** Wie die Tastatursteuerung vereinheitlicht werden kann, können Sie dem Quelltext zum Programm WinFINANZ entnehmen (s. Kapitel 4.4; Listing WFINANZ.FRM; Funktion *WaehrungsEingabe%*).

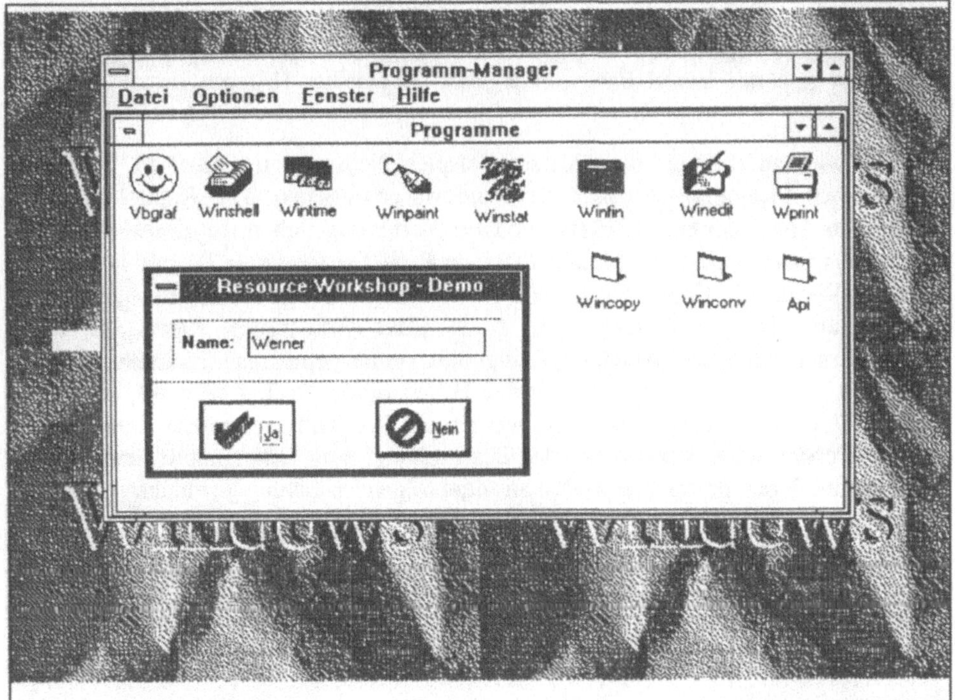

Bild 3.4: Verwendung von Workshop-Resourcen im Programm RESOURCE

In Bild 3.4 sehen Sie die Bildschirmausgabe des kleinen Beispielprogrammes RESOURCE. Zur Turbo Pascal-Obefläche ergeben sich sichtbar zunächst keine Unterschiede mehr. Lediglich die Zeit der Programmausführung ist in Visual Basic höher. Wie Sie die Bitmaps in umfangreicheren Programmen einsetzen können, sehen Sie am Beispiel des Programmes WinPRINT (s. Kapitel 4.1.4).

3.7 Verwendung von WINHELP

Komplexe Windows-Applikationen verwenden in der Regel für die Hilfsfunktion das Windows-Hilfsprogramm WINHELP. Auch in Visual Basic können Sie auf dieses Dienstprogramm zurückgreifen, vorausgesetzt, Sie kennen den API-Funktionsaufruf und verfügen zudem über den Windows-Hilfecompiler. Die API-Funktion haben Sie bereits in Kapitel 3.3 kennengelernt, den Hilfecompiler werden Sie als Bestandteil von Visual Basic vergeblich suchen. Entweder verfügen Sie über eine andere Windows-Programmiersprache, die dieses Programm beinhaltet, oder aber Sie müssen es mit dem SDK gesondert von Microsoft erwerben. Aus diesem Grunde wollen wir die Möglichkeit der Erstellung von Hilfedateien hier an einem kurzen Beispiel vorführen. Dabei werden wir nicht annähernd die Möglichkeiten der Hilfedateien ausschöpfen. So werden weder Grafiken, noch spezielle Schriften oder Suchfunktionen und Kreuzverweise dieser Stelle berücksichtigt. Für die Leser, die nicht über den Hilfecompiler verfügen, sei auf Kapitel 4.1.3 verwiesen. Dort können Sie sehen, wie einfach Sie sich mit Visual Basic Ihr eigenes allgemeines Hilfeprogramm schreiben können.

Kommen wir nun aber zu einem kurzen Beispiel. Nehmen wir einmal an, Sie haben einen kleinen Programm-Manager für Windows geschrieben (vgl. Kapitel 4.2) und wollen dem Anwender eine Hilfefunktion zur Verfügung stellen. In diesem Fall definieren Sie zunächst eine Hilfethemendatei im Rich-Textformat (z.B. mit Word oder Word für Windows). Geben Sie jeweils die Hilfebegriffe und die zugehörigen Erläuterungen als einzelne Absätze ein. Nach jeder Erläuterung fügen Sie einen Seitenumbruch ein (im folgenden Listing durch eine gepunktete Linie dargestellt). Definieren Sie nun die Steuercodes für den Hilfecompiler (z.B. # oder +), indem Sie diese als Fußnoten formatieren (diese werden am Dateiende verwaltet). Hinweise zu den Steuercodes selbst können Sie der Beschreibung zum Hilfecompiler entnehmen. Einen Eindruck des Textes können Sie aus dem folgenden Listing gewinnen.

```
#+WinShell
Mit WinSHELL können Sie den Programm-Manager von Windows übersetzen. Neben den
wichtigsten Windows-Applikationen, rufen Sie auch DOS-Anwendungen auf, oder
kehren temporär auf Knopfdruck zur Betriebssystemebene zurück.
.............................................................................
Löschen
Mit dem Programm können Sie jeweils eine Datei löschen, die Sie aus einem
beliebigen Verzeichnis des aktuellen Laufwerkes auswählen. U.U. ist das Laufwerk
über das im Arbeitsbereich angezeigte Laufwerkslistenfeld zu wechseln. Beachten
Sie, daß zur Aktivierung dieser Funktion zunächst das Kontrollfeld "Löschen"
aktiviert werden muß.
.............................................................................
```

Umbenennen
Durch ein "Umbenennen" können Sie einer einzelnen Datei des aktuellen Laufwerks
einen neuen Namen zuweisen. U.U. ist das Laufwerk über das im Arbeitsbereich
angezeigte Laufwerkslistenfeld zu wechseln.

....

Verschieben
Durch ein "Verschieben" wird der Eintrag einer Datei im FAT geändert. Eine echte
Kopie wird nicht erzeugt. Die Datei liegt nach dieser Funktion auf dem
Festspeicher unverändert im ursprünglichen Bereich.

....

Ausführen
Mit diesem Menüpunkt können Sie beliebige Programme (Windows-Anwendungen und DOS-
Applikationen) aus WinSHELL heraus ausführen. U.U. ist das Laufwerk über das im
Arbeitsbereich angezeigte Laufwerkslistenfeld zu wechseln.

....

Entfernen
Wollen Sie ein Verzeichnis entfernen, dann dürfen sich dort keine Dateien
befinden. Ist das Verzeichnis nicht leer, kann keine Löschung erfolgen. Beachten
Sie, daß zur Aktivierung dieser Funktion zunächst das Kontrollfeld "Löschen"
aktiviert werden muß.

....

Wechseln
Über diesen Menübefehl können Sie in jedes Verzeichnis des aktuellen Laufwerkes
wechseln. U.U. ist das Laufwerk über das im Arbeitsbereich angezeigte
Laufwerkslistenfeld zu wechseln.

....

Anlegen
Wollen Sie ein Unterverzeichnis anlegen, können Sie diesen Menübefehl anwählen.
Wählen Sie zunächst das Verzeichnis, in das der Eintrag erfolgen soll, geben Sie
einen zulässigen Verzeichnisnamen ein und quittieren Sie die Eingabe über die
entsprechende Schaltfläche.

....

Windows
Mit Hilfe dieses Menüs, lassen sich alle Standard-Anwendungen von Windows, wie
z.B. "Write", "Paintbrush" und "Terminal" ausführen. Beachten Sie, daß
ausgeführte Programme in der Regel automatisch auf Symbolgröße verkleinert
werden. Um dies zu umgehen, müssen Sie das entsprechende Kontrollfeld im unteren
Bereich des Arbeitsbildschirmes deaktivieren.

....

Programm-Manager
Mit Hilfe des "Programm-Managers" können Sie beliebige Programme über
Programmgruppen und Bildsymbole ausführen.

....

Datei-Manager
Über den "Datei-Manager" führen Sie die wichtigsten Betriebssystemfunktionen aus.

....

Druck-Manager
Über den "Druck-Manager" verwalten Sie die Druckaufträge, die im Hintergrund
ausgedruckt werden.

....

Task-Manager
Über den "Task-Manager" wechseln Sie zwischen mehreren aktiven Anwendungen.

....

Paintbrush
Wollen Sie Pixelgrafiken erstellen, können Sie das Zeichenprogramm "PaintBrush"
aufrufen.

....

Write
Mit "Write" steht Ihnen eine kleine Textverarbeitung zur Verfügung, mit der Sie
schnell und einfach Briefe, kurze Texte oder optisch ansprechende Notizen
erstellen.

....

Kartei
Wollen Sie einfache Daten verwalten, verwenden Sie das Datenbankprogramm
"Kartei".

....

Rechner
Berechnungen lassen sich komfortabel über den Taschenrechner "Calc" ausführen.

....

Notizblock
Verwalten Sie Ihre Notizen mit einem Notizblock.

....

Terminal
Ein Datenaustausch über ein Modem ist mit dem Dienstprogramm "Terminal"
(Datenfernübertragung) möglich.

....

Kalender
Verwalten Sie Ihre Termine mit dem Windows-Terminkalender "Calendar".

....

Zwischenablage
Tauschen Sie Daten im Text- und Grafikformat zwischen Windows-Anwendungen über
die Zwischenablage "Clipboard" aus.

....

Rekorder
Mit dem "Rekorder" haben Sie die Möglichkeit, immer wiederkehrende Tastaturfolgen
(Makros) aufzuzeichnen und später über einen einzelnen Befehl ausführen zu
lassen.

....

Uhr
Rufen Sie die aktuelle Uhrzeit über das Programm "Clock" ab.

....

Symbol
Programme, die nach dem Programmstart auf Symbolgröße verkleinert werden,
erscheinen als Bildsymbol am unteren Bildschirmrand. Dadurch lassen sich mehrere
Anwendungen nacheinander laden und bei Bedarf durch einen Doppelklick aktivieren.
Ist das entsprechende Kontrollfeld nicht markiert, wird ein angewähltes Programm
nicht nur geladen, sondern ausgeführt und in einem Startformular angezeigt.

....

Parameterabfrage
Einer Vielzahl von Programmen lassen sich Kommandozeilenparameter übergeben.
Damit Sie auch Programmen, die über WinSHELL gestartet werden, Parameter bereits
beim Aufruf angeben können, läßt sich ein spezielles Eingabefenster öffnen.
Tragen Sie hier die gewünschten Parameter, wie auf Kommandozeilenebene ein. Der
Programmname selbst darf nicht mehr mit angeführt werden.
....
Löschmodus
Nur wenn das Kontrollfeld "Löschen" markiert ist, können Sie Dateien oder
Verzeichnisse löschen. Ansonsten sind die jeweiligen Menüeinträge nicht mehr
aktivierbar.
....
Systemsteuerung
Da Änderungen an den Systemdateien nur bewußt erfolgen sollten, müssen Sie die
jeweiligen Menüeinträge zunächst durch Ansteuerung des Kontrollfeldes
"Systemsteuerung" aktivieren.
....
#+Programm beenden
Über diesen Menüpunkt wird WinSHELL beendet und aus dem Speicher entfernt.
===
#Shell
+Ende
#Ende
+Shell

Listing 3.9: Aufbau einer Hilfedatei im RTF-Format für den MS-Hilfecompiler
(WINSHELL.RTF)

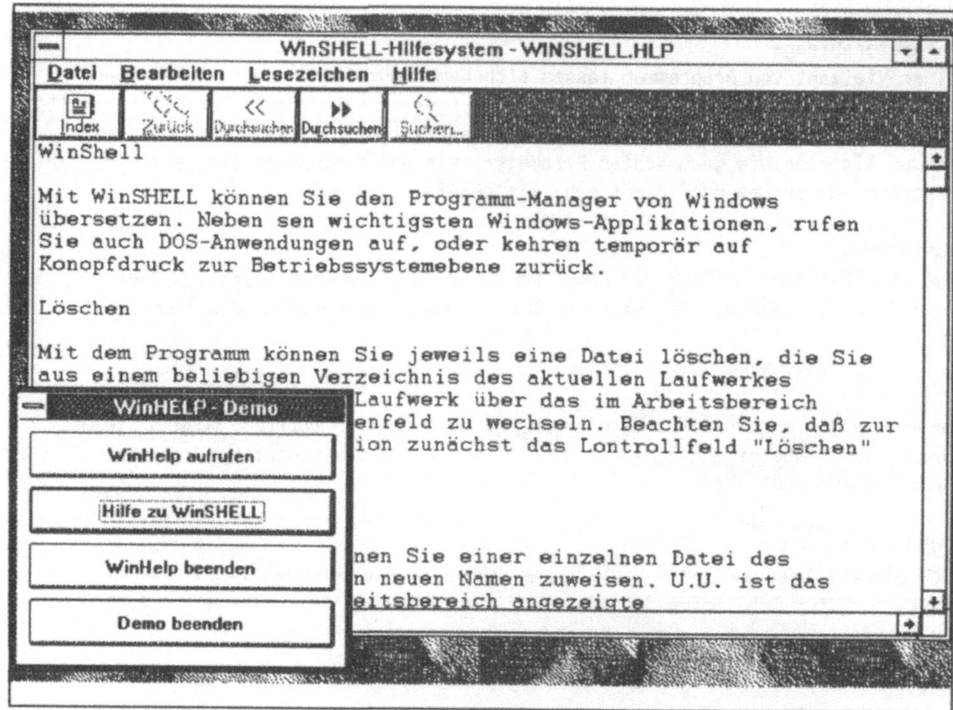

Bild 3.5: Hilfedateien und WINHELP in Verbindung mit einer Visual Basic-Anwendung

Die Hilfethemen sind abgestimmt auf das Dienstprogramm WinSHELL, das in Kapitel 4.2 vorgestellt wird. Auf eine Integration wurde jedoch bewußt verzichtet, damit Sie entweder das Windows-Hilfeprogramm oder aber ersatzweise das benutzerdefinierte Hilfeprogramm WinHELP einbauen können. Die Hilfedatei für den Hilfecompiler von Windows (RTF-Format) und die erstellte Hilfedatei (HLP) sind auf der Buchdiskette enthalten.- Bevor sie allerdings die Hilfedatei erstellen können, müssen Sie in einem weiteren Arbeitsschritt eine Projektdatei für den Hilfecompiler anlegen (s. Listing 3.10). Erst dann können Sie die Hilfedatei generieren.

```
[FILES]
WINSHELL.RTF      ;Hilfethemen zum Anwendungsprogramm WinSHELL

[OPTIONS]
COMPRESS=TRUE     ;Hilfedatei komprimieren
WARNING=3         ;alle Fehler ausgeben
TITLE=WinSHELL-Hilfesystem
```

Listing 3.10: Projektdatei für MS-Hilfecompiler (WINSHELL.HPJ)

Nun kehren wir zu Visual Basic zurück und entwickeln zunächst ein kleines Demoprogramm zum Aufruf der Hilfedatei. Dazu sind zunächst die API-Funktion *WinHelp* und die zugehörigen Konstanten zu deklarieren. Die einzelnen Formen des Funktionsaufrufes können Sie dem folgenden Listing entnehmen.

```
DefInt A-Z

Declare Function WinHelp Lib "User" (ByVal hwnd, ByVal Datei$,_
                ByVal wCommand, ByVal dwData As Long)
'Hilfezusammenhang mit benutzerdefinierter Hilfedatei
Const Help_Context = &H1
'Hilfe beenden
Const Help_Quit = &H2
'Hilfe zur Hilfe
'(keine Hilfedatei erforderlich)
Const HELP_HelpOnHelp = &H4

Sub Befehl1_Click ()
 'Hilfsprogramm mit Hilfe zum Programm selbst aufrufen
 r% = WinHelp(Form1.hwnd, dummy$, HELP_HelpOnHelp, 0)
End Sub

Sub Befehl2_Click ()
 'Hilfsprogramm mit Hilfe zum Programm selbst aufrufen
 'Verzeichnis evtl. zunächst über Visual Basic-Funktion
 'CurDir$ ermitteln...
 '(hier vereinfachte Fassung, nicht allgemein lauffähig;
 'Hilfenummer nicht gültig, daher Meldung innerhalb von
 'Winhelp)
 Hilfenummer = 0
 r% = WinHelp(Form1.hwnd,"C:\VB\VIEWEG\WINHELP\WINSHELL.HLP",_
              Help_Context, Hilfenummer)
End Sub

Sub Befehl3_Click ()
  'über die API-Funktion kann das Hilfsprogramm
  'komfortabel wieder geschlossen werden
  r% = WinHelp(Form1.hwnd, "C:\VB\VIEWEG\WINHELP\WINSHELL.HLP", Help_Quit, 0)
End Sub

Sub Befehl4_Click ()
  'wenn die DEMO beendet wird, aber WinHelp noch nicht
  'quittiert wurde, bleibt die Hilfe aktiviert...
  End
End Sub
```

Listing 3.11: Visual Basic-Demoprogramm zum Aufruf einer Hilfedatei (HILFE.FRM)

> **Hinweis:** Verfügen Sie nicht über den Hilfecompiler von Microsoft, dann sollten Sie sich einmal Kapitel 4.1.3 ansehen. Dort sehen Sie, wie Sie mit Visual Basic selbst ein allgemeines Hilfeprogramm entwickeln können.

3.8 Einsatz von Toolboxen

Auf dem Markt befinden sich derzeit bereits umfassende Toolboxen, die Ihnen bei der Erstellung komplexer Anwendungsprogramme helfen. Diese werden in der Regel als DLL bereitgestellt, die Sie ohne Zahlung von Lizenzgebühren weitergeben dürfen. Zum Teil sind diese Toolboxen speziell auf bestimmte Themen, wie z.B. die Datenbankprogrammierung abgestimmt, zum anderen handelt es sich um sogenannte Universaltoolboxen, die mehrere Themenbereiche abdecken. Informationen zu speziellen Toolboxen können Sie im Fachhandel erhalten.- Auch Microsoft stellt mit dem CDK (Control Development Kit) eine Visual Basic-Toolbox zur Verfügung, die allerdings nur zur Generierung von Custom Controls (Steuerelementen) verwendet werden kann und zudem einen C-Compiler erfordert. Die generierten Steuerlemente können in das Toolbox-Fenster von Visual Basic integriert werden und später wie interne Visual Basic-Steuerelemente in Formulare gezeichnet werden.

Damit wollen wir die Themen dieses Kapitels beenden und uns der Anwendungsprogrammierung zuwenden. Dabei wurde besonderer Wert darauf gelegt, daß keine Zusatztoolboxen oder Fremdsprachen-DLLs benötigt werden. Sämtliche Oberflächenänderungen werden ausschließlich mit Bitmap-Grafiken realisiert. Sie erhalten bei den vorgestellten Programmen einen Eindruck davon, was mit Visual Basic möglich ist. Und das ist weitaus mehr, als ein Hobby-Programmierer gewöhnlich braucht.

Kapitel 4: Anwendungsprogrammierung mit Visual Basic

Nachdem in den ersten drei Kapiteln die Programmentwicklungsumgebung, die grafischen Oberflächenelemente und Sprachanweisungen und die Projektverwaltung von Visual Basic ausführlich erläutert wurden, werden in diesem Kapitel mehrere Windows-Applikationen vorgestellt, die mit Visual Basic entwickelt wurden. Damit lernen Sie, wie Sie kleine Hilfsprogramme und umfangreichere Programme mit Visual Basic erstellen. Die Programmierthemen wurden so gewählt, daß die Programme sich auch dann sinnvoll unter Windows nutzen lassen, wenn Sie nicht über Visual Basic verfügen. So erhalten Sie neben einigen kleineren Hilfsprogrammen auch mehrere größere Anwendungsprogramme, die durchaus noch erweitert werden können. Neben einem eigenen Programm-Manager, der den Programmaufruf beliebiger Windows- und DOS-Programme aus Windows heraus erlaubt, entwickeln wir auch einen Editor zum Bearbeiten von Textdateien im ANSI- und ASCII-Format, ein Einnahmen- und Ausgabenüberschußrechnungsprogramm und ein kleines Zeichenprogramm. Sämtliche Anwendungen werden im Quelltext vorgestellt und demonstrieren jeweils einen speziellen Themenbereich von Visual Basic (s. nachfolgende Aufstellung).

Programm:	Thema:
WinCONV	Umgang mit Dateisystemsteuerelementen; Verarbeitung sequentieller Dateien
WinCOPY	Bearbeiten von Dateien im Binärmodus
WinHELP	Umgang mit sequentiellen Datendateien; Verwendung von Datenfeldern (Arrays)
WinPRINT	Objekt Printer; Druckerausgabe; Einbindung von Bitmaps
WinSHELL	Menüprogrammierung; Einbindung von Ikonen; Anwendungsprogramm mit mehreren Formularen
WinEDIT	Arbeiten mit Schriften, Schriftattributen und Schriftgrößen; Vollbildmodus; Verarbeitung sequentieller Textdateien
WinFINANZ	Umgang mit Direktzugriffsdateien; Verbundvariablen; Arbeiten mit Kombinationslistenfeldern; Formatierfunktionen; Verwendung von Rollbalken;
WinPAINT	Objekt Clipboard; Grafikprogrammierung

Tabelle 4.1: Zusammenstellung der Anwendungsprogramme

Die Formulargenerierung und Eigenschaftenvergabe wollen hier nicht mehr in allen Einzelheiten erläutern. Hinweise hierzu entnehmen Sie bitte Kapitel 1.5. In diesem Kapitel wollen wir den Schwerpunkt auf den Quelltext und somit auf die Programm-listings legen. Jedes Unterkapitel zu einer bestimmten Anwendung enthält neben einer kurzen Programmbeschreibung den zugehörigen Quelltext, wichtige Hinweise und einen Bildschirmausdruck. Die Programme liegen auf der Buchdiskette bei und können mit einem einfachen Installationsprogramm auf der Festplatte eingerichtet werden. Hinweise zur Installation erhalten Sie in Anhang C.

Die Quelltexte sind bereits so umfassend dokumentiert und mit Kommentaren verse-hen, daß auf die Programmierung selbst nicht mehr umfangreich eingegangen wird. Lediglich die wichtigsten Informatoionen werden jeweils zu den entsprechenden Anwendungewn angeführt. Sie werden an den erstellten Beispielprogrammen erken-nen, daß auch auch komplexe Anwendungen mit Visual Basic sehr einfach und vor allen Dingen sehr schnell generierbar sind.

> **Hinweis:** In Kapitel 4 sind mehrere Listings enthalten. Dort, wo Zeilen umbrochen wurden, wird dies durch einen Tiefstrich deutlich gemacht. Beachten Sie, daß innerhalb des Visual Basic-Editors diese Tiefstriche nicht erlaubt sind und die Anweisung immer innerhalb einer einzelnen Zeile stehen muß!

4.1 Hilfsprogramme

Die ersten Programme, die wir vorstellen wollen, haben jeweils eine spezielle Aufgabe und sind somit als Hilfsprogramme zu bezeichnen. Dabei ist insbesondere das Pro-gramm WinCONV hervorzuheben, mit dem sich mehrere Dateien in einem Arbeitsgang ins ASCII- bzw. ANSI-Format überführen lassen. Die Formulare können Sie sich bei der Programmausführung oder innerhalb der Visual Basic-Entwicklungsumgebung ansehen. Dort rufen Sie auch die Eigenschaften zu den einzelnen Steuerelementen ab. Damit Sie den Quelltext besser nachvollziehen können, werden jeweils die Namen der Steuerelemente mit der jeweiligen Funktion aufgeführt. Von den Namen der Steuerelemente ist jeweils die Bezeichnung der zugehörigen Ereignisprozeduren abhängig. Sie werden an den Listings erkennen, daß einem Steuerelement durchaus mehrere Ereignisprozeduren zugeordnet werden können.

4.1.1 Dateikonvertierung von ANSI zu ASCII mit WinCONV

Das Programm WinCONV ermöglicht die Konvertierung von Textdateien vom ASCII-ins ANSI-Format und umgekehrt. Sie wählen jeweils das gewünschte Laufwerk, den gewünschten Pfad und markieren dann in einem Dateilistenfeld die Dateien, die Sie konvertieren wollen, mit einem Doppelklick. Dadurch werden die gewählten Dateien automatisch in ein Listenfeld übernommen. Nur die Dateien in diesem Listenfeld werden später umgewandelt. Mit einem Doppelklick können Sie fälschlicherweise gewählte Dateien aus dieser Liste wieder entfernen. Die Konvertierung wird durch entsprechende Schaltflächen ausgelöst. Beachten Sie, daß durch Mehrfachauswahl von Dateien mehrere Konvertierungen in einem Arbeitsgang möglich sind.

Das Programm ist so implementiert, daß es zwar lauffähig ist, aber dennoch erweitert werden kann. Auch hierzu wollen wir Ihnen einige Anregungen geben. So werden die Dateien nicht überprüft und Sie können also durchaus Dateien wählen, die eigentlich nicht konvertiert werden dürfen, wie z.B. Word-Dateien. Dieses Problem wird in der vorliegenden Programmfassung dadurch gelöst, daß immer eine Kopie der Ursprungs-datei in das neue Format umgewandelt wird. Außerdem kann das Suffix für die Ergebnisdatei nicht frei gewählt werden. ANSI-Dateien werden jeweils mit dem Suffix ANS und ASCII-Dateien mit dem Suffix ASC abgespeichert. Die bereits konvertierten Dateien werden auch nicht automatisch aus der Auswahlliste entfernt und zwar auch dann nicht, wenn Sie das Verzeichnis bereits gewechselt haben. Sie sehen also, Sie können sich noch an diversen Programmerweiterungen versuchen. In den folgenden Tabellen sind die wichtigsten Informationen zum Quelltext des Programmes WinCONV zusammengestellt. Im Anschluß daran ist das Listing zum Programm abgedruckt.

Objekt:	Name:	Ereignis:	Beschreibung:
Formular	Form	Load	Variableninitialisierung
Schaltfläche	Befehl1	Click	Konvertierung der ausgewählten ANSI-Dateien ins ASCII-Format
Schaltfläche	Befehl2	Click	dto., Konvertierung ASCII-Datei ins ANSI-Format
Schaltfläche	Befehl3	Click	Information ausgeben
Schaltfläche	Befehl4	Click	Programm beenden
Laufwerksliste	Laufwerk1	Change	Laufwerkswechsel verarbeiten
Verzeichnisliste	Verzeichnis1	Change	Verzeichniswechsel verarbeiten
Dateiliste	Datei1	DblClick	Übernahme der angewählten Datei in das Listenfeld
Listenfeld	List1	DblClick	Eintrag wieder löschen

Tabelle 4.2: Ereignisprozeduren zum Programm WinCONV

Prozedur:	Beschreibung:
Asc2Ans$	Umwandlung einer ASCII-Zeichenkette ins ANSI-Format
Ans2Asc$	Umwandlung einer ANSI-Zeichenkette ins ASCII-Format
AnsiMakeAscii	Konvertierung einer ANSI-Datei ins ASCII-Format
AsciiMakeAnsi	Konvertierung einer ASCII-Datei ins ANSI-Format
RemoveSuffix	Enfernen des Dateikürzels einer beliebigen Datei

Tabelle 4.3: Benutzerdefinierte Prozeduren zum Programm WinCONV

```
'*****************************************************
'* WinCONV - Ansi- zu Ascii- und Ascii- zu Ansi-Converter *
'*           Das Programm erlaubt es, mehrere Dateien aus-*
'*           zuwählen und nacheinander in das gewünschte  *
'*           Format umzuwandeln                           *
'*                                                        *
'* Hinweis: Das Hinterdgrundbitmap wurde mit dem Borland  *
'*          Resource Workshop erstellt, die Steuerelemente*
'*          wurden ausschließlich mit Visual Basic erzeugt*
'*                                                        *
'*          Die benutzerdefinierten Konvertier- und Über- *
'*          setztungsroutinen wurden so geschrieben, daß  *
'*          sie auch allgemein einsetzbar sind. So kann   *
'*          die Konvertierung wahlweise für einen String  *
'*          (Zeichenkette) oder für eine gesamte Datei    *
'*          erfolgen.                                      *
'*                                                        *
'*                                                        *
'* Visual Basic für Programmierer - Vieweg Verlag         *
'* (c)1992 by Dipl.-Ing. Andreas Maslo                    *
'*****************************************************

'ASCII-Codes
Dim ASCII$

'ANSI-Codes
Dim ANSI$


Sub Laufwerk1_Change ()
   'Verzeichnislistenfeld das neu angewählte
   'Laufwerk mitteilen...
   Verzeichnis1.Path = Laufwerk1.Drive
End Sub
```

```
Sub Form_Load ()
  'Ursprungspfad merken
  Ursprungspfad$ = CurDir$
  'Suchmaske für Textdateien
  Datei1.Pattern = "*.BA*;*.TXT;*.LST;*.C;*.ASC;*.ANS;*.DO*"
  'Anmerkung: Kürzel ASC - ASCII-Dateien nach Konvertierung
  '           Kürzel ANS - ANSI-Dateien nach Konvertierung
  'Initialisierung der Codetabellen (keine DATA-Anweisung in Visual Basic)
  ASCII$ = Chr$(156) + Chr$(21) + Chr$(34) + Chr$(174) + Chr$(45)
  ASCII$ = ASCII$ + Chr$(241) + Chr$(253) + Chr$(248) + Chr$(175) + Chr$(172)
  ASCII$ = ASCII$ + Chr$(171) + Chr$(142) + Chr$(153) + Chr$(120) + Chr$(154)
  ASCII$ = ASCII$ + Chr$(225) + Chr$(132) + Chr$(148) + Chr$(246) + Chr$(129)
  ANSI$ = Chr$(163) + Chr$(167) + Chr$(168) + Chr$(171) + Chr$(173)
  ANSI$ = ANSI$ + Chr$(177) + Chr$(178) + Chr$(186) + Chr$(187) + Chr$(188)
  ANSI$ = ANSI$ + Chr$(189) + Chr$(196) + Chr$(214) + Chr$(215) + Chr$(220)
  ANSI$ = ANSI$ + Chr$(223) + Chr$(228) + Chr$(246) + Chr$(247) + Chr$(252)
End Sub


Sub Befehl4_Click ()
  'Programm beenden...
  Titel$ = "Programm beenden..."
  Msg$ = "Wollen Sie WinCONV wirklich beenden?"
  'Fragezeichen und <Ja>/<Nein>
  Typ% = 32 + 4
  a% = MsgBox(Msg$, Typ%, Titel$)
  If a% = 6 Then
    End
  End If
End Sub


Sub Befehl3_Click ()
  'Kurzinformation...
  CL$ = Chr$(13) + Chr$(10)
  Titel$ = "Information zu WinCONV"
  'Info-Symbol, <OK>-Schaltfläche
  Typ% = 64
  Msg$ = "Wählen Sie eine Datei mit dem Doppelklick "
  Msg$ = Msg$ + "aus dem Dateilistenfeld. Jeder ausgewählte "
  Msg$ = Msg$ + "Dateiname wird in die Auswahlliste übernommen. "
  Msg$ = Msg$ + "Die Konvertierung erfolgt erst bei Anwahl der "
  Msg$ = Msg$ + "enstprechenden Schaltfläche. Mit <Ans2Asc> wandeln "
  Msg$ = Msg$ + "Sie die angewählten ANSI-Dateien in das ASCII-Format um. "
  Msg$ = Msg$ + " Die umgekehrte Konvertierung rufen Sie mit <Asc2Ans> ab. Be-"
  Msg$ = Msg$ + "achten Sie, daß die Formate intern nicht kontrolliert werden. "
  Msg$ = Msg$ + "Arbeiten Sie daher mit Sicherheitskopien Ihrer Dateien."+CL$+CL$
  Msg$ = Msg$ + "Visual Basic für Programmierer - Vieweg Verlag" + CL$
  Msg$ = Msg$ + "(c)1992 by Dipl.-Ing. Andreas Maslo"
  MsgBox Msg$, Typ%, Titel$
End Sub


Sub Verzeichnis1_Change ()
```

```
    Datei1.Path = Verzeichnis1.Path
End Sub

Sub Datei1_DblClick ()
  'eine mit Doppelklick im Dateilistenfeld angesteuerte
  'Datei wird in das Listenfeld übernommen
  'keine Kontrolle, ob Datei bereits im Listenfeld
  'vorhanden ist (evtl. ergänzen)
  List1.AddItem Datei1.List(Datei1.ListIndex)
End Sub

Function Asc2Ans$ (AsciiZeile$)
  'Zeile im ASCII-Format zeichenweise
  'untersuchen und umwandeln
  'Funktion erzeugt eine Kopie der Ursprungs-
  'zeichenkette
  Temp$ = ""
  For x% = 1 To Len(AsciiZeile$)
    Zeichen$ = Mid$(AsciiZeile$, x%, 1)
    'Austausch für Zeichen erforderlich?
    Nummer% = InStr(ASCII$, Zeichen$)
    If Nummer% > 0 Then
      'Zeichen ersetzen
      Zeichen$ = Mid$(ANSI$, Nummer%, 1)
    End If
    Temp$ = Temp$ + Zeichen$
  Next x%
  Asc2Ans$ = Temp$
End Function

Function Ans2Asc$ (AnsiZeile$)
  'Zeile im ANSI-Format zeichenweise
  'untersuchen und umwandeln
  'Funktion erzeugt eine Kopie der Ursprungs-
  'zeichenkette
  Temp$ = ""
  For x% = 1 To Len(AnsiZeile$)
    Zeichen$ = Mid$(AnsiZeile$, x%, 1)
    'Austausch für Zeichen erforderlich?
    Nummer% = InStr(ANSI$, Zeichen$)
    If Nummer% > 0 Then
      'Zeichen ersetzen
      Zeichen$ = Mid$(ASCII$, Nummer%, 1)
    End If
    Temp$ = Temp$ + Zeichen$
  Next x%
  Ans2Asc$ = Temp$
End Function
```

```
Sub AnsiMakeAscii (Quelldatei$, Zieldatei$)
  'ANSI-Datei in ASCII-Datei umwandeln
  'Dateinummern ermitteln
  QNr = FreeFile
  ZNr = QNr + 1
  'Dateien öffnen
  Open Quelldatei$ For Input As #QNr
  Open Zieldatei$ For Output As #ZNr
  'zeilenweise lesen und übersetzen
  'konvertierte Datei anlegen
  While Not EOF(QNr)
    Line Input #QNr, Zeile$
    Print #ZNr, Ans2Asc$(Zeile$)
  Wend
  Close #QNr
  Close #ZNr
End Sub

Sub AsciiMakeAnsi (Quelldatei$, Zieldatei$)
  'ASCII-Datei in ANSI-Datei umwandeln
  'Dateinummern ermitteln
  QNr = FreeFile
  ZNr = QNr + 1
  'Dateien öffnen
  Open Quelldatei$ For Input As #QNr
  Open Zieldatei$ For Output As #ZNr
  'zeilenweise lesen und übersetzen
  'konvertierte Datei anlegen
  While Not EOF(QNr)
    Line Input #QNr, Zeile$
    Print #ZNr, Asc2Ans$(Zeile$)
  Wend
  Close #QNr
  Close #ZNr
End Sub

Sub Befehl1_Click ()
  'konvertiere die ausgewählten Dateien im Listenfeld
  'nacheinander vom ANSI- in das ASCII-Format
  For x% = 1 To List1.ListCount
    'aktueller Pfad
    Pfad$ = Verzeichnis1.Path
    If Right$(Pfad$, 1) <> "\" Then
      Pfad$ = Pfad$ + "\"
    End If
    'Datei aus Listenfeld
    Datei$ = List1.List(x% - 1)
    'Quelldatei mit Suchpfad
    Quelle$ = Pfad$ + Datei$
    If Right$(Datei$, 3) <> "ASC" Then
      'ASCII-Dateien können nicht mehr übersetzt werden,
```

```
      'da Zieldatei identisch mit Quelldatei
      '(Namenskonflikt!)
      Ziel$ = RemoveSuffix$(Quelle$) + "ASC"
      Form1.Caption = "konvertiere " + Quelle$ + "..."
      AnsiMakeAscii Quelle$, Ziel$
      Form1.Caption = "Ansi- zu Ascii-Converter 1.00 (c)1992"
    End If
  Next x%
End Sub


Function RemoveSuffix$ (Datei$)
  'Änderungen an Zeichenkettenkopie vornehmen,
  'um die Variable im Hauptprogramm nicht zu
  'beeinflussen
  File$ = Datei$
  'Dateikürzel entfernen (Punkt nicht entfernen)
  While Zeichen$ <> "."
    Zeichen$ = Right$(File$, 1)
    If Zeichen$ <> "." Then
      'Zeichen entfernen, bis Punkt erreicht
      File$ = Left$(File$, Len(File$) - 1)
    End If
  Wend
  'Ergebnis zurückgeben
  RemoveSuffix$ = File$
End Function


Sub List1_DblClick ()
  'eine mit Doppelklick im Listenfeld angesteuerte
  'Datei wird aus dem Listenfeld gelöscht
  '(Korrekturmöglichkeit, um doppelte Dateieinträge
  'aus der Liste zu entfernen)
  List1.RemoveItem List1.ListIndex
End Sub


Sub Befehl2_Click ()
  'konvertiere die ausgewählten Dateien im Listenfeld
  'nacheinander vom ASCII- in das ANSI-Format
  For x% = 1 To List1.ListCount
    'aktueller Pfad
    Pfad$ = Verzeichnis1.Path
    If Right$(Pfad$, 1) <> "\" Then
      Pfad$ = Pfad$ + "\"
    End If
    'Datei aus Listenfeld
    Datei$ = List1.List(x% - 1)
    'Quelldatei mit Suchpfad
    Quelle$ = Pfad$ + Datei$
    If Right$(Datei$, 3) <> "ANS" Then
      'ANSI-Dateien können nicht mehr übersetzt werden,
      'da Zieldatei identisch mit Quelldatei
```

```
        '(Namenskonflikt!)
        Ziel$ = RemoveSuffix$(Quelle$) + "ANS"
        Form1.Caption = "konvertiere " + Quelle$ + "..."
        AsciiMakeAnsi Quelle$, Ziel$
        Form1.Caption = "Ansi- zu Ascii-Converter 1.00 (c)1992"
      End If
    Next x%
End Sub
```

Listing 4.1: Konvertierprogramm WinCONV (WINCONV.FRM)

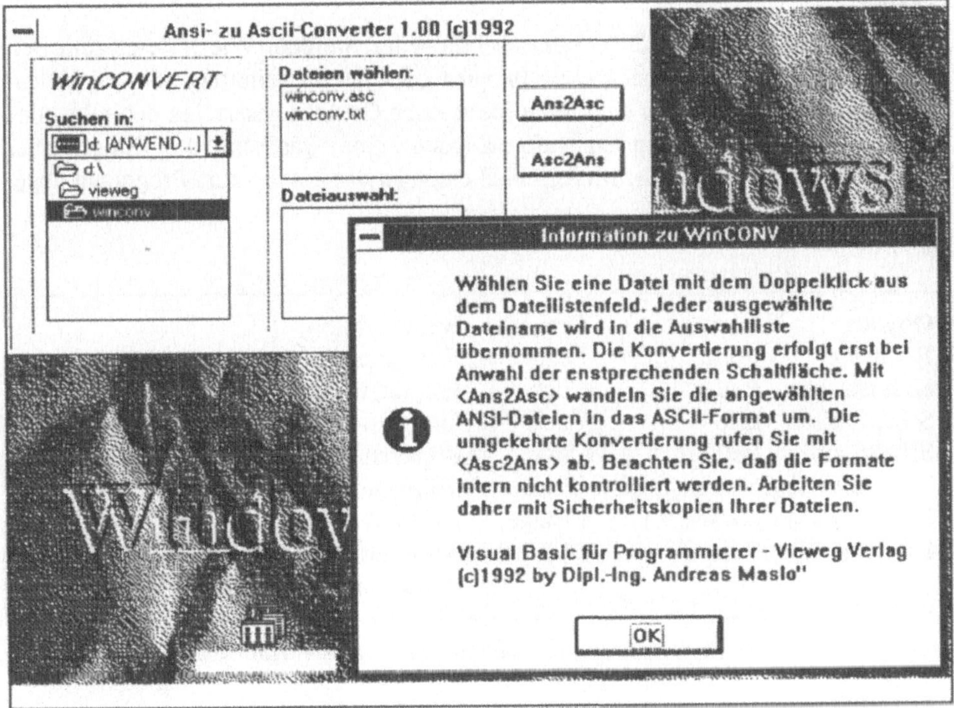

Bild 4.1: Das Konvertierprogramm WinCONV

4.1.2 Kopieren mit WinCOPY

Mit dem Programm WinCOPY können Sie jeweils eine einzelne Datei kopieren. Wählen Sie diese aus einem beliebigen Laufwerk, einem Verzeichnis und einer Dateiliste aus, wird der Dateieintrag einschließlich dem Suchpfad in ein Textfeld übernommen. Gleichzeitig wird der Name für die Zieldatei festgelegt. Dazu wird vom Quelldateinamen das Dateikürzel abgetrennt und durch BAK ersetzt (Standardkürzel für Sicherungsdateien). Bei dieser automatischen Namensvergabe wird jeweils eine Sicherungskopie einer ausgewählten Datei in dem Verzeichnis erstellt, in dem sich auch die Originaldatei befindet. Durch Änderung des Zieldateinamens im Textfeld für die Zieldateibezeichnung, können Sie die Quelldatei in jeden beliebigen Suchpfad kopieren.

Auch das Programm WinCOPY kann noch erweitert werden. Wie wäre es zum Beispiel mit der Erstellung von Mehrfachkopien oder der Erweiterung zum Diskettenkopierprogramm? Auch hier sind Ihren Ideen keine Grenzen gesetzt. In den folgenden Tabellen sind die wichtigsten Informationen zum Quelltext des Programmes WinCOPY zusammengestellt. Im Anschluß daran ist das Listing zum Programm abgedruckt.

Objekt:	Name:	Ereignis:	Beschreibung:
Formular	Form	Load	Festlegung der Tabulatorreihenfolge
Schaltfläche	Ende	Click	Programm beenden
Schaltfläche	Info	Click	Informationen ausgeben
Schaltfläche	Befehl1	Click	Kopieren
Verzeichnisliste	Verzeichnis1	Change	Verzeichniswechsel
Laufwerksliste	Laufwerk1	Change	Laufwerkswechsel
Dateiliste	Datei1	DblClick	Auswahl der zu kopierenden Datei (Festlegung Zieldatei Name.BAK)

Tabelle 4.4: Ereignisprozeduren zum Programm WinCOPY

Prozedur:	Beschreibung:
RemoveSuffix$	Dateikürzel entfernen
Copy	Binäre Kopierroutine für beliebige Dateien

Tabelle 4.5: Benutzerdefinierte Prozeduren zum Programm WinCOPY

```basic
'**********************************************************
'* WinCOPY - Programm zum Kopieren von Dateien            *
'*                                                        *
'* Visual Basic für Programmierer - Vieweg Verlag         *
'* (c)1992 by Dipl.-Ing. Andreas Maslo                    *
'**********************************************************


Sub Ende_Click ()
  'Programm beenden...
   Titel$ = "Programm beenden..."
   Msg$ = "Wollen Sie WinCOPY wirklich beenden?"
   'Fragezeichen und <Ja>/<Nein>
   Typ% = 32 + 4
   a% = MsgBox(Msg$, Typ%, Titel$)
   If a% = 6 Then
     End
   End If
End Sub


Sub Info_Click ()
   'Kurzinformation...
   CL$ = Chr$(13) + Chr$(10)
   Titel$ = "Information zu WinCOPY"
   'Info-Symbol, <OK>-Schaltfläche
   Typ% = 64
   Msg$ = "Mit dem Programm WinCOPY suchen Sie Dateien innerhalb "
   Msg$ = Msg$ + "eines Laufwerks und kopieren diese in eine "
   Msg$ = Msg$ + "andere Datei (Sicherungskopie) bzw. erzeugen "
   Msg$ = Msg$ + "Sie eine Dateikopie in einem anderen Verzeichnis. "
   Msg$ = Msg$ + "Die gewählte Quell- und Zieldatei "
   Msg$ = Msg$ + "können frei editiert werden. Die Angabe besitzt "
   Msg$ = Msg$ + "die Form Laufwerk:\Suchpfad\Dateiname (entsprechend "
   Msg$ = Msg$ + "dem Betriebssystem." + CL$ + CL$
   Msg$ = Msg$ + "Visual Basic für Programmierer - Vieweg Verlag" + CL$
   Msg$ = Msg$ + "(c)1992 by Dipl.-Ing. Andreas Maslo"
   MsgBox Msg$, Typ%, Titel$
End Sub


Sub Befehl1_Click ()
   QuellDatei$ = Quelle.Text
   ZielDatei$ = Ziel.Text
   Copy QuellDatei$, ZielDatei$
End Sub


Sub Verzeichnis1_Change ()
   Datei1.Path = Verzeichnis1.Path
End Sub


Sub Datei1_DblClick ()
   'aktuell gewähltes Verzeichnis
```

```
   Pfad$ = Verzeichnis1.Path
   If Right$(Pfad$, 1) <> "\" Then
     Pfad$ = Pfad$ + "\"
   End If
   'Quelldatei
   Quelle.Text = Pfad$ + Datei1.FileName
   Datei$ = Quelle.Text
   Laenge% = Len(Datei$)
   'Zieldatei (Sicherungsdatei ist Standard)
   Ziel.Text = RemoveSuffix$(Datei$) + "BAK"
End Sub


Function RemoveSuffix$ (Datei$)
   'Änderungen an Zeichenkettenkopie vornehmen,
   'um die Variable im Hauptprogramm nicht zu
   'beeinflussen
   File$ = Datei$
   'Dateikürzel entfernen (Punkt nicht entfernen)
   While Zeichen$ <> "."
     Zeichen$ = Right$(File$, 1)
     If Zeichen$ <> "." Then
       'Zeichen entfernen, bis Punkt erreicht
       File$ = Left$(File$, Len(File$) - 1)
     End If
   Wend
   'Ergebnis zurückgeben
   RemoveSuffix$ = File$
End Function


Sub Laufwerk1_Change ()
  Verzeichnis1.Path = Laufwerk1.Drive
End Sub


Sub Copy (QuellDatei$, ZielDatei$)
   'Quelle und Ziel müssen unterschiedlich sein
   If QuellDatei$ <> ZielDatei$ Then
     'Dateinummern zuweisen
     QNr = FreeFile
     ZNr = QNr + 1
     'Dateien öffnen
     Open QuellDatei$ For Binary As #QNr
     Open ZielDatei$ For Binary As #ZNr
     'kopieren (hier je 10 000 Byte)
     PufferLen% = 10000
     GesamtByte& = LOF(QNr)
     If LOF(QNr) >= PufferLen% Then
         Puffer$ = Space$(PufferLen%)
         DurchLaufe% = Int(GesamtByte& / PufferLen%)
         RestByte& = GesamtByte&
         For x% = 1 To DurchLaufe%
           Get #QNr, , Puffer$
```

```
            Put #ZNr, , Puffer$
            RestByte& = RestByte& - PufferLen%
            'Meldung in Titelzeile
            Kopiert& = Kopiert& + PufferLen%
            WinCopy.Caption = "kopiere" + Str$(Kopiert&) +_
                           " von " + Str$(GesamtByte&) + " Byte..."
        Next x%
        Puffer$ = Space$(RestByte&)
        Get #QNr, , Puffer$
        Put #ZNr, , Puffer$
      Else
        WinCopy.Caption = "kopiere" + Str$(GesamtByte&) + " Byte..."
        Puffer$ = Space$(LOF(QNr))
        Get #QNr, , Puffer$
        Put #ZNr, , Puffer$
    End If
    Close #QNr
    Close #ZNr
  End If
  WinCopy.Caption = "WinCOPY 1.00 - Dateien kopieren (c)1992"
End Sub

Sub Form_Load ()
  'Tabulatorreihenfolge festlegen
  Datei1.TabIndex = 0
  Quelle.TabIndex = 1
  Ziel.TabIndex = 2
  Laufwerk1.TabIndex = 3
  Verzeichnis1.TabIndex = 4
End Sub
```

Listing 4.2: Kopierprogramm WinCOPY (WINCOPY.FRM)

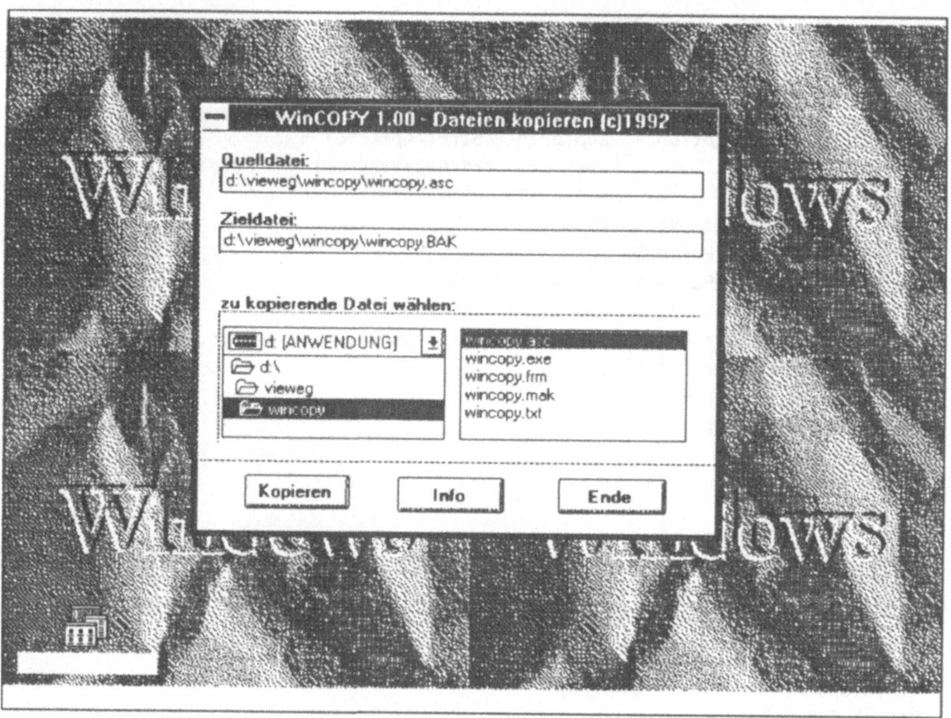

Bild 4.2: Das Kopierprogramm WinCOPY

4.1.3 Allgemeine Hilfe mit WinHELP

Wie bereits in Kapitel 3.7 angekündigt, soll an dieser Stelle ein allgemeines Hilfsprogramm erstellt werden, daß Sie anstatt des Hilfeprogrammes von Windows einsetzen können, wenn Sie nicht über den Windows-Hilfecompiler verfügen. Zunächst ist ein spezielles Dateiformat zu wählen. Da eine binäre Verschlüsselung an dieser Stelle den Rahmen sprengen würde, wählen wir eine sequentielle Textdatei, die wir mit WinCONV ins ANSI-Format übersetzen. Zur Abtrennung der einzelnen Hilfethemen benutzen wir spezielle Zeichen. Eingeleitet wird jede Hilfe zu einem Begriff mit einem Doppelkreuz und dem eigentlichen Hilfebegriff, der später in den Index übernommen werden soll. Danach befindet sich auf mehreren Zeilen der jeweilige Hilfetext, der durch einen Stern * abgeschlossen wird. Bezogen auf die Hilfedatei des Kapitels 3.7 ergibt sich das folgende Listing. Beachten Sie, daß im Gegensatz zum RTF-Format jede Zeile durch ein hartes Return abgeschlossen wird.

#WinShell
  Mit WinSHELL können Sie den Programm-Manager von Windows
  ersetzen. Neben den wichtigsten Windows-Applikationen, rufen Sie
  auch DOS-Anwendungen auf oder kehren temporär auf Knopfdruck zur
  Betriebssystemebene zurück.
*

#Löschen
  Mit dem Programm können Sie jeweils eine Datei löschen, die Sie
  aus einem beliebigen Verzeichnis des aktuellen Laufwerkes
  auswählen. U.U. ist das Laufwerk über das im Arbeitsbereich
  angezeigte Laufwerkslistenfeld zu wechseln. Beachten Sie, daß zur
  Aktivierung dieser Funktion zunächst das Kontrollfeld "Löschen"
  aktiviert werden muß.
*

#Umbenennen
  Durch ein "Umbenennen" können Sie einer einzelnen Datei des
  aktuellen Laufwerks einen neuen Namen zuweisen. U.U. ist das
  Laufwerk über das im Arbeitsbereich angezeigte Laufwerkslistenfeld
  zu wechseln.
*

#Verschieben
  Durch ein "Verschieben" wird der Eintrag einer Datei im FAT
  geändert. Eine echte Kopie wird nicht erzeugt. Die Datei liegt
  nach dieser Funktion auf dem Festspeicher unverändert im
  ursprünglichen Bereich.
*

#Ausführen
  Mit diesem Menüpunkt können Sie beliebige Programme (Windows-
  Anwendungen und DOS-Applikationen) aus WinSHELL heraus ausführen.
  U.U. ist das Laufwerk über das im Arbeitsbereich angezeigte
  Laufwerkslistenfeld zu wechseln.
*

#Entfernen
  Wollen Sie ein Verzeichnis entfernen, dann dürfen sich dort keine
  Dateien befinden. Ist das Verzeichnis nicht leer, kann keine
  Löschung erfolgen. Beachten Sie, daß zur Aktivierung dieser
  Funktion zunächst das Kontrollfeld "Löschen" aktiviert werden muß.
*

#Wechseln
  Über diesen Menübefehl können Sie in jedes Verzeichnis des
  aktuellen Laufwerkes wechseln. U.U. ist das Laufwerk über das im
  Arbeitsbereich angezeigte Laufwerkslistenfeld zu wechseln.
*

#Anlegen
  Wollen Sie ein Unterverzeichnis anlegen, können Sie diesen
  Menübefehl anwählen. Wählen Sie zunächst das Verzeichnis, in das
  der Eintrag erfolgen soll, geben Sie einen zulässigen
  Verzeichnisnamen ein und quittieren Sie die Eingabe über die
  entsprechende Schaltfläche.
*

#Windows
   Mit Hilfe dieses Menüs, lassen sich alle Standard-Anwendungen von
   Windows, wie z.B. "Write", "Paintbrush" und "Terminal" ausführen.
   Beachten Sie, daß ausgeführte Programme in der Regel automatisch
   auf Symbolgröße verkleinert werden. Um dies zu umgehen, müssen Sie
   das entsprechende Kontrollfeld im unteren Bereich des
   Arbeitsbildschirmes deaktivieren.
*

#Programm-Manager
   Mit Hilfe des "Programm-Managers" können Sie beliebige Programme
   über Programmgruppen und Bildsymbole ausführen.
*

#Datei-Manager
   Über den "Datei-Manager" führen Sie die wichtigsten
   Betriebssystemfunktionen aus.
*

#Druck-Manager
   Über den "Druck-Manager" verwalten Sie die Druckaufträge, die im
   Hintergrund ausgedruckt werden.
*

#Task-Manager
   Über den "Task-Manager" wechseln Sie zwischen mehreren aktiven
   Anwendungen.
*

#Paintbrush
   Wollen Sie Pixelgrafiken erstellen, können Sie das Zeichenprogramm
   "PaintBrush" aufrufen.
*

#Write
   Mit "Write" steht Ihnen eine kleine Textverarbeitung zur
   Verfügung, mit der Sie schnell und einfach Briefe, kurze Texte
   oder optisch ansprechende Notizen erstellen.
*

#Kartei
   Wollen Sie einfache Daten verwalten, verwenden Sie das
   Datenbankprogramm "Kartei".
*

#Rechner
   Berechnungen lassen sich komfortabel über den Taschenrechner
   "Calc" ausführen.
*

#Notizblock
   Verwalten Sie Ihre Notizen mit einem Notizblock.
*

#Terminal
   Datenaustausch über ein Modem ist mit dem Dienstprogramm
   "Terminal" (Datenfernübertragung) möglich.
*

#Kalender
   Verwalten Sie Ihre Termine mit dem Windows-Terminkalender "Calendar".

```
*
#Zwischenablage
  Tauschen Sie Daten im Text- und Grafikformat zwischen Windows-
  Anwendungen über die Zwischenablage "Clipboard" aus.
*
#Rekorder
  Mit dem "Rekorder" haben Sie die Möglichkeit, immer wiederkehrende
  Tastaturfolgen (Makros) aufzuzeichnen, und später über einen
  einzelnen Befehl ausführen zu lassen.
*
#Uhr
  Rufen Sie die aktuelle Uhrzeit über das Programm "Clock" ab.
*
#Symbol
  Programme, die nach dem Programmstart auf Symbolgröße verkleinert
  werden, erscheinen als Bildsymbol am unteren Bildschirmrand.
  Dadurch lassen sich mehrere Anwendungen nacheinander laden und bei
  Bedarf durch einen Doppelklick aktivieren. Ist das entsprechende
  Kontrollfeld nicht markiert, wird ein angewähltes Programm nicht
  nur geladen sondern ausgeführt und in einem Startformular
  angezeigt.
*
#Parameterabfrage
  Einer Vielzahl von Programmen lassen sich Kommandozeilenparameter
  übergeben. Damit Sie auch Programmen, die über WinSHELL gestartet
  werden, Parameter bereits beim Aufruf angeben können, läßt sich
  ein spezielles Eingabefenster öffnen. Tragen Sie hier die
  gewünschten Parameter, wie auf Kommandozeilenebene, ein. Der
  Programmname selbst darf nicht mehr mit angeführt werden.
*
#Löschmodus
  Nur wenn das Kontrollfeld "Löschen" markiert ist, können Sie
  Dateien oder Verzeichnisse löschen. Ansonsten sind die jeweiligen
  Menüeinträge nicht aktivierbar.
*
#Systemsteuerung
  Da Änderungen an den Systemdateien und den Systemdateien nur
  bewußt erfolgen sollen, müssen Sie die jeweiligen Menüeinträge zunächst
  durch Ansteuerung des Kontrollfeldes "Systemsteuerung" aktivieren.
*
#Programm beenden
  Über diesen Menüpunkt wird WinSHELL beendet und aus dem Speicher
  entfernt.
*
```

Listing 4.3: Beispielhilfedatei zum Programm WinHELP (WINSHELL.ANS)

Mit der Festlegung der Hilfedatei kann nun in einem weiteren Schritt das Formular und der zugehörige Quelltext eingegeben werden. In der folgenden Tabelle sind die wichtigsten Informationen zum Quelltext des Programmes WinHELP zusammengestellt. Im Anschluß daran ist das Listing zum Programm abgedruckt.

Objekt:	Name:	Ereignis:	Beschreibung:
Formular	Form	Load	Hilfedatei einlesen und Index aufbauen
KomboBox	Index	Change	Wechsel des gewählten Indexeintrages behandeln
		Click	Eintragswechsel des Index per Maus behandeln
Listenfeld	Hilfe	KeyPress	Tastatureingaben im Hilfefeld unterdrücken

Tabelle 4.: Ereignisprozeduren zum Programm WinHELP

```
'********************************************************
'* WinHELP.BAS - Grundgerüst eines einfachen       *
'*               Programmes zum Ersatz des Windows-   *
'*               Hilfeprogrammes in Verbindung mit    *
'*               Visual Basic, da Visual Basic leider *
'*               ohne den Hilfscompiler von Microsoft *
'*               ausgeliefert wird.                    *
'*                                                     *
'* Visual Basic für Programmierer - Vieweg            *
'* (c)1992 by Dipl.-Ing. Andreas Maslo               *
'********************************************************

'Variable für Anzahl der Zeilen in der
'Hilfedatei bzw. im Datenfeld Hilfetext$()
Dim Zaehler%
'Datenfeld für Hilfstexte
'hier maximal 500 Einträge (Zeilen gesamt)
Dim Hilfetext$(1 To 500)


Sub Form_Load ()
  'INITIALISIERUNGSSEQUENZ:
  'Der Einfachheit halber wird hier
  'zur Demonstration die gesamte
  'Hilfsdatei eingelesen. Bei größeren
  'Dateien, sollte immer nur der Index und eine
  'Hilfe zu einem einzelnen Begriff geladen
  'werden. Außerdem sollte zur Verallgemeinerung
  'die Routine mit einem variablen Dateinamen
  'versehen werden.
  'Startformular laden und anzeigen
  WinHelp.Show
```

```
DNr = FreeFile
Zaehler% = 0
IndexNr% = 0
'im Normalfall sollten Sie das Dateikürzel HLP
'verwenden; hier wurde darauf verzichtet, um die
'Datei von der echten Hilfsdatei, die mit dem
'Hilfscompiler erstellt wurde, zu unterscheiden
'(die Hilfsdatei für dieses Hilfsprogramm muß
'im  ANSI-Format vorliegen!); die Hilfsdatei
'wird im aktuellen Verzeichnis erwartet, auf
'eine Fehlerbehandlung wurde verzichtet
Open "WINSHELL.ANS" For Input As #DNr
While Not EOF(DNr)
   'zeilenweise Hilfedatei einlesen und
   Zaehler% = Zaehler% + 1
   Line Input #DNr, DateiZeile$
   'einleitende Leerzeichen ignorieren
   '(damit interne Blockstruktur möglich ist)
   DateiZeile$ = LTrim$(DateiZeile$)
   Hilfetext$(Zaehler%) = DateiZeile$
   'falls Zeile Indexeintrag (erkennbar am Doppel-
   'kreuz, dann Eintrag in Index-Datenfeld übernehmen)
   If Left$(DateiZeile$, 1) = "#" Then
     'Indexnummer festlegen (abhängig von der
     'Reihenfolge in der Hilfsdatei)
     DateiZeile$ = RTrim$(DateiZeile$)
     'Zeilenlänge ermitteln
     Laenge% = Len(DateiZeile$)
     'Doppelkreuz entfernen
     IndexEintrag$ = Right$(DateiZeile$, Len(DateiZeile$) - 1)
     'Indexeintrag der Liste anfügen
     'erste Indexnummer eines Listenfeldes ist Null
     Index.AddItem IndexEintrag$, IndexNr%
     IndexNr% = IndexNr% + 1
     'ersten Hilfebegriff automatisch in das Textfeld
     'des Kombinationsfeldes übernehmen; es bietet sich
     'also, an die wichtigste Erläuterung an den Anfang
     'der Hilfsdatei zu stellen
     If IndexNr% = 1 Then
       Index.Text = IndexEintrag$
     End If
   End If
 Wend
End Sub


Sub Index_Change ()
   'Eintragsänderung hat stattgefunden. Sofort kontrollieren,
   'ob ein entsprechender Eintrag vorhanden ist, evtl. im
   'Hilfsfenster anzeigen (Anmerkung: jeder Tastendruck wird
   'berücksichtigt)
```

```
    'Zeilenweise das Hilfsarray untersuchen, um die
    'gesuchte Hilfemeldung auszufiltern
    'Zeilenvorschub/Wagenrücklauf - Codesequenz
    CL$ = Chr$(13) + Chr$(10)
    For x% = 1 To Zaehler%
      'Begriff wurde gefunden
      If Hilfetext$(x%) = "#" + Index.Text Then
        Text$ = ""
        For y% = x% + 1 To Zaehler%
            'Stern und Doppelkreuz sind gleichertig, daher
            'ist es nicht unbedingt erforderlich den Stern
            'als Endezeichen eines Hilfethemas in einer
            'Hilfedatei einzugeben
            If Hilfetext$(y%) <> "*" Then
               Text$ = Text$ + CL$ + Hilfetext$(y%)
               Beenden% = 0
             Else
               Hilfe.Text = Text$
               Beenden% = 1
            End If
            If Beenden% = 1 Then Exit For
        Next y%
      End If
      If Beenden% = 1 Then Exit For
    Next x%
End Sub


Sub Index_Click ()
  'Eintragsänderung hat stattgefunden (Mausanwahl im
  'Listenfeld). Um ein Change-Ereignis abzurufen
  'wird lediglich der Textinhalt geändert.
  'gewählte Indexnummer ermitteln
  Anwahl% = Index.ListIndex
  'Text zu gehörigem Index Textfeld zuweisen
  Index.Text = Index.List(Anwahl%)
  'ereignisorientierte Prozedur aufrufen
  Index_Change
End Sub


Sub Hilfe_KeyPress (TastenAscii As Integer)
  'sämtliche Tastatureingaben im Hilfefeld unterdrücken;
  'u.U. kann das Programm erweitert werden: markierte
  'Bereiche können zum Beispiel zur Zwischenablage
  'geschickt oder unmittelbar ausgedruckt werden; auf
  'eine Realisierung dieser Funktionen wurde verzichtet
  TastenAscii = 0
End Sub
```

Listing 4.4: Allgemeines Hilfeprogramm WinHELP (WHELP.EXE)

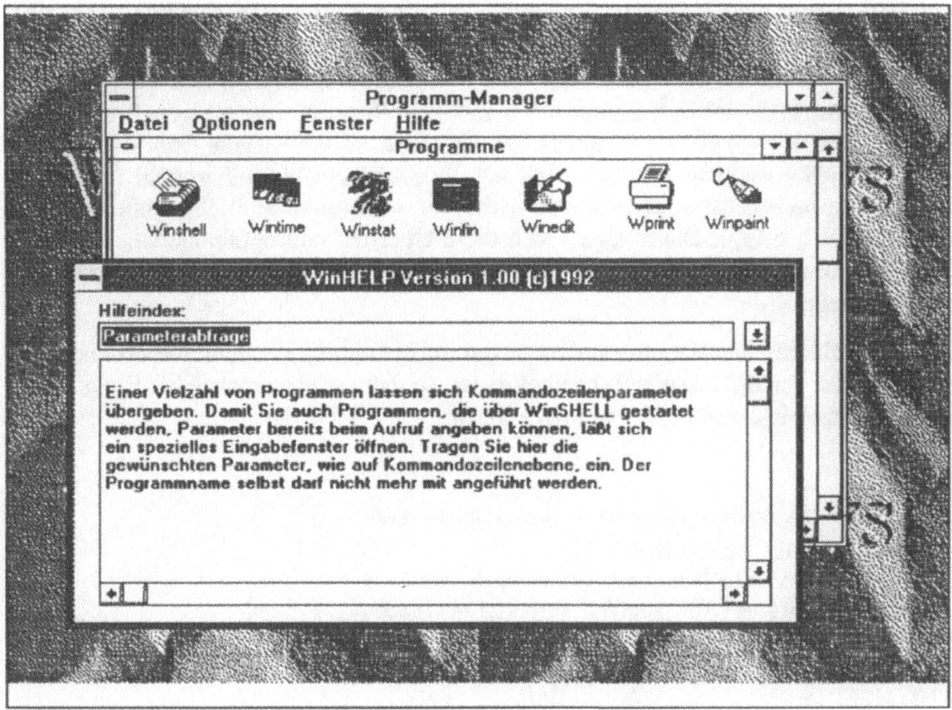

Bild 4.3: Das allgemeine Hilfeprogramm WinHELP

4.1.4 Drucken von ANSI-Texten mit WinPRINT

Bei unserer letzten kleineren Anwendung handelt es sich um ein Druckprogramm für
ANSI-Textdateien. Dabei spielt die Programmierung der Druckerroutine jedoch eine
untergeordnete Rolle. Vielmehr wollen wir an einem praktischen Beispiel zeigen, wie
die Einbindung von Bitmaps, die wir in Kapitel 3.6 beschrieben haben, erfolgt. Des
weiteren können Sie sehen, wie Sie unterschiedliche Druckerschriften und Schrift-
größen ansteuern, Seitenvorschübe erzwingen und den Druckvorgang beenden. Um die
Auswahl einer Datei abzusichern, verfügt das Programm über einen Ansichtsmodus.
Dort werden Textinhalte unformatiert angezeigt. Dieser Modus dürfte ausreichen,
damit der Anwender kontrollieren kann, ob er die richtige Datei gewählt hat. In Verbindung mit dem Hilfsprogramm WinCONV lassen sich mit diesem Programm auch
ASCII-Dateien ausdrucken.

Natürlich können Sie auch dieses Programm erweitern. So wäre es z.B. durchaus sinnvoll, eine Abbruchfunktion zu implementieren, die einen gestarteten Druckvorgang
vorzeitig beenden kann. In diesem Programm verbirgt sich hinter der Schaltfläche
<Abbruch> lediglich eine Ende-Funktion.

Auf eine Auflistung der einzelnen Funktionen wollen wir hier verzichten. Um die Programmsteuerung besser nachvollziehen zu können, sollten Sie das Projekt in die Benutzeroberfläche von Visual Basic laden und die Bitmap-Schaltflächen mit einem Doppelklick ansteuern. Danach gelangen Sie automatisch in die zugehörigen Ereignisprozeduren. Sie werden allerdings feststellen, daß viele Steuerelemente mehrere zugeordnete Ereignisprozeduren besitzten. Bei der Programmausführung werden Sie zudem den Geschwindigkeitsnachteil erkennen, den die umfangreiche Einbindung von Grafiken mit sich bringt. Daher eignet sich diese Oberflächenprogrammierung insbesondere für den Hobbybereich und weniger für die kommerzielle Anwendungsprogrammierung.

Die Schaltflächen des Hauptformulars tragen im Listing jeweils denselben Namen, der auch auf den Schaltflächen selbst enthalten ist, so daß die entsprechenden Ereignisprozeduren sehr leicht zugeordnet werden können.

```
'*********************************************************
'* WinPRINT 1.00 - Druckerutility                       *
'* Demonstration des Einsatzes von Bitmaps und Bild-    *
'* symbolen, die mit dem Borland Resource Workshop      *
'* erstellt wurden                                      *
'* Visual Basic für Programmierer - Vieweg Verlag       *
'* (c)1992 by Dipl.-Ing. Andreas Maslo                  *
'*********************************************************
```

Listing 4.5: Datei GLOBAL.BAS des Programmes WinPRINT

```
Sub Drucker_KeyDown (Tastencode As Integer, Umschalten As Integer)
  'falls Alt-Taste gedrückt wurde (Umschalten=4), dann
  'allgemeine Tastaturbehandlungsroutine ButtonKey
  '(benutzerdefiniert) aufrufen
  If Umschalten = 4 Then
    ButtonKey Tastencode
  End If
End Sub


Sub Drucker_MouseDown (Maustaste As Integer, Umschalten As Integer,_
                  X As Single, Y As Single)
  'um die gedrückte Drucker-Taste anzuzeigen, wird lediglich
  'die nicht gedrückte Taste versteckt
  Drucker.Visible = 0
End Sub
```

```
Sub Drucker_MouseMove (Maustaste As Integer, Umschalten As Integer,_
                       X As Single, Y As Single)
  'Schaltflächengrenze allgemein errechnen
  x1! = Drucker.ScaleLeft
  x2! = x1! + Drucker.ScaleWidth
  y1! = Drucker.ScaleTop
  y2! = y2! + Drucker.ScaleHeight
  'sobald die Maus bei gedrückter Taste den zulässigen
  'Bereich verläßt, wird die Schaltfläche in den normalen
  'Zustand überführt (Taste nicht gedrückt); das Ereignis
  'soll erst ausgelöst werden, wenn die Taste bei korrektem
  'Anklicken wieder gelöst wird!
  If (X < x1! Or X > x2! Or Y < y1! Or Y > y2!) And Not Drucker.Visible Then
    Drucker.Visible = -1
    Datei1.SetFocus
  End If
End Sub


Sub Drucker_MouseUp (Maustaste As Integer, Umschalten As Integer,_
                     X As Single, Y As Single)
  'gedrückte Taste wird gelöst; dabei wird die nicht
  'gedrückte Taste wieder angezeigt
  DateiDrucken.Show 1
  Drucker.Visible = -1
  Datei1.SetFocus
End Sub


Sub ButtonKey (Taste As Integer)
  'allgemeine Tastaturroutine für Dialogfelder, die
  'z.B. mit dem Borland Resource Workshop erstellt
  'wurden (Bitmap-Einbindung)
  'Kontrolle, ob "D" gedrückt wurde
  If UCase$(Chr$(Taste)) = "A" Then
      'Datei anzeigem
      Ansicht.Visible = 0
      DateiAnsicht.Show 1
      Ansicht.Visible = -1
    ElseIf UCase$(Chr$(Taste)) = "D" Then
      'Datei drucken
      Drucker.Visible = 0
      DateiDrucken.Show 1
      Drucker.Visible = -1
    ElseIf UCase$(Chr$(Taste)) = "X" Then
      'Programm beenden
      Abbruch.Visible = 0
      Beenden.Show 1
      Abbruch.Visible = -1
```

```
    ElseIf UCase$(Chr$(Taste)) = "I" Then
      'Information anzeigen
      Info.Visible = 0
      Information.Show 1
      Info.Visible = -1
  End If
End Sub


Sub Form_Load ()
  'Tabulatorreihenfolge festlegen
  Datei1.TabIndex = 0
  Modern.TabIndex = 1
  Roman.TabIndex = 2
  Size10.TabIndex = 3
  Size12.TabIndex = 4
  Laufwerk1.TabIndex = 5
  Verzeichnis1.TabIndex = 6
  'Steuerelemente aus Tabulatorreihenfolge entfernen
  Bild1.TabStop = 0
  Bild2.TabStop = 0
  Bild3.TabStop = 0
  Bild4.TabStop = 0
  Drucker.TabStop = 0
  Abbruch.TabStop = 0
  Ansicht.TabStop = 0
  Info.TabStop = 0
  'Suchmaske für Dateien
  Datei1.Pattern = "*.TXT;*.ASC;*.DOK;*.LST;*.BA*;*.C;*.FOR;*.PAS;*.ANS;*.HLP"
End Sub


Sub Abbruch_KeyDown (Tastencode As Integer, Umschalten As Integer)
  'falls Alt-Taste gedrückt wurde (Umschalten=4), dann
  'allgemeine Tastaturbehandlungsroutine ButtonKey
  '(benutzerdefiniert) aufrufen
  If Umschalten = 4 Then
    ButtonKey Tastencode
  End If
End Sub


Sub Ansicht_KeyDown (Tastencode As Integer, Umschalten As Integer)
  'falls Ansicht-Taste gedrückt wurde (Umschalten=4), dann
  'allgemeine Tastaturbehandlungsroutine ButtonKey
  '(benutzerdefiniert) aufrufen
  If Umschalten = 4 Then
    ButtonKey Tastencode
  End If
End Sub
```

```
Sub Info_KeyDown (Tastencode As Integer, Umschalten As Integer)
  'falls Alt-Taste gedrückt wurde (Umschalten=4), dann
  'allgemeine Tastaturbehandlungsroutine ButtonKey
  '(benutzerdefiniert) aufrufen
  If Umschalten = 4 Then
    ButtonKey Tastencode
  End If
End Sub


Sub Info_MouseDown (Maustaste As Integer, Umschalten As Integer,_
                    X As Single, Y As Single)
  'um die gedrückte Info-Taste anzuzeigen, wird lediglich
  'die nicht gedrückte Taste versteckt
  Info.Visible = 0
End Sub


Sub Abbruch_MouseDown (Maustaste As Integer, Umschalten As Integer,_
                    X As Single, Y As Single)
  'um die gedrückte Abbruch-Taste anzuzeigen, wird lediglich
  'die nicht gedrückte Taste versteckt
  Abbruch.Visible = 0
End Sub


Sub Ansicht_MouseDown (Maustaste As Integer, Umschalten As Integer,_
                    X As Single, Y As Single)
  'um die gedrückte Ansicht-Taste anzuzeigen, wird lediglich
  'die nicht gedrückte Taste versteckt
  Ansicht.Visible = 0
End Sub


Sub Info_MouseMove (Maustaste As Integer, Umschalten As Integer,_
                    X As Single, Y As Single)
  'Schaltflächengrenze allgemein errechnen
  x1! = Info.ScaleLeft
  x2! = x1! + Info.ScaleWidth
  y1! = Info.ScaleTop
  y2! = y2! + Info.ScaleHeight
  'sobald die Maus bei gedrückter Taste den zulässigen
  'Bereich verläßt, wird die Schaltfläche in den normalen
  'Zusatnd überführt (Taste nicht gedrückt); das Ereignis
  'soll erst ausgelöst werden, wenn die Taste bei korrektem
  'anklicken wieder gelöst wird!
  If (X < x1! Or X > x2! Or Y < y1! Or Y > y2!) And Not Info.Visible Then
    Info.Visible = -1
    Datei1.SetFocus
  End If
End Sub
```

```
Sub Abbruch_MouseMove (Maustaste As Integer, Umschalten As Integer,_
                       X As Single, Y As Single)
  'Schaltflächengrenze allgemein errechnen
  x1! = Abbruch.ScaleLeft
  x2! = x1! + Abbruch.ScaleWidth
  y1! = Abbruch.ScaleTop
  y2! = y2! + Abbruch.ScaleHeight
  'sobald die Maus bei gedrückter Taste den zulässigen
  'Bereich verläßt, wird die Schaltfläche in den normalen
  'Zustand überführt (Taste nicht gedrückt); das Ereignis
  'soll erst ausgelöst werden, wenn die Taste bei korrektem
  'Anklicken wieder gelöst wird!
  If (X < x1! Or X > x2! Or Y < y1! Or Y > y2!) And Not Abbruch.Visible Then
    Abbruch.Visible = -1
    Datei1.SetFocus
  End If
End Sub


Sub Ansicht_MouseMove (Maustaste As Integer, Umschalten As Integer,_
                       X As Single, Y As Single)
  'Schaltflächengrenze allgemein errechnen
  x1! = Ansicht.ScaleLeft
  x2! = x1! + Ansicht.ScaleWidth
  y1! = Ansicht.ScaleTop
  y2! = y2! + Ansicht.ScaleHeight
  'sobald die Maus bei gedrückter Taste den zulässigen
  'Bereich verläßt, wird die Schaltfläche in den normalen
  'Zustand überführt
  If (X < x1! Or X > x2! Or Y < y1! Or Y > y2!) And Not Ansicht.Visible Then
    Ansicht.Visible = -1
    Datei1.SetFocus
  End If
End Sub


Sub Info_MouseUp (Maustaste As Integer, Umschalten As Integer,_
                  X As Single, Y As Single)
  'gedrückte Taste wird gelöst; dabei wird die nicht
  'gedrückte Taste wieder angezeigt
  Information.Show 1
  Info.Visible = -1
  Datei1.SetFocus
End Sub


Sub Abbruch_MouseUp (Maustaste As Integer, Umschalten As Integer,_
                     X As Single, Y As Single)
  'gedrückte Taste wird gelöst; dabei wird die nicht
  'gedrückte Taste wieder angezeigt
  Beenden.Show 1
  Abbruch.Visible = -1
  Datei1.SetFocus
End Sub
```

```
Sub Ansicht_MouseUp (Maustaste As Integer, Umschalten As Integer,_
                     X As Single, Y As Single)
  DateiAnsicht.Show 1
  Ansicht.Visible = -1
  Datei1.SetFocus
End Sub


Sub Laufwerk1_Change ()
  Verzeichnis1.Path = Laufwerk1.Drive
  Verzeichnis1.SetFocus
  DateiAuswahl.Caption = ""
End Sub


Sub Verzeichnis1_Change ()
  Datei1.Path = Verzeichnis1.Path
  If Datei1.ListCount > 0 Then
    Datei1.SetFocus
  End If
  DateiAuswahl.Caption = ""
End Sub


Sub Datei1_DblClick ()
  'Datei wurde gewäht
  Datei$ = Datei1.FileName
  'Datei um Suchpfad ergänzen
  Pfad$ = Verzeichnis1.Path
  If Right$(Pfad$, 1) <> "\" Then
    Pfad$ = Pfad$ + "\"
  End If
  'Suchpfad und Datei im Formular anzeigen
  DateiAuswahl.Caption = Pfad$ + Datei$
End Sub


Sub Datei1_KeyDown (Tastencode As Integer, Umschalten As Integer)
  If Umschalten = 4 Then
    ButtonKey Tastencode
  End If
End Sub


Sub Laufwerk1_KeyDown (Tastencode As Integer, Umschalten As Integer)
  If Umschalten = 4 Then
    ButtonKey Tastencode
  End If
End Sub


Sub Verzeichnis1_KeyDown (Tastencode As Integer, Umschalten As Integer)
  If Umschalten = 4 Then
    ButtonKey Tastencode
  End If
End Sub
```

```
Sub Modern_KeyDown (Tastencode As Integer, Umschalten As Integer)
  If Umschalten = 4 Then
    ButtonKey Tastencode
  End If
End Sub


Sub Roman_KeyDown (Tastencode As Integer, Umschalten As Integer)
  If Umschalten = 4 Then
    ButtonKey Tastencode
  End If
End Sub


Sub Size10_KeyDown (Tastencode As Integer, Umschalten As Integer)
  If Umschalten = 4 Then
    ButtonKey Tastencode
  End If
End Sub


Sub Size12_KeyDown (Tastencode As Integer, Umschalten As Integer)
  If Umschalten = 4 Then
    ButtonKey Tastencode
  End If
End Sub
```

Listing 4.6: Datei WPRINT.FRM des Programmes WinPRINT


```
Sub Bild2_MouseUp (Maustaste As Integer, Umschalten As Integer,_
                   X As Single, Y As Single)
  'gedrückte Taste wird gelöst; dabei wird die nicht
  'gedrückte Taste wieder angezeigt
  Unload Information
  Bild2.Visible = -1
End Sub


Sub Bild2_MouseMove (Maustaste As Integer, Umschalten As Integer,_
                     X As Single, Y As Single)
  'Schaltflächengrenze allgemein errechnen
  x1! = Bild2.ScaleLeft
  x2! = x1! + Bild2.ScaleWidth
  y1! = Bild2.ScaleTop
  y2! = y2! + Bild2.ScaleHeight
  If (X < x1! Or X > x2! Or Y < y1! Or Y > y2!) And Not Bild2.Visible Then
    Bild2.Visible = -1
  End If
End Sub
```

```
Sub Bild2_MouseDown (Maustaste As Integer, Umschalten As Integer,_
                     X As Single, Y As Single)
  'um die gedrückte OK-Taste anzuzeigen, wird lediglich
  'die nicht gedrückte Taste versteckt
  Bild2.Visible = 0
End Sub


Sub Bild2_KeyDown (TastenCode As Integer, Umschalten As Integer)
  'Verzicht auf Tastatursteuerung
End Sub


Sub Form_Load ()
  'Informationstext initialisieren, der in der Form
  'ausgegeben werden soll
  CL$ = Chr$(13) + Chr$(10)
  Info$ = "Mit WinPRINT können Sie eine beliebige Datei "
  Info$ = Info$ + "auswählen, den Dateibeginn zur Kontrolle "
  Info$ = Info$ + "anzeigen und anschließend in der Gesamtheit "
  Info$ = Info$ + "ausdrucken lassen. Zum "
  Info$ = Info$ + "Druck stehen Ihnen zwei Schriften in jeweils "
  Info$ = Info$ + "zwei Punktgrößen zur Verfügung." + CL$ + CL$
  Info$ = Info$ + "Visual Basic für Programmierer - Vieweg Verlag"
  Info$ = Info$ + "(c)1992 by Dipl.-Ing. Andreas Maslo"
  Text1.Text = Info$
End Sub


Sub Text1_KeyDown (TastenCode As Integer, Umschalten As Integer)
  'Verzicht auf Tastatursteuerung
End Sub
```

Listing 4.7: Datei INFORMAT.FRM des Programmes WinPRINT

```
Sub Bild3_KeyDown (TastenCode As Integer, Umschalten As Integer)
  'Verzicht auf Tastatursteuerung
End Sub


Sub Bild3_MouseDown (Maustaste As Integer, Umschalten As Integer,_
                     X As Single, Y As Single)
  'um die gedrückte Ansicht-Taste anzuzeigen, wird lediglich
  'die nicht gedrückte Taste versteckt
  Bild3.Visible = 0
End Sub


Sub Bild3_MouseMove (Maustaste As Integer, Umschalten As Integer,_
                     X As Single, Y As Single)
  'Schaltflächengrenze allgemein errechnen
  x1! = Bild3.ScaleLeft
  x2! = x1! + Bild3.ScaleWidth
```

```
    y1! = Bild3.ScaleTop
    y2! = y2! + Bild3.ScaleHeight
    'sobald die Maus bei gedrückter Taste den zulässigen
    'Bereich verläßt, wird die Schaltfläche in den normalen
    'Zustand überführt (Taste nicht gedrückt); das Ereignis
    'soll erst ausgelöst werden, wenn die Taste bei korrektem
    'Anklicken wieder gelöst wird!
    If (X < x1! Or X > x2! Or Y < y1! Or Y > y2!) And Not Bild3.Visible Then
      Bild3.Visible = -1
    End If
End Sub


Sub Bild3_MouseUp (Maustaste As Integer, Umschalten As Integer,_
                   X As Single, Y As Single)
    'gedrückte Taste wird gelöst; dabei wird die nicht
    'gedrückte Taste wieder angezeigt
    Unload DateiDrucken
    Bild3.Visible = -1
End Sub


Sub Bild4_KeyDown (TastenCode As Integer, Umschalten As Integer)
    'Verzicht auf Tastatursteuerung
End Sub


Sub Bild4_MouseDown (Maustaste As Integer, Umschalten As Integer,_
                     X As Single, Y As Single)
    'um die gedrückte Ansicht-Taste anzuzeigen, wird lediglich
    'die nicht gedrückte Taste versteckt
    Bild4.Visible = 0
End Sub


Sub Bild4_MouseMove (Maustaste As Integer, Umschalten As Integer,_
                     X As Single, Y As Single)
    'Schaltflächengrenze allgemein errechnen
    x1! = Bild4.ScaleLeft
    x2! = x1! + Bild4.ScaleWidth
    y1! = Bild4.ScaleTop
    y2! = y2! + Bild4.ScaleHeight
    'sobald die Maus bei gedrückter Taste den zulässigen
    'Bereich verläßt, wird die Schaltfläche in den normalen
    'Zustand überführt (Taste nicht gedrückt); das Ereignis
    'soll erst ausgelöst werden, wenn die Taste bei korrektem
    'Anklicken wieder gelöst wird!
    If (X < x1! Or X > x2! Or Y < y1! Or Y > y2!) And Not Bild4.Visible Then
      Bild4.Visible = -1
    End If
End Sub
```

```
Sub Bild4_MouseUp (Maustaste As Integer, Umschalten As Integer,_
                   X As Single, Y As Single)
  On Error Resume Next
  'Fehler ignorieren
  'gedrückte Taste wird gelöst; dabei wird die nicht
  'gedrückte Taste wieder angezeigt
  'da auf Tastatursteuerung verzichtet wurde, hier
  'direkte Abarbeitung (Druckerausgabe)
  Datei$ = WPrint.DateiAuswahl.Caption
  'Information der Datei zuweisen
  DateiDrucken.Caption = "..." + Right$(Datei$, 20)
  If Datei$ <> "" Then
    If WPrint.Modern.Value Then
        Printer.FontName = "Modern"
      Else
        Printer.FontName = "Roman"
    End If
    If WPrint.Size10.Value Then
        Printer.Fontsize = 10
      Else
        Printer.Fontsize = 12
    End If
    DNr% = FreeFile
    Open Datei$ For Input As #DNr%
    While Not EOF(DNr%)
      'Text in Zeichenkette aufbauen
      Line Input #DNr%, Zeile$
      I% = I% + 1
      Z% = Z% + 1
      If Z% = 65 Then
        'maximal 65 Zeilen je Seite
        Z% = 0
        Printer.NewPage
      End If
      Stand$ = " (" + LTrim$(Str$(I%)) + ")"
      DateiDrucken.Caption = "..." + Right$(Datei$, 12) + Stand$
      Printer.Print Zeile$
    Wend
    Close #DNr%
  End If
  Printer.EndDoc
  Unload DateiDrucken
End Sub
```

Listing 4.8: Datei DRUCKEN.FRM des Programmes WinPRINT

```
Sub Bild3_KeyDown (TastenCode As Integer, Umschalten As Integer)
  'Verzicht auf Tastatursteuerung
End Sub

Sub Bild3_MouseDown (Maustaste As Integer, Umschalten As Integer,_
                     X As Single, Y As Single)
  'um die gedrückte Ansicht-Taste anzuzeigen, wird lediglich
  'die nicht gedrückte Taste versteckt
  Bild3.Visible = 0
End Sub

Sub Bild3_MouseMove (Maustaste As Integer, Umschalten As Integer,_
                     X As Single, Y As Single)
  'Schaltflächengrenze allgemein errechnen
  x1! = Bild3.ScaleLeft
  x2! = x1! + Bild3.ScaleWidth
  y1! = Bild3.ScaleTop
  y2! = y2! + Bild3.ScaleHeight
  'sobald die Maus bei gedrückter Taste den zulässigen
  'Bereich verläßt, wird die Schaltfläche in den normalen
  'Zustand überführt (Taste nicht gedrückt); das Ereignis
  'soll erst ausgelöst werden, wenn die Taste bei korrektem
  'Anklicken wieder gelöst wird!
  If (X < x1! Or X > x2! Or Y < y1! Or Y > y2!) And Not Bild3.Visible Then
    Bild3.Visible = -1
  End If
End Sub

Sub Bild3_MouseUp (Maustaste As Integer, Umschalten As Integer,_
                   X As Single, Y As Single)
  'gedrückte Taste wird gelöst; dabei wird die nicht
  'gedrückte Taste wieder angezeigt
  Unload Beenden
  Bild3.Visible = -1
End Sub

Sub Bild4_KeyDown (TastenCode As Integer, Umschalten As Integer)
  'Verzicht auf Tastatursteuerung
End Sub

Sub Bild4_MouseDown (Maustaste As Integer, Umschalten As Integer, X As Single, Y
As Single)
  'um die gedrückte Ansicht-Taste anzuzeigen, wird lediglich
  'die nicht gedrückte Taste versteckt
  Bild4.Visible = 0
End Sub
```

```
Sub Bild4_MouseMove (Maustaste As Integer, Umschalten As Integer,_
                     X As Single, Y As Single)
  'Schaltflächengrenze allgemein errechnen
  x1! = Bild4.ScaleLeft
  x2! = x1! + Bild4.ScaleWidth
  y1! = Bild4.ScaleTop
  y2! = y2! + Bild4.ScaleHeight
  'sobald die Maus bei gedrückter Taste den zulässigen
  'Bereich verläßt, wird die Schaltfläche in den normalen
  'Zustand überführt (Taste nicht gedrückt); das Ereignis
  'soll erst ausgelöst werden, wenn die Taste bei korrektem
  'Anklicken wieder gelöst wird!
  If (X < x1! Or X > x2! Or Y < y1! Or Y > y2!) And Not Bild4.Visible Then
    Bild4.Visible = -1
  End If
End Sub


Sub Bild4_MouseUp (Maustaste As Integer, Umschalten As Integer,_
                   X As Single, Y As Single)
  'gedrückte Taste wird gelöst; dabei wird die nicht
  'gedrückte Taste wieder angezeigt
  End
End Sub
```

Listing 4.9: Datei BEENDEN.FRM des Programmes WinPRINT

```
Sub Bild2_MouseUp (Maustaste As Integer, Umschalten As Integer,_
                   X As Single, Y As Single)
  'gedrückte Taste wird gelöst; dabei wird die nicht
  'gedrückte Taste wieder angezeigt
  Unload DateiAnsicht
  Bild2.Visible = -1
End Sub


Sub Bild2_MouseMove (Maustaste As Integer, Umschalten As Integer,_
                     X As Single, Y As Single)
  'Schaltflächengrenze allgemein errechnen
  x1! = Bild2.ScaleLeft
  x2! = x1! + Bild2.ScaleWidth
  y1! = Bild2.ScaleTop
  y2! = y2! + Bild2.ScaleHeight
  If (x < x1! Or x > x2! Or Y < y1! Or Y > y2!) And Not Bild2.Visible Then
    Bild2.Visible = -1
  End If
End Sub
```

```
Sub Bild2_MouseDown (Maustaste As Integer, Umschalten As Integer, x As Single, Y
As Single)
  'um die gedrückte Ansicht-Taste anzuzeigen, wird lediglich
  'die nicht gedrückte Taste versteckt
  Bild2.Visible = 0
End Sub


Sub Bild2_KeyDown (TastenCode As Integer, Umschalten As Integer)
  'Verzicht auf Tastatursteuerung
End Sub


Sub Form_Load ()
  'Informationstext initialisieren, der in der Form
  'ausgegeben werden soll
  'Datei aus Hauptformular übernehmen
  Datei$ = WPrint.DateiAuswahl.Caption
  'Information der Datei zuweisen
  If Datei$ = "" Then
      Info$ = "Leider haben Sie keine Datei angewählt. "
      Info$ = Info$ + "Wählen Sie zunächst eine Datei und "
      Info$ = Info$ + "kehren Sie in den Ansichtsmodus "
      Info$ = Info$ + "zurück..."
      DateiAnsicht.Text1.Text = Info$
    Else
      DNr% = FreeFile
      Open Datei$ For Input As #DNr%
      While Not EOF(DNr%) And Len(DateiAuszug$) < 15000
        'Text in Zeichenkette aufbauen
        Line Input #DNr%, Zeile$
        DateiAuszug$ = DateiAuszug$ + " " + Zeile$
      Wend
      Close #DNr%
      Text1.Text = DateiAuszug$
  End If
End Sub


Sub Text1_KeyDown (TastenCode As Integer, Umschalten As Integer)
  'Verzicht auf Tastatursteuerung
End Sub
```

Listing 4.10: Datei ANSICHT.FRM des Programmes WinPRINT

Nachdem wir das Listing komplett vorgestellt haben, sollten Sie sich einmal an einer komplexeren Aufgabe versuchen. Und zwar können Sie die Quelldateien erheblich reduzieren, indem Sie allgemeine Prozeduren für benutzerdefinierte Bitmap-Schaltflächen erstellen und diese in das Programm integrieren. Um Ihnen einen kleinen Hinweis zu geben, ist auf der nächsten Seite ein, an das Ereignis *MouseMove* angelehntes, allgemeines Unterprogramm für beliebige Bitmap-Schaltflächen abgedruckt. Weitere Hinweise zur Programmierung allgemeiner Steuerelementeroutinen können Sie Kapitel 3.5 entnehmen.

Beispiel:

```
Sub AllgemeinMouseMove (Bildfeld As Control, Maustaste As Integer,_
                        Umschalten As Integer, X As Single, Y As Single)
  x1! = Bildfeld.ScaleLeft
  x2! = x1! + Bildfeld.ScaleWidth
  y1! = Bildfeld.ScaleTop
  y2! = y2! + Bildfeld.ScaleHeight
  If (x < x1! Or x > x2! Or Y < y1! Or Y > y2!) And Not Bildfeld.Visible Then
    Bildfeld.Visible = -1
  End If
End Sub
```

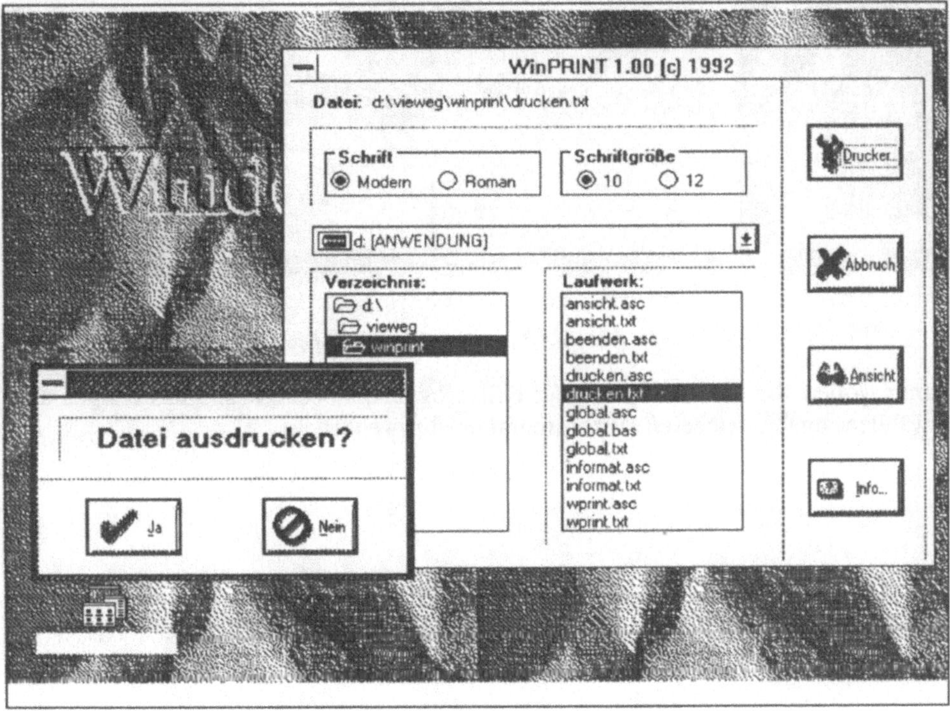

Bild 4.4: Das Druckprogramm WinPRINT

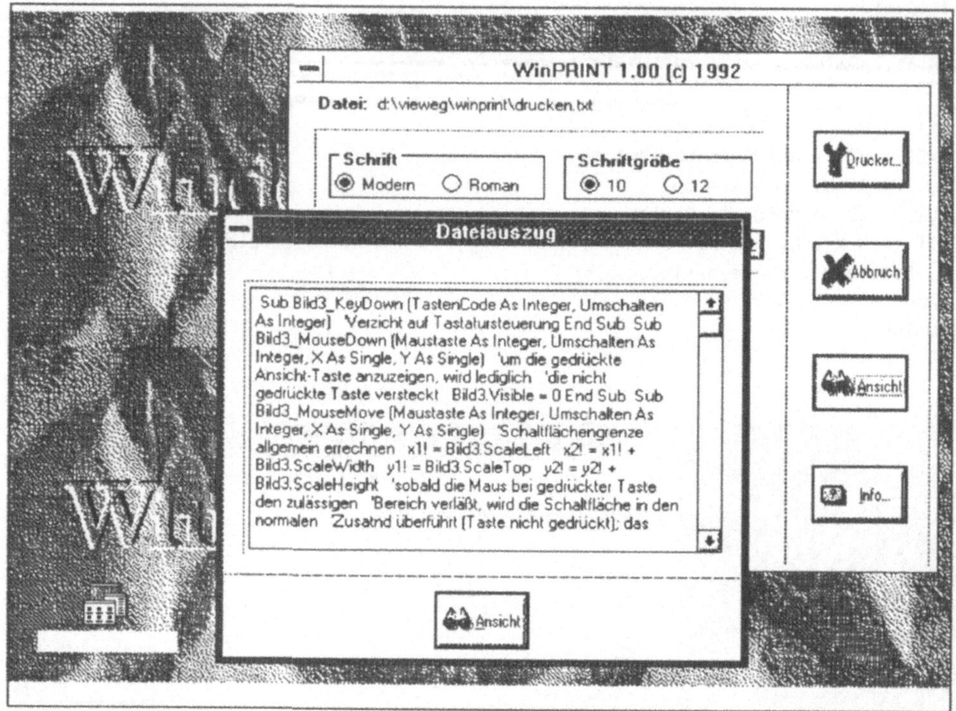

Bild 4.5: Ansichtsmodus von WinPRINT

Damit wollen wir die Vorstellung der Hilfsprogramme beenden und uns einigen ausgewählten, umfangreicheren Dienstprogrammen zuwenden.

4.2 Programm-Manager WinSHELL

Den Programm-Manager, der in diesem Kapitel entwickelt wird, demonstriert die Möglichkeiten der Visual Basic-Oberflächenprogrammierung und die Anweisungen, die im Umgang mit dem Betriebssystem zur Verfügung stehen. Neben der erweiterten *Shell*-Anweisung, die das Laden eines Prozesses erlaubt, lernen Sie die *AppActivate*-Anweisung kennen, mit der Sie bereits geladene Anwendungsprogramme aktivieren. Mit dem Befehl *Sendkeys* können Sie ferner Tastaturkommandos an das aktive Fenster schicken. Alle weiteren Informationen zum Programm können Sie dem nachfolgend abgedruckten Quelltext entnehmen.

Anders als im Windows-Programm-Manager können Sie mit WinSHELL jederzeit durch Anwahl einer Schaltfläche temporär zur Betriebssystemebene zurückkehren. Windows-Anwendungen können schnell aus einem Menü heraus gestartet werden. Die wichtigsten Zubehörprogramme lassen sich zudem durch ein Anklicken des entsprechenden Bildsymbols aufrufen. Dabei können Sie jeweils über ein Kontrollfeld festlegen, ob das Programm als Vollbild oder als Bildsymbol gestartet werden soll. Im letzteren Fall können Sie mehrere Anwendungen mit WinSHELL aufrufen, als Bildsymbole im unteren Bildschirmbereich gruppieren und je nach Bedarf das gewünschte Programm aktivieren. Dies bietet sich insbesondere bei den in diesem Buch erstellten Hilfsprogrammen an, die sinnvoll in Verbindung miteinander eingesetzt werden können.

```
'*****************************************************
'* WinSHELL 1.00 - globale Variablen                 *
'* Vieweg Verlag - Programmieren mit Visual Basic    *
'* (c)1992 by Dipl.-Ing. Andreas Maslo               *
'*****************************************************

'StartModus%        : Programmausführung Fenster/SYMBOL
'Parameter%         : Kommandozeilenparameter abfragen
'                     ja/NEIN


Global StartModus%
Global Parameter%
Global WinShellApplication%
Global MenuNr%
```

Listing 4.11: Datei GLOBAL.BAS des Programmes WinSHELL

```
Sub Befehl2_Click ()
  DirChange.Hide
End Sub

Sub Befehl1_Click ()
  ChDir Verzeichnis1.Path
  DirChange.Hide
End Sub
```

Listing 4.12: Datei CHDIR.FRM des Programmes WinSHELL

```
Sub Befehl1_Click ()
  'Datei löschen
  WarningMessage% = 32
  JaOderNein% = 4
  Ja% = 6
  Nein% = 7
  Typ% = WarningMessage% + JaOderNein%
  If Datei1.FileName = "" Then
      'Funktion abbrechen, falls keine Datei gewählt
      MsgBox "Es wurde keine Datei ausgewählt..."
    Else
      'Sicherheitsabfrage vor Löschvorgang
      Meldung$ = "Wollen Sie die Datei "
      Meldung$ = Meldung$ + UCase$(Datei1.FileName)
      Meldung$ = Meldung$ + " wirklich löschen?"
      Antwort% = MsgBox(Meldung$, Typ%, "Datei löschen")
      If Antwort% = Ja% Then
        Kill Datei1.FileName
      End If
  End If
  FileDelete.Hide
End Sub

Sub Befehl2_Click ()
  'Löschen abbrechen
  FileDelete.Hide
End Sub
```

Listing 4.13: Datei DELETE.FRM des Programmes WinSHELL

```
Sub Laufwerk1_Change ()
  'Laufwerk für Verzeichnisliste setzen
  Verzeichnis1.Path = Laufwerk1.Drive
End Sub
```

```
Sub Verzeichnis1_Change ()
  'Suchpfad für Dateilistenfeld setzen
  Datei1.Path = Verzeichnis1.Path
End Sub


Sub Befehl1_Click ()
  'aktuell gwählte Datei starten
  Programm$ = Datei1.FileName
  ProgExecute Programm$
  FileExecute.Hide
End Sub


Sub Befehl2_Click ()
  FileExecute.Hide
End Sub
```

Listing 4.14: Datei EXECUTE.FRM des Programmes WinSHELL


```
Sub Befehl1_Click ()
  'Unterverzeichnis in gewähltem Verzeichnis
  'anlegen
  WarningMessage% = 32
  JaOderNein% = 4
  Ja% = 6
  Nein% = 7
  Typ% = WarningMessage% + JaOderNein%
  If Text1.Text = "" Or Verzeichnis1.Path = "" Then
      'Funktion abbrechen, falls kein Dateiname
      'eingegeben oder kein Verzeichnis gewählt wurde
      Meldung$ = "Es wurde kein Verzeichnis ausgewählt bzw."
      Meldung$ = Meldung$ + " kein Verzeichnisname angegeben..."
      MsgBox Meldung$
    Else
      'Sicherheitsabfrage vor Anlage des Verzeichnisses
      Meldung$ = "Wollen Sie das Unterverzeichnis "
      Meldung$ = Meldung$ + UCase$(Text1.Text) + " wirklich "
      Meldung$ = Meldung$ + "im Verzeichnis "
      Meldung$ = Meldung$ + UCase$(Verzeichnis1.Path) + "anlegen?"
      Antwort% = MsgBox(Meldung$, Typ%, "Verzeichnis anlegen")
      If Antwort% = Ja% Then
        MkDir Verzeichnis1.Path + "\" + Text1.Text
      End If
  End If
  DirMake.Hide
End Sub
```

```
Sub Befehl2_Click ()
  DirMake.Hide
End Sub
```

Listing 4.15: Datei MKDIR.FRM des Programmes WinSHELL

```
Sub Befehl1_Click ()
  'Datei auf aktuellem Laufwerk verschieben
  WarningMessage% = 32
  JaOderNein% = 4
  Ja% = 6
  Nein% = 7
  Typ% = WarningMessage% + JaOderNein%
  Pfad$ = Verzeichnis1.Path
  If Right$(Pfad$, 1) <> "\" Then
    Pfad$ = Pfad$ + "\"
  End If
  AltName$ = Datei1.FileName
  NeuName$ = Pfad$ + Datei1.FileName
  'Datei verschieben
  If AltName$ = "" Or NeuName$ = "" Then
      'Funktion abbrechen, falls kein Pfad
      'bzw. keine Datei gewählt wurde
      Meldung$ = "Es wurde keine Datei bzw. kein "
      Meldung$ = "Zielverzeichnis gewählt..."
      MsgBox Meldung$
    Else
      'Sicherheitsabfrage vor Verschieben
      Meldung$ = "Wollen Sie die Datei "
      Meldung$ = Meldung$ + UCase$(Datei1.FileName) + " wirklich "
      Meldung$ = Meldung$ + "in das Verzeichnis "
      Meldung$ = Meldung$ + UCase$(Verzeichnis1.Path)
      Meldung$ = Meldung$ + " verschieben?"
      Antwort% = MsgBox(Meldung$, Typ%, "Datei verschieben")
      If Antwort% = Ja% Then
        Name AltName$ As NeuName$
      End If
  End If
  FileMove.Hide
End Sub

Sub Befehl2_Click ()
  'Datei verschieben abbrechen
  FileMove.Hide
End Sub
```

Listing 4.16: Datei MOVE.FRM des Programmes WinSHELL

```
Sub Befehl1_Click ()
  'Datei umbenennen
  WarningMessage% = 32
  JaOderNein% = 4
  Ja% = 6
  Nein% = 7
  Typ% = WarningMessage% + JaOderNein%
  If Datei1.FileName = "" Or Text1.Text = "" Then
      'Funktion abbrechen, falls kein Pfad
      'bzw. keine Datei gewählt wurde
      Meldung$ = "Es wurde keine umzubenennende Datei "
      Meldung$ = Meldung$ + "bzw. kein neuer"
      Meldung$ = Meldung$ + " Dateiname angegeben..."
      MsgBox Meldung$
    Else
      'Sicherheitsabfrage vor Umbenennen
      Meldung$ = "Wollen Sie die Datei "
      Meldung$ = Meldung$ + UCase$(Datei1.FileName) + " wirklich "
      Meldung$ = Meldung$ + "in " + UCase$(Text1.Text)
      Meldung$ = Meldung$ + " umbenennen?"
      Antwort% = MsgBox(Meldung$, Typ%, "Datei umbenennen")
      If Antwort% = Ja% Then
        Name Datei1.FileName As Text1.Text
      End If
  End If
  FileRename.Hide
End Sub


Sub Befehl2_Click ()
  'umbenennen abbrechen
  FileRename.Hide
End Sub
```

Listing 3.17: Datei RENAME.FRM des Programmes WinSHELL

```
Sub Befehl1_Click ()
  'leeres Unterverzeichnis löschen
  On Error GoTo ErrorHandling
  Pfad$ = Verzeichnis1.Path
  WarningMessage% = 32
  CriticalMessage% = 48
  JaOderNein% = 4
  Ja% = 6
  Nein% = 7
  Typ% = WarningMessage% + JaOderNein%
```

```
    If Pfad$ = "" Then
        'Funktion abbrechen, falls kein Verzeichnis gewählt
        MsgBox "Es wurde kein Verzeichnis ausgewählt..."
      Else
        'Sicherheitsabfrage vor Löschen des Verzeichnisses
        Meldung$ = "Wollen Sie das Unterverzeichnis "
        Meldung$ = Meldung$ + UCase$(Pfad$) + " wirklich "
        Meldung$ = Meldung$ + "löschen?"
        Antwort% = MsgBox(Meldung$, Typ%, "Verzeichnis löschen")
        If Antwort% = Ja% Then
          RmDir Pfad$
        End If
    End If
    DirRemove.Hide
    Exit Sub
ErrorHandling:
    Meldung$ = "Das angegebene Verzeichnis ist nicht "
    Meldung$ = Meldung$ + "leer und kann daher nicht "
    Meldung$ = Meldung$ + "gelöscht werden!"
    MsgBox Meldung$, CriticalMessage%, "Achtung:"
    Resume Next
End Sub


Sub Befehl2_Click ()
  DirRemove.Hide
End Sub
```

Listing 4.18: Datei RMDIR.FRM des Programmes WinSHELL

```
Sub Befehl1_Click ()
  'neues Datum übernehmen, Formular schließen
  Date$ = SetDate.Text1.Text
  SetDate.Hide
End Sub

Sub Befehl2_Click ()
  'Datum nicht übernehmen, Formular schließen
  SetDate.Hide
End Sub
```

Listing 4.19: Datei SETDATE.FRM des Programmes WinSHELL

```
Sub Befehl2_Click ()
  SetParam.Hide
End Sub
```

```
Sub Befehl1_Click ()
  SetParam.Hide
End Sub
```

Listing 4.20: Datei SETPARAM.FRM des Programmes WinSHELL

```
Sub Befehl1_Click ()
  'neue Zeit übernehmen und Formular schließen
  Time$ = SetTime.Text1.Text
  SetTime.Hide
End Sub

Sub Befehl2_Click ()
  'keine Zeit übernehmen, Formular schließen
  SetTime.Hide
End Sub
```

Listing 4.21: Datei SETTIME.FRM des Programmes WinSHELL

```
Sub MNU_über_Click ()
  Info
End Sub

Sub MNU_Info_Click ()
  ProgInfo
End Sub

Sub MNU_Shell_Click ()
  DOSShell
End Sub

Sub Befehl3_Click ()
  DOSShell
End Sub

Sub MNU_ProgrammManager_Click ()
  ProgExecute "ProgrammManager"
End Sub

Sub Bild1_Click ()
  ProgExecute "ProgrammManager"
End Sub
```

```
Sub Kontroll1_Click ()
  'Löschfunktionen im Menü freigeben/sperren
  Const TRUE = -1
  Const FALSE = 0
  'Datei löschen (de)aktivieren
  If MNU_FileDelete.Enabled = TRUE Then
     MNU_FileDelete.Enabled = FALSE
   Else
     MNU_FileDelete.Enabled = TRUE
  End If
  'Verzeichniseintrag löschen (de)aktivieren
  If MNU_RmDir.Enabled = TRUE Then
     MNU_RmDir.Enabled = FALSE
   Else
     MNU_RmDir.Enabled = TRUE
  End If
End Sub


Sub Kontroll2_Click ()
  'Systemsteuerung im Menü freigeben/sperren
  Const TRUE = -1
  Const FALSE = 0
  If MNU_System.Enabled = TRUE Then
     MNU_System.Enabled = FALSE
   Else
     MNU_System.Enabled = TRUE
  End If
End Sub


Sub Kontroll3_Click ()
  'Bearbeitung Systemdateien im Menü freigeben/sperren
  Const TRUE = -1
  Const FALSE = 0
  If MNU_SysEdit.Enabled = TRUE Then
     MNU_SysEdit.Enabled = FALSE
   Else
     MNU_SysEdit.Enabled = TRUE
  End If
End Sub


Sub Kontroll4_Click ()
  'Parameterwert zwischen 1 und 0 umschalten
  '1=Kommandozeilenparameter abfragen
  Parameter% = Parameter% Xor 1
End Sub
```

```
Sub Kontroll5_Click ()
  'Programmstart Symbol/Fenster
  '7=Symbolgröße, 4=Fenster
  If Kontroll5.Value = 1 Then
      StartModus% = 7
    Else
      StartModus% = 4
  End If
End Sub

Sub Bild2_Click ()
  ProgExecute "DateiManager"
End Sub

Sub Bild3_Click ()
  ProgExecute "DruckManager"
End Sub

Sub Bild4_Click ()
  ProgExecute "TaskManager"
End Sub

Sub Bild5_Click ()
  ProgExecute "Write"
End Sub

Sub Bild6_Click ()
  ProgExecute "PaintBrush"
End Sub

Sub Bild7_Click ()
  ProgExecute "Kartei"
End Sub

Sub Bild8_Click ()
  ProgExecute "Rechner"
End Sub

Sub MNU_DateiManager_Click ()
  ProgExecute "DateiManager"
End Sub

Sub MNU_DruckManager_Click ()
  ProgExecute "DruckManager"
End Sub

Sub MNU_TaskManager_Click ()
  ProgExecute "TaskManager"
End Sub
```

```
Sub MNU_Paintbrush_Click ()
  ProgExecute "PaintBrush"
End Sub

Sub MNU_Write_Click ()
  ProgExecute "Write"
End Sub

Sub MNU_Kartei_Click ()
  ProgExecute "Kartei"
End Sub

Sub MNU_Rechner_Click ()
  ProgExecute "Rechner"
End Sub

Sub MNU_Notiz_Click ()
  ProgExecute "Notiz"
End Sub

Sub MNU_Terminal_Click ()
  ProgExecute "Terminal"
End Sub

Sub MNU_Kalender_Click ()
  ProgExecute "Kalender"
End Sub

Sub MNU_Zwischenablage_Click ()
  ProgExecute "Zwischenablage"
End Sub

Sub MNU_Recorder_Click ()
  ProgExecute "Rekorder"
End Sub

Sub MNU_Uhr_Click ()
  ProgExecute "Uhr"
End Sub

Sub MNU_Sol_Click ()
  ProgExecute "Solitär"
End Sub

Sub MNU_Reversi_Click ()
  ProgExecute "Reversi"
End Sub

Sub MNU_System_Click ()
  ProgExecute "System"
End Sub
```

```
Sub MNU_SysEdit_Click ()
  ProgExecute "SysEdit"
End Sub

Sub MNU_Date_Click ()
  SetDate.Text1.Text = Date$
  SetDate.Show 1
  Unload SetDate
End Sub

Sub MNU_Time_Click ()
  SetTime.Text1.Text = Time$
  SetTime.Show 1
  Unload SetTime
End Sub

Sub MNU_FileStart_Click ()
  FileExecute.Show 1
  Unload FileExecute
End Sub

Sub MNU_Start_Click ()
  FileExecute.Show 1
  Unload FileExecute
End Sub

Sub MNU_Cd_Click ()
  DirChange.Show 1
  Unload DirChange
End Sub

Sub MNU_FileDelete_Click ()
  FileDelete.Show 1
  Unload FileDelete
End Sub

Sub MNU_FileMove_Click ()
  FileMove.Show 1
  Unload FileMove
End Sub

Sub MNU_FileRename_Click ()
  FileRename.Show 1
  Unload FileRename
End Sub

Sub MNU_MkDir_Click ()
  DirMake.Show 1
  Unload DirMake
End Sub
```

```
Sub MNU_RmDir_Click ()
  DirRemove.Show 1
  Unload DirRemove
End Sub

Sub MNU_Exit_Click ()
  End
End Sub

Sub Befehl1_Click ()
  End
End Sub

Sub MNU_WinHelp_Click ()
  ProgExecute "WinHelp"
End Sub

Sub Laufwerk1_Change ()
  'aktuelles Laufwerk wechseln
  On Error GoTo ErrorHandling
  ChDrive Laufwerk1.Drive
  Exit Sub
ErrorHandling:
  InfoMessage% = 48
  Meldung$ = "Das Laufwerk konnte nicht gewechselt werden. "
  Meldung$ = "Überprüfen Sie den LASTDRIVE-Eintrag in der "
  Meldung$ = "Konfigurationsdatei CONFIG.SYS des "
  Meldung$ = "Betriebssystems!"
  MsgBox Meldung$, InfoMessage%, "Achtung:"
  Resume Next
End Sub

Sub MNU_Pif_Click ()
  ProgExecute "PIFEDIT"
End Sub

Sub MNU_Ver_Click ()
  ProgExecute "WINVER"
End Sub
```

Listing 4.22: Datei des Programmes WinSHELL

Beachten Sie, daß Sie die Hilfefunktionen zum Programm WinSHELL, die in den
Kapiteln 3.3.7 und 4.1.4 erstellt wurden, bei Bedarf in die Anwendung WinSHELL
integrieren können.

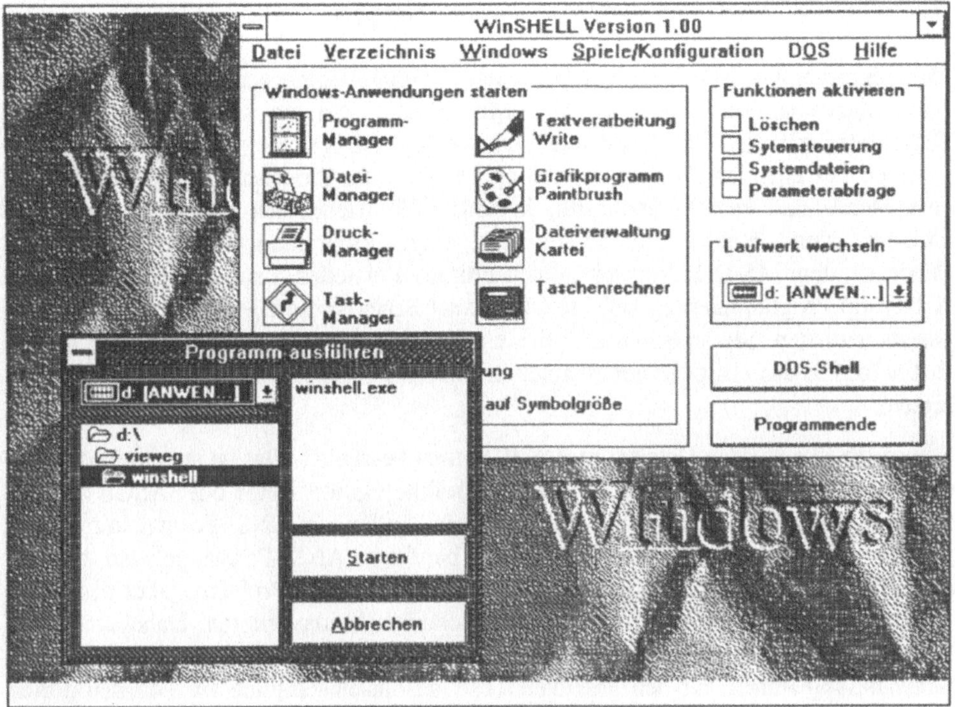

Bild 3.6: Der Programm-Manager WinSHELL

4.3 Texteditor WinEDIT

Im Programm WinEDIT werden Sie einige Routinen entdecken, die bereits für die Hilfsprogramme entwickelt wurden. Mit diesem Programm erhalten Sie einen Texteditor, mit dem Sie Textdateien im ANSI- und ASCII-Format bearbeiten und jederzeit in das andere Format überführen können. Das Programm selbst verfügt über eine Menü- und eine Symbolleiste, in denen die wichtigsten Programmfunktionen abrufbar sind. Haben Sie bereits mit einer Programmiersprache unter dem Betriebssystem MS-DOS versucht, einen Editor zu erstellen, dann wissen Sie wieviel, Arbeit die Programmierung bedeutet. In Visual Basic ist die eigentliche Editorroutine bereits enthalten. Sie brauchen lediglich ein Textfeld mit vertikalem und horizontalem Rollbalken in das Hauptfenster zu zeichnen und die Eigenschaft *Multiline* auf wahr zu setzen.

Standardmäßig werden Dateien im ASCII-Format bearbeitet. Das ist am Optionsfeld in der Titelleiste erkennbar ist. Die jeweils gewählte Option ANSI oder ASCII aus der Symbolleiste legt fest, ob eine Textdatei beim Laden ins ANSI-Format konvertiert werden soll oder nicht. Haben Sie eine Datei bereits im ANSI-Format geladen, obwohl es sich um eine ASCII-Datei handelt, dann ist auch das kein Problem. Über das Menü UMWANDELN können Sie den Text jederzeit nachträglich konvertieren. Dabei steht eine besondere Funktion bereit. Haben Sie keinen speziellen Text markiert, bezieht sich die Umwandlung immer auf den gesamten Text, ansonsten lediglich auf den markierten Teilbereich. Im Quelltext wird ferner demonstriert, wie Sie eine Kopierfunktion über eine Zeichenkette oder aber über die Zwischenablage mit dem zugehörigen Objekt ClipBoard realisieren können. Obgleich das Anwendungsprogramm sehr komplex aussieht, besteht es lediglich aus einer geringen Anzahl von Formularen und Quellmodulen. Alle weiteren Informationen zum Programm können Sie den nachfolgenden Quelldateien und den jeweils eingefügten Kommentaren entnehmen.

```
'*********************************************************
'* globale Variablen für das Programm WinEDIT           *
'* Visual Basic für Programmierer - Vieweg Verlag       *
'* (c)1992 by Dipl.-Ing. Andreas Maslo                  *
'*********************************************************

'Dateiname für Editor
Global DateiName$
'Austauschtabellen ANSI-/ASCII-Format global
Global ANSI$
Global ASCII$
'Anzeige der Copyright-Meldung ist abhängig
'von der Variablen CopyRight%
Global CopyRight%
```

Listing 4.23: Datei GLOBAL.BAS des Programmes WinEDIT

```
Function Ans2Asc$ (AnsiZeile$)
  'Zeile im ANSI-Format zeichenweise
  'untersuchen und umwandeln
  'Funktion erzeugt eine Kopie der Ursprungs-
  'zeichenkette
  Temp$ = ""
  For x% = 1 To Len(AnsiZeile$)
    Zeichen$ = Mid$(AnsiZeile$, x%, 1)
    'Austausch für Zeichen erforderlich?
    Nummer% = InStr(Ansi$, Zeichen$)
    If Nummer% > 0 Then
      'Zeichen ersetzen
      Zeichen$ = Mid$(ASCII$, Nummer%, 1)
    End If
    Temp$ = Temp$ + Zeichen$
  Next x%
  Ans2Asc$ = Temp$
End Function

Function Asc2Ans$ (AsciiZeile$)
  'Zeile im ASCII-Format zeichenweise
  'untersuchen und umwandeln
  'Funktion erzeugt eine Kopie der Ursprungs-
  'zeichenkette
  Temp$ = ""
  For x% = 1 To Len(AsciiZeile$)
    Zeichen$ = Mid$(AsciiZeile$, x%, 1)
    'Austausch für Zeichen erforderlich?
    Nummer% = InStr(ASCII$, Zeichen$)
    If Nummer% > 0 Then
      'Zeichen ersetzen
      Zeichen$ = Mid$(Ansi$, Nummer%, 1)
    End If
    Temp$ = Temp$ + Zeichen$
  Next x%
  Asc2Ans$ = Temp$
End Function

Sub SaveFile (DateiFormat$)
  'da der Speicher- und Konvertiervorgang einige Zeit
  'in Anspruch nimmt, ist es sinnvoll, den Mauscursor
  'temporär als Sanduhr anzuzeigen (Bildschrirm)
  Screen.Mousepointer = 11
  CL$ = Chr$(13) + Chr$(10)
  QNr = FreeFile
  'Dateien öffnen
  Open DateiName$ For Output As #QNr
  'zeilenweise lesen und übersetzen
  Temp$ = WEdit.Editor.Text
  If DateiFormat$ = "ANSI" Then
      Print #QNr, Temp$
```

```
    ElseIf DateiFormat$ = "ASCII" Then
       Print #QNr, Ans2Asc$(Temp$)
  End If
  'Text in ANSI-Format an Editor übergeben
  Close #QNr
  'Um das Ende des Ladevorganges anzuzeigen, wird der
  'Mauszeiger wieder als Pfeil angezeigt
  Screen.Mousepointer = 1
End Sub


Sub OpenFile (DateiFormat$)
  'da der Lade- und Konvertiervorgang einige Zeit
  'in Anspruch nimmt, ist es sinnvoll, den Mauscursor
  'temporär als Sanduhr anzuzeigen (Bildschrirm)
  Screen.Mousepointer = 11
  'Datei einlesen und Editor zuweisen
  CL$ = Chr$(13) + Chr$(10)
  QNr = FreeFile
  'Dateien öffnen
  Open DateiName$ For Input As #QNr
  'zeilenweise lesen
  Temp$ = ""
  While Not EOF(QNr)
     'nach jeder Zeile Zeilenvorschub für
     'Editor einbauen
     Line Input #QNr, Zeile$
     Temp$ = Temp$ + Zeile$ + CL$
  Wend
  'Datei schließen
  Close #QNr
  'Text im ANSI-Format an Editor übergeben, da
  'Windows mit ANSI-Zeichensatz arbeitet
  If DateiFormat$ = "ANSI" Then
     WEdit.Editor.Text = Temp$
   ElseIf DateiFormat$ = "ASCII" Then
     WEdit.Editor.Text = Asc2Ans$(Temp$)
  End If
  'Um das Ende des Ladevorganges anzuzeigen, wird der
  'Mauszeiger wieder als Pfeil angezeigt
  Screen.Mousepointer = 1
End Sub
```

Listing 4.24: Datei CONVERT.BAS des Programmes WinEDIT


```
Sub Laufwerk1_Change ()
  Verzeichnis1.Path = Laufwerk1.Drive
End Sub
```

```
Sub Verzeichnis1_Change ()
  Datei1.Path = Verzeichnis1.Path
End Sub


Sub Datei1_DblClick ()
  Pfad$ = Verzeichnis1.Path
  If Right$(Pfad$, 1) <> "\" Then
    Pfad$ = Pfad$ + "\"
  End If
  DateiName$ = Pfad$ + Datei1.FileName
  Bezeichnung2.Caption = DateiName$
End Sub


Sub Befehl2_Click ()
  Unload DateiLaden
End Sub


Sub Befehl1_Click ()
  'Datei laden, ASCII-Dateien u.U. ins ANSI-Format
  'konvertieren
  If DateiName$ <> "" Then
    If WEdit.CtlAscii.Value Then
        OpenFile "ASCII"
      ElseIf WEdit.CtlAnsi.Value Then
        OpenFile "ANSI"
    End If
  End If
  Unload DateiLaden
End Sub
```

Listing 4.25: Datei DATEILAD.FRM des Programmes WinEDIT


```
Sub Befehl2_Click ()
  Unload DateiSpeichern
End Sub


Sub Form_Load ()
  'aktuellen Namen im Eingabefeld anzeigen
  Text1.Text = DateiName$
End Sub


Sub Befehl1_Click ()
  'hier wird der Name NONAME.ASC akzeptiert
  DateiName$ = Text1.Text
  If DateiName$ <> "" Then
      If WEdit.CtlAscii.Value Then
          SaveFile "ASCII"
        ElseIf WEdit.CtlAnsi.Value Then
```

```
        SaveFile "ANSI"
     End If
   End If
   Unload DateiSpeichern
End Sub
```

Listing 4.26: Datei DATEISPE.FRM des Programmes WinEDIT

```
Sub Befehl1_Click ()
  'Copyright-Meldung und Eröffungsbildschirm
  'wird wieder geschlossen; der Aufruf erfolgt
  'nur beim Start des Editors und ist im späteren
  'Programmlauf nicht mehr durch den Anwender
  'abrufbar; beachten Sie, daß das Formular
  'ereignisgebunden angezeigt wird; damit das Laden
  'nur einmal erfolgt, wird beim Ereignis LOAD die
  'globale Variable CopyRight% auf Null gesetzt
  Unload Meldung
End Sub

Sub Form_Load ()
  'Copyright-Meldung nur beim Programmstart anzeigen
  CopyRight% = 0
End Sub
```

Listing 4.27: Datei MELDUNG.FRM des Programmes WinEDIT

```
'***********************************************************
'* WinEDIT - Editor für ASCII- und ANSI-Dateien mit       *
'*           Symbolleiste (für Dateien bis ca. 64000 Byte)*
'*           und Druckerausgabe                            *
'*                                                         *
'* Visual Basic für Programmierer - Vieweg Verlag          *
'* (c)1992 by Dipl.-Ing. Andreas Maslo                     *
'***********************************************************


'markierter Text in globalem zweitem String (innerhalb des
'Moduls WEDIT.FRM) verwalten,
'dadurch keine Verwendung des Clipboard notwendig
Dim Markiert$
```

```
Sub Form_Resize ()
  'da der Editor als Vollbildapplikation in jede
  'Größe verstellt werden kann, muß das Editierfeld
  'mit den Rollbalken entsprechend angepaßt werden...
  'Editorhöhe abzüglich Symbolleiste
  Editor.Height = WEdit.ScaleHeight - (7 * 60)
  'Editorbreite
  Editor.Width = WEdit.ScaleWidth
End Sub


Sub Form_Load ()
  'Hauptbildschirm soll standardmäßig als Vollbild geöffnet
  'werden; da es allerdings im Entwurf nicht sinnvoll ist,
  'den Vollbildmodus zu verwenden, wird die Einstellung
  'standardmäßig im Quelltext vorgenommen
  WEdit.WindowState = 2
  'Anmerkung: Kürzel ASC - ASCII-Dateien nach Konvertierung
  '           Kürzel ANS - ANSI-Dateien nach Konvertierung
  'Initialisierung der Codetabellen (keine DATA-Anweisung in Visual Basic)
  ASCII$ = Chr$(156) + Chr$(21) + Chr$(34) + Chr$(174) + Chr$(45)
  ASCII$ = ASCII$ + Chr$(241) + Chr$(253) + Chr$(248) + Chr$(175) + Chr$(172)
  ASCII$ = ASCII$ + Chr$(171) + Chr$(142) + Chr$(153) + Chr$(120) + Chr$(154)
  ASCII$ = ASCII$ + Chr$(225) + Chr$(132) + Chr$(148) + Chr$(246) + Chr$(129)
  Ansi$ = Chr$(163) + Chr$(167) + Chr$(168) + Chr$(171) + Chr$(173)
  Ansi$ = Ansi$ + Chr$(177) + Chr$(178) + Chr$(186) + Chr$(187) + Chr$(188)
  Ansi$ = Ansi$ + Chr$(189) + Chr$(196) + Chr$(214) + Chr$(215) + Chr$(220)
  Ansi$ = Ansi$ + Chr$(223) + Chr$(228) + Chr$(246) + Chr$(247) + Chr$(252)
  'Standarddateinamen vergeben
  DateiName$ = "NONAME.ASC"
  WEdit.Caption = "WinEDIT [" + DateiName$ + "]"
  'Tabulatorreihenfolge festlegen, Editor aktiv
  Editor.TabIndex = 0
  CtlAscii.TabIndex = 1
  CtlAnsi.TabIndex = 2
  CtlScreenFont.TabIndex = 3
  CtlScreenSize.TabIndex = 4
  CtlPrnFont.TabIndex = 5
  CtlPrnSize.TabIndex = 6
  'Unterprogramm aufrufen, um die Kombiantionslistenfelder
  'zu initialisieren (der Inhalt ist abhängig von der
  'jeweiligen Windows-Konfiguration)
  FontInit
  'Schriftgrößen
  WEdit.FontSize = 8
  Printer.FontSize = 10
  'Copyright soll beim Programmstart angezeigt werden,
  'aber erst, wenn das Editorfenster bereits auf dem
  'Bildschirm aufgebaut wurde (Ereignis Paint)
  CopyRight% = 1
End Sub
```

```
Sub FontInit ()
  'Schriften für Bildschirm initialisieren
  'Anzahl der Schriften
  SCRAnzahl% = Screen.FontCount
  'Fontnamen einzeln ermitteln und dem
  'Kombinationsfeld zuweisen
  For x% = 1 To SCRAnzahl%
    CtlScreenFont.AddItem Screen.Fonts(x% - 1)
  Next x%
  'Schriften für Drucker initialisieren
  'Anzahl der Schriften
  PRNAnzahl% = Printer.FontCount
  'Fontnamen einzeln ermitteln und dem
  'Kombinationsfeld zuweisen
  For x% = 1 To PRNAnzahl%
    CtlPrnFont.AddItem Screen.Fonts(x% - 1)
  Next x%
  'einige Punktgrößen den entsprechenden
  'Kombinationsfeldern zuweisen:
  'Drucker
  CtlPrnSize.AddItem "6"
  CtlPrnSize.AddItem "8"
  CtlPrnSize.AddItem "10"
  CtlPrnSize.AddItem "12"
  'Bildschirm
  For x% = 6 To 14 Step 2
    CtlScreenSize.AddItem LTrim$(Str$(x%))
  Next x%
  For x% = 18 To 36 Step 6
    CtlScreenSize.AddItem LTrim$(Str$(x%))
  Next x%
  CtlScreenSize.AddItem "48"
End Sub

Sub MNU_About_Click ()
  CL$ = Chr$(13) + Chr$(10)
  Typ% = 64
  Titel$ = "Über WinEDIT..."
  Msg$ = "WinEDIT - Dateibearbeitung im ANSI-" + CL$
  Msg$ = Msg$ + Space$(17) + "und ASCII-Format" + CL$
  Msg$ = Msg$ + Space$(17) + "Version 1.00" + CL$ + CL$
  Msg$ = Msg$ + "Visual Basic für Programmierer" + CL$
  Msg$ = Msg$ + "Vieweg Verlag" + CL$
  Msg$ = Msg$ + "(c)1992 by Dipl.-Ing. Andreas Maslo"
  MsgBox Msg$, Typ%, Titel$
End Sub
```

```
Sub MNU_Info_Click ()
  CL$ = Chr$(13) + Chr$(10)
  Typ% = 64
  Titel$ = "Information"
  Msg$ = "Mit WinEDIT können Sie Dateien bis zu einer Länge "
  Msg$ = Msg$ + "von 64 KByte bearbeiten. Die Optionsfelder "
  Msg$ = Msg$ + "ASCII und ANSI geben an, welches Format die "
  Msg$ = Msg$ + "Quelldatei hat und wie diese geladen und "
  Msg$ = Msg$ + "gespeichert werden soll. Ein Text kann gesamt "
  Msg$ = Msg$ + "oder nur in markierten Bereichen über den Menüpunkt"
  Msg$ = Msg$ + "UMWANDELN in Groß- oder Kleinschrift konvertiert werden!"
  MsgBox Msg$, Typ%, Titel$
End Sub

Sub MNU_Load_Click ()
  'Datei laden
  DateiLaden.Show 1
  'Namen in Titelleiste eintragen
  WEdit.Caption = "WinEDIT [" + DateiName$ + "]"
End Sub

Sub ANSIImport (Quelldatei$)
  'ANSI-Datei einlesen
  'Dateinummern ermitteln
  Temp$ = ""
  CL$ = Chr$(13) + Chr$(10)
  QNr = FreeFile
  'Dateien öffnen
  Open Quelldatei$ For Input As #QNr
  'zeilenweise lesen und übersetzen
  While Not EOF(QNr)
    Line Input #QNr, Zeile$
    'Zeichenkette aufbauen
    Temp$ = Temp$ + Zeile$ + CL$
  Wend
  'Text in ANSI-Format an Editor übergeben
  WEdit.Editor.Text = Temp$
  Close #QNr
End Sub

Sub ASCIIImport (Quelldatei$)
  'ASCII-Datei in ANSI-Text umwandeln
  'Dateinummern ermitteln
  QNr = FreeFile
  'Dateien öffnen
  Open Quelldatei$ For Input As #QNr
  'zeilenweise lesen und übersetzen
  'konvertierte Datei anlegen
```

```
    While Not EOF(QNr)
      Line Input #QNr, Zeile$
      Temp$ = Temp$ + CL$ + Zeile$
    Wend
    WEdit.Editor.Text = Asc2Ans$(Temp$)
    Close #QNr
End Sub


Sub MNU_Save_Click ()
  If DateiName$ <> "" And DateiName$ <> "NONAME.ASC" Then
      If WEdit.CtlAscii.Value Then
          SaveFile "ASCII"
        ElseIf WEdit.CtlAnsi.Value Then
          SaveFile "ANSI"
      End If
    Else
      'NONAME.ASC nicht speicherbar
      CL$ = Chr$(13) + Chr$(10)
      Typ% = 16
      Titel$ = "Speichern als..."
      Msg$ = "Achtung: Eine Datei kann nicht unter dem  "
      Msg$ = Msg$ + "Namen NONAME.ASC gespeichert werden. "
      Msg$ = Msg$ + "Wählen Sie den Menüpunkt SPEICHERN ALS... "
      Msg$ = Msg$ + "und geben Sie der Datei einen neuen Namen!"
      MsgBox Msg$, Typ%, Titel$
  End If
End Sub


Sub SaveFile (DateiFormat$)
  CL$ = Chr$(13) + Chr$(10)
  QNr = FreeFile
  'Dateien öffnen
  Open DateiName$ For Output As #QNr
  'zeilenweise lesen und übersetzen
  Temp$ = Editor.Text
  If DateiFormat$ = "ANSI" Then
      Print #QNr, Temp$
    ElseIf DateiFormat$ = "ASCII" Then
      Print #QNr, Ans2Asc$(Temp$)
  End If
  'Text in ANSI-Format an Editor übergeben
  Close #QNr
End Sub


Sub MNU_LCase_Click ()
  'Text nach dem Laden nachträglich umwandeln
  Temp$ = Editor.Text
  If Editor.SelLength = 0 Then
      'ganzen Text umwandeln
      Editor.Text = LCase$(Temp$)
    Else
```

```
      'nur Markierung in Kleinbuchstaben
      Temp$ = Editor.SelText
      Temp$ = LCase$(Temp$)
      Editor.SelText = Temp$
   End If
End Sub


Sub MNU_UCase_Click ()
   'Text nach dem Laden nachträglich umwandeln
   Temp$ = Editor.Text
   If Editor.SelLength = 0 Then
      'ganzen Text umwandeln
      Editor.Text = UCase$(Temp$)
    Else
      'nur Markierung in Großbuchstaben
      Temp$ = Editor.SelText
      Temp$ = UCase$(Temp$)
      Editor.SelText = Temp$
   End If
End Sub


Sub MNU_Cut_Click ()
   'markierten Text löschen
   Editor.SelText = ""
End Sub


Sub MNU_Copy_Click ()
   'markierten Text in Kopie eintragen
   Markiert$ = Editor.SelText
   'Menüeintrag zum Löschen der Kopie aktivieren
   MNU_DelCopy.Enabled = -1
End Sub


Sub MNU_Insert_Click ()
   'Markierter Text einfügen
   Editor.SelText = Markiert$
End Sub


Sub MNU_DelCopy_Click ()
   'Kopie des Textbereiches löschen
   Markiert$ = ""
   'Menüeintrag deaktivieren
   MNU_DelCopy.Enabled = 0
End Sub
```

```
Sub MNU_Neu_Click ()
  'Sicherheitsabfrage wenn Datei <> NONAME.ASC oder
  'Text im Editor enthalten
  'Namen in Titelleiste eintragen
  Temp$ = Editor.Text
  Laenge% = Len(RTrim$(Temp$))
  Temp$ = ""
  'Annahme: Befehl korrekt
  'Änderung nur durch Verneinen der
  'Sicherheitsabfrage
  a% = 6
  If DateiName$ <> "NONAME.ASC" Or Laenge% > 0 Then
    'Sicherheitsabfrage
    'kritisch!
    CL$ = Chr$(13) + Chr$(10)
    Typ% = 16 + 4
    Titel$ = "Neue Datei..."
    Msg$ = " Wollen Sie wirklich eine neue Datei anlegen? "
    Msg$ = Msg$ + "Quittieren Sie nur mit <Ja>, wenn der aktuelle "
    Msg$ = Msg$ + "Text des Bearbeitungsbereiches bereits gespeichert wurde!"
    a% = MsgBox(Msg$, Typ%, Titel$)
  End If
  If a% = 6 Then
    Editor.Text = ""
    DateiName$ = "NONAME.ASC"
    WEdit.Caption = "WinEDIT [" + DateiName$ + "]"
  End If
End Sub

Sub MNU_SaveAs_Click ()
  DateiSpeichern.Show 1
End Sub

Sub MNU_Print_Click ()
  Printer.Print Editor.Text
  Printer.EndDoc
End Sub

Sub MNU_Ende_Click ()
  CL$ = Chr$(13) + Chr$(10)
  Typ% = 48 + 4
  Titel$ = "Programm beenden..."
  Msg$ = "Beenden Sie das Programm nur, wenn Sie sicher "
  Msg$ = Msg$ + "sind, daß Sie die Datei gespeichert haben. "
  Msg$ = Msg$ + "Zum Beenden des Programmes quittieren Sie "
  Msg$ = Msg$ + "Ihre Eingabe mit <Ja>. "
  a% = MsgBox(Msg$, Typ%, Titel$)
  If a% = 6 Then End
End Sub
```

```
Sub MNU_DruckMarker_Click ()
  'hier aktuelle Markierung im Text und
  'nicht Kopie aus dem Speicher
  If Editor.SelLength > 0 Then
    Printer.Print Editor.SelText
    Printer.EndDoc
  End If
End Sub


Sub CtlScreenFont_Click ()
  'gewählten Eintrag ermitteln
  Nr% = CtlScreenFont.ListIndex
  'zugehörigen Font zuweisen
  Editor.FontName = CtlScreenFont.List(Nr%)
End Sub


Sub CtlScreenSize_Click ()
  On Error Resume Next
  'keine Fehlermeldung, falls Wert nicht verfügbar
  'gewählten Eintrag ermitteln
  Nr% = CtlScreenSize.ListIndex
  'zugehörigen Font zuweisen
  Temp$ = CtlScreenSize.List(Nr%)
  Wert% = Val(Temp$)
  Editor.FontSize = Wert%
End Sub


Sub CtlPrnFont_Click ()
  On Error Resume Next
  'gewählten Eintrag ermitteln
  Nr% = CtlPrnFont.ListIndex
  'zugehörigen Font zuweisen
  Printer.FontName = CtlPrnFont.List(Nr%)
End Sub


Sub CtlPrnSize_Click ()
  On Error Resume Next
  'keine Fehlermeldung, falls Wert nicht verfügbar
  'gewählten Eintrag ermitteln
  Nr% = CtlPrnSize.ListIndex
  'zugehörigen Font zuweisen
  Temp$ = CtlPrnSize.List(Nr%)
  Wert% = Val(Temp$)
  Printer.FontSize = Wert%
End Sub
```

```basic
Sub MNU_Ansi_Click ()
  'Text(-bereich) nach dem Laden
  'nachträglich umwandeln
  Temp$ = Editor.Text
  If Editor.SelLength = 0 Then
      'ganzen Text umwandeln
      Editor.Text = Asc2Ans$(Temp$)
    Else
      'nur Markierung in Großbuchstaben
      Temp$ = Editor.SelText
      Temp$ = Asc2Ans$(Temp$)
      Editor.SelText = Temp$
  End If
End Sub


Sub MNU_Ascii_Click ()
  'Text nach dem Laden nachträglich umwandeln
  Temp$ = Editor.Text
  If Editor.SelLength = 0 Then
      'ganzen Text umwandeln
      Editor.Text = Ans2Asc$(Temp$)
    Else
      'nur Markierung in Kleinbuchstaben
      Temp$ = Editor.SelText
      Temp$ = Ans2Asc$(Temp$)
      Editor.SelText = Temp$
  End If
End Sub


Sub MNU_Fett_Click ()
  'Text im Editor in Fettschrift anzeigen
  If MNU_Fett.Checked Then
      'Schrift ist fett, also Attribut und
      'Menüeintragskennzeichnung löschen
      MNU_Fett.Checked = 0
      Editor.FontBold = 0
    Else
      'fett ist deaktiviert, also aktivieren und
      'Menüeintrag kennzeichnen
      MNU_Fett.Checked = -1
      Editor.FontBold = -1
  End If
End Sub
```

```
Sub MNU_Kursiv_Click ()
  'Text im Editor in Kursivschrift anzeigen
  If MNU_Kursiv.Checked Then
      'Schrift ist kursiv, also Attribut und
      'Menüeintragskennzeichnung löschen
      MNU_Kursiv.Checked = 0
      Editor.FontItalic = 0
    Else
      'kursiv ist deaktiviert, also aktivieren und
      'Menüeintrag kennzeichnen
      MNU_Kursiv.Checked = -1
      Editor.FontItalic = -1
  End If
End Sub

Sub MNU_Under_Click ()
  'Text im Editor unterstrichen anzeigen
  If MNU_Under.Checked Then
      'Schrift ist unterstrichen, also Attribut und
      'Menüeintragskennzeichnung löschen
      MNU_Under.Checked = 0
      Editor.FontUnderline = 0
    Else
      'unterstrichen ist deaktiviert, also aktivieren und
      'Menüeintrag kennzeichnen
      MNU_Under.Checked = -1
      Editor.FontUnderline = -1
  End If
End Sub

Sub MNU_ExportClipBoard_Click ()
  'markierten Textbereich in Zwischenablage
  'kopieren (Standardformat = 1, Text)
  If Editor.SelLength > 0 Then
    ClipBoard.SetText Editor.SelText
  End If
End Sub

Sub MNU_ImportClipBoard_Click ()
  'Text aus Zwischenablage an aktuelle Textcursor-
  'position im Editor einfügen (Standardformat=1)
  Editor.SelText = ClipBoard.GetText()
End Sub
```

```
Sub Form_Paint ()
  'Copyright-Meldung und Programmeröffnungs-
  'formular ausgeben
  If CopyRight% = 1 Then
    Meldung.Show 1
  End If
  'nur beim Programmstart Meldung ausgeben;
  'damit nicht wiederholte Anzeige beim
  'Ereignis PAINT wird die Variable
  'CopyRight% nach dem ersten Laden des
  'Formulars MELDUNG auf Null gesetzt
End Sub
```

Listing 4.27: Datei WEDIT.FRM des Programmes WinEDIT

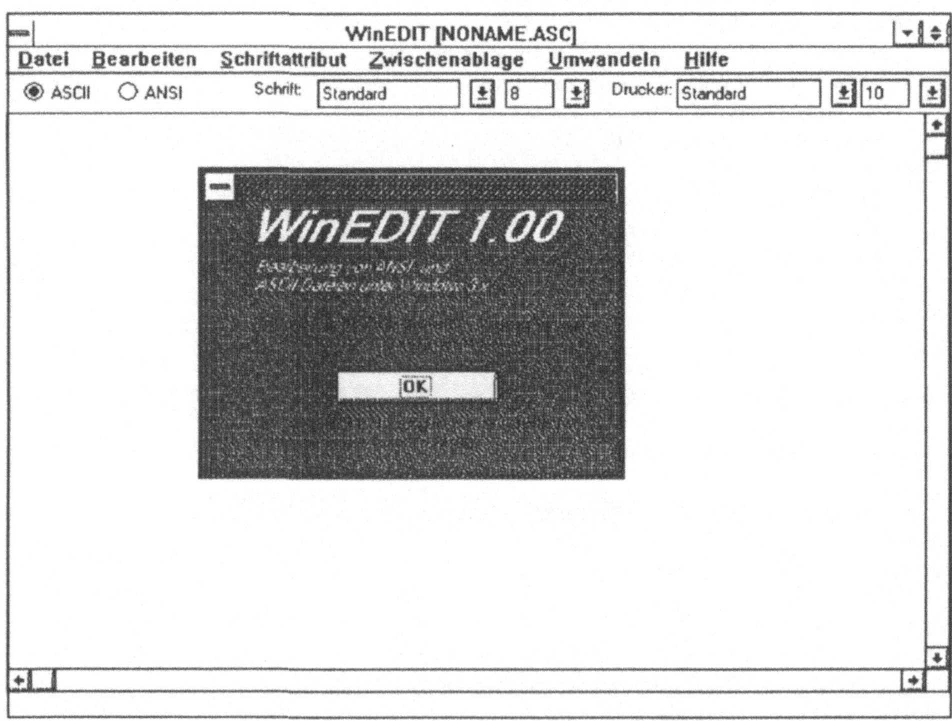

Bild 4.7: Eröffnungsbildschirm von WinEDIT

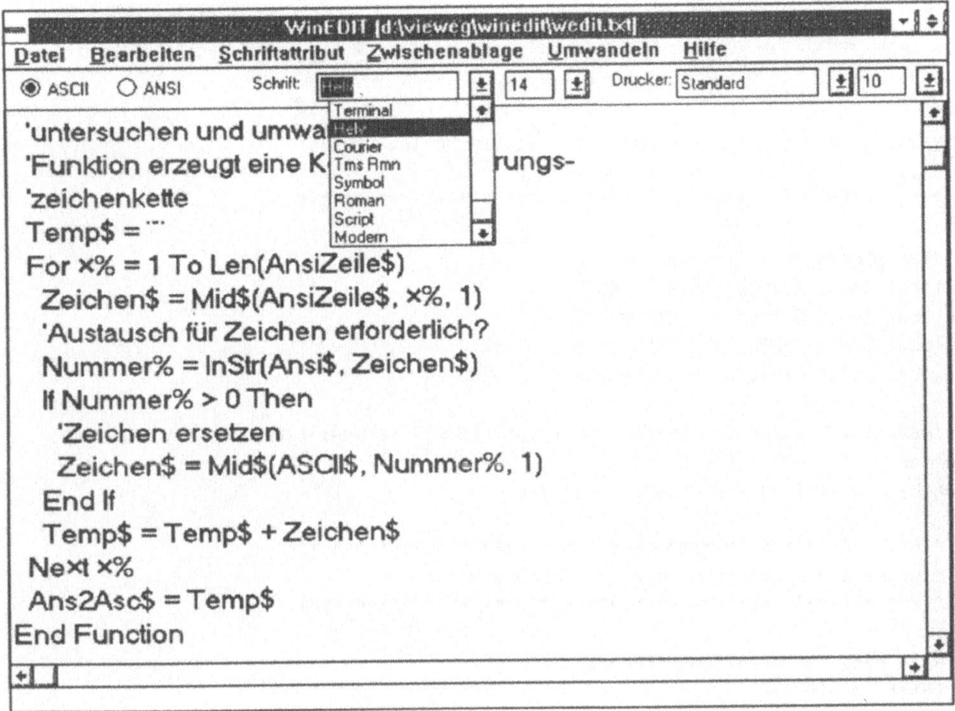

Bild 4.8: Arbeiten mit WinEDIT

4.4 Datenbank WinFINANZ

Da die Datenverwaltung in fast jedem Anwendungsprogramm eine wichtige Rolle spielt, demonstrieren wir Ihnen anhand einer einfachen Einnahmen- und Ausgabenüberschußrechnung den Umgang mit Direktzugriffsdateien. Anders als bei sequentiellen Datendateien besitzt jeder Datensatz dieselbe Länge und ist aus einer jeweils gleichen Anzahl von Datenfeldern aufgebaut. In Visual Basic wird bei Randomdateien in Verbindung mit Recordstrukturen bzw. benutzerdefinierten Verbundvariablen gearbeitet. Die Field-Anweisung, die Sie vielleicht aus anderen Basic-Dialekten kennen, existiert in Visual Basic nicht.

In unserem Programm wollen wir uns auf die Verwaltung von maximal 10.000 Einträgen innerhalb einer Datei beschränken. Sie werden anhand des Listings erkennen, daß die Dateiinformationen jeweils satzweise und nicht in der Gesamtheit gelesen werden müssen, um gezielt bearbeitet zu werden. So können Sie ohne Probleme zunächst den ersten Datensatz und in einem zweiten Schritt unmittelbar den letzten Datensatz bearbeiten, ohne daß die zwischen diesen Datensätzen liegenden Informationen gelesen werden mußten.

```
'***********************************************************
'* WinFINANZ - einfache Einnahmen-/Ausgabenüberschuß-   *
'*             rechnung zur Demonstration der Verwaltung*
'*             von Direktzugriffsdateien                *
'*                                                      *
'* Visual Basic für Programmierer - Vieweg Verlag       *
'* (c)1992 by Dipl.-Ing. Andreas Maslo                  *
'***********************************************************


' Tastencode (KeyDown, KeyUp)
Global Const RETURN_TASTE = &HD
Global Const UMSCHALT_TASTE = &H10
Global Const PFEIL_NACH_OBEN_TASTE = &H26
Global Const PFEIL_NACH_UNTEN_TASTE = &H28


' BackColor, ForeColor, FillColor (Standard RGB-Farben: Form, Steuerelemente)
Global Const ROT = &HFF&
Global Const BLAU = &HFF0000


'***********************************************************
'* globale Variablen für Dateiverwaltung                *
'***********************************************************


'Dateiname für Direktzugriffsdatei
Global DateiName$

'Dateinummer für Direktzugriffsdatei
Global DNr%

'aktuelle Datensatznummer
'hier Integer-Datentyp, da maximal 10000 Datensätze
'verwaltet werden sollen...
Global SatzNr%
'Gesamzanzahl der Datensätze in der aktuellen Datei
Global SatzAnzahl%

'Datensatzstruktur für Direktzugriffsdatei
Type Datensatz
  Datum As String * 10
  Wert As Currency
  Beschreibung As String * 1000
End Type

'Deklarierung der Datensatzvariablen als
'Typ Datensatz (benutzerdefinierte Verbund-
'variable, die global deklariert wurde)
Global EinAus As Datensatz
```

Listing 4.28: Datei GLOBAL.BAS des Programmes WinFINANZ

```
Sub Befehl2_Click ()
  Unload Anlegen
End Sub

Sub Form_Load ()
  'Standardnamen bereits anbieten
  Text1.Text = "FINANZ.FIN"
End Sub

Sub Befehl1_Click ()
  'Datei anlegen, indem die Datei geöffnet
  'wird und lediglich ein leeres Zeichen geschrieben wird
  'Achtung: da diese Funktion nicht erkennt, ob die
  'anzulegende Datei bereits existiert, wird das
  'Zeichen nur geschrieben, wenn die Dateilänge Null ist!
  '(neue Dateinummer, d.h. bereits aktivierte Datei
  'kann geöffnet bleiben)
  Dim Temp As String * 1
  QNr% = FreeFile
  DateiName$ = Text1.Text
  Open DateiName$ For Random As #QNr% Len = 1
  If LOF(QNr%) = 0 Then
    Temp = " "
    Put #QNr%, 1, Temp
  End If
  Close #QNr%
  Unload Anlegen
End Sub

Sub Text1_Change ()
  DateiName$ = Text1.Text
End Sub
```

Listing 4.29: Datei ANLEGEN.FRM des Programmes WinFINANZ

```
Sub Laufwerk1_Change ()
  Verzeichnis1.Path = Laufwerk1.Drive
End Sub

Sub Verzeichnis1_Change ()
  Datei1.Path = Verzeichnis1.Path
End Sub
```

```
Sub Datei1_DblClick ()
  Pfad$ = Verzeichnis1.Path
  If Right$(Pfad$, 1) <> "\" Then
    Pfad$ = Pfad$ + "\"
  End If
  DateiName$ = Pfad$ + Datei1.FileName
  Bezeichnung2.Caption = DateiName$
End Sub

Sub Befehl2_Click ()
  Unload DateiLaden
End Sub

Sub Befehl1_Click ()
  'eventuell geöffnete Dateien schließen
  'und im Speicher befindliche Werte (global)
  'zurücksetzen
  D$ = Date$
  Finanz.CtlDatum.Text = Mid$(D$, 4, 2) + "." + Left$(D$, 2) + "." + Right$(D$,4)
  Finanz.CtlEin.Text = "0.00"
  Finanz.CtlAus.Text = "0.00"
  Finanz.CtlBeschreibung.Text = Space$(1000)
  'Initialisierung der Datensatzfelder
  EinAus.Datum = ""
  EinAus.Wert = 0
  EinAus.Beschreibung = ""
  'Statistikwerte zurücksetzen
  Finanz.TXT_SatzNr.Caption = ""
  Finanz.Txt_Ein.Caption = ""
  Finanz.TXT_Aus.Caption = ""
  Finanz.TXT_Saldo.Caption = ""
  'Kombinationslistenfelder zurücksetzen
  For x% = Finanz.KomboEin.ListCount To 1 Step -1
    Finanz.KomboEin.RemoveItem x% - 1
  Next x%
  For y% = Finanz.KomboAus.ListCount To 1 Step -1
    Finanz.KomboAus.RemoveItem y% - 1
  Next y%
  Reset
  'Datei öffnen, Namen im Hauptformular anzeigen
  '(evtl. Standard-Dateiname verwenden)
  'aktuelles Verzeichnis für Standard-Dateiname
  If DateiName$ = "" Then DateiName$ = "FINANZ.FIN"
  DNr% = FreeFile
  'Datei im Direktzugriffsmodus öffnen;
  'die Dateilänge wird nicht fest vergeben, sondern
  'allgemein über die benutzerdefinierte Datensatzvariable
  'EinAus (vgl. Recordstruktur Datensatz) ermittelt
```

```
Open DateiName$ For Random As #DNr% Len = Len(EinAus)
'Datei im Hauptfenster anzeigen
'(einschließlich Suchpfad)
Finanz.TXT_Datei.Caption = DateiName$
'aktuelle Datensatznummer ist immer der letzte
'Datensatz, um die Eingabe weiterer Datensätze zu
'vereinfachen (Gesamtlänge \ Datensatzlänge)
SatzNr% = LOF(DNr%) \ Len(EinAus)
SatzAnzahl% = SatzNr%
'da Satznummer 0 nicht zulässig Korrektur; die
'Gesamtanzahl muß in diesem Fall den Wert 0 behalten,
'da der Datensatz noch nicht abgespeichert wurde!
If SatzNr% = 0 Then
  SatzNr% = 1
End If
'aktuelle Datensatznummer anzeigen
Finanz.CtlSatzNr.Caption = LTrim$(Str$(SatzNr%)) + " /" + Str$(SatzAnzahl%)
Unload DateiLaden
End Sub
```

Listing 4.30: Datei DATEILAD.FRM des Programmes WinFINANZ

```
Sub MNU_Create_Click ()
  Anlegen.Show 1
End Sub

Sub MNU_Open_Click ()
  'Formular zum Laden einr Datei modal anzeigen
  DateiLaden.Show 1
End Sub

Sub MNU_Ende_Click ()
  CL$ = Chr$(13) + Chr$(10)
  Typ% = 48 + 4
  Titel$ = "Programm beenden..."
  Msg$ = "Wollen Sie WinFINANZ wirklich beenden?"
  A% = MsgBox(Msg$, Typ%, Titel$)
  'falls die Datei noch geöffnet, jetzt schließen
  'Reset-Anweisung schließt alle Dateien und
  'benötigt keine Dateinummer
  Reset
  If A% = 6 Then End
End Sub
```

```
Sub MNU_Info_Click ()
  CL$ = Chr$(13) + Chr$(10)
  Typ% = 64
  Titel$ = "Über WinFINANZ..."
  Msg$ = "Mit WinFINANZ können Eingaben und Ausgaben innerhalb "
  Msg$ = Msg$ + "eines Arbeitsbildschirmes eingegeben und ausgewertet "
  Msg$ = Msg$ + "werden. Beachten Sie, daß zu jedem Datensatz nur ein Wert "
  Msg$ = Msg$ + "(Einnahme ODER Ausgabe) eingebbar ist. Werte ungleich Null "
  Msg$ = Msg$ + "löschen jeweils gegenseitig, d.h. die letzte Werteingabe "
  Msg$ = Msg$ + "wird übernommen. "
  MsgBox Msg$, Typ%, Titel$
End Sub

Sub MNU_About_Click ()
  CL$ = Chr$(13) + Chr$(10)
  Typ% = 64
  Titel$ = "Über WinFINANZ..."
  Msg$ = "WinFINANZ" + CL$ + "Einnahmen-/Ausgabenüberschußrechnung" + CL$
  Msg$ = Msg$ + "mit Direktzugriffsdateien" + CL$
  Msg$ = Msg$ + "Version 1.00" + CL$ + CL$
  Msg$ = Msg$ + "Visual Basic für Programmierer" + CL$
  Msg$ = Msg$ + "Vieweg Verlag" + CL$
  Msg$ = Msg$ + "(c)1992 by Dipl.-Ing. Andreas Maslo"
  MsgBox Msg$, Typ%, Titel$
End Sub

Sub Form_Load ()
  'Tabulatorreihenfolge festlegen
  CtlDatum.TabIndex = 0
  CtlEin.TabIndex = 1
  CtlAus.TabIndex = 2
  CtlBeschreibung.TabIndex = 3
  CtlPlus.TabIndex = 4
  CtlPlus10.TabIndex = 5
  CtlPos1.TabIndex = 7
  CtlMinus.TabIndex = 8
  CtlMinus10.TabIndex = 9
  CtlEnde.TabIndex = 10
  CtlRoll.TabIndex = 11
  CtlStatistik.TabIndex = 12
  KomboEin.TabIndex = 13
  KomboAus.TabIndex = 14
  'Standarddatei öffnen
  DateiName$ = "FINANZ.FIN"
  DNr% = FreeFile
  'Datei im Direktzugriffsmodus öffnen
  Open DateiName$ For Random As #DNr% Len = Len(EinAus)
  'Datei im Hauptfenster anzeigen
  Finanz.TXT_Datei.Caption = DateiName$
  SatzNr% = LOF(DNr%) \ Len(EinAus)
  SatzAnzahl% = SatzNr%
```

```
    If SatzNr% = 0 Then
        SatzNr% = 1
      Else
        GetRecord SatzNr%
    End If
    'aktuelle Datensatznummer anzeigen
    SatzInfo
    'Bildlauffeld des Rollbalken ans Ende plazieren,
    'da der jeweils letzte Datensatz der Datei im
    'Datensatzeditor angezeigt wird
    CtlRoll.Value = SatzNr%
End Sub


Sub Form_Unload (Abbrechen As Integer)
    'eventuell noch geöffnete Dateien beim Beenden
    'über das Systemmenü schließen
    Reset
End Sub


Sub CtlEnde_Click ()
    'nur zum letzten Datensatz blättern,
    'wenn Datensatznummer ungleich dem letzten Datensatz
    If SatzNr% <> SatzAnzahl% Then
      'aktuellen Datensatz speichern
      PutRecord SatzNr%
      'Datensatzzähler um eins erhöhen
      SatzNr% = SatzAnzahl%
      GetRecord SatzNr%
      SatzInfo
      'Rollbalken der aktuell gewählten
      'Datensatznummer anpassen
      CtlRoll.Value = SatzNr%
    End If
End Sub


Sub CtlMinus_Click ()
    'nur zum vorherigen Datensatz blättern,
    'wenn Datensatznummer gößer als eins
    If SatzNr% > 1 Then
      'aktuellen Datensatz speichern
      PutRecord SatzNr%
      'Datensatzzähler um eins erhöhen
      SatzNr% = SatzNr% - 1
      GetRecord SatzNr%
      SatzInfo
      'Rollbalken der aktuell gewählten
      'Datensatznummer anpassen
      CtlRoll.Value = SatzNr%
    End If
End Sub
```

```basic
Sub CtlMinus10_Click ()
  'nur um 10 Datensätze nach vorne blättern,
  'wenn Datensatznummer gößer als zehn
  If SatzNr% > 10 Then
    'aktuellen Datensatz speichern
    PutRecord SatzNr%
    'Datensatzzähler um eins erhöhen
    SatzNr% = SatzNr% - 10
    GetRecord SatzNr%
    SatzInfo
    'Rollbalken der aktuell gewählten
    'Datensatznummer anpassen
    CtlRoll.Value = SatzNr%
  End If
End Sub

Sub CtlPlus_Click ()
  'nur neuen Datensatz anfügen, wenn im letzten Datensatz
  'ein Einnahme- oder Ausgabewert enthalten ist
  If Val(CtlEin.Text) <> 0 Or Val(CtlAus.Text) <> 0 Then
    If SatzNr% < SatzAnzahl% Then
      'aktuellen Datensatz speichern
      PutRecord SatzNr%
      'Datensatzzähler um eins erhöhen
      SatzNr% = SatzNr% + 1
      'falls kein neuer Datensatz, alten
      'Datensatz einlesen
      GetRecord SatzNr%
      SatzInfo
      'Rollbalken der aktuell gewählten
      'Datensatznummer anpassen
      CtlRoll.Value = LOF(DNr%) \ Len(EinAus) - 1
    ElseIf SatzAnzahl% < 10000 Then
      'maximal 10000 Datensätze zulassen
      'aktuellen Satz speichern
      PutRecord SatzNr%
      'Datensatzzähler erhöhen
      SatzNr% = SatzNr% + 1
      'da neuer Datensatz, gleichzeitig Gesamtdatensatzzahl
      'um eins erhöhen und Werte initialisieren
      SatzAnzahl% = SatzAnzahl% + 1
      'maximalen Wert für vertikalen Rollbalken
      'ebenfalls um eins erhöhen
      CtlRoll.Max = CtlRoll.Max + 1
      D$ = Date$
      'Initialisierung der Anzeigewerte
      CtlDatum.Text = Mid$(D$, 4, 2) + "." + Left$(D$, 2) + "." + Right$(D$, 4)
      CtlEin.Text = "0.00"
      CtlAus.Text = "0.00"
      CtlBeschreibung.Text = Space$(1000)
```

```
        'Initialisierung der Datensatzfelder
        EinAus.Datum = ""
        EinAus.Wert = 0
        EinAus.Beschreibung = ""
        SatzInfo
    End If
    CtlBeschreibung.Text = EinAus.Beschreibung
  End If
End Sub


Sub CtlPlus10_Click ()
  'nur um zehn Datensätze weiterblättern,
  'wenn diese bereits existieren
  If SatzNr% + 10 <= SatzAnzahl% Then
    'aktuellen Datensatz speichern
    PutRecord SatzNr%
    'Datensatzzähler um eins erhöhen
    SatzNr% = SatzNr% + 10
    GetRecord SatzNr%
    SatzInfo
    'Rollbalken der aktuell gewählten
    'Datensatznummer anpassen
    CtlRoll.Value = SatzNr%
End If
End Sub

Sub CtlPos1_Click ()
  'nur zum ersten Datensatz blättern,
  'wenn Datensatznummer ungleich eins
  If SatzNr% <> 1 Then
    'aktuellen Datensatz speichern
    PutRecord SatzNr%
    'Datensatzzähler um eins erhöhen
    SatzNr% = 1
    GetRecord SatzNr%
    SatzInfo
    'Rollbalken der aktuell gewählten
    'Datensatznummer anpassen
    CtlRoll.Value = SatzNr%
End If
End Sub
```

```
Sub CtlStatistik_Click ()
  'Datei von Anfang bis Ende lesen und Auswertung
  'vornehmen (Listenaufbereitung und Statistik/Berechnung)
  'aktuellen Datensatz speichern; damit SatzInfo korrekt
  'arbeitet (globale Variable SatzNr%), muß für die
  'schrittweise Dateibearbeitung SatzNr% als Zählvariable
  'verwendet werden...
  'Maus als Sanduhr darstellen
  MousePointer = 11
  'Inhalt der Kombinationslistenfelder initialisieren
  For X% = KomboEin.ListCount To 1 Step -1
   KomboEin.RemoveItem X% - 1
  Next X%
  For Y% = KomboAus.ListCount To 1 Step -1
   KomboAus.RemoveItem Y% - 1
  Next Y%
  AltSatzNr% = SatzNr%
  PutRecord SatzNr%
  'Werte für Berechnung
  Saldo@ = 0
  Einnahme@ = 0
  Ausgabe@ = 0
  For SatzNr% = 1 To SatzAnzahl%
    'Arbeitsstand am Bildschirm anzeigen
    GetRecord SatzNr%
    SatzInfo
    'beim Aufbau der Listenfelder werden die Zeilenvorschub/
    'Wagenrücklaufsequenzen nicht entfernt, diese erscheinen
    'in der Liste als zwei vertikale Striche
    If EinAus.Wert > 0 Then
        Einnahme@ = Einnahme@ + EinAus.Wert
        'Aufbereitung der Listeneinträge
        AKombo$ = Fill$(Str$(SatzNr%), 25)
        BKombo$ = Fill$(Str$(EinAus.Wert), 35)
        CKombo$ = Left$(EinAus.Beschreibung, 100)
        KomboEin.AddItem AKombo$ + BKombo$ + CKombo$
      ElseIf EinAus.Wert < 0 Then
        EinAus.Wert = EinAus.Wert * (-1)
        Ausgabe@ = Ausgabe@ + EinAus.Wert
        'zunächst positive Summe bilden
        AKombo$ = Fill$(Str$(SatzNr%), 25)
        BKombo$ = Fill$(Str$(EinAus.Wert), 35)
        CKombo$ = Left$(EinAus.Beschreibung, 50)
        KomboAus.AddItem AKombo$ + BKombo$ + CKombo$
    End If
    Saldo@ = Einnahme@ - Ausgabe@
  Next SatzNr%
  SatzNr% = SatzNr% - 1
  'Ergebnisse ausgeben
  TXT_SatzNr.Caption = Str$(SatzNr%)
```

```
  Txt_Ein.Caption = Format$(Einnahme@, "#########0.00 \D\M")
  TXT_Aus.Caption = Format$(Ausgabe@, "#########0.00 \D\M")
  If Saldo@ < 0 Then
      'SOLL in roter Schrift ausgeben
      TXT_Saldo.ForeColor = Rot
    Else
      'HABEN in blauer Schrift ausgeben
      TXT_Saldo.ForeColor = Blau
  End If
  TXT_Saldo.Caption = Format$(Saldo@, "#########0.00 \D\M")
  'alten Datensatz wieder einlesen
  SatzNr% = AltSatzNr%
  GetRecord SatzNr%
  MousePointer = 1
End Sub


Sub GetRecord (Nr%)
  'Datensatz einlesen
  Get #DNr%, Nr%, EinAus
  'Datenfeldern Editierfeldern zuweisen
  CtlDatum.Text = EinAus.Datum
  If EinAus.Wert > 0 Then
      'positiver Wert ist eine Einnahme
      CtlEin.Text = LTrim$(Str$(EinAus.Wert))
      CtlAus.Text = "0.00"
    ElseIf EinAus.Wert < 0 Then
      'negativer Wert ist eine Ausgabe
      CtlAus.Text = LTrim$(Str$(EinAus.Wert))
      CtlEin.Text = "0.00"
    Else
      CtlAus.Text = "0.00"
      CtlEin.Text = "0.00"
  End If
  CtlBeschreibung.Text = EinAus.Beschreibung
End Sub


Sub PutRecord (Nr%)
  'Inhalt der Editierfelder den einzelnen
  'Datenfeldern zuweisen
  EinAus.Datum = CtlDatum.Text
  If Val(CtlEin.Text) > 0 Then
      'positiver Wert in Datei
      EinAus.Wert = Val(CtlEin.Text)
    ElseIf Val(CtlAus.Text) > 0 Then
      'negativer Wert in Datei
      EinAus.Wert = (-1) * Val(CtlAus.Text)
  End If
  EinAus.Beschreibung = CtlBeschreibung.Text
  'Datensatz speichern
  Put #DNr%, Nr%, EinAus
End Sub
```

```
Sub CtlDatum_GotFocus ()
  'falls neuer Datensatz, automatisch das aktuelle
  'Datum ins Editierfeld DATUM übernehmen
  If SatzNr% > SatzAnzahl% Then
    D$ = Date$
    CtlDatum.Text = Mid$(D$, 4, 2) + "." + Left$(D$, 2) + "." + Right$(D$, 4)
  End If
End Sub


Sub CtlDatum_KeyDown (Tastencode As Integer, Umschalten As Integer)
  If Tastencode = Return_Taste Or Tastencode = Pfeil_Nach_Unten_Taste Then
      'nachfolgendes Editierfeld
      CtlEin.SetFocus
    ElseIf Tastencode = Pfeil_Nach_Oben_Taste Then
      'Pfeil hoch: vorangehendes Editierfeld
      CtlBeschreibung.SetFocus
  End If
End Sub


Sub CtlEin_KeyDown (Tastencode As Integer, Umschalten As Integer)
  If Tastencode = Return_Taste Or Tastencode = Pfeil_Nach_Unten_Taste Then
      'nachfolgendes Editierfeld
      CtlAus.SetFocus
    ElseIf Tastencode = Pfeil_Nach_Oben_Taste Then
      'Pfeil hoch: vorangehendes Editierfeld
      CtlDatum.SetFocus
  End If
End Sub


Sub CtlAus_KeyDown (Tastencode As Integer, Umschalten As Integer)
  If Tastencode = Return_Taste Or Tastencode = Pfeil_Nach_Unten_Taste Then
      'nachfolgendes Editierfeld
      CtlBeschreibung.SetFocus
    ElseIf Tastencode = Pfeil_Nach_Oben_Taste Then
      'Pfeil hoch: vorangehendes Editierfeld
      CtlEin.SetFocus
  End If
End Sub


Sub CtlBeschreibung_KeyDown (Tastencode As Integer, Umschalten As Integer)
  'da das Feld für die Beschreibung mehrzeilig ist,
  'wird die Return-Taste nicht zum Wechsel zwischen den
  'Editierfeldern benutzt, sondern lediglich die Pfeil_Nach_Unten_Taste;
  'die Return-Taste wird in mehrzeiligen Eingabefeldern
  '(Eigenschaft MultiLine) für einen Zeilenumbruch verwendet;
  'ein verschieben des Textes ist durch diese Steuerung
  'mit den Pfeiltasten oben/unten nicht mehr möglich, sondern
  'nur mit den Pfeiltasten links und rechts; aus letztgenanntem
  'Grund wurde ein Rollbalken für die Maussteuerung verwendet
```

```
    If Tastencode = Pfeil_Nach_Unten_Taste Then
        'nachfolgendes Editierfeld
        'Tastencode (global) muß geändert werden, damit
        'das Editierfeld mit der Pfeiltaste verlassen
        'werden kann
        Tastencode = Tab_Taste
        CtlDatum.SetFocus
      ElseIf Tastencode = Pfeil_Nach_Oben_Taste Then
        'Pfeil hoch: vorangehendes Editierfeld
        'Tastencode (global) muß geändert werden, damit
        'das Editierfeld mit der Pfeiltaste verlassen
        'werden kann
        Tastencode = Tab_Taste
        CtlAus.SetFocus
    End If
End Sub


Sub SatzInfo ()
   'Unterprogramm zur Anzeige des aktuellen Datensatzes und
   'der Gesamtanzahl der vorhandenen Datensätze
   Finanz.CtlSatzNr.Caption = LTrim$(Str$(SatzNr%)) + " /" + Str$(SatzAnzahl%)
End Sub


Sub CtlRoll_Change ()
   'aktuellen Datensatz speichern
   PutRecord SatzNr%
   'Mit Hilfe der vertikalen Bildlaufleiste kann
   'zusätzlich zu den Schaltflächen zwischen den
   'Datensätzen geblättert werden. Ein Anhängen
   'neuer Datensätze ist über die Bildlaufleiste
   'nicht sinnvoll...
   'minimaler Wert ist Datensatznummer 1
   CtlRoll.Min = 1
   'maximaler Wert der Bildlaufleiste ist abhängig
   'von der vorhandenen Datensatzanzahl
   CtlRoll.Max = SatzAnzahl%
   'Änderung beim Anklicken der Bildlaufleiste
   'ober- bzw. unterhalb des Bildlaufpfeils:
   'ersten Datensatz ansteuern
   ' If CtlRoll.Value + 5 <= SatzAnzahl% And CtlRoll.Value - 5 >= 1 Then
        CtlRoll.LargeChange = 10
   '    Else
   '       CtlRoll.LargeChange = 1
   'End If
   'Änderung beim Anklicken des Bildlaufpfeils
   CtlRoll.SmallChange = 1
   SatzNr% = CtlRoll.Value
   GetRecord SatzNr%
   SatzInfo
End Sub
```

```
Sub CtlEin_KeyPress (TastenAscii As Integer)
  'ACHTUNG: TastenAscii muß jeweils nach den selben
  'Kriterien für das Einnahmen- und Ausgabentextfeld
  'kontrolliert werden. Um die Anweisungen nicht mehrfach im
  'Quelltext formulieren zu müssen, wird eine einheitliche Prozedur
  'für beliebige Steuerelemente genutzt. Dazu wird das Steuerelement
  'als Parameter an die Funktion übergeben!
  TastenAscii = WaehrungsEingabe%(CtlEin, TastenAscii)
End Sub


Function WaehrungsEingabe% (EingabeSteuerelement As Control,_
                        TastenAscii As Integer)
  'ACHTUNG: In dieser Funktion wird ein Funktionsparameter als
  '"As Control" deklariert. Damit kann diese Routine allgemein formuliert werden
  'und von unterschiedlichen Steuerelementen (hier Textfeldern) genutzt werden!
  'HINWEIS: Beachten Sie, daß Sie auch Prozeduren mit Parametern für Formulare
  'deklarieren können. In diesem Fall Verwenden Sie die Syntax "Formular As Form"
  'für den Formularparameter!
  If TastenAscii > 32 And TastenAscii < 126 Then
     'hier Bearbeitung der sinnvollen Eingabezeichen, damit
     'andere Steuercodes nicht mit abgefangen werden
     If TastenAscii = 44 Then
        'Dezimalkomma wurde eingegeben
        If InStr(EingabeSteuerelement.Text, ".") = 0 Then
           'falls noch kein Dezimalpunkt in der Eingabezeichenkette
           'vorhanden ist, Komma in Dezimalpunkt umwandeln
           TastenAscii = 46
         Else
           TastenAscii = 0
        End If
      ElseIf InStr("1234567890.", Chr$(TastenAscii)) = 0 Then
        'nur Zahlenwerte akzeptieren
        TastenAscii = 0
      ElseIf InStr(EingabeSteuerelement.Text, ".") > 0 And TastenAscii = 46 Then
        'Achtung Dezimalpunkt darf nur einmal
        'eingegeben werden
        TastenAscii = 0
     End If
  End If
  'Wert zurückgeben
  WaehrungsEingabe% = TastenAscii
End Function


Sub CtlAus_KeyPress (TastenAscii As Integer)
  'ACHTUNG: TastenAscii muß jeweils nach den selben Kriterien für
  'das Einnahmen- und Ausgabentextfeld kontrolliert werden. Um die
  'Anweisungen nicht mehrfach im Quelltext formulieren zu müssen, wird
  'eine einheitliche Prozedur für beliebige Steuerelemente genutzt. Dazu
  'wird das Steuerelement als Parameter an die Funktion übergeben!
  TastenAscii = WaehrungsEingabe%(CtlAus, TastenAscii)
End Sub
```

```
Function Fill$ (ZeichenKette$, SollLen%)
  'Zeichenkette auf angegebene Anzahl von Zeichen mit
  'Leerzeichen auffüllen
  IstLen% = Len(LTrim$(ZeichenKette$))
  If IstLen% < SollLen% Then
      Fill$ = ZeichenKette$ + Space$(SollLen% - IstLen%)
    ElseIf IstLen% > SollLen% Then
      Fill$ = Left$(ZeichenKette$, SollLen%)
  End If
End Function


Sub Kombo (KomboSteuerelement As Control)
  'Auswertung des Ereignisses CHANGE der Kombinations-
  'listenfleder (die Steuerelemente werden über die
  'Parameterliste an dieses Unterprogramm übergeben)
  'gewählten Eintrag ermitteln
  Gewaehlt% = KomboSteuerelement.ListIndex
  'zugehörigen Datensatz des Listeneintrages ermitteln
  Nr% = Val(Left$(KomboSteuerelement.List(Gewaehlt%), 10))
  'zu gewähltem Datensatz verzeigen, falls dieser
  'nicht schon geladen ist
  If SatzNr% <> Nr% Then
    'aktuellen Datensatz speichern
    PutRecord SatzNr%
    'Satznummer aktualisieren
    SatzNr% = Nr%
    'Datensatz einlesen
    GetRecord SatzNr%
    'Datensatzinfo aktualisieren
    SatzInfo
  End If
End Sub


Sub KomboAus_Click ()
  'Steuerelement in Unterprogramm Kombo auswerten
  '(Deklaration "As Control")
  Kombo KomboAus
End Sub


Sub KomboEin_Click ()
  'Steuerelement in Unterprogramm Kombo auswerten
  '(Deklaration "As Control")
  Kombo KomboEin
End Sub
```

```
Sub CtlEin_LostFocus ()
  'ACHTUNG: für Ein- und Ausgaben wird jeweils dasselbe
  'Datenfeld in einem Datensatz benutzt (reduzierter Speicher-
  'verbrauch der Datei auf dem Festspeicher); aus diesem
  'Grund kann jeweils nur ein Wert gespeichert werden;
  'wird sowohl eine Einnahme und eine Ausgabe in einem
  'Datensatz eingegeben, dann nur der jeweils zuletzt
  'eingegebene Wert berücksichtigt
  If Val(CtlEin.Text) > 0 And Val(CtlAus.Text) > 0 Then
    'nur Einnahme-Wert berücksichtigen
    CtlAus.Text = "0.00"
  End If
End Sub

Sub CtlAus_LostFocus ()
  'ACHTUNG: für Ein- und Ausgaben wird jeweils dasselbe
  'Datenfeld in einem Datensatz benutzt (reduzierter Speicher-
  'verbrauch der Datei auf dem Festspeicher); aus diesem
  'Grund kann jeweils nur ein Wert gespeichert werden;
  'wird sowohl eine Einnahme und eine Ausgabe in einem
  'Datensatz eingegeben, dann nur der jeweils zuletzt
  'eingegebene Wert berücksichtigt
  If Val(CtlEin.Text) > 0 And Val(CtlAus.Text) > 0 Then
    'nur Einnahme-Wert berücksichtigen
    CtlEin.Text = "0.00"
  End If
End Sub
```

Listing 4.31: Datei WFINANZ.FRM des Programmes WinFINANZ

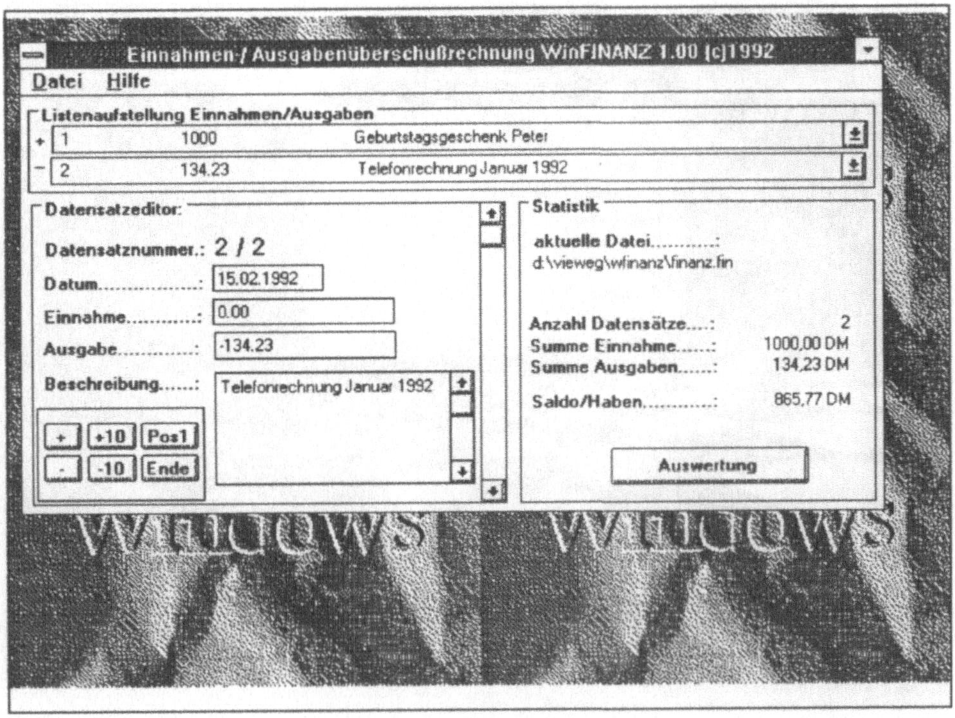

Bild 4.9: Das Progamm WinFINANZ

4.5 Grafikprogramm WinPAINT

Mit dem Programm WinPAINT kommen wir zum letzten Programm und auch zum letzten Themenbereich, den wir in diesem Buch anhand eines Beispieles vorstellen wollen. Die Grafikprogrammierung spielt gerade unter einer grafischen Benutzeroberfläche wie Windows eine wesentliche Rolle. Zwar verfügt Visual Basic bereits über eine Vielzahl von Grafikfunktionen, sämtliche Möglichkeiten stehen Ihnen allerdings erst bei Verwendung der GDI-Funktionen zur Verfügung (vgl. Kapitel 3.3). In unserem Programm demonstrieren wir nur einen Teil der in Visual Basic vorhandenen Anweisungen, wobei die Farbmöglichkeiten nicht berücksichtigt werden. Sie sollten allerdings in der Lage sein, diese Funktionen bei Bedarf zu ergänzen. Wollen Sie ein Garfikprogramm entwickeln, dann werden Sie erstaunt sein, wie einfach Grafikdateien geladen und gespeichert werden können. Drei unterschiedliche Dateiformate werden standardmäßig unterstützt.- Weitere Hinweise zum Programm WinPAINT und zu den Grafikanweisungen können Sie dem folgenden Listing entnehmen.

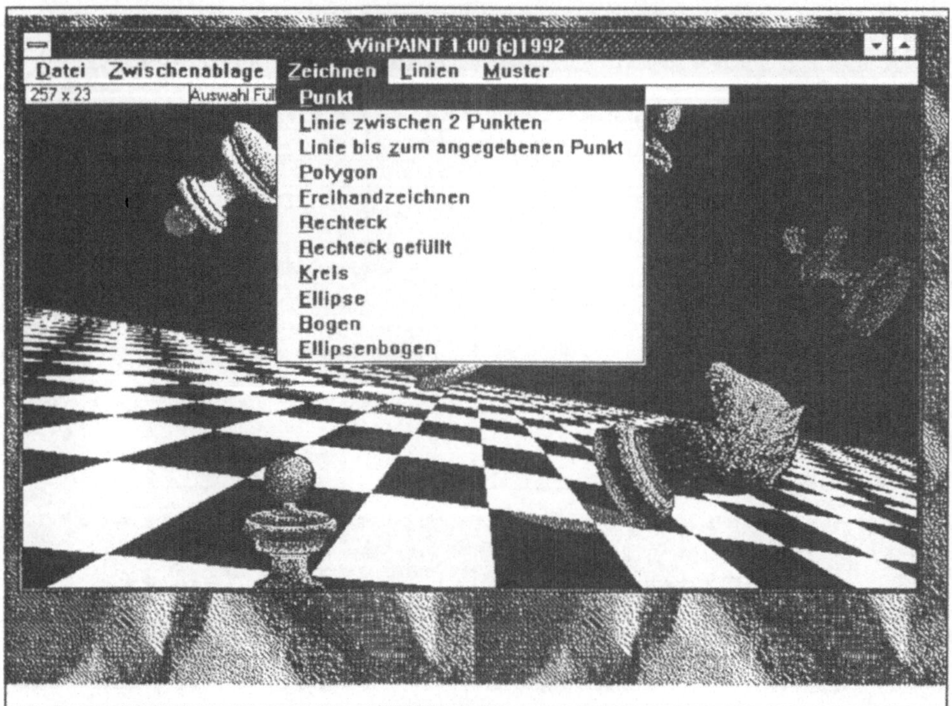

Bild 4.10: Das Programm WinPAINT

```
'****************************************************************
'* WinPAINT - einfaches Zeichenprogramm zu Demonstration *
'*              von Grafikanweisungen unter Visual Basic   *
'* Visual Basic für Programmierer - Vieweg Verlag          *
'* (c)1992 by Dipl.-Ing. Andreas Maslo                     *
'****************************************************************

'für eventuelle Programmerweiterungen sind in der Datei
'auf der Buchdiskette bereits wichtige Deklarationen von
'GDI-Funktionen und -Konstanten enthalten

DefInt A-Z

Global DateiName$
Global XPos!, YPos!
```

Listing 4.32: Datei GLOBAL.BAS des Programmes WinPAINT

```
Sub Laufwerk1_Change ()
  Verzeichnis1.Path = Laufwerk1.Drive
End Sub

Sub Verzeichnis1_Change ()
  Datei1.Path = Verzeichnis1.Path
End Sub

Sub Datei1_DblClick ()
  Pfad$ = Verzeichnis1.Path
  If Right$(Pfad$, 1) <> "\" Then
    Pfad$ = Pfad$ + "\"
  End If
  DateiName$ = Pfad$ + Datei1.FileName
  Bezeichnung2.Caption = DateiName$
End Sub

Sub Befehl2_Click ()
  Unload DateiLaden
End Sub

Sub Befehl1_Click ()
  'Bilddatei laden
  If DateiName$ <> "" Then
    PAINT.Bild.Picture = LoadPicture(DateiName$)
  End If
  Unload DateiLaden
End Sub
```

Listing 4.33: Datei DATEILAD.FRM des Programmes WinPAINT

```
Sub Befehl2_Click ()
  Unload DateiSpeichern
End Sub

Sub Form_Load ()
  'aktuellen Namen im Eingabefeld anzeigen
  Text1.Text = DateiName$
End Sub
```

```
Sub Befehl1_Click ()
  'Datei speichern
  DateiName$ = Text1.Text
  If DateiName$ <> "" Then
    SavePicture Paint.Bild.Image, DateiName$
  End If
  Unload DateiSpeichern
End Sub
```

Listing 4.34: Datei DATEISPE.FRM des Programmes WinPAINT

```
Sub MNU_Laden_Click ()
  DateiLaden.Show 1
End Sub

Sub MNU_Del_Click ()
  'Bildschirm löschen
  PAINT.Bild.Picture = LoadPicture()
End Sub

Sub MNU_Save_Click ()
  On Error GoTo ErrorHandling
  'aktuelles Bild in Zwischenablage sichern
  If Right$(DateiName$, 3) = "bmp" Then
      'Bitmap
      F% = 2
    ElseIf Right$(DateiName$, 3) = "wmf" Then
      'Windows Metafile
      F% = 3
    Else
      'geräteunabhängiges Bitmap
      F% = 8
  End If
  'Inhalt der Zwischenablage löschen
  ClipBoard.Clear
  ClipBoard.SetData Bild.Picture, F%
  Exit Sub
ErrorHandling:
  'falls erstes Bitmap-Format unpassend,
  'geräteunabhängiges Bitmap versuchen
  F% = 8
Resume
End Sub
```

```
Sub MNU_Remake_Click ()
  'Datei aus Zwischenablage in Arbeitsbereich kopieren
  'zunächst Grafikformat ermitteln
  If ClipBoard.GetFormat(2) Then
      'Bitmap
      F% = 2
    ElseIf ClipBoard.GetFormat(3) Then
      'Windows-Metafile
      F% = 3
    Else
      'geräteunabhängiges Bitmap
      F% = 8
  End If
  'Grafik aus Zwischenablage übernehmen
  PAINT.Bild.Picture = ClipBoard.GetData(F%)
End Sub


Sub MNU_Ende_Click ()
  'Programm ohne Sicherheitsabfrage
  'beenden
  End
End Sub


Sub MNU_DelClp_Click ()
  'Zwischenablage löschen
  ClipBoard.Clear
End Sub


Sub Bild_MouseMove (Maustaste As Integer, Umschalten As Integer,_
                    X As Single, Y As Single)
  'Koordinaten in der oberen Ecke des Arbeits-
  'bildschirms anzeigen
  xy.Caption = Str$(X) + " x" + Str$(Y)
  If Maustaste = 1 And Left$(Info.Caption, 5) = "frei:" Then
    'Zeichnen, bis die Taste gelöst wird
    Bild.Line -(X!, Y!)
  End If
End Sub


Sub MNU_Linie_Click ()
  Info.Caption = "Linie: ersten Punkt anklicken..."
End Sub


Sub Bild_MouseDown (Maustaste As Integer, Umschalten As Integer,_
                    X As Single, Y As Single)
  On Error Resume Next
  Static Zaehler%
  Static AnfX!, AnfY!
  Static EndX!, EndY!
```

```
If Left$(Info.Caption, 5) = "Punkt" Then
    'einzelnen Punkt setzen
    EndX! = X
    EndY! = Y
    Bild.PSet (EndX!, EndY!)
    Info.Caption = "keine Information"
  ElseIf InStr("LinieRechtgefül", Left$(Info.Caption, 5)) > 0 Then
    'Linie, Rechteck oder gefülltes Rechteck zwischen
    'angebgebenem Anfangs- und Endpunkt ziehen
    If Zaehler% = 0 Then
        AnfX! = X
        AnfY! = Y
        If Left$(Info.Caption, 5) = "Linie" Then
            Info.Caption = "Linie: zweiten Punkt markieren..."
          ElseIf Left$(Info.Caption, 5) = "Recht" Then
            Info.Caption = "Rechteck: untere, rechte Ecke markieren..."
          ElseIf Left$(Info.Caption, 5) = "gefül" Then
            Info.Caption = "gefülltes Rechteck: untere,_
                            rechte Ecke markieren..."
        End If
        Zaehler% = 1
      Else
        EndX! = X
        EndY! = Y
        If Left$(Info.Caption, 5) = "Linie" Then
            Bild.Line (AnfX!, AnfY!)-(EndX!, EndY!)
          ElseIf Left$(Info.Caption, 5) = "Recht" Then
            Bild.Line (AnfX!, AnfY!)-(EndX!, EndY!), , B
          ElseIf Left$(Info.Caption, 5) = "gefül" Then
            Bild.Line (AnfX!, AnfY!)-(EndX!, EndY!), , BF
        End If
        Info.Caption = "keine Information"
        Zaehler% = 0
    End If
  ElseIf Left$(Info.Caption, 5) = "nach:" Then
    'Linie vom letztgewählten zu aktivem Punkt ziehen
    Bild.Line (EndX!, EndY!)-(X, Y)
    Info.Caption = "keine Information"
  ElseIf Left$(Info.Caption, 5) = "Poly:" Then
    'Linie vom letztgewählten zu aktivem Punkt ziehen
    Bild.Line -(X!, Y!)
  ElseIf InStr("KreisEllipBogenBElli", Left$(Info.Caption, 5)) > 0 Then
    'Kreis, Ellipse oder Bogen zeichnen
    If Zaehler% = 0 Then
        AnfX! = X
        AnfY! = Y
        If Left$(Info.Caption, 5) = "Kreis" Then
            Info.Caption = "Kreis: Klick für Eingabe der Zusatzwerte..."
```

```
        ElseIf Left$(Info.Caption, 5) = "Ellip" Then
          Info.Caption = "Ellipse: Klick für Eingabe der Zusatzwerte..."
        ElseIf Left$(Info.Caption, 5) = "Bogen" Then
          Info.Caption = "Bogen: Klick für Eingabe der Zusatzwerte..."
        ElseIf Left$(Info.Caption, 5) = "BElli" Then
          Info.Caption = "BEllipse: Klick für Eingabe der Werte _
                          zum Zeichnen des Ellipsenbogens"
      End If
      Zaehler% = 1
    Else
      'der Einfachheit halber Abfrage der fehlenden
      'Parameter über Eingabefenster
      Temp$ = InputBox$("Radius in Pixel: ", _
                        "Kreis/Ellipse zeichnen...", "50")
      Radius! = Val(Temp$)
      If Left$(Info.Caption, 5) = "Kreis" Then
          Bild.Circle (AnfX!, AnfY!), Radius!
        ElseIf Left$(Info.Caption, 5) = "Bogen" Then
          'keine Wertkontrolle
          Temp$ = InputBox$("Anfangsposition des Bogens in Bogenmaß: ",_
                        "Kreisbogen zeichnen...", "1")
          Start! = Val(Temp$)
          Temp$ = InputBox$("Endposition des Bogens in Bogenmaß: ",_
                        "Kreisbogen zeichnen...", "2")
          Ende! = Val(Temp$)
          Bild.Circle (AnfX!, AnfY!), Radius!, , Start!, Ende!, Verh!
        ElseIf Left$(Info.Caption, 5) = "BElli" Then
          'keine Wertkontrolle; Ellipsen-Bogen
          Temp$ = InputBox$("Anfangsposition des Bogens in Bogenmaß: ",_
                        "Ellipse zeichnen...", "1")
          Start! = Val(Temp$)
          Temp$ = InputBox$("Endposition des Bogens in Bogenmaß: ",_
                        "Kreisbogen zeichnen...", "2")
          Ende! = Val(Temp$)
          Temp$ = InputBox$("Verhältnis (1.0 = Kreis): ", _
                        "Ellipse zeichnen...", "0.5")
          Verh! = Val(Temp$)
          Bild.Circle (AnfX!, AnfY!), Radius!, , Start!, Ende!, Verh!
        ElseIf Left$(Info.Caption, 5) = "Ellip" Then
          'keine Wertkontrolle; Ellipse
          Temp$ = InputBox$("Verhältnis (1.0 = Kreis): ",_
                        "Ellipse zeichnen...", "0.5")
          Verh! = Val(Temp$)
          Bild.Circle (AnfX!, AnfY!), Radius!, , , , Verh!
      End If
      Info.Caption = "keine Information"
      Zaehler% = 0
    End If
  End If
End Sub
```

```
Sub MNU_Punkt_Click ()
  Info.Caption = "Punkt: Punkt anklicken..."
End Sub

Sub MNU_Kreis_Click ()
  Info.Caption = "Kreis: Kreismittelpunkt markieren..."
End Sub

Sub MNU_Linien_Click ()
  On Error Resume Next
  Static AktuellStyle%
  Info.Caption = "Auswahl Linienstil..."
  CL$ = Chr$(13) + Chr$(10)
  Inf$ = "0 - durchgezogen" + CL$
  Inf$ = Inf$ + "1 - Strich" + CL$
  Inf$ = Inf$ + "2 - Punkt" + CL$
  Inf$ = Inf$ + "3 - Strich-Punkt" + CL$
  Inf$ = Inf$ + "4 - Strich-Punkt-Punkt" + CL$
  Inf$ = Inf$ + "5 - unsichtbar" + CL$
  Inf$ = Inf$ + "6 - innerhalb durchgezogen"
  a$ = InputBox$(Inf$, "Linien", Str$(AktuellStyle%))
  If a$ <> "" Then
    Bild.DrawStyle = Val(a$)
    AktuellStyle% = Val(a$)
  End If
End Sub

Sub MNU_Liniezu_Click ()
  Info.Caption = "nach: Zielpunkt anklicken..."
End Sub

Sub MNU_Poly_Click ()
  'nur Polygon, falls einmaliger Aufruf; erneuter
  'Aufruf beendet die Funktion wieder (alternative
  'zu Menüeigenschaft, da eigene Behandlung über
  'Informationstexte)
  Static Aufrufe%
  If Aufrufe% = 0 Then
      MNU_Punkt.Visible = 0
      MNU_Linie.Visible = 0
      MNU_Liniezu.Visible = 0
      MNU_Frei.Visible = 0
      MNU_Rechteck.Visible = 0
      MNU_RechtBF.Visible = 0
      MNU_Kreis.Visible = 0
      MNU_Ellipse.Visible = 0
      MNU_Bogen.Visible = 0
      MNU_BElli.Visible = 0
      Info.Caption = "Poly: Punkt anklicken, Ende durch neue Menüanwahl..."
      Aufrufe% = 1
```

```
    Else
      MNU_Punkt.Visible = -1
      MNU_Linie.Visible = -1
      MNU_Liniezu.Visible = -1
      MNU_Frei.Visible = -1
      MNU_Rechteck.Visible = -1
      MNU_RechtBF.Visible = -1
      MNU_Kreis.Visible = -1
      MNU_Ellipse.Visible = -1
      MNU_Bogen.Visible = -1
      MNU_BElli.Visible = -1
      Aufrufe% = -1
      Info.Caption = "keine Information"
  End If
End Sub


Sub MNU_RechtBF_Click ()
  'gefülltes Rechteck
  Info.Caption = "gefülltes Rechteck: obere, linke Ecke markieren..."
End Sub


Sub MNU_Rechteck_Click ()
  Info.Caption = "Rechteck: obere, linke Ecke anklicken..."
End Sub


Sub MNU_Frei_Click ()
  'nur Freihandzeichnen, falls einmaliger Aufruf; erneuter
  'Aufruf beendet die Funktion wieder (alternative
  'zu Menüeigenschaft, da eigene Behandlung über
  'Informationstexte)
  Static Aufrufe%
  If Aufrufe% = 0 Then
      MNU_Punkt.Visible = 0
      MNU_Linie.Visible = 0
      MNU_Liniezu.Visible = 0
      MNU_Poly.Visible = 0
      MNU_Rechteck.Visible = 0
      MNU_RechtBF.Visible = 0
      MNU_Kreis.Visible = 0
      MNU_Ellipse.Visible = 0
      MNU_Bogen.Visible = 0
      MNU_BElli.Visible = 0
      Info.Caption = "frei: Freihandzeichnen mit gedrückter Maustaste..."
      Aufrufe% = 1
```

```
    Else
      MNU_Punkt.Visible = -1
      MNU_Linie.Visible = -1
      MNU_Liniezu.Visible = -1
      MNU_Poly.Visible = -1
      MNU_Rechteck.Visible = -1
      MNU_RechtBF.Visible = -1
      MNU_Kreis.Visible = -1
      MNU_Ellipse.Visible = -1
      MNU_Bogen.Visible = -1
      MNU_BElli.Visible = -1
      Aufrufe% = -1
      Info.Caption = "keine Information"
  End If
End Sub


Sub MNU_Bogen_Click ()
  Info.Caption = "Bogen: Kreismittelpunkt markieren..."
End Sub


Sub MNU_Ellipse_Click ()
  Info.Caption = "Ellipse: Ellipsenmittelpunkt markieren..."
End Sub


Sub MNU_BElli_Click ()
  Info.Caption = "BEllipse: Zentrum des Ellipsenbogens markieren..."
End Sub


Sub MNU_Muster_Click ()
  'Fillstyle
  On Error Resume Next
  Static AktuellStyle%
  Info.Caption = "Auswahl Füllmuster..."
  CL$ = Chr$(13) + Chr$(10)
  Inf$ = "0 - gefüllt" + CL$
  Inf$ = Inf$ + "1 - Transparent" + CL$
  Inf$ = Inf$ + "2 - Horiz. Linien" + CL$
  Inf$ = Inf$ + "3 - Vertik. Linien" + CL$
  Inf$ = Inf$ + "4 - Aufwärtsdiagonal" + CL$
  Inf$ = Inf$ + "5 - Abwärtsdiagonal" + CL$
  Inf$ = Inf$ + "6 - Kreuz" + CL$
  Inf$ = Inf$ + "7 - Diagonalkreuz" + CL$
  a$ = InputBox$(Inf$, "Muster", Str$(AktuellStyle%))
  If a$ <> "" Then
    Bild.FillStyle = Val(a$)
    AktuellStyle% = Val(a$)
  End If
End Sub
```

```
Sub MNU_Speichern_Click ()
  DateiSpeichern.Show 1
End Sub
```

Listing 4.35: Datei PAINT.FRM des Programmes WinPAINT

Damit wollen wir den Praxisteil des Buches beenden. Zu den wichtigsten
Einsatzgebieten von Visual Basic wurden spezielle Beispielprogramme vorgestellt. Im
Anhang werden noch einmal die wichtigsten Begriffe, die Sie innerhalb dieses Buches
kennengelernt haben erläutert. Außerdem erhalten Sie Installationshinweise und genaue
Informationen zu den Dateien und Programmen der Buchdiskette.

Anhang

Anhang A: Glossar

Ansi: Der ANSI-Zeichensatz (American National Standards Institute) ist der Zeichensatz, der unter Windows verwendet wird und mit dem bis zu 256 Zeichen von der Tastatur darstellbar sind. Der ANSI-Zeichensatz ist ein 8-Bit-Zeichensatz.

Ascii: Der ASCII-Zeichensatz (American Standard Code for Information Interchange) ist ein 7-Bit-Zeichensatz. Da dieser Zeichensatz in Teilbereichen von dem ANSI-Zeichensatz variiert, ist bei Verwendung von ASCII-Dateien unter Windows eine entsprechende Konvertierung notwendig (vgl. Programme WinCONV und WinEDIT).

Befehlsschaltfläche: Eine Befehlsschaltfläche ist ein Steuerelement. Sie wird dem Benutzer in einer Anwendung zur Verfügung gestellt, um Befehle auszuführen.

Bildfeld: Ein Bildfeld ist ein Steuerelement. Es enthält eine Abbildung, wobei dies ein Bitmap, ein Symbol oder ein Metafile sein kann, aber auch die Ausgabe einer Grafikanweisung, mit der Print-Methode geschriebener Text sowie ein Optionsfeld.

Bit: Ein Bit ist die kleinste Dateneinheit (Informationseinheit), die von einem Computer gespeichert werden kann. Ein Bit hat entweder den Wert 1 oder 0.

Bitmap: Als Bitmap wird ein Bild auf dem Bildschirm bezeichnet, das aus Pixeln besteht und in Bits gespeichert wird. Bei monochromer Darstellung entspricht ein Pixel einem Bit. Bei farbiger Darstellung wird ein Pixel in mehreren Bit gespeichert, da zusätzlich die Farbe verschlüsselt werden muß.

Boolesch: Als boolesch wird ein Ausdruck bezeichnet, der entweder wahr oder falsch sein kann. Zur Darstellung werden häufig die Integerwerte -1 (wahr) und 0 (falsch) genutzt.

Clipboard: Clipboard ist die englische Bezeichnung für die Zwischenablage.

Code: Als Code werden allgemein Befehle und Anweisungen bezeichnet, die in einer Programmiersprache, z.B. Visual Basic, geschrieben wurden.

Dateilistenfeld: Ein Dateilistenfeld ist ein Steuerelement. Es dient zur Darstellung von Listen mit Dateinamen und ermöglicht es nach Dateien zu suchen.

Datenfeld: Als Datenfeld (Array) wird eine Gruppe von Variablen bezeichnet, die sich einen gemeinsamen Namen teilen. Zur Unterscheidung der einzelnen Elemente des Datenfeldes besitzt jedes eine Indexnummer.

Datentyp: Der Datentyp ist das Attribut einer Variablen, das bestimmt, für welche Art von Daten die Variable eingesetzt werden soll.

DDE: DDE Bedeutet Dynamischer Datenaustausch (Dynamic Data Exchange) und ermöglicht über bestimmte Eigenschaften und Ereignisse die Kommunikation zwischen unterschiedlichen Windows-Anwendungsprogrammen.

Deklaration: Die Deklaration benennt Konstanten oder Variablen und definiert deren Attibute, wie z.B. den Datentyp.

Dialogbox: Eine Dialogbox ist ein Fenster, das in der Regel über Eingabefelder, Optionsfelder und Befehlsschaltflächen verfügt, die dem Benutzer eine Kommunikation mit dem Anwendungsprogramm erlauben.

DLL: DLL steht für dynamische Link-Bibliothek (Dynamic-Link Library). Die in einer DLL enthaltenen Routinen können zur Laufzeit eines in Visual Basic geschriebenen Programmes hinzugebunden werden. Da Visual Basic keine DLLs generieren kann, handelt es sich bei der Einbindung immer um sprachfremde Prozeduren. Diese können aus der Betriebssystemumgebung stammen (API- und GDI-Funktionen) oder in einer anderen Programmiersprache geschrieben sein.

Doppelklick: Als Doppelklick wird das zweimalige Drücken der linken Maustaste in kurzer Folge bezeichnet. Der Doppelklick wird in Visual Basic als Ereignis verwendet, das vom Benutzer ausgelöst wird und dann Anlaß zur Ausführung von Programmcode ist.

Druckmanager: Der Druckmanager ist ein Programm, das den Ausdruck von Dateien steuert. Er wird insbesondere dann sinnvoll eingesetzt, wenn während des Ausdrucks mit einer anderen Anwendung weitergearbeitet werden soll.

Eigenschaft: Eine Eigenschaft ist ein Attribut, das einer Form oder einem Steuerelement zugewiesen werden kann. Eigenschaften definieren Merkmale und Verhalten von Objekten.

Ereignis: Ein Ereignis wird vom Benutzer (z.B. Mausklick, Tastendruck) oder vom System ausgeführt (Timer) und von einem Steuerelement oder auch einer Form erkannt. Der Programmierer kann einem Ereignis Code zuordnen, der bei Eintreten des Ereignisses aktiviert wird.

Ereignisgesteuert: Der Ausdruck *Ereignisgesteuert* beschreibt das Programmierungsmodell von Visual Basic. In einem Anwendungsprogramm wird der Programmcode erst dann ausgeführt, wenn ein benutzer- oder systemverursachtes Ereignis eintritt, auf das geantwortet werden muß.

Ereignisprozedur: Eine Ereignisprozedur ist eine Prozedur, die an ein Ereignis (ausgelöst vom Benutzer oder vom System) gebunden ist und immer dann aufgerufen wird, wenn das zugehörige Ereignis eintritt.

Fokus: Mit Fokus wird der aktive Zustand einer Form oder eines Steuerelementes bezeichnet. Nur in diesem Zustand werden Eingaben angenommen und nur dann wird auf Ereignisse geantwortet.

Font: Als Font werden Schriften bezeichnet, die speziell auf ein bestimmtes Gerät (z.B. HP-Laserjet-Drucker) abgestimmt sind.

Form bzw. Formular: Als Form oder auch Formular werden Fenster oder Dialogfelder bezeichnet, die mit Visual Basic erstellt werden.

Funktion(sprozedur): Eine Funktion ist ein Codebestandteil. Sie wird eingesetzt, um Werte abzufragen, die sie entsprechend zurückliefert. Eine Funktion kann (muß aber nicht) einen oder mehrere Parameter besitzen. Das Schlüsselwort zur Deklaration ist Function.

GDI: Die Abkürzung GDI steht für Graphics Device Interface, die Schnittstelle zur Ausgabe von Grafiken und Fonts unter Windows. Diese dynamische Link-Bibliothek (DLL, siehe dort) arbeitet mit virtuellen Koordinaten, die es ermöglichen, daß Windows-Programme bei beliebigen Bildschirmauflösungen lauffähig sind (geräteunabhängige Grafik).

Global: Mit der Bezeichnung *global* wird der Geltungsbereich von Variablen und Konstanten definiert. Globale Variablen und Konstanten werden vom allen Teilen eines Anwendungsprogrammes erkannt.

Klicken: Als Klicken wird das kurze Drücken und Wiederloslassen der linken Maustaste bezeichnet. Das Klicken wird in Visual Basic als Ereignis verwendet, das vom Benutzer ausgelöst wird und dann Anlaß zur Ausführung von Programmcode ist.

Kombinationsfeld: Ein Kombinationsfeld ist ein Steuerelement. Es verbindet ein Listenfeld und ein Textfeld (siehe dort) miteinander und erlaubt es dem Benutzer, zum einen Werte aus der Liste zu wählen, zum anderen Werte frei in das Textfeld einzugeben.

Kontrollkästchen: Ein Kontrollkästchen ist ein Steuerelement. Es wird verwendet um eine Option (ein/aus oder wahr/falsch) anzugeben. Ist eine Option gewählt, so enthält das Kontrollkästchen ein X.

Laufwerkslistenfeld: Ein Laufwerkslistenfeld ist ein Steuerelement. Es zeigt für das jeweilige System eine Liste aller gültigen Laufwerke an. Es ermöglicht auch einen Wechsel des aktiven Laufwerks.

Listenfeld: Ein Listenfeld ist ein Steuerelement. Es kann zur Darstellung beliebiger Listen genutzt werden und dient dem Benutzer zur Auswahl eines Eintrags.

Lokal: Mit der Bezeichnung *lokal* wird der Geltungsbereich von Variablen und Definitionen festgelegt. Lokale Variablen werden nur innerhalb der Prozedur erkannt, in der sie erscheinen.

MENÜ: Über ein Menü werden dem Benutzer in einer Anwendung Befehle geordnet zur Verfügung gestellt. Bei Anwahl eines Menüpunktes wird die zugehörige Befehlsliste aufgeklappt. Ein Menü wird am oberen Rand eines Fensters positioniert.

METHODE: Eine Methode ist eine Anweisung, die sich immer auf ein Objekt (siehe dort) bezieht.

MODAL: Modal ist die Bezeichnung für einen Formentyp, der vorrangig den Fokus hat und diesen so lange behält, bis die Form geschlossen wird. Dieser Typ wird insbesondere für Warnungen und Dialogfelder genutzt.

MODUL: Ein Modul ist eine Code-Datei, die Prozeduren und Datendeklarationen enthält und die unabhängig von einer Form ist.

MULTITASKING: Als Multitasking wird der parallele Betrieb mehrerer Programme bezeichnet. Die Rechenzeit des Hauptprozessors wird zwischen den einzelnen Anwendungen aufgeteilt.

OBJEKT: Die Bezeichnung Objekt wird in Visual Basic als Überbegriff für Formen, Steuerelemente und die speziellen Objekte Clipboard, Debug, Printer und Screen benutzt.

OPTIONSFELD: Ein Optionsfeld ist ein Steuerelement. Es dient zur Auswahl immer genau eines Elementes einer Liste. Der Einsatz von Optionsfeldern bietet sich dort an, wo der Benutzer zwischen Optionen wählen soll, die sich gegenseitig ausschließen.

PROGRAMM-MANAGER: Der Programm-Manager, der bei der Standardeinstellung automatisch nach dem Start von Windows als erstes Programm geladen wird, verwaltet beliebige Anwendungsprogramme. Diese lassen sich von hier aus sehr komfortabel durch Klicken auf ein Symbol starten.

PROJEKT: Als Projekt wird die Gesamtheit der Quelldateien (Formen und Module) bezeichnet, die ein Anwendungsprogramm bilden.

PROZEDUR: Als Prozedur wird in Visual Basic eine Folge von Anweisungen bezeichnet, die als Einheit ausgeführt werden.

PULLDOWN-MENÜ: Ein Pulldown-Menü besteht aus einer Menüleiste am oberen Rand eines Fensters und den Menüs, die durch Anwahl des Hauptmenüpunktes auf der Menüleiste aufgeklappt werden.

SDK: Die Abkürzung SDK steht für Software Developers Kit. Dies ist das von Microsoft vertriebene Entwicklungssystem zur Programmierung von Windows-Anwendungen.

STANDARDMODUS: Unter dem Begriff Standardmodus versteht man den Windows-Betriebsmodus für Computer mit 80286-Prozessor. Hier werden bis zu 16 MByte RAM als Programmspeicher unterstützt. Der Standardmodus ist die schnellste der drei Betriebsarten von Windows.

Systemmenü: Das Systemmenü ist ein spezielles Menü, das Befehle zum Umgang mit Fenstern (z.B. Ändern der Größe) enthält. Mit Visual Basic können Sie den Fenstern in Ihren Anwendungen ein solches Menü zuordnen. Es wird durch Klicken auf das Schließensymbol des Fensters aktiviert.

Taskliste: Über die Taskliste können Sie das aktive Fenster wechseln. Die Liste enthält die Programme, die zur Bearbeitungszeit geladen sind. Den Task-Manager von Windows können Sie über die Tastenkobination [Strg]+[Esc] aufrufen.

Textfeld: Ein Textfeld ist ein Steuerelement. Hier wird dem Benutzer die Möglichkeit zur Eingabe von Text geboten.

Twip: Ein Twip ist eine Maßeinheit, die beispielsweise zur Angabe von Koordinaten bei Grafiken genutzt wird. Ein Twip ist definiert als ein Zwanzigstel eines Punktes. Ein Zoll hat 1.440 Twips, ein Zentimeter hat 567 Twips.

Unterprogramm: Ein Unterprogramm ist ein Codebestandteil. Es liefert im Gegensatz zur Funktion (siehe dort) im Namen selber keinen Wert zurück. Das Schlüsselwort zur Deklaration ist *Sub*. In Visual Basic sind alle ereignisgesteuerten Prozeduren Unterprogramme.

Variable: Eine Variable ist ein Platzhalter für Daten, die zur Laufzeit eines Anwendungsprogrammes gändert werden können. Einer Variablen muß ein eindeutiger Name zugewiesen werden, an dem sie innerhalb ihres Geltungsbereichs (z.B. lokal oder global) erkannt werden kann.

Zwischenablage: Die Zwischenablage dient zur Speicherung von Daten, die von einer Anwendung in eine andere übertragen werden sollen.

Anhang B: Dateiverzeichnis

Damit Sie einen besseren Überblick über die Dateien der Buchdiskette erhalten, sind diese hier themenorientiert, mit einer kurzen Beschreibung, zusammengefaßt. Beachten Sie, daß die meisten Dateien ausschließlich mit Visual Basic bearbeitet werden können. Wollen Sie die Quelltexte im ASCII-Format erstellen, müssen Sie das jeweilige Projekt in Visual Basic einlesen und die Dateien einzeln als Textdatei speichern. In einem weiteren Arbeitsgang können Sie nun diese ANSI-Dateien mit dem im Buch entwickelten Programm WinCONV in das gewünschte ASCII-Format konvertieren. Wollen Sie lediglich die Quelltexte auf dem Bildschirm betrachten, können Sie auf die Konvertierung verzichten und das Programm WinEDIT zum Lesen und Ausdrucken einsetzen. Bevor nun aber die einzelnen Dateien selbst aufgeführt werden, sollten zunächst die verwendeten Dateikürzel von Viusal Basic erläutert werden.

Suffix:	Beschreibung:
FRM	In Formulardateien werden die Resourcen, die zugehörigen ereignisorientierten und benutzerdefinierten Prozeduren und auf das Formular bezogene, globale Deklarationen verwaltet. Die verschlüsselten Formulardateien können als Textdatei gespeichert werden, um mit einem Editor bearbeitet oder später ausgedruckt zu werden. Die Informationen der Resourcen selbst sind in einer Textdatei nicht mehr enthalten!
MAK	An der Make- bzw. Projektdatei erkennt Visual Basic, welche Dateien zu einem Projekt gehören und geladen werden müssen. Die Verwaltung der einzelnen Dateien erfolgt im Visual Basic-Projektfenster.
BAS	In Quelltextdateien werden ausschließlich Prozeduren und Deklarationen, keine Formulare verwaltet. Prozeduren eines Quellmoduls, die zu einem Projekt hinzugebunden werden, sind innerhalb eines gesamten Programmes bekannt. Globale Variablen, die innerhalb eines gesamten Programmes gültig sind, müssen in einer speziellen Quelldatei, die in der Regel den Namen GLOBAL.BAS trägt, verwaltet werden.
DLL	Eine dynamische Laufzeitbibliothek, die in einem Programm verwendet wird, muß bei jeder Programmausführung auch als eigenständige Datei vorliegen. Mehrere Programme können jeweils auf eine einzelne DLL zugreifen. Jedes Visual Basic-Programm benötigt die Bibliothek VBRUN100.DLL, weitere DLLs müssen über Fremdsprachen entwickelt werden und können dann in einem Visual Basic-Programm eingesetzt werden.

<table>
<tr><td>Suffix:</td><td>Beschreibung:</td></tr>
<tr><td>EXE</td><td>Ein ohne die Entwicklungsumgebung und ausschließlich mit der Laufzeitbibliothk VBRUN100.DLL ausführbares Windows-Programm erhält das Dateikürzel EXE.</td></tr>
<tr><td>BMP</td><td>Bitmap-Grafiken können als Hintergund in ein Formular oder Bildfeld eingebunden werden.</td></tr>
<tr><td>ICO</td><td>Ein Bildsymbol wird angezeigt, wenn ein Programm oder Formularfenster auf Symbolgröße verkleinert wird. Auch in Bildfeldern können Ikonen eingebaut werden.</td></tr>
<tr><td>HLP</td><td>Hilfedateien, die in Windows und Windows-Programmen verwendet werden, erhalten das Suffix HLP. Die Erstellung einer Windows-Hilfedatei erfolgt durch den Hilfecompiler von Microsoft, der nicht zum Lieferumfang von Visual Basic gehört.</td></tr>
<tr><td>HPJ</td><td>Der Hilfecompiler benötigt eine Projektdatei zur Anlage einer Hilfsdatei, die mit dem Suffix HPJ gekennzeichnet wird.</td></tr>
<tr><td>RTF</td><td>Hilfedateien für den Hilfecompiler werden in dem sogenannten Rich-Textformat definiert. Professionelle Textverarbeitungen wie Word und Word für Windows eignen sich z.B. zur Erstellung von Hilfedateien.</td></tr>
<tr><td>TXT, ASC</td><td>Textdateien im ASCII-Format sind entweder mit dem Suffix TXT oder ASC versehen.</td></tr>
<tr><td>ANS</td><td>Das Konvertierprogramm WinCONV legt ANSI-Dateien mit dem Suffix ANS an.</td></tr>
</table>

Liste der Dateiverzeichnisse

Verzeichnis:	**VBAPI**
Beschreibung:	Verwendung von API- und GDI-Funktionen in Visual Basic (Windows-Programmierschnittstelle)
Programmname:	API
Buchkapitel:	3.3
Anzahl der Dateien:	5
Gesamtlänge in Byte:	25 391

```
API     FRM     4641  Byte    Hauptformular zum Programm API
API     MAK       69  Byte    Projektdatei zum Programm API
APIGDI  BAS     1024  Byte    Deklarationen zu ausgewählten API-/GDI-Funktionen
API     BAS     5970  Byte    Quellmodul zum Programm API
API     EXE    13687  Byte    Windows-Anwendung API (Demonstrationsprogramm)
```

Verzeichnis: **VBHILFE**
Beschreibung: Hilfedateien in Visual Basic-Applikationen verwenden
                          (Erzeugung einer Hilfedatei zum Programm WinSHELL)
Programmname: HILFE, WHELP
Buchkapitel: 3.7 und 4.1.3
Anzahl der Dateien: 12
Gesamtlänge in Byte: 44 790

```
HILFE    FRM    1781  Byte   Hauptformular zum Programm HILFE
HILFE    MAK      40  Byte   Projektdatei zum Programm HILFE
WINSHELL HLP    7499  Byte   Hilfedatei für Windows-Hilfsprogramm WINHELP
WINSHELL HPJ     197  Byte   Projektdatei für Windows-Hilfecompiler
WINSHELL RTF    8494  Byte   Themendatei für Hilfecompiler im Rich-Textformat
HILFE    EXE    4608  Byte   Demonstration zum Aufruf von WINHELP
FORM1    FRM    4998  Byte   Hauptformular zum Programm WHELP
WINSHELL ASC    5491  Byte   Hilfedatei im ASCII-Format zum Programm WHELP
WHELP    MAK      40  Byte   Projektdatei zum Programm WHELP
WINSHELL ANS    5491  Byte   Hilfedatei im ANSI-Format zum Programm WHELP
HILFE    TXT    1097  Byte   Quelldatei zum Programm WHELP
WHELP    EXE    5054  Byte   Allgemenines Hilfeprogramm in Visual Basic
```

Verzeichnis: **VBRESOUR**
Beschreibung: Verwendung von Bitmaps in Visual Basic
Programmname: RESOURCE
Buchkapitel: 3.6
Anzahl der Dateien: 3
Gesamtlänge in Byte: 57 332

```
FORM1    FRM   27735  Byte   Hauptformular zum Programm RESOURCE
PROJEKT1 MAK      61  Byte   Projektdatei zum Programm RESOURCE
RESOURCE EXE   29536  Byte   Demoprogramm zum Einsatz von Bitmaps
```

Verzeichnis: **VBSTAT**
Beschreibung: Statistikprogramm zur Demonstration der Entwicklung
                          eines Visual Basic-Programmes mit einem Formular
Programmname: WinSTAT
Buchkapitel: 1.5.1
Anzahl der Dateien: 5
Gesamtlänge in Byte: 17 225

```
GLOBAL   BAS     627  Byte   Globale Variablen zum Programm WINSTAT
STATISTI FRM    7832  Byte   Hauptformular zum Programm WINSTAT
STATISTI MAK      68  Byte   Projektdatei zum Programm WINSTAT
STATISTI ICO     766  Byte   Benutzerdefinierte Programm-Ikone
WINSTAT  EXE    7932  Byte   Statistikprogramm
```

Verzeichnis:	**VBTIME**
Beschreibung:	»Weltzeituhr« zur Demonstration der Entwicklung eines Visual Basic-Programmes mit mehreren Formularen
Programmname:	WinTIME
Buchkapitel:	1.5.2
Anzahl der Dateien:	8
Gesamtlänge in Byte:	795 067

```
WELT     BMP   257078  Byte   Hintergrund-Bitmap zum Programm WINTIME
WELT     FRM   261065  Byte   Startformular zum Programm WINTIME
SYSTEMWE FRM     1980  Byte   Formular zur Anzeige von Systemdatum und
                             Systemzeit
WINTIME  MAK      118  Byte   Projektdatei zum Programm WINTIME
ZEITZONE FRM     2533  Byte   Formular zur Anzeige der Werte einer ausgewählten
                             Zeitzone
CONVERT  BAS     2141  Byte   Quelldatei zum Programm WINTIME
GLOBAL   BAS      717  Byte   Globale Variablen zum Programm WINTIME
WINTIME  EXE   269435  Byte   Weltzeituhr WINTIME
```

Verzeichnis:	**VBSHELL**
Beschreibung:	Ikonen-Bibliothek zum Programm WinSHELL
Programmname:	-
Buchkapitel:	4.2
Anzahl der Dateien:	17
Gesamtlänge in Byte:	31 766

```
WRITE    ICO   1846  Byte   Programmsymbol Write
CALC     ICO   1846  Byte   Programmsymbol Rechner
CALENDAR ICO   1846  Byte   Programmsymbol Terminkalender
CLIBBOAR ICO   1846  Byte   Programmsymbol Zwischenablage
CARDFILE ICO   1846  Byte   Programmsymbol Dateiverwaltung
CLOCK    ICO   1846  Byte   Programmsymbol Uhr
NOTEPAD  ICO   1846  Byte   Programmsymbol Notizblock
PBRUSH   ICO   1846  Byte   Programmsymbol Paintbrush
PIFEDIT  ICO   1846  Byte   Programmsymbol Pif-Editor
PRINTMAN ICO   1846  Byte   Programmsymbol Drucker-Manager
PROGMAN  ICO   2038  Byte   Programmsymbol Programm-Manager
DOS      ICO   1846  Byte   Programmsymbol DOS-Shell
RECORDER ICO   1846  Byte   Programmsymbol Makro-Recorder
REVERSI  ICO   1846  Byte   Programmsymbol Reversi
SOL      ICO   1846  Byte   Programmsymbol Solitär
TERMINAL ICO   1846  Byte   Programmsymbol Terminal
WINHELP  ICO   2038  Byte   Programmsymbol Windows-Hile
```

Verzeichnis:	**VBBMP**		
Beschreibung:	Bitmap-Bibliothek		
	(erstellt mit Borland Resource Workshop)		
Programmname:	diverse		
Buchkapitel:	3.6		
Anzahl der Dateien:	54		
Gesamtlänge in Byte:	776 356		

```
JA         BMP    1366  Byte   Ja-Schaltfläche
SCHALTER   BMP     358  Byte   allgemeiner Schalter
SCHALT2    BMP     406  Byte   allgemeiner Schalter
OK         BMP    1366  Byte   OK-Schaltfläche
ABBRUCH    BMP    1366  Byte   Abbruch-Schaltfläche
NEIN       BMP    1366  Byte   Nein-Schaltfläche
FRAGE      BMP    1654  Byte   Frage-Schaltfläche
HILFE      BMP    1366  Byte   Hilfe-Schaltfläche
AUSRUF     BMP    1654  Byte   Ausruf-Schaltfläche
DRUCKER    BMP    1366  Byte   Drucker-Schaltfläche
JA#        BMP    1366  Byte   Ja-Schaltfläche gedrückt
OK#        BMP    1366  Byte   OK-Schaltfläche gedrückt
ABBRUCH#   BMP    1366  Byte   Abbruch-Schaltfläche gedrückt
NEIN#      BMP    1366  Byte   Nein-Schaltfläche gedrückt
ÄNDERN     BMP    1366  Byte   Ändern-Schaltfläche
FRAGE#     BMP    1366  Byte   Frage-Schaltfläche gedrückt
DRUCKER#   BMP    1366  Byte   Drucker-Schaltfläche gedrückt
NEU        BMP    1366  Byte   Neu-Schaltfläche
EDITOR     BMP    1366  Byte   Editor-Schaltfläche
ANSICHT    BMP    1366  Byte   Ansicht-Schaltfläche
ÄNDERN#    BMP    1366  Byte   Ändern-Schaltfläche gedrückt
EDITOR#    BMP    1366  Byte   Editor-Schaltfläche gedrückt
NEU#       BMP    1366  Byte   Nein-Schaltfläche gedrückt
LÖSCHEN#   BMP    1366  Byte   Löschen-Schaltfläche gedrückt
ANSICHT#   BMP    1366  Byte   Ansicht-Schaltfläche gedrückt
INFO       BMP    1366  Byte   Info-Schaltfläche
LÖSCHEN    BMP    1366  Byte   Löschen-Schaltfläche
STANDARD   BMP    1366  Byte   Standard-Schaltfläche
SYSTEM     BMP    1366  Byte   System-Schaltfläche
SYSTEM#    BMP    1366  Byte   System-Schaltfläche gedrückt
STANDAR#   BMP    1366  Byte   Standard-Schaltfläche gedrückt
INFO#      BMP    1366  Byte   Info-Schaltfläche gedrückt
SCHRIFT    BMP    1366  Byte   Schrift-Schaltfläche
DLGOPEN    BMP   75070  Byte   Hintergrund-Bitmap für Dialogfenster
SCHRIFT#   BMP    1366  Byte   Schrift-Schaltfläche gedrückt
SCHALTE3   BMP     758  Byte   allgemeiner Schalter
DLGSAVE2   BMP   43926  Byte   Hintergrund-Bitmap für Dialogfenster
DLGSAVE    BMP   77662  Byte   Hintergrund-Bitmap für Dialogfenster
DLGOPEN2   BMP   43778  Byte   Hintergrund-Bitmap für Dialogfenster
DLGKONTR   BMP   33118  Byte   Hintergrund-Bitmap für Dialogfenster
```

```
DLGINFO   BMP    54838   Byte    Hintergrund-Bitmap für Dialogfenster
DLGXEIN   BMP    49594   Byte    Hintergrund-Bitmap für Dialogfenster
DLG1EIN   BMP    16246   Byte    Hintergrund-Bitmap für Dialogfenster
BUTTON1   BMP     9062   Byte    Schalter
BUTTON2   BMP     5578   Byte    Schalter gedrückt
DLG1EINB  BMP    19158   Byte    Hintergrund-Bitmap für Dialogfenster
DLGINFO2  BMP    54838   Byte    Hintergrund-Bitmap für Dialogfenster
TASTE     BMP     1366   Byte    Schalter
TASTE#    BMP     1366   Byte    Schalter gedrückt
DLGINFO3  BMP    54838   Byte    Hintergrund-Bitmap für Dialogfenster
DLGLEER   BMP    77662   Byte    Hintergrund-Bitmap für Dialogfenster
DLGLIST3  BMP    15850   Byte    Hintergrund-Bitmap für Dialogfenster
DLGLISTE  BMP    48958   Byte    Hintergrund-Bitmap für Dialogfenster
DLGLIST2  BMP    47638   Byte    Hintergrund-Bitmap für Dialogfenster
```

Verzeichnis:	**VbDll**
Beschreibung:	Erstellung dynamischer Link-Bibliotheken am Beispiel von Turbo Pascal für Windows und anschließendem Einsatz in einem Visual Basic-Programm
Programmname:	DLLTEST, PASCAL
Buchkapitel:	3.4
Anzahl der Dateien:	8
Gesamtlänge in Byte:	21 717

```
TOOLS     PAS    1037   Byte    Unit zur DLL im Quelltext
TOOLSDLL  PAS    1708   Byte    DLL im Quelltext
DLLTEST   PAS     984   Byte    Quelltext zum Pascal-Testprogramm
DLLTEST   EXE    9728   Byte    Testprogramm Pascal für DLL
TOOLSDLL  DLL    2304   Byte    Dynamische Link-Bibliothek
FORM1     FRM    1460   Byte    Startformular zum DLL-Testprogramm in Visual Basic
PROJEKT1  MAK      43   Byte    Projektdatei zum Programm PASCAL
PASCAL    EXE    4453   Byte    Aufruf von DLL-Routinen in Visual Basic
```

Verzeichnis:	**VbShell**
Beschreibung:	Erstellung eines Programm-Managers mit Visual Basic
Programmname:	WinSHELL
Buchkapitel:	4.2
Anzahl der Dateien:	15
Gesamtlänge in Byte:	87 507

```
GLOBAL    BAS     808   Byte    Globale Variablen zum Programm WINSHELL
WINSHELL  EXE   48106   Byte    Hauptprogramm WINSHELL
WINSHELL  FRM   23979   Byte    Startformular zum Programm WINSHELL
DELETE    FRM    1136   Byte    Formular zum Löschen von Dateien
MOVE      FRM    1546   Byte    Formular zum Verschieben von Dateien
```

```
EXECUTE  FRM    1133  Byte      Formular zum Starten von Programmen
MKDIR    FRM    1586  Byte      Formular zum Anlegen von Verzeichnissen
RMDIR    FRM    1447  Byte      Formular zum Entfernen von Verzeichnissen
CHDIR    FRM     589  Byte      Formular zum Wechseln von Verzeichnissen
SETTIME  FRM     683  Byte      Formular zur Systemzeit
SETDATE  FRM     720  Byte      Formular zum Systemdatum
SETPARAM FRM     591  Byte      Formular zum Setzen von Programmparametern
RENAME   FRM    1556  Byte      Formular zum Umbenennen von Dateien
MODULE1  BAS    3764  Byte      Quellmodul zum Programm WINSHELL
WINSHELL MAK     263  Byte      Projektdatei zum Programm WINSHELL
```

Verzeichnis:	**VBCONV**	
Beschreibung:	ASCII- zu ANSI- und ANSI- zu ASCII- Konvertierprogramm unter Visual Basic	
Programmname:	WinCONV	
Buchkapitel:	4.1.1	
Anzahl der Dateien:	3	
Gesamtlänge in Byte:	117 274	

```
WINCONV  FRM   58177  Byte      Formular zum Programm WINCONV
WINCONV  MAK      44  Byte      Projektdatei zum Programm WINCONV
WINCONV  EXE   59053  Byte      Programm WINCONV
```

Verzeichnis:	**VBCOPY**	
Beschreibung:	Kopierprogramm für beliebige Dateien	
Programmname:	WinCOPY	
Buchkapitel:	4.1.2	
Anzahl der Dateien:	3	
Gesamtlänge in Byte:	123 961	

```
WINCOPY  FRM   60437  Byte      Formular zum Programm WINCOPY
WINCOPY  MAK      44  Byte      Projektdatei zum Programm WINCOPY
WINCOPY  EXE   63480  Byte      Programm WINCOPY
```

Verzeichnis:	**VBPRINT**	
Beschreibung:	Druckprogramm für ANSI-Texte (Programm wurde mit Borland Resource Workshop-Elementen erstellt)	
Programmname:	WinPRINT	
Buchkapitel:	4.1.4	
Anzahl der Dateien:	8	
Gesamtlänge in Byte:	544 340	

```
WPRINT   FRM    98481  Byte    Hauptformular zum Programm WPRINT
WPRINT   MAK      137  Byte    Projektdatei zum Programm WPRINT
INFORMAT FRM    60401  Byte    Formular zur Anzeige von Informationen
ANSICHT  FRM    60642  Byte    Formular zur Anzeige von Textdateien
DRUCKEN  FRM    26041  Byte    Formular zur Bestätigung des Druckvorganges
WPRINT   EXE   272803  Byte    Programm zum Drucken von Texten
BEENDEN  FRM    25263  Byte    Formular für Sicherheitsabfrage vor Programmende
GLOBAL   BAS      572  Byte    Globale Variablen zum Programm WPRINT
```

Verzeichnis:	**VBEDIT**
Beschreibung:	Editor für ANSI- und ASCII-Textdateien
Programmname:	WinEDIT
Buchkapitel:	4.3
Anzahl der Dateien:	8
Gesamtlänge in Byte:	52 719

```
GLOBAL   BAS      505  Byte    Globale Variablen zum Programm WINEDIT
WEDIT    FRM    18212  Byte    Hauptformular des Texteditors
WEDIT    MAK      138  Byte    Projektdatei des Texteditors
DATEILAD FRM     2070  Byte    Formular zum Laden von Dateien
CONVERT  BAS     2739  Byte    Quellmodul mit Konvertierroutinen
DATEISPE FRM      963  Byte    Formular zum Speichern von Dateien
MELDUNG  FRM     1590  Byte    Formular zur Ausgabe einer Meldung
WINEDIT  EXE    26502  Byte    Texteditor
```

Verzeichnis:	**VBFINANZ**
Beschreibung:	Demonstration zur Erstellung eines Programmes zur Verwaltung von Direktzugriffsdateien am Beispiel einer Einnahmen-/Ausgabenüberschußrechnung
Programmname:	WinFIN
Buchkapitel:	4.4
Anzahl der Dateien:	5
Gesamtlänge in Byte:	56 620

```
WFINANZ  FRM    22647  Byte    Hauptformular zum Programm WINFIN
WFINANZ  MAK      100  Byte    Projektdatei zum Programm WINFIN
ANLEGEN  FRM     1467  Byte    Formular zum Anlegen von Dateien
GLOBAL   BAS     1596  Byte    Globale Variablen zum Programm WINFIN
DATEILAD FRM     3824  Byte    Formular zum Öffnen einer Datei
WINFIN   EXE    26986  Byte    Einnahmen-/Ausgabenüberschußrechnung
```

Verzeichnis:	**VBPAINT**
Beschreibung:	Zeichenprogramm zur Demonstration einiger grafischer Möglichkeiten von Visual Basic
Programmname:	WinPAINT
Buchkapitel:	4.5
Anzahl der Dateien:	7
Gesamtlänge in Byte:	191 869

```
EARTH    BMP    153718   Byte    Beispiel-Bitmap zum Bearbeiten mit WPAINT
DATEILAD FRM      1966   Byte    Formular zum Laden einer Grafik
DATEISPE FRM       920   Byte    Formular zum Speichern einer Grafik
WINPAINT EXE     21152   Byte    Zeichenprogramm
GLOBAL   BAS      2217   Byte    Globale Variablen für WPAINT
PAINT    FRM     11795   Byte    Hauptformular zum Programm WPAINT
WPAINT   MAK       101   Byte    Projektdatei zum Programm WPAINT
```

Anzahl aller Dateien:	161 Dateien
Gesamtlänge aller Dateien:	2 943 934 Byte
	ca. 2.8 MByte

Anhang C: Installationshinweise

Aufgrund des hohen Datenumfanges der Buchdiskette, können Sie unterschiedliche Installationsmethoden wählen. Haben Sie mindestens 3 MByte freien Speicher auf der Festplatte Ihres Rechners zur Verfügung, dann können Sie eine Gesamtinstallation durchführen. Ist dies nicht der Fall, lassen sich die Programme auch einzeln entpacken. Bevor Sie mit der Installation beginnen, sollten Sie zunächst eine Sicherungskopie Ihrer Buchdiskette erstellen und fortan nur noch mit dem Duplikat arbeiten.

Teilinstallation

Die Installationsdiskette beinhaltet jedes Programm in einer selbstentpackenden Programmdatei. Wollen Sie lediglich ein einzelnes Programm installieren, wechseln Sie zunächst in ein leeres Verzeichnis und starten dann das Programm von der Installationsdiskette. Bevor wir exemplarisch mit einem Beispiel fortfahren, sei zunächst noch einmal darauf hingewiesen, daß die Dateien der Diskette im entpackten Zustand zusammen ca. 2,8 MByte Speicherplatz belegen. Haben Sie also nur begrenzte Kapazitäten frei, dann sollten Sie nur die wirklich benötigten Programme einrichten. Nehmen wir z.B. einmal an, Sie möchten nur das Programm WinEDIT in einem Verzeichnis einrichten. Das Verzeichnis für das Programm soll auf dem Festplattenlaufwerk mit der Bezeichnung C: im Unterverzeichnis EDIT eingerichtet werden. Der Editor selbst befindet sich in der gepackten Datei VBEDIT.EXE auf einer Diskette in Laufwerk A: (Hinweise zur Namensvergabe der gepackten Programmdateien können Sie Anhang B entnehmen. Die dort angegebenen

Verzeichnisnamen entsprechen auch den Programmdateinamen und sind jeweils nur um das Dateikürzel EXE erweitert). Die Befehlszeilenfolge könnte also wie folgt lauten:

```
C:\> MD EDIT [Return]
C:\> CD EDIT [Return]
C:\EDIT> A:VBEDIT [Return]
```

Beachten Sie, daß Sie die Quelldateien und Formulardateien nun mit Visual Basic nutzen können. Das ausführbare Programm kann wahlweise in den Programm-Manager eingebunden werden. Öffnen Sie dazu zunächst eine neue Programmgruppe im Windows-Programm-Manager und binden Sie nun die Programmdatei selbst in diese neue Programmgruppe ein. Danach können Sie die Anwendung komfortabel über ein Bildsymbol starten. Sollten Sie mit der Programmeinrichtung unter Windows nicht vertraut sein, ziehen Sie Ihr Windows-Benutzerhandbuch zu Rate.

Gesamtinstallation

Zur Installation sämtlicher Dateien stehen Ihnen drei unterschiedliche Kommandos zur Verfügung. Wie bereits im vorangehenden Beispiel, werden auch in diesem Fall keine Programmgruppen in Windows angelegt. Die Verwendung der Quell- und Formulardateien über Visual Basic ist allerdings ohne spezielle Einrichtung im Programm-Manager möglich. Die Installationsprogramme erzeugen lediglich einen Verzeichnisbaum für die einzelnen Programme und Bibliotheken und richten dort die jeweiligen Programme ein. Um die Installation zu beginnen, wechseln Sie auf das Installationslaufwerk (in der Regel A:) und verwenden Sie eines der nachfolgenden Kommandos.

a) Um von Laufwerk A: auf Laufwerk C: in das Verzeichnis VIEWEG zu installieren, geben Sie den folgenden Befehl ein:

```
A:\> INST [Return]
```

b) Um von Laufwerk B: auf Laufwerk C: in das Verzeichnis VIEWEG zu installieren, geben Sie den folgenden Befehl ein:

```
A:\> INSTB [Return]
```

c) Um von einem beliebigen Laufwerk auf eine frei wählbare Festplatte und ein frei wählbares Verzeichnis zu installieren, können Sie den folgenden Befehl verwedenen:

```
A:\> INSTALL Quelle Ziel Zielverzeichnis [Return]
```

```
z.B.
```

```
A:\> INSTALL A: C: C:\VIEWEG [Return]
```

Beachten Sie, daß jeweils nur das Startverzeichnis frei angegeben werden kann. Die erzeugte Baumstruktur und die Namen der Unterverzeichnisse, wie Sie in Anhang B beschrieben sind, sind bei jeder Gesamtinstallation identisch.

Programme ohne Visual Basic nutzen

Bislang sind wir davon ausgegangen, daß Sie bereits Visual Basic besitzen und auch auf Ihrem Rechner installiert haben. Ist dies nicht der Fall, dann müssen Sie folgendes beachten: Visual Basic-Programme sind ausschließlich mit der Laufzeitbibliothek VBRUN100.DLL lauffähig. Die Datei befindet sich ebenfalls, in unkomprimiertem Zustand, auf der Buchdiskette und muß entsprechend über den COPY-Befehl in das Windowsverzeichnis kopiert werden. Danach können Sie die ausführbaren Programmdateien, die innerhalb dieses Buches entwicklet wurden, auch ohne Visual Basic nutzen.

Anhang D: Stichwortverzeichnis

A

B

C

D

E

Paradox 3.5 – Einsteigen leichtgemacht

von Andreas Maslo

1991. 242 Seiten. Kartoniert.
ISBN 3-528-05187-6

Ohne „Wenn und Aber" wird dem Leser in diesem Buch die Bedienung des relationalen Datenbankprogrammes Paradox 3.5 erklärt. Nach dem Motto „learning by doing" erlernt der Leser Schritt für Schritt, wie man Daten eingibt, verändert, sucht und sortiert. Ferner erfährt er, wie man Tabellen anlegt, Berichte erstellt und ausdruckt, wie man Grafiken erstellt und vieles andere mehr. Praxisgerechte Beispiele machen dabei die Vorgehensweise stets plastisch und leicht nachvollziehbar.

Verlag Vieweg · Postfach 58 29 · D-6200 Wiesbaden

Vieweg Software-Trainer Windows 3.1

von Jürgen Burberg

1992. Ca. 500 Seiten mit Diskette. Gebunden.
ISBN 3-528-05220-1

Alle Features von Windows 3.1 werden dem Leser in diesem Buch sorgfältig vorgestellt und nutzbar gemacht. Das Werk ist reichhaltig illustriert und mit vielfältigen Hintergrundinformationen ausgestattet, die auch fortgeschrittenen Windows-Anwendern effiziente Einsatztechniken von Windows 3.1 erschließen. Inhaltlich ist das Buch so strukturiert, daß dem Anwender ein rascher Zugriff auf spezielle Themen ermöglicht wird.

Verlag Vieweg · Postfach 58 29 · D-6200 Wiesbaden 1